Daolu Shuaigua Yunshu Zuzhi Lilun yu Shijian

道路甩挂运输组织理论与实践

高洪涛　李红启　编著

人民交通出版社

内 容 提 要

本书是针对道路甩挂运输组织原理与实践的专著。全书内容共分3篇11章,既集成甩挂运输基本知识,又阐述了一些模型与方法;既描述了公路快速货运、公路集装箱运输、滚装运输领域中的道路甩挂运输组织实践,又分析了道路甩挂运输的保障措施。

本书可供道路运输领域的决策者与管理者、科研工作者参考,并可作为高等院校相关专业的教师、学生的科研与教学参考用书。

图书在版编目(CIP)数据

道路甩挂运输组织理论与实践/高洪涛,李红启编著.—北京:人民交通出版社,2010.4
ISBN 978-7-114-08277-1

Ⅰ.①道… Ⅱ.①高… ②李… Ⅲ.①公路运输-运输业务-中国 Ⅳ.①F542.6

中国版本图书馆CIP数据核字(2010)第049323号

书　　名:道路甩挂运输组织理论与实践
著 作 者:高洪涛　李红启
责任编辑:王振军　顾熵鲁　王金霞
出版发行:人民交通出版社
地　　址:(100011)北京市朝阳区安定门外外馆斜街3号
网　　址:http://www.ccpress.com.cn
销售电话:(010)59757973
总 经 销:人民交通出版社发行部
经　　销:各地新华书店
印　　刷:北京鑫正大印刷有限公司
开　　本:787×980　1/16
印　　张:18.5
字　　数:412千
版　　次:2010年4月　第1版
印　　次:2013年5月　第2次印刷
书　　号:ISBN 978-7-114-08277-1
印　　数:2001-4000册
定　　价:37.00元

大力发展道路甩挂运输
建设畅通高效、安全绿色的交通运输体系

改革开放以来，特别是进入21世纪以来，我国道路运输得到迅猛发展。2009年，全国道路运输行业完成的客运量占综合运输体系的93%，完成的货运量占综合运输体系的75%，全行业从业人员达到2400万人。道路运输成为综合运输体系中服务范围最广、承担运量最大、运输产品最多样、就业人员最多的运输方式。

道路运输在快速发展的同时，也面临节能减排和降低物流成本的巨大压力。据国际能源组织统计，目前我国营业性道路运输二氧化碳的排放量已经占到全部石油消费二氧化碳排放量的21%。我国2009年物流总费用占国内生产总值的比重达18.1%，而发达国家仅为9%～10%。对我国来说，这个比重每降低一个百分点，就可以为企业增加3000多亿元的效益。在2009年哥本哈根气候变化大会上，我国政府向全世界作出了到2020年单位国内生产总值二氧化碳排放量比2005年下降40%～45%的郑重承诺。如何更好地适应建设资源节约型、环境友好型社会的需要，发展先进的运输方式，提高道路运输的合理化和物流组织化水平，降低供应链成本，提高运输效率，成为交通运输部门共同面临的一个重大课题。

发展道路甩挂运输是落实国家《物流业调整和振兴规划》、促进节能减排工作的重要手段。发展甩挂运输，对于降低物流成本，推动现代物流和综合运输发展，促进节能减排和环境保护，提升经济运行整体质量，具有重要意义。与传统运输方式相比，甩挂运输有利于减少装卸等待时间，加速牵引车周转，提高运输效率和劳动生产率；有利于减少车辆空驶和无效运输，降低能耗和废气排放，节省货物仓储设施；有利于降低道路损耗、减少交通事故；有利于组织水路滚装运输、铁路驮背运输等多式联运，促进综合运输建设。道路甩挂运输已成为转变交通运输发展方式、加快运输结构调整的重要抓手和切入点。

甩挂运输作为先进的运输组织方式，已在国际上得到广泛应用。改革开放以来，道路甩挂运输的理念在我国接受并被试点应用，国家有关部门采取了一系列措施推进道路甩挂运输的发展。然而受各种制约因素的影响，我国道路甩挂运输发展滞后，牵引车和挂车数量少，拖挂比低，道路货物运输仍然以普通单体货车为主，与实现节能减排和发展现代物流的要求不相适应。2009年12月31日，交通运输部会同国家发展改革委、公安部、海关总署、保监会联合发出《关于促进甩挂运输发展的通知》，解决了挂车检验、保险、海关监管、通行费征收、车辆生产、挂车证件管理等方面的政策障碍，提出了鼓励甩挂运输发展的政策措施，给发展甩挂运输带来了新的机遇。

《道路甩挂运输组织理论与实践》一书，系统研究了道路甩挂运输的基本概念和基础内容，提出了具备可操作性的模型与方法。特别是从行业角度，研究分析了道路甩挂运输的发展

方式，提出了微观层次的发展措施、组织方式以及绩效评价及信息化管理体系。这些都是交通运输主管部门和行业共同关心的内容。本书的内容既有理论又有实践，既有继承又有发展，相信对促进我国道路甩挂运输发展会有积极的借鉴和启发作用。

转变交通运输发展方式、调整优化交通运输结构、加快发展现代交通运输业，是交通运输部门深入落实科学发展观的重大举措，也是落实国家经济发展战略的正确方向。面临新的形势和任务，我们必须加快推进交通运输的现代化、信息化、智能化，积极推广应用技术先进、经济安全、环保节能的运输装备和运输组织方式，促进各种交通运输方式有机衔接，充分发挥综合交通运输体系的整体效能，推进交通运输的快速发展、高效发展、安全发展、绿色发展，建设畅通高效、安全绿色的交通运输体系，为经济社会发展提供强有力的交通运输保障。

交通运输部副部长

2010 年 1 月 21 日

QIANYAN

前　言>>>>

改革开放以来,伴随着公路集装箱运输在我国的发展,道路甩挂运输的理念在我国得以接受并被试点应用。早在1986年,交通部公路局发布《关于开展公路直达集装箱甩挂运输试运线的通知》,确定组织甩挂试运。1996年7月22日,国家经贸委、公安部、交通部联合发布《关于开展集装箱牵引车甩挂运输的通知》。2009年12月31日,交通运输部、国家发展改革委、公安部、海关总署、保监会联合发布《关于促进甩挂运输发展的通知》。从甩挂运输基本理念的引入到被市场逐渐接受,我国道路甩挂运输的发展经历了较长的时期,这一时期也伴随了我国道路货运市场的改革进程。时至今日,我国道路甩挂运输市场的发展依然处于起步阶段,究其原因,除了政策、体制等方面的外在的宏观层面原因之外,行业发展水平、企业的经营规模也是值得重视的制约因素。一方面,我国政府相关行政主管部门积极呼吁并鼓励甩挂运输的发展,虽然由于管理体制等因素的影响,发展甩挂运输需要大量的协调工作,但道路甩挂运输发展的必然趋势已为政府所认可和接受;另一方面,相关运输与物流企业对于政策上的宽松环境存在一定的适应期,企业从创造利润的角度不得不对既有的运营管理模式作出一定的调整,企业往往不愿在这样的适应期尝试开展甩挂运输。更重要的是,我国多数运输和物流企业尚未形成稳定的客户群和规模化的业务网络,道路甩挂运输的规模经济优势难以被发挥。可见,我国的道路货运市场经营主体在争取良好的市场发展环境的同时,也应注重自身能力的提升。

进入21世纪以来,世界各国交通运输行业的温室气体排放量在社会排放总量中所占的比重呈上升趋势,在交通运输行业的温室气体排放量中,道路货物运输的排放量所占比例很高。部分国家开始采取措施应对温室气体排放问题,如采取道路运输车辆的大型化、拖挂化等措施,提高道路货运的效率。我国交通运输节能减排工作已经取得一定成效,但是要把节能减排作为应对经济金融危机、促进交通运输发展的增长点，就需要探寻减缓性措施，以寻求发展与节能的平衡点。发展道路甩挂运输就是这样的减缓性措施之一。

我国道路运输现代化是伴随着工业化社会和信息化社会的发展，在道路运输领域产生进步变革的过程。道路运输现代化对道路货运的发展提出了更高的要求，而道路货运的超前发展必将助推道路运输现代化进程。目前我国道路货运体系中最突出的问题主要表现为运输装备水平和运输组织方式比较落后，我国道路货运现代化应以提高和优化货运装备为重点，带动运输组织形式的优化。发达国家的经验表明，中长途道路货运装备发展的方向是大吨位、专用化、低能耗和高可靠性，其中重点是半挂汽车。因此，我国道路货运装备水平的提升应致力于鼓励和推进道路甩挂运输的发展。

基于我国道路甩挂运输发展状况，以及交通运输节能减排和道路运输现代化发展要求，作者从理论与实践的角度较为深入地思考了我国发展道路甩挂运输的若干方面。本书是针对道路甩挂运输组织基本原理与实践的专著，既继承和集成甩挂运输的基本知识，又阐述具备可操作性的技术方法；既从行业角度分析道路甩挂运输组织，又针对企业作出微观层次的道路甩挂运输研究。本书可供道路运输领域的行业决策者与管理者、科研工作者参考，并可作为高等院校交通运输相关专业的教师、学生的科研与教学参考用书。

限于资料收集能力和研究视野，我们迄今尚未获得针对道路甩挂运输的专门著作；在本书的撰写过程中，我们参考了既有的零散分布于不同领域的多条文献。在本书得以成稿之际，我们在对学术界和交通运输行业心怀感激的同时，深感道路甩挂运输研究尚有待进一步深入。我们不敢奢望本书能够在我国道路甩挂运输发展过程中起到很大的作用，只希望本书的一系列工作能起到抛砖引玉的作用。

作　者

2010年1月

CONTENTS

目 录>>>>

第一篇 道路甩挂运输基本理论

第二篇　道路甩挂运输组织实践

第三篇　道路甩挂运输的保障与我国的现实背景

第一篇

道路甩挂运输基本理论

第一章　道路甩挂运输概论

自从甩挂运输组织方式在发达国家应用以来,其可观的经济效益和社会效益为道路运输行业所追求。本章继承和集成已有的道路甩挂运输相关的基本知识,从概念、理念层面阐述道路甩挂运输,主要包括以下内容:简要讲述道路运输、道路货物运输的发展历程,以明确道路甩挂运输应用与发展的行业背景;阐述道路甩挂运输基本概念和涉及的主要装备、经济技术优势、组织形式;分析道路甩挂运输在交通运输发展进程中的历史坐标;分析世界各国道路甩挂运输的发展历程。

第一节　道路运输与道路货物运输简介

一、世界交通运输发展简史

交通运输的产生和发展经历了漫长的历史过程,其伴随着社会生产力的发展和科学技术的进步,并促进了经济、社会、政治和文化的进步。从世界交通运输业发展的侧重点和主导作用方面看,交通运输业已经历了三次革命。若以运输工具及技术为标志,可将交通运输业的发展划分为四个阶段。

1. 水路运输主导阶段(19 世纪 20 年代以前)

在原始社会,人类主要依托人力,通过手提手搬、背扛肩挑或者借助绳拖棍撬进行必需的运输活动。随着人类活动范围的扩大,为了求得生存和发展,出现了最早的载运工具——筏和独木舟,以后逐渐出现了车,进而出现了最原始的航线和道路。船和车的使用使得邮递业、客运业发展起来,逐渐出现了专门从事运输的商人,运输业作为一种产业开始萌芽。车的出现,促进了道路的发展(如我国秦朝修筑了全国统一的道路,形成以咸阳为中心的向外辐射的"驰道")。从此,运输活动进入新的发展阶段,这是运输史上的第一次革命。随着人类对河流和海洋的深化认识、造船技术的进步、新航路的开辟、指南针的使用、人工运河的开凿等,内河运输和沿海运输迅速发展。如:我国商代就掌握了木板造船技术,隋代开凿了世界上最早、规模最大的大运河,盛唐时开辟了"海上丝绸之路"。14 世纪以后,出现了以风力为动力的远程三桅帆船,凭借这些大帆船以及改进的航海设备和航海技术,欧洲人开辟新航路、发现新大陆,进入"地理大发现"时代,这对世界政治、经济、文化产生了巨大而深刻的影响。三桅帆船成为运输业第二次革命的标志。

在这一时期,水路运输同以人力、畜力为动力的陆上运输工具相比,无论从运输能力和运输成本,还是从方便程度方面都处于优势地位。

2. 铁路运输主导阶段(19 世纪 30 年代 ~20 世纪 30 年代)

蒸汽机的发明是人类历史上的一个重要里程碑,18 世纪 80 年代到 19 世纪初,蒸汽机相继被用作船舶和火车的动力源。由于动力的改变,交通运输业有了突飞猛进的发展。1807 年世界上第一艘蒸汽机船“克莱蒙特”号在纽约哈德逊河下水。1825 年,从英国斯托克顿到达灵顿的第一条铁路正式通车,标志着运输史上第三次革命的到来,也标志着铁路运输时代的开始。

由于铁路能够高速、大量地运输旅客和货物,几乎垄断了当时的陆地运输市场,火车也成为当时最新、最好的陆地交通运输工具。欧美各国掀起了铁路建设的高潮,并逐渐扩展到亚非拉地区。在这一时期,水路运输发展也较快,由于改变了动力,轮船消除了以前航海依赖信风的缺点。

3. 公路、航空和管道运输齐头发展阶段(20 世纪 30 年代~20 世纪 50 年代)

19 世纪末,在铁路运输高速发展的同时,公路运输随着汽车工业(1886 年德国人卡尔·本茨发明了现代意义上的汽车)的发展悄然兴起。由于公路运输具有机动、灵活、便捷的特点,其不仅在短途运输方面显示出较大的优越性,而且随着大载质量专用货车、长途客车和高速公路的出现,公路运输在长途运输方面也显示出其优越性。

世界航空运输出现于 19 世纪末 20 世纪初(1905 年美国人莱特兄弟制造了真正意义上的飞机)。由于航空运输在速度上的优势,其不仅在旅客运输方面占有重要地位,在货运方面发展也很快。

随着石油工业的发展,管道运输开始崭露头角(19 世纪 60 年代,美国出现第一条木制输油专用管道),管道运输具有成本低、能够连续输送等特点,主要用于运输原油、成品油、天然气、矿砂和水煤浆等流体。

在这一阶段,尽管铁路运输、水路运输也有较快的发展,但公路、航空、管道这三种运输发挥的作用显著增强。

4. 综合运输阶段(20 世纪 50 年代至今)

20 世纪 50 年代以来,人类意识到在交通运输业的发展过程中,水路、铁路、公路、航空和管道五种运输方式是相互影响、优势互补的,许多国家开始有计划地发展综合运输,协调各种运输方式之间的关系,进行铁路、公路、水路、航空运输之间的科学分工与合理衔接,构建海陆空立体化的综合交通运输体系。

以上四个发展阶段,是基于全世界既有的交通运输发展的整体格局而区分的。但不同国家或地区由于地理条件、社会环境和运输业发展的历史和现状不同,难以表现出统一的运输发展模式。在不同的时间、空间条件下,某种运输形式会占主导地位,如铁路运输仍是世界上大多数国家最主要的干线运输方式;海洋运输是当今国际贸易最主要的运输方式;内河运输在欧洲、我国长江流域、美国密西西比河流域等占有重要地位。

值得指出的是,自从人类社会进入工业化与信息化融合发展进程以来,信息技术在交通运输需求的形成过程中起着越来越重要的影响,人们工作的新形式和生活方式的改变正在显著地影响着交通运输需求的表现形式。信息技术不但能够传送特定的产品和服务,而且能够在不需要物质传输的条件下实现人与人之间的交互(如电子商务、电视会议等)。

二、道路运输及其发展简史

1. 道路运输的范畴

道路运输是指在公共道路上,使用汽车或其他以道路为移动承载体的载运工具,从事旅客或货物运输及其相关业务活动的总称。

道路运输业作为一个相对独立的行业，主要由直接从事客、货运输的物质生产活动、为运输生产服务的车辆维修及其他辅助服务等构成。按照我国的统计习惯，道路运输业包括：①公路旅客运输，指城市以外道路的旅客运输活动；②道路货物运输，指所有道路上的货物运输活动；③道路运输辅助活动，指与道路运输相关的运输辅助活动，主要表现为汽车客运站（指长途旅客运输汽车站）、公路管理与养护及其他道路运输辅助活动；④装卸搬运以及其他属于运输业范畴的与道路运输有关的部分。

按照其性质，道路运输可分为营业性道路运输和非营业性道路运输。营业性道路运输主要指为经济社会发展提供服务、发生费用结算的道路运输；非营业性道路运输主要指为个人或本单位生产、生活服务，不发生费用结算的道路运输。本书所讲的主要是能够为经济社会提供服务的营业性道路运输。

2. 道路运输发展阶段细分

伴随着人类经济社会的发展历程，道路运输可大体分为以下五个发展阶段。

1）早期道路运输（1886 年以前）

早期的道路运输几乎全部以人力、畜力为运输动力。我国是世界上道路运输发展最早的国家之一。商周时期出现了主管道路运输的官职，并开始有组织地修建道路。古代道路的开辟与战争如影随形，如著名的“丝绸之路”就经过了长期的战争。唐代是我国封建社会的巅峰，道路运输在该时期也发展到一个高水平。

2）近代道路运输（1886 ~ 1914 年）

1886 年，德国工程师卡尔 · 本茨设计制造出世界上第一辆实用的汽车；次年，他率先把汽车作为商品出售。这一重大事件标志着近代道路运输业进入汽车时代。从第一辆汽车的发明到第一次世界大战前夕，道路运输呈现出以下特点：道路建设不发达；汽车数量少、可靠性差；道路运输仅是铁路运输和水运的辅助手段，绝大多数情况下只承担部分短途运输。

3）近现代道路运输（1915 ~ 1945 年）

这一时期位于两次世界大战期间，是世界经济、政治格局发生剧烈变化的时期，道路运输呈现出以下特点：道路网规模逐步扩大，质量不断提高；汽车拥有量初具规模；道路运输成为短途运输的主力，并开始在中长途运输领域同铁路、水运形成竞争态势。

4）现代道路运输（1946 ~ 1970 年）

第二次世界大战结束后的 20 多年，伴随着主要发达资本主义国家基本实现工业化进程，道路运输业获得巨大的发展。此阶段道路运输呈现出以下特点：道路网基本完善，高速公路迅速发展；汽车拥有量剧增，且品种繁多、性能先进；道路运输在综合运输体系中开始占据重要地位，承担的客货运输量均占据优势地位。

5）当代道路运输（1971 年至今）

在当代，世界道路运输的发展呈现出以下特点：

（1）道路运输覆盖面广、通达性强。公路通达城乡并形成网络，使各地之间得以连通。以我国的发展情况为例：2008 年，我国公路总里程 373.02 万公里，比 2007 年增加 14.64 万公里；

等级公路里程277.85万公里,比2007年增加24.31万公里,占公路总里程的74.5%;全国农村公路(含县道、乡道、村道)里程达到324.44万公里,农村公路里程超过10万公里的省(区)为17个。道路运输最大的优势是通达性好,可以实现门到门运输。水路、铁路、航空运输一般只能将客货运至港站、机场,末端则需使用汽车实现集疏运。道路运输客运可以招手即停、送客到家,货运可以上门取货、送货到门。

(2)道路运输适应性强,安全性、舒适性不断提高。道路运输能够满足城镇、乡村、矿区、林区等不同区域的运输需求,能够适应各种陆上运输环境和运输要求。如对于需求波动大的季节性生活消费品,道路运输能保证品质、及时送达。随着技术的进步,公路网建设与发展加快,公路等级不断提高,汽车的技术性能与安全性也大为改善。此外,由于长途客运汽车结构的不断改进,大大减少了行驶中的振动与颠簸,空调系统和音响、电视等娱乐设备的使用使得旅客的旅行生活品质得以提升,道路运输的舒适性不断增加。

(3)送达速度快、机动灵活。由于道路运输灵活方便,可以实现门到门的直达运输,一般不需中途倒装,因而其送达速度快,有利于保证货物的品质和提高时间价值。快速是乘客对于运输活动的重要要求,在中短途运输中,道路客运的送达速度往往高于铁路。汽车单位运量小、调度灵活、易于集疏,在突击抢运时优势更加明显。

(4)原始投资少,资金周转快,回收期短。道路运输工具的购置费用相对较低,原始投资回收期短。美国有关资料表明,道路货运企业每收入1美元仅需投资0.72美元(铁路需2.7美元)。道路运输资本每年周转3次,铁路则需3~4年周转一次。汽车造价比飞机、火车、轮船低得多,不但市场经营者投资少,不少家庭也有能力购置。此外,道路运输在市场运营方面经营简易、准入门槛低。若私人经营道路运输业,可采用小规模方式,甚至一人一车也可以经营。

(5)单位运输消耗的成本高。道路运输成本是铁路运输成本的11~18倍,是沿海运输成本的28~44倍,是管道运输成本的14~21倍;道路运输劳动生产率只有铁路运输的10%左右,沿海运输的1.5%左右;此外,由于汽车体积小,无法运送大件物资,不适宜运输大宗和长运距货物。

(6)"网运分离"特征明显。"网运分离"来自欧盟91/440号决议,其意为"基础设施管理与运输经营分离",即把具有自然垄断性的干线路网基础设施与具有竞争性的客货运输分离,形成统一的路网基础设施以及若干个适应市场需求、实行专业化和规模化经营的运输企业。在"网运分离"状态下,政府着力于公益性建设和宏观调控,运输经营则由市场调节。世界各国公路的建设与养护,通常由政府列入预算,道路运输企业一般不直接负担其资本支出。

三、道路货物运输及其发展趋向

1.道路货物运输的优势

道路货物运输是中短途货物运输的主力。汽车不仅为铁路货运、水路货运、航空货运承担着集散货物的职能,而且是厂矿企业内部运输及城市货运的最重要工具。从世界各国交通运输发展演变的轨迹看,道路货物运输普及最广、承担全社会货物运量比例最大。从世界各国道路货物运输的发展情况看,无论在货物运输量还是在货物周转量方面,发达国家(如日本、英国)的道路货物运输都占有绝对优势(见图1-1至图1-4)。我国道路货运量占有全社会货运量70%以上的份额(见图1-5),但道路货物周转量所占比例较低(见图1-6),从一定程度上说明我国道路货物运输的运距较短。

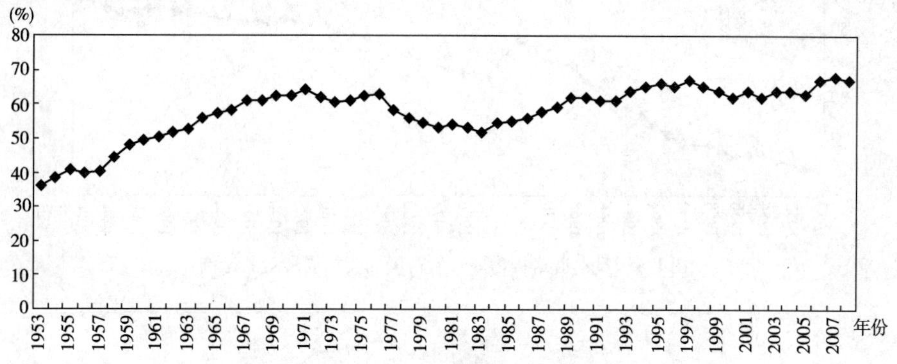

图1-1　英国道路货运量占国内货物运输量的比例

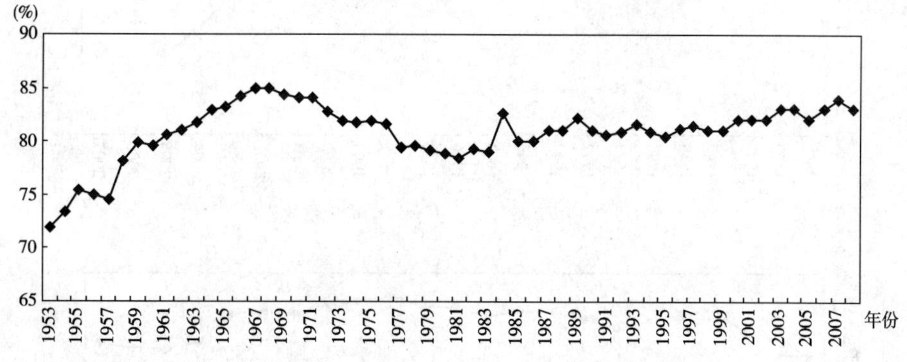

图1-2　英国道路货物周转量占国内货物周转量的比例

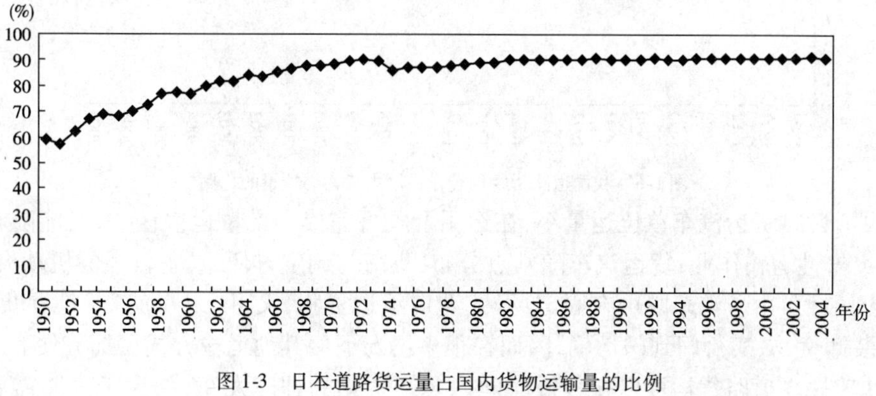

图1-3　日本道路货运量占国内货物运输量的比例

道路货物运输之所以能在全社会货物运输中占据如此重要的地位,主要基于其各种技术经济优势:

(1)适应性。道路货物运输的载运工具——货运汽车种类多样,在汽车功能设计上,一般汽车都能在山区及高原地带、严寒酷暑季节中运行,比水路、航空运输工具的适应性强、运行范围较广。

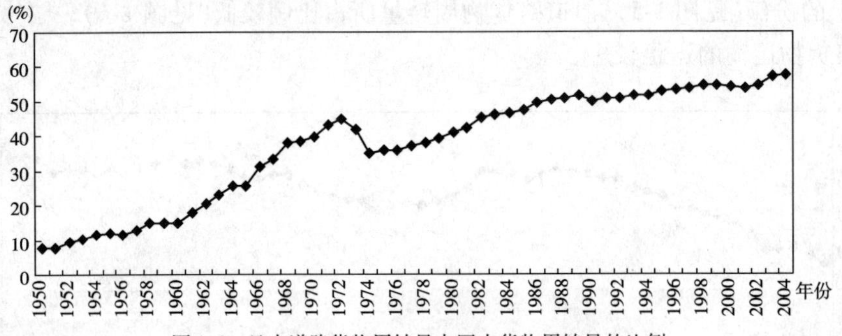

图 1-4　日本道路货物周转量占国内货物周转量的比例

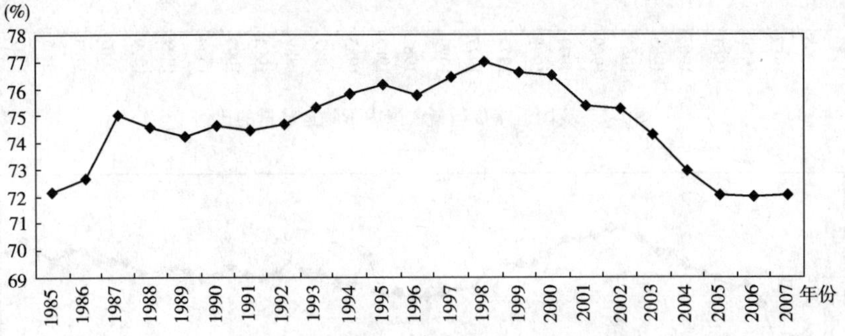

图 1-5　我国道路货运量占全社会货运量的比例

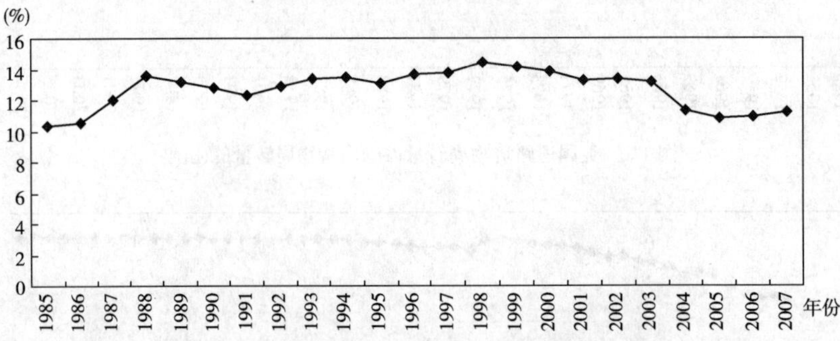

图 1-6　我国道路货物周转量占国内货物周转量的比例

(2)灵活性。货运汽车单位运量小,在运用上既可完成小批量运输任务,又能随时集结实现大批量突击性运输作业;货运汽车随站点分布,集疏与调度方便,具备较强的机动灵活性。

(3)方便性。由于汽车既可在固定场站、港口承运货物,又可“以车就货”地在集镇、农贸市场就地装卸货物,实行门到门运输,因而在很多情况下比其他运输方式更加方便。

(4)快速性。道路货运可以在较短时间内装卸货物并即时发车,相比于铁路需要经过技术站编组要快;不论在城市还是乡村,道路货运易于组织直达运输,中间环节少、运转速度快。

(5)易于实现联合运输。由于汽车的适应性和灵活性,既可开展公路铁路、公路水路、公路民航等干线上的联合运输,又可开展铁路、公路、水路等运输过程末端的联合运输。

2. 道路货物运输的整体发展趋势

从其发展趋向看,一方面,道路货物运输对经济的发展起着直接的支撑与促进作用,所以,使道路货运与经济环境协调一致、做好货运组织工作、保障货畅其流是道路货运追求的主要目标之一；另一方面，道路货物运输在整个交通运输系统中占据重要地位，是道路运输优势的充分体现，其发展必然受到交通运输技术进步和交通运输系统整体发展的影响。道路货物运输的发展趋势主要有：

1）完善与经济社会时空发展相匹配的动态道路货运网络

在交通运输系统中，道路货运是实现货物末端运输的最主要的手段，完善的道路货运网络是交通运输服务经济社会发展的基础。在道路货运网络的基础设施建设方面，应注重加强网络节点布局与各种层次的货运需求点空间分布之间的匹配；在道路货运网络的组织运营方面，应加强货运班线和班次密度的动态调整；在道路货运业务开展方面应注重不同类型业务的归类，形成专业化服务网络（如依托集装箱、厢式货车等集装化运输工具，开发针对危险货物、鲜活货物等特种货物的运输服务网络）。

2）提升道路货运载运工具的速度与灵活性

提高运行速度是交通运输发展过程中的永恒话题。任何一种运载工具都在特定的介质中运行，科技进步使得载运工具能够克服介质阻力而不断提高运行速度。但是，无论哪一种运输方式都有一个经济提速空间（见表 1-1 和表 1-2），各种载运工具提速的方法有共同的特点：首先，加大驱动功率来获得足够大的牵引力，克服介质阻力；其次，设计开发动力特性优良的运载工具，自重轻、阻力小、运行平稳、确保安全；最后，运输基础设施尽量平直，减少对载运工具的干扰。

对于道路货运载运工具而言，提高速度是必然的追求。与此同时，克服长、大、笨、重的外形设计，降低道路货运载运工具的自重、提高其运行灵活性，是道路货运载运工具的重要发展趋势。

各种运输方式的速度特征　　表 1-1

<table>
<tr><th>运输介质</th><th>介 质 的 特 点</th><th>运 输 方 式</th><th>经济速度（公里/小时）</th></tr>
<tr><td rowspan="3">水</td><td rowspan="3">水的密度为 1000 千克/立方米，在水中巡航速度难以超过 90 公里/小时</td><td>内河水上运输</td><td>快速翼船 50～80</td></tr>
<tr><td>海洋水上运输</td><td>水面飞机 300～400</td></tr>
<tr><td>海洋水下运输</td><td>潜艇 90</td></tr>
<tr><td rowspan="2">陆地</td><td rowspan="2">地表稠密大气密度为 1.2 千克/立方米，速度超过 400 公里/小时后，90% 的运行阻力来自空气</td><td>铁路运输</td><td>高速铁路 200～400</td></tr>
<tr><td>道路运输</td><td>高速公路 110～180</td></tr>
<tr><td rowspan="2">大气层</td><td>海拔 11 公里高空，空气密度只有地表的 1/5 左右</td><td>航空运输</td><td>1000～2000</td></tr>
<tr><td>海拔 80～120 公里高空，处于大气层边缘（外层空间边缘）</td><td>亚轨道运输</td><td>远高于 2000</td></tr>
</table>

五种货物运输方式的比较　　表 1-2

运输特点	集装箱海运	航空快递（MD-11F 机型）	亚轨道运输	铁路行包专列运输	道路运输（厢式货车）
体积	9.28～66.83 立方米	约 447 立方米	<20 立方米	约 120 立方米	40～85 立方米
质量	0.95～3.35 吨	约 91.2 吨	<0.9 吨	约 25 吨	8～17 吨
运输时间	11 天（集装箱运输）～14 天（散货运输）	36 小时（航空快递）～9 天（一般航空货邮）	约 1 小时	由运输距离决定，最少 3 天	少于 24 小时（800 公里运距）
灵活性	一般	一般	差	较好	最好

3)扩展道路货运载运工具的载质量与有效载荷空间

客运高速化和货运重载化是现代交通运输的主要趋向。如果说道路客运最关注安全和速度的话,那么道路货运则要优先考虑载质量及其利用率。货运重载化是一系列高新技术结果的综合运用,超强材料和结构的采用、超常功率的牵引和制动、大宗货物的集散和管理等,都是各种运输方式实现重载化时必须解决的问题。道路运输车辆在技术进步的支撑下,其车型结构不合理、技术性能较差、运输生产效率较低等缺陷被逐渐克服。现代化载货汽车不但从结构和性能上得以改进,载货量也由原来的几吨提高到几十吨甚至上百吨,大大增加了运输效率和经济效益空间。

4)依托道路货运建设多式联运体系

多式联运的运输组织形式能够综合不同运输方式的优势,尽可能提高货物运输过程的经济效益和社会效益。随着综合交通运输系统的完善和成熟,多式联运的运输组织形式必将得以充分应用,而道路货运在多式联运中必然承担大量的末端集疏运任务。所以,在道路货运的发展过程中,无论是载运工具的技术革新,还是道路货运组织形式的改进,都需考虑到参与多式联运的需要。

3.我国道路货物运输经营主体的发展趋向

自交通运输行业改革开放以来,我国道路货运业中个体和私营运输企业发展迅猛,在货运市场上占有优势比例,这在一定程度上促进了运力结构的改善、运输服务质量的提高和市场经济氛围的形成。但是,个体运输和中小型运输企业的过度发展也导致道路运输市场秩序混乱、竞争无序、运力冗余、资源浪费等问题的出现。从国际经验看,发达国家道路运输业一般也是经历了一个从零散逐渐走向整合的过程,许多发达国家自20世纪80年代道路运输降低准入门槛以来,个体运力迅速发展,随着竞争的加剧和用户对运输质量要求的提高,零散运力不断被淘汰和整合,行业集中度不断提高。如美国40%以上的汽车货运企业都是通过整合社会运力(并不购置新的车辆)来扩大其运输服务供给能力的。

自20世纪80年代我国降低道路运输准入门槛以来,个体和私营运输企业营运货车拥有量及其在全社会营运货车总数中的比例迅速增加,道路货运经营业户总数达数百万,但平均每个经营业户拥有的车辆数很低。根据交通运输部《2008中国道路运输发展报告》,有92.6%的普通货物运输企业、59.9%的专用货物运输企业、56.3%的集装箱运输企业、72.3%的大型物件运输企业和39.1%的危险货物运输企业拥有的车辆数少于10辆。这样一来,大量的零散运力造成道路货运市场相对无序和效益低下,究其原因:①零散运力不利于道路运输组织化程度和专业化水平的提高,运输服务形式单一,附加值低;②市场经营主体过多、过散,导致市场竞争无序,无法通过有效的竞争机制形成道路运输规模化经营;③零散运力提供者受经济利益的驱动,存在欺行霸市、垄断货源等现象,交通事故和商务事故频发,在损害货主利益的同时也导致整个行业信用水平下降。

从发达国家的实践看,运输市场的演变过程实质上是竞争与垄断这对基本矛盾相互作用的过程。政府对于运输市场的组织调控过程追求的就是在竞争与垄断之间寻找一个平衡点,这样才既能鼓励竞争、使企业能充分利用规模经济效益,又能有效地防止垄断、保持企业的竞争活力。发挥政府的职能、规范道路货运市场竞争规则的基本目标就是对道路货运行业内企业间的关系进行引导和干预,既要促进企业间的分工和协作、促进货运产业链的形成与发展,又要保护正常的竞争活动,防止过分追求规模经济而形成垄断。

当前我国道路货运市场的状况有待改善,在我国社会主义市场经济体制下,政府必然在道路货运市场的发展过程中采取各种举措以求达到道路货运市场的良好发展状态,对道路货运市场经营主体的引导是政府实现调控的主要手段。所以,鼓励和引导企业通过资源整合手段进行规模化和集约化运营必然是一个趋势。

从可行性上看,将道路货运业的零散运力整合起来以大中型运输企业的形式进行运营,可以更好地实现价值创造、成本节约和风险规避:

(1)将零散运力整合起来,以大中型运输企业形式运作能够提高运输的组织化程度和专业化水平,促使运输服务向品质型和效益型转化,为进一步开展信息处理、仓储、流通加工等各种现代物流基本服务提供条件。

(2)零散运力难以构建运输网络,运输产品单一,很难实现规模经济和范围经济。个体运输者的交易次数频繁、不确定性大,总交易费用也高。将零散运力整合起来以大中型运输企业形式运作,能够实现生产成本和交易成本的节约。

(3)零散运力对现货市场的依赖性比较大,其业务量会受到现货市场总需求量波动的影响。规模比较大的货运企业通过平衡不同运输波动周期的货物承运量,可以保持业务量的相对稳定,这种稳定性可降低经营风险。

整合道路货运零散运力有多种方式,一般包括收购、入股、分包与合作等。收购,就是把个体车主的汽车按照评估的现值购入运输企业,作为企业资产;入股,就是个体车主以汽车或其他资产对企业参股入股;分包,就是企业与车主(兼驾驶员)签订中长期的运输业务分包合同;合作,就是企业与车主(兼驾驶员)签订业务合作协议。以收购、入股、分包和合作等方式将现有的零散运输车辆吸收到大中型运输企业内运营,能够节约初期投资,是一种低成本的企业扩张形式。通过整合道路货运市场中的零散运力,进行规模化、集约化、现代企业化运作,可以解决零散运力过度发展所带来的一系列问题,有助于实现道路货运的良性发展。

4. 道路货运物流化

从发达国家的道路货运发展状况看,在规模化经营和高效率组织管理的背景下,在物流市场现实需求的刺激下,符合现代物流发展条件的传统运输企业已成功向现代物流企业转型,市场上形成了现代物流企业与传统运输企业相互补充、共同发展的格局。例如:

(1)在美国,20 世纪 70 年代末 80 年代初,随着美国对市场准入、经营线路、费率等运输管制的解除及运输经纪人的出现,运输市场竞争异常激烈,道路货运企业纷纷在运输服务的基础上开展物流业务,为客户设计、创新物流服务项目,迅速转型成长为能够提供多方位服务的物流企业即第三方物流企业。

(2)在德国,随着私有化进程的发展,很多道路货运企业都向物流企业转型发展,例如 NEVAG 公司(前身为东德梅克伦堡州运输公司)属于典型的国营运输企业,通过一系列创新发展,NEVAG 公司由单纯的货物运输公司逐步发展为集运输、仓储、配送功能于一体的第三方物流企业。与此同时,德国的大部分中小运输企业并未向现代物流企业转型,而是与现代物流企业相互依托,共同服务于经济社会对运输与物流的需求。

(3)日本的道路货运企业大多是中小企业,这些货运企业通过自身的业务调整和变革,延伸服务链条,逐渐向物流领域渗透,甚至转变为第三方物流企业。

随着现代物流业对经济社会发展速度与人们生活质量提升的贡献不断加大,我国大批传统的道路货运企业参照第三方物流的运作模式,在将运输服务作为核心业务的前提下开始提供一些延伸服务,进入向第三方物流企业转型的成长过程。货运物流化成为当前道路货运市场的一种发展趋势,成为我国道路交通行业的长期发展目标之一。

道路货运企业转型为第三方物流企业,借助业务运营网络、营销网络等已有的优势,可以较快实现基于道路货运的物流服务,但有一些制约因素需要解决,这包括:

(1)传统道路货运企业的经营模式、经营理念、企业文化等,不可能仅通过企业改名或翻牌为物流企业就能够在短时间内加以改变。在转型过程中,企业和员工往往对物流服务理念、服务效率、客户关系、市场开发等方面的认识和实践不到位,整体素质、价值创造意识、成本意识等方面存在差距。

(2)中小道路货运企业在我国数量多、分布散,单一企业规模小,组织和产业结构不合理,业务经营范围雷同、货运服务产品单一,实施道路货运物流化服务只能局限在相对低的层次,利润空间小,缺乏社会化、专业化分工协作。

第二节　道路甩挂运输基本知识

一、甩挂运输的概念

如果把大吨位车辆、厢式车、集装箱的推广使用视为道路运输发展史中运输设备的革新,甩挂运输则是基于既有设备的一种创新型道路运输组织形式。发达国家甩挂运输的大量采用可追溯至20世纪40年代,其出发点是满足多式联运中滚装运输和驮背运输等的需要,其后又被推广到一些大的汽车运输企业内。甩挂运输之所以能在一些国家及大型企业内获得稳步发展,主要是因为甩挂运输可以产生可观的经济效益和社会效益。

甩挂运输是指牵引车按照预定的运行计划,在货物装卸作业点甩下所拖的挂车,换上其他挂车继续运行的运输组织方式。在甩挂运输实践中,运输企业使牵引车或牵引汽车(带牵引装置的载货汽车)与半挂车能够自由分离与接合,通过半挂车或挂车的合理调度与搭配,缩短因装卸货物而造成的牵引车或牵引汽车的停靠时间,提高牵引车辆的利用率。

甩挂运输的产生与发展是大吨位货运车辆发展的必然结果。这是因为:提高汽车货运效率的重要途径是提高车辆的燃油经济性和装载能力,提高车辆的燃油经济性和装载能力最现实的措施就是使用大吨位货车。大吨位货车在满足上述两方面的要求上已经达到较高水平,而继续提高汽车货运效率或运输经济效益则需着眼于货车之外的途径。甩挂运输是提高汽车货运效率和运输经济效益的另一种思路,甩挂运输能够增加牵引车的有效工作时间、降低牵引车的购置费用(不必购买挂车)。

甩挂运输的基本工作模式是一部牵引车按计划或根据调度指令分时段拖挂不同的挂车，从而提高牵引车的有效工作时间。对于某些货运企业，车辆实际工作时间内的行驶时间低于或者基本等于货物的装卸时间和待装卸时间，在这种情况下，甩挂运输的应用使得两台或两台以上的挂车由同一台牵引车根据需要在不同时段牵引，这样可有效减少牵引车的保有量。

二、甩挂运输所用主要装备

1. 汽车列车

根据国际标准化组织和我国的有关标准，汽车列车被定义为"一辆汽车（载货汽车或牵引车）与一辆或一辆以上挂车的组合。"牵引汽车是汽车列车的动力来源，而挂车是被拖挂车辆，本身不带动力源。汽车列车能适应多种运输需要，专用汽车中的厢式汽车、罐式汽车、自卸汽车、起重举升式汽车、仓栅式汽车及其他特种结构汽车等均可以采用汽车列车的形式。根据结构形式，汽车列车可分为以下五种：

(1)半挂汽车列车——由半挂牵引车同一辆半挂车组合；

(2)全挂汽车列车——由汽车（一般为载货货车）同一辆或一辆以上全挂车组合；

(3)双挂汽车列车——由半挂牵引车同一辆半挂车、一辆全挂车组合；

(4)全挂式半挂汽车列车——由汽车（一般为载货货车）通过牵引车与一辆半挂车组合；

(5)特种汽车列车——由牵引车同特种挂车组合。

根据汽车列车的最大装载质量，汽车列车又可分为轻型、中型和重型汽车列车，重型汽车列车最大装载质量可达数百吨。

2. 牵引车

牵引车是汽车列车的动力源，用以牵引挂车来实现汽车列车的运输作业。根据结构与功能，牵引车可分为三类：

(1)半挂牵引车。半挂牵引车用来牵引半挂车，与普通载货汽车相比，其车架上无货箱，只用作牵引，而在车架上装有鞍式牵引座，通过鞍式牵引座承受半挂车的前部载荷，并且锁住牵引销，拖带半挂车行驶。实践中可在载货汽车底盘的基础上，选取合适的后桥主传动比，缩短轴距，并在车架上配置鞍式牵引座进行改装。

(2)全挂牵引车。用于全挂列车和特种挂车列车的牵引，一般可由通用的载货汽车改装。全挂牵引车车架上装有货箱，车架后端的支承架处安装有牵引钩，通过牵引钩和挂环使牵引车与全挂车连接。拖带特种挂车的牵引车车架上装有回转式枕座，采用可伸缩的牵引杆同特种挂车连接，在运送超长尺寸货物时，也可通过货物本身将牵引车与特种挂车连接起来。

(3)场站用牵引车。用于机场、铁路车站、港口码头等特殊作业区域内，可牵引半挂车或全挂车，完成货物运送和船舶的滚装运输作业。场站用牵引车一般选用电动机或内燃机作动力，机动性好，能满足不同货物高度和不同行驶速度的要求。

全挂牵引车前后大多装有牵引钩，可迅速连接或脱挂一辆或一辆以上的全挂车；半挂牵引车多装有低举升型牵引座，使连接或脱挂半挂车方便可靠；场站用轻型和中型牵引车多用载货汽车改装，场站用重型牵引车大多是装载机变型产品。

3. 挂车

挂车是汽车列车组合中的载货部分,在牵引车的带动下实现货物的转移。挂车车身可按货物的不同要求制成各种专用或特殊结构,如罐式挂车、厢式挂车、集装箱挂车、自卸挂车、商品汽车运输专用挂车等。根据牵引连接方式,挂车可分为三类:

(1)半挂车。半挂车是用于连接半挂牵引车的被拖挂车辆,其部分质量通过鞍式牵引座由半挂牵引车承担。

(2)全挂车。全挂车是完全靠拖挂的车辆,通过牵引钩和挂环与牵引车相连,其本身的质量和装载质量均不在牵引车上。为减少轮胎的侧滑、磨损和汽车列车的转向阻力,一般将全挂车前轴设计成转向轴。按最大装载质量的不同,全挂车可分为轻型、中型和重型,其中重型全挂车又有重型平板挂车、重型长货挂车和重型桥式挂车 3 种。

(3)特种挂车。特种挂车有两种连接方式,一种为全挂连接的牵引钩和挂环式,其牵引杆是可伸缩的,以适应不同长度货物的装载需要;另一种为非直接连接式,挂车车台通过所承载货物与牵引车上的回转式枕座连接。

4. 公铁两用车

公路铁路两用车辆(以下简称“公铁两用车”)是在驮背运输(把公路车辆放到铁路车辆上实现的运输)基础上演变而来的,实际上是一种大型公路挂车。它利用螺旋弹簧或液压装置将轮胎升起后可以直接装在铁路车辆转向架上,由转向架承载而在铁路轨道上运行(或者由公路挂车装上导向架构成铁路车辆,在公路上行驶时只需将导向架升起)。公铁两用车能有效解决传统甩挂运输车辆无效载荷与有效载荷比值较大、经济性不够理想等问题,既发挥了铁路远距离运输的规模效益,又具备公路门到门运输的灵活性。公铁两用车符合现代多式联运组织的需要,代表了货物运输的一种发展趋向。公铁两用车的优势主要表现在:

(1)采用公铁两用车,省去了铁路车辆自重,有效载质量与运输工具自身质量之比可明显提高,也就是说,运输同样质量的货物可以节省牵引力,这是公铁两用车技术得以迅速发展的原因之一。

(2)不论挂车的长度如何,当它们编成铁路列车时,挂车之间的距离很小,这使得列车运行时空气阻力较低。

(3)公铁两用车的总高度低,可增大装载货物高度,从而增大车辆的装载容积。

(4)公铁两用车不需要大型起重机等换装设备,只需将铁轨嵌入地面,便于挂车上、下铁轨即可,这可减少铁路车辆的投资、也可减少场站的装卸作业设备投入。

(5)公铁两用车既具有公路运输车辆的装卸灵活性,又具有铁路运输车辆长距离快速货运的高效率,可以实现真正的门到门运输。公铁两用车可以在公路和铁路运输之间自由而迅速地转换、换装,可避免由此可能造成的货损货差。

美国于 20 世纪 70 年代末开始发展公铁两用车。目前,美国的公铁两用车技术主要有以下三种形式:

第一种公铁两用车技术是 Road Trailer。采用该技术的公铁两用车由公路向铁路换装的作业过程是:挂车驾驶员把转向架叉取到铁轨上,挂车向后退至转向架,利用挂车的压缩空气系统使车身升高，然后车身移动到转向架上；移动完成后自动锁销便把挂车车体与连接座锁住；放掉挂车上的压缩空气，依靠强力螺旋弹簧把轮胎提升并离开铁轨；该挂车依托转向架再向后倒退，与另一辆已装好的挂车前端连接舌衔接；驾驶员从车上下来、插入连接销，就可完成一辆挂车的编组。有的车站甚至不需任何辅助设备，由挂车驾驶员便可完成全部换装作业。

第二种公铁两用车技术是 Roil Trailer。此技术是将一辆公路挂车配上可装卸的铁路转向架，该系统适合 6～15m 甚至 17m 长的挂车。Roil Trailer 车辆有两个特点：首先，挂车构架底角与铁路转向架的连接采用了国际标准的旋锁连接，这可以加速公路和铁路之间的转换速度，而且通过转向架向挂车构架传递纵向牵引力更加有效；其次，在货场进行公路与铁路之间的转换时，提升挂车不需要压缩空气。

第三种公铁两用车技术是 Rail Trailer。该系统是用公路挂车或集装箱连接特制的铁路平车（低、短平台车）组成铁路列车。一辆挂车的后端与另一辆挂车的前端放在同一辆铁路平车上，形成“挂车——平车——挂车——平车……”的编组顺序。挂车的轮胎固定在前一辆平车上，挂车的中心立轴支柱固定在中间一辆平车上。挂车向平车上装卸时只需使用低廉的活动渡板，不需昂贵的装卸设备和过多的操作人员。平车装有标准的车钩和制动系统，可用铁路机车直接牵引或加挂在一般货运列车编组中。

三、甩挂运输的主要优势

与传统运输方式相比，甩挂运输具有明显的优势，这些优势主要体现在两大方面：依托具备良好兼容性和可扩展性的车辆，甩挂运输可获得装备优势；依托先进、科学的组织管理方式，甩挂运输可获得技术经济优势。

1. 车辆装备方面

（1）挂车具有很好的兼容性。挂车的类型多样，包括厢式挂车、罐式挂车、平板挂车、集装箱挂车、商品汽车运输专用挂车等若干类，如在厢式半挂车的这一大类里还可以分出保温半挂车、冷藏半挂车等，在其他大类中也能区分出大量的细分车型。所以挂车对于其他道路运输车型的替代作用具备非常明显的条件。

（2）车辆的投入产出率高。挂车具有价格比较低廉、运输效率高、载质量大、单位运费较低等优点。对于挂车，国际一流水平的标准是降低牵引车燃油消耗率、整备质量最小化、有效载荷和有效容积最大化。挂车的运转机构如车轴、悬架、轮胎等经严格筛选，其总行驶里程至少可以达到牵引车总行驶里程的 2 倍以上，且故障率极低，正常运行条件下设计使用寿命也超过 20 年。

（3）运载能力大，特别是容积的扩展空间大。根据我国相关标准，2008 年 1 月 1 日以后在高等级公路上使用的整体封闭式厢式半挂车最大长度可放宽到 14.6 米，与其组成的铰接列车车长最大限值放宽到 18.1 米；因此，在国家政策的推动和市场需求的拉动下，大型封闭式挂车运输将成为公路干线运输的重要力量，且普通挂车市场需求逐渐向厢式车转移。可见，采用带挂车的汽车列车运输货物，是提高运输效率、降低运输成本的有效办法。

（4）有助于实现公路长途运输。汽车列车具有运输效率高、吨公里油耗低、经济效益好、能够实现门到门运输等优势，已成为公路货运的主要运输工具之一。实践表明，吨位大、效率高、可实现一车多挂的半挂车会随着公路运输业的发展而成为最合适的公路长途运输工具。

(5)可以实现运输网络节点上的暂时储存。发达国家的一些工商企业内部基本不设固定的仓库,也不自备货运车辆,几乎所有的周转、库存物资均存放在运输物流企业的厢式挂车或集装箱内,而这些厢式挂车或集装箱始终处于流通周转之中。在货运站的库房、货场比较紧张的情况下,采用甩挂运输使挂车车厢成为仓储的一部分,可以做到货不进库,收货后直接装车,减少仓储基础设施投资。

2.技术经济方面

1)甩挂运输能够增加牵引车的有效工作时间、降低牵引车相关的费用

对于某些道路货运企业,车辆实际工作时间内的行驶时间低于或者基本等于货物的装卸时间和待装卸时间,这时,应用甩挂运输可使2台或2台以上的挂车由同一台牵引车根据需要在不同时段牵引,这样可大大节约牵引车的购置数量和费用。在北美和欧洲的部分国家,1台可牵引12.2米(40英尺)集装箱车或相应厢式车的牵引车售价大约为1台挂车售价的1.5倍。按1部牵引车拖挂2部挂车测算,运输企业可节约50%左右的牵引车购置费用。当然,牵引车的价格不一定绝对高于挂车的价格,牵引车与挂车的配置比不一定特别高才有实行甩挂运输的必要,只要牵引车的费用相对于运输成本而言是不可忽视的,在营运中就有开展甩挂运输的必要。此外,牵引车数量的减少能够降低对企业自身停车场面积的需求,降低企业自有车辆的维修费用[1]。

2)甩挂运输能够减少雇用驾驶员的数量并降低相关人工费用

由于运输企业对大型牵引车驾驶员的要求很全面,世界各国大型牵引车驾驶员的雇用工资都比较高。统计资料表明,非甩挂运输货车的驾驶员工资在运输企业成本中所占比重为40%左右,而大型牵引车仅占25%,因此,许多企业宁愿更多地购置生产或服务设备以压缩对技术工人(包括大型牵引车驾驶员)的雇用。甩挂运输的应用不仅节约了运输工具的购置,而且减少了驾驶员的雇用数量,从而降低人员工资费用和与人员有关的其他支出(如社会福利、医疗保险、养老保险等)[1]。

3)甩挂运输有助于运输场站成本的压缩、实现规模效益

甩挂运输需要在较高组织化程度的条件下进行,开展甩挂运输可以促进交通运输场站等基础设施的建设与发展,促进道路运输实现网络化经营,从而推动道路运输企业向集约化、规模化方向发展;在甩挂运输场站内,车辆进站,甩下原挂车,挂上新挂车,随即可走,这样压缩了等待装卸的时间,有利于加速车辆周转,增加车日行程;收货后直接装车,可减少搬运装卸次数,且整车交接、手续简单,保证了货运服务的品质。

4)甩挂运输在提高运输工具容积利用率的基础上,能够促进多式联运的发展,并获得速度、成本等方面的更大收益

开展甩挂运输可以促进道路运输与铁路运输、水路运输的多式联运,实现以道路甩挂运输为基础的驮背运输、滚装运输,充分发挥各种运输方式的技术经济优势,并减少针对货物的装卸作业等待时间,提高装卸效率和载运工具的容积利用率。在驮背运输、滚装运输的多式联运过程中,由干线运输牵引车将装好货物的挂车拖至铁路货场或港口,再由场内牵引车(或干线

牵引车)将挂车移送至铁路平车、船舶甲板或舱位后与挂车分离,到达目的站或目的港后,再由另一端的牵引车将挂车运至目的地。这种多式联运组织形式显著地减少了对汽车动力部分的占用,提高了铁路车辆和船舶的容积利用率。此外,以甩挂运输为基础的驮背运输、滚装运输可以提高长途干线运输过程的运行速度。

表1-3为美国部分铁路公司2007年第一季度不同货物运输组织形式的平均速度,不难发现多式联运的平均速度明显高于其他运输形式。表1-4为2007年美国不同运输组织形式的货物运输成本,不难发现,相比于道路运输,多式联运的成本要低很多。

美国铁路货物运输平均速度(单位:英里/小时)　表1-3

铁路公司	运输组织形式			
	多式联运	粮食专列	煤炭专列	整体平均
BNSF	34.1	18.6	23.6	23.4
Soo Line	28.0	20.0	20.5	23.2
CSX	28.6	16.2	29.0	20.2
KCS	29.0	21.5	21.9	24.0
NS	26.9	25.4	18.2	21.1
Union Pacific	25.6	20.6	19.9	21.7

注:数据来源于文献[2]。

2007年美国各种运输组织形式的货运成本(单位:美分/吨英里)　表1-4

运输组织形式	运输的内部成本	除了交通拥堵外的社会成本(运输外部成本)				
		交通事故	大气污染	温室气体	噪声	合计
普通汽车运输	11.69	0.82	0.11	0.21	0.06	1.2
重载铁路运输	1.65	0.24	0.01	0.03	0.06	0.34
混编铁路运输	1.67	0.24	0.01	0.03	0.06	0.34
多式联运	3.72	0.24	0.03	0.03	0.06	0.36
双层集装箱运输	1.47	0.24	0.01	0.03	0.06	0.34

注:数据来源于文献[2]。

四、道路甩挂运输的一般组织形式

开展甩挂运输的根本目的是减少牵引车在装卸货环节的停歇时间,从而增加牵引车运行的时间效率,提高车辆运输生产率。因此,道路运输企业在进行甩挂运输生产组织时,必须立足于这一出发点,合理有效地设计甩挂运输方案。

一般而言,道路货物运输的主要类型有整批货物运输、零担货物运输、快件货物运输、集装箱运输、特殊货物运输(如危险货物、超限货物等)和其他一些专用运输(如冷藏货物运输、鲜活农产品运输、商品汽车运输等)。在这些货物运输类型中,有的适宜采用甩挂运输,有的则不适宜。

1.甩挂运输的基本组织形式

对于甩挂运输组织工作,有专家认为[3],只有当即时待拖带挂车的装卸作业时间与甩挂作业时间之和,小于整个汽车列车的装卸停歇时间时,采用甩挂运输才是有利的。同时,为充分发挥挂车的运输效率,挂车在完成装卸作业后的待挂时间也不宜过长。

实际上挂车待拖带常常是难免的,问题在于如何选择适当的运输距离,尽量减少挂车的待拖带时间。当甩挂运输用于短距离运输时,应尽可能减少挂车的等待时间。在运距太长情况下,如果采用甩挂运输,汽车列车装卸作业停歇时间在其出车时间中所占比重不大,而挂车在完成装卸后的待拖带时间又较长,这会导致挂车运输效率不能充分发挥。但是,我们认为此时挂车实现的是运输过程的停顿功能,这是因为:点与线是交通运输空间的基本组成要素,在运输中,点是能够为货物增加附加值的,而为此需要付出的代价就是中断货物的移动过程。运输的原则之一就是保持货物以满意的速度持续移动,一旦这种移动发生中断,成本就要上升,所以在点上的停顿必须能够创造出一定的运输作业附加值。如果甩挂运输挂车在待拖带期间能够完成运输辅助活动(如车辆年检过程中的轮换使用)或者创造新的价值(如挂车充当临时储存场所),采用甩挂运输仍是可行的。

在运输实践中,甩挂运输可采用的组织形式有:

1)一线两点、两端甩挂

一线两点、两端甩挂是适宜在短途往复式运输线路上采用的一种甩挂运输形式。这时,汽车列车往复运行于两个装卸点之间,在装卸作业地点各配备一定数量的周转挂车,汽车列车在线路两端的装卸作业地点均实行甩挂作业。

对于装卸作业地点固定、货运量较大的地区,这种组织形式效果比较显著,但对车辆运行组织工作有较高的要求。它需要根据汽车列车的运行时间、即时待拖带挂车的装卸作业时间资料,预先编制汽车列车运行图,以保证均衡生产。

根据货流情况,也还可以采用一线两点、一端甩挂的组织形式,即装车(卸车)甩挂、卸车(装车)不甩挂。这种形式适用于装车(卸车)作业地点能力较强而卸车(装车)作业地点能力较弱的情形。

2)循环甩挂

循环甩挂是指在车辆循环运输的基础上,进一步组织甩挂运输,它要求在闭合循环回路的各装卸作业点上,配备一定数量的周转挂车,汽车列车每到达一个装卸作业点便甩下所带挂车,装卸工人集中力量完成该挂车的装卸作业,然后牵引车挂上预先准备好的挂车继续行驶。

这种组织形式的实质是用循环调度的办法来组织封闭回路上的甩挂运输过程,它不仅能够提高运载能力、压缩装卸作业时间,而且能够提高里程利用率,算是甩挂运输中较为经济、运输效率较高的组织形式之一。但由于涉及面广,其运输组织工作甚为复杂。在组织循环甩挂运输时,一方面要满足循环调度的基本要求,另一方面还要选择运量较大且货流稳定的市场,同时也要有适宜于组织甩挂运输的场站基础设施和设备。

3)一线多点、沿途甩挂

一线多点、沿途甩挂的组织形式与我国铁路货运列车的编组与运行过程类似,这要求汽车列车在始发站按照卸货作业地点的先后次序,本着“远装前挂、近装后挂”的原则编挂汽车列车。采用这一组织形式时,在沿途有货物装卸作业的站点,甩下汽车列车的挂车或挂上预先准备好的挂车直至运行到终点站。汽车列车在终点站整列卸载后，沿原始线路返回，经由原甩挂作业站点时，挂上预先准备好的挂车或甩下汽车列车上的挂车，直至运行到始发站。

一线多点、沿途甩挂组织方式适用于装货(卸货)地点集中，卸货(装货)地点分散，货源比较稳定的运输线路。当货源条件、装卸条件适宜时，也可以在始发站或到达站，另配备一定数量的挂车进行甩挂作业。定期零担班车也可采用这一组织形式，只是单一挂车与汽车列车的载运容积空间的利用方式有所差异。

4)多线一点、轮流拖带

多线一点、轮流拖带是指在装(卸)货集中的地点，配备一定数量周转挂车，在没有汽车到达的时间内，预先装(卸)好周转挂车的货物，某线路上行驶的汽车列车到达后，先甩下挂车，然后挂走预先装(卸)好的挂车返回原卸(装)货地点，进行整列卸(装)载的挂车运输组织形式。这一组织形式实际上是一线两点、一端甩挂的复合形态，只是这种形式的挂车多线共用，可提高挂车运用效率。它适用于发货点集中、卸货点分散，或卸货点集中、装货点分散的运输线路。

值得指出的是，组织甩挂运输应注意以下四个方面。

(1)组织甩挂运输应有周密的运行作业计划，最好绘制牵引车运行图，并加强对甩挂运输过程的调度工作。调度人员应根据不同的甩挂运输组织形式，掌握每一项作业的基本时间、汽车列车和挂车的装卸周期时间与运行间隔、挂车配备量等指标，以保证甩挂运输均衡地进行。

(2)组织甩挂运输应加强现场监督和指挥。装卸作业地点应固定现场调度员，具体负责现场调度工作，并随时向上级调度机关反映情况。

(3)甩挂运输需要一定数量的周转挂车，这增加了管理工作的复杂性。挂车的配备应根据甩挂运输的不同形式加以确定。要确保挂车的完好率指标，合理利用每一辆挂车，以提高挂车的载运效率。

(4)汽车列车与单一载货汽车相比，在运行和装卸作业中更容易发生事故，因此在机件设备、驾驶操作、甩挂作业等方面都必须制定相应的安全措施。

2. 整批货物甩挂运输组织形式

按照行业习惯，道路运输中的整批货物是指一次托运量在3吨以上，或虽然不足3吨但其性质决定需要一辆整车运输的货物。一般情况下，对于货源稳定、货运量较大、装卸货地点比较固定的“一线两点”之间的整批货物运输，适宜在装货点和卸货点两端都进行甩挂作业，即采用“一线两点、两端甩挂”的组织方式，在装货点和卸货点都配备周转挂车。可以采用“一牵一挂(半挂牵引车拖带挂车)”的列车组合，也可以根据运输量和道路条件采用“一牵两挂(一辆半挂车加一辆全挂车)”的双挂列车组合形式，这是效率较高的甩挂运输组织形式。例如，在同一区域内，对一些大型生产企业和商贸企业与港口、火车站以及大型物流中心之间的同城货物运输，生产企业大型零部件配送中心向其生产线上进行的零部件配送等类型的运输活动，都可以采用这种甩挂运输组织方式。对于货主一端装卸条件差、装卸速度慢，而港口或物流中心一端装卸速度快的情况，可只在货主一端甩挂，在港站不甩挂，即采用“一线两点、一端甩挂”的组织方式，以保证交通运输流的均衡。

3. 零担货物和快件货物甩挂运输组织形式

零担货物运输和快件货物运输属于网络化运输形式，其运输组织化程度较高，运输场站等节点设施较齐全，从组织条件上比较适宜采用甩挂运输。我国大多数零担和快运企业都采用分级制网络结构，即按经济地理区位、货物吞吐量和节点位置重要度等因素将运输场站分为不同级别。对于大城市和重要枢纽位置的一级场站，货物吞吐量较大，场站与场站之间多有高等级干线公路连接。因此，在高等级零担站和快运货运站之间，如果货运量较大，可以采用甩挂运输方式。甩挂运输的组织形式，可根据运输线路的类型选择"一线多点、沿途甩挂"或"循环甩挂"等形式。即，如果场站与场站之间的运输线路为往复式多场站的线型结构，可以根据各个场站货运量的规模，配备一定数量的周转挂车，在沿途各个场站之间组织甩挂运输；如果场站与场站之间的运输线路为闭合循环式回路，则同样可在沿途各个场站之间组织甩挂作业，形成循环甩挂运输。目前我国的零担运输和快件运输企业大多数是自建营运网络，其实，可以由企业根据各个场站之间的货运量规模，配备一定数量的周转挂车，并统一组织对周转挂车的使用与管理。值得注意的是，这需要在整个运输网络上统一安排往返方向牵引车的运行时间表，以保证各场站周转挂车的装卸作业与牵引车过往时间相协调。

零担班车拖带挂车的列车组合形式，根据道路状况可采用"一牵一挂"的半挂列车形式、"一主一挂"的全挂列车形式，也可以采用"一牵两挂"的双挂列车形式。在编挂汽车列车时，要注意遵循"近货后挂，远货先挂"的编挂原则。

对于零担和快件运输的支线运输，虽然其运输量较小，但如果沿途节点缺乏仓储等作业基础设施时，也可考虑以挂车实现运输停顿功能，同时组织线路上的甩挂运输。

4. 集装箱甩挂运输组织形式

道路集装箱运输是最适宜采用甩挂运输的一种运输方式。早在1996年，国家经济贸易委员会就会同交通部等部门联合发出通知，鼓励开展集装箱甩挂运输。因为道路集装箱大多数是承接和转运海运集装箱，为港口和铁路车站进行集装箱集疏运服务，运输距离一般较短，而集装箱在货主一端的装货和卸货点大多需要进行就车装货或拆箱卸货，装卸作业时间较长，采用甩挂运输可以大大提高牵引车周转速度。另一方面，对集装箱的运输作业大多数是利用专用集装箱半挂车实现，开展甩挂运输不需占用牵引车装卸作业时间。此外，集装箱半挂车结构简单，购置费用较低。因此，开展集装箱甩挂运输具有显著的经济优势和现实意义。

集装箱甩挂运输可根据运输距离长短、道路交通状况以及集装箱装卸条件采取"两端甩挂"或"一端甩挂"的方式进行组织。集装箱甩挂运输的车辆组合结构，以半挂列车（半挂牵引车拖带半挂车）为主，道路交通条件特别好的地区可以采用双挂列车（半挂列车加全挂车）组合形式。

第三节　道路甩挂运输发展概况

一、道路甩挂运输在交通运输发展中的历史坐标

一般认为，交通运输体系由3个主要部分组成：

(1)载运工具生产系统。载运工具也就是交通运输活动所使用的设备,是旅客和货物的承载体,也是形成动态交通流的基本单元。

(2)具有一定技术与装备的运输网及其结合部系统。运输线路是载运工具的载体,运输线路一般呈网状布局,线路之间的交叉点形成交通节点,而大城市和区域经济中心及各种运输方式的结合部,多形成交通枢纽。以运输线路和交通枢纽为主体,构成交通运输活动的固定设备。

(3)交通运输组织、管理和协调系统。运输经营管理系统是为保证交通工具和运输线路相互配合、安全有效运行而设置的,不仅要对交通流实行及时正确的动态监测、疏导、调整和控制,而且要经济合理地整合运输资源,科学有效地组织运输生产过程。

道路甩挂运输属于一种运输组织方式,其产生与发展顺应了交通运输发展的趋势。这里我们从交通运输体系的 3 个主要组成部分出发,简要归纳交通运输发展过程中一些典型的工程装备、组织管理技术出现的时间节点(图 1-7)及其发展概况,以明确道路甩挂运输的由来及其在整个交通运输发展历程中的位置和预期功能。

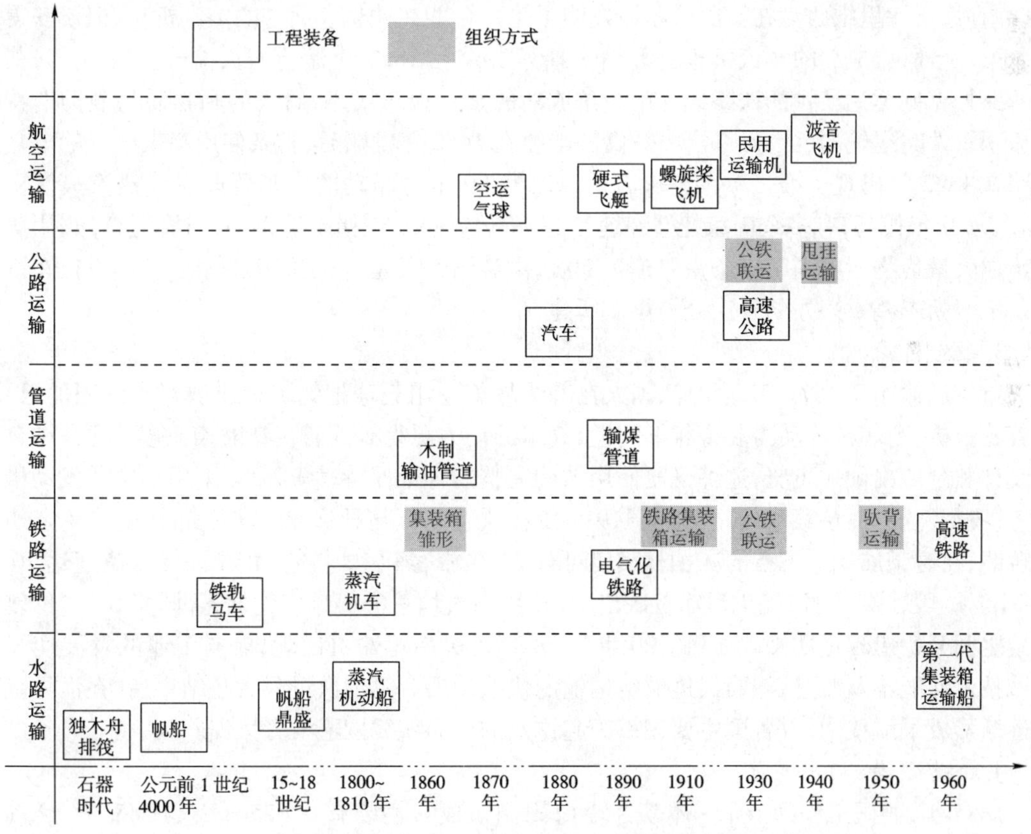

图 1-7　交通运输工程装备和组织管理技术典型时间节点示意图

1. 水路运输

水路运输分海运和河运两种,它们以海洋或河流作交通线。人类在古代就已利用天然水道从事运输,最早的运输工具是独木舟和排筏,后来出现木船;帆船出现于公元前 4000 年,15

~18 世纪是帆船的鼎盛时期;19 世纪蒸汽机驱动的船舶出现后,水路运输工具产生了飞跃(1807 年美国人富尔顿把蒸汽机装在"克莱蒙特号"船上,航行在纽约至奥尔巴尼之间,航速达 6.4 公里/小时,是首艘机动船);当代世界商船队中已有种类繁多的多种现代化船舶。

我国是世界上水路运输发展较早的国家之一,水路运输在相当长的历史时期内对中国经济、文化发展和对外贸易交流起着十分重要的作用。公元前 2500 年前,我国已经制造舟楫,商代有了帆船;公元前 500 年前后中国开始开凿运河;公元前 214 年建成连接长江和珠江两大水系的灵渠;京杭运河则沟通了钱塘江、长江、淮河、黄河和海河五大水系;唐代对外运输丝绸及其他货物的船舶可直达波斯湾和红海,该航线被誉为"海上丝绸之路";明代航海家郑和率领船队七次下西洋,历经亚洲、非洲 30 多个国家和地区;1872 年,我国自制的蒸汽机船开始航行于海上和内河。

2. 铁路运输

希腊是第一个开展轨道运输的国家,至少 2000 年前已有马拉的车沿着轨道运行。1804 年,理查德·特里维西克在英国威尔斯发明了第一台能在铁轨上前进的蒸汽机车,但没获得利润。第一台取得成功的蒸汽机车是乔治·斯蒂芬森在 1829 年建造的火箭号。1825 年,英格兰的斯托克顿至达灵顿的铁路成为第一条成功的蒸汽火车线路,后来的利物浦与曼彻斯特铁路显示了铁路运输的巨大发展潜力。高架电缆在 1888 年发明后,首条使用高架电缆的电气化铁路在 1892 年出现。第二次世界大战后,以柴油和电力驱动的火车逐渐取代蒸汽火车。从 19 世纪 60 年代起,有多个国家建造高速铁路,货运铁路亦连接至港口,并与海运合作,用集装箱运送大量货物。中国第一条铁路建于上海,由英国人兴建,正式使用的第一条蒸汽机车铁路则是由清朝李鸿章兴办的开滦公司煤矿所建。

3. 航空运输

航空运输始于 1871 年,当时法国人在普法战争中用气球把物资运出被普军围困的巴黎。随着蒸汽机、内燃机等动力装置相继问世,气球的动力源得到改善。1898 年,德国的齐柏林首次设计和制造出硬式飞艇,这种飞艇使用结构完整的骨架保持气囊外形,采用活塞式发动机作动力,飞行性能好、装载量大。德国于 1910 年在法兰克福与杜塞尔多夫之间开设飞艇定期空中航线,在这条航线上飞行的齐柏林飞艇可载 24 名旅客和 12 名空勤人员,飞行速度达 70 公里/小时。1918 年 5 月,飞机运输首次出现,航线为纽约—华盛顿—芝加哥,同年 6 月,伦敦与巴黎之间开始出现定期邮政航班。20 世纪 30 年代民用运输机出现,航空工业的发展使飞机各种技术性能不断改进,继而促进航空运输的快速发展。第二次世界大战结束后,在世界范围内逐渐形成了航线网,以各国主要城市为起讫点的世界航线网遍及各大洲。

4. 公路运输

1885 年,德国工程师卡尔·本茨在曼海姆制造成一辆装有 0.625 千瓦(0.85 马力)汽油发动机的三轮车;德国另一位工程师戈特利布·戴姆勒也造出一辆用 0.81 千瓦(1.1 马力)汽油发动机作动力的四轮汽车,他们被公认为以内燃机为动力的现代汽车的发明者。公路运输是 19 世纪末随着现代汽车的诞生而产生的,初期主要承担短途运输业务。第一次世界大战结束后,随着汽车工业的发展和公路通车里程的增加,公路运输进入快速发展时期,不仅成为短途运输的主力，而且进入长途运输领域。第二次世界大战结束后，公路运输发展迅速，欧洲许多国家和美国、日本等国已建成比较发达的公路运输网，汽车工业提供的雄厚装备技术，促使公路运输在运输业中跃至主导地位。

在高速公路建设方面，世界上最早的高速公路可以说是我国的秦直道，秦直道南起京都咸阳军事要地云阳林光宫（今淳化县境内），北至九原郡（今内蒙古包头市境内），长达700多公里，路面最宽处约60米，一般为20米。德国于1931～1942年建设的波恩至科隆高速公路是现代意义上的世界第一条高速公路；美国于1937年开始修筑宾夕法尼亚州高速公路；中国台湾于1978年底建成基隆至高雄的中山高速公路；1988年10月31日，上海至嘉定18.5公里高速公路建成通车，中国内地出现了高速公路。

5. 集装箱运输

世界上第一艘集装箱船是美国于1957年用一艘货船改装而成的，它的装卸效率比常规杂货船快数倍，货损量大大减少，船舶停港时间大为缩短。20世纪60年代，横穿太平洋、大西洋的1.7万～2万总吨集装箱船出现，其可装载700～1000TEU（"TEU"为20英尺集装箱换算单位，简称"标准箱"），是第一代集装箱船。进入20世纪70年代，4万～5万总吨集装箱船的集装箱装载数达到1800～2000TEU，航速也由第一代的23节提高到26～27节，这个时期的集装箱船为第二代集装箱船。1973年石油危机以后，第二代集装箱船被视为不经济的船型，故而被第三代集装箱船取代，第三代集装箱船的航速降低至20～22节，集装箱的装载数达到3000TEU，由于增大了船体尺寸、提高了运输效率，第三代集装箱船是高效节能型船。20世纪80年代后期，集装箱船的航速进一步提高，集装箱船大型化的限度则以能通过巴拿马运河为准，这一时期的集装箱船为第四代集装箱船，第四代集装箱船装载集装箱总数可达4400TEU。作为第五代集装箱船的典型，德国船厂建造的5艘APLC-10型集装箱船可装载4800TEU，这种集装箱船的船长与船宽之比为7～8，船舶的复原力增大，被称为第五代集装箱船。1996年春季竣工的Regina Maersk号集装箱船，最多可装载8000TEU，这个级别的集装箱船为第六代集装箱船。

集装箱运输的发展可分为以下几个阶段：

1）集装箱运输发展的初始阶段（19世纪初～1966年）

集装箱运输起源于英国。1801年，英国的詹姆斯·安德森提出将货物装入集装箱进行运输的构想；1845年，英国铁路使用载货车厢互相交换的方式，视车厢为集装箱，使集装箱运输的构想得到初步应用；19世纪中叶，英国出现运输棉纱、棉布的一种带活动框架的载货工具，这是集装箱的雏形。正式使用集装箱运输货物是在20世纪初期，1900年，英国铁路首次试行集装箱运输，后来相继传到美国、德国、法国等欧美国家。

1966年以前，虽然集装箱运输取得了一定的发展，但集装箱运输仅限于欧美一些国家的铁路、公路和国内沿海运输。船型以改装的半集装箱船为主，一般船舶的装载量不过500TEU左右；箱型长度多样（如24英尺、27英尺、35英尺），大多为非标准集装箱，长度为20英尺和40英尺的标准集装箱所占比例小；集装箱的材质开始以钢质为主，后来出现铝质箱；船舶装卸以船用装卸桥为主，只有极少数专用码头上建有岸边装卸桥；码头装卸工艺主要采用底盘车方式,且集装箱运输仅提供港到港的服务。

2)集装箱运输的发展阶段(1967 年~1983 年)

随着集装箱运输的优越性越来越明显,以海上运输为主导的国际集装箱运输发展迅速,这成为世界交通运输进入集装箱化时代的关键时期。1970 年,全世界实现约 23 万 TEU 的集装箱运量,1983 年集装箱运量达到 208 万 TEU。

随着海上集装箱运输的发展,各港口纷纷建设集装箱专用泊位,到 1983 年,世界集装箱专用泊位已有近千个,20 世纪 70 年代世界主要港口集装箱吞吐量的年均增长率达 15%。专用泊位的前沿均装备了装卸桥,码头堆场上轮胎式龙门起重机、跨运车等机械得到普遍应用。在这个时期,传统的杂货运输组织方式得到全面改善,与先进运输方式相适应的管理体系逐步形成。1980 年 5 月,在日内瓦召开的有 84 个联合国贸易和发展会议成员国参加的国际多式联运会议,通过了《联合国国际货物多式联运公约》,该公约对国际货物多式联运的定义、多式联运单证的内容、多式联运经营人的赔偿责任等问题均作出规定。

3)集装箱运输的成熟阶段(1984 年至今)

1984 年以后,世界航运市场摆脱了 20 世纪 70 年代石油危机所带来的影响,集装箱运输开始稳定发展。集装箱运输已遍及世界上所有的海运国家,随着集装箱运输进入成熟阶段,世界海运货物的集装箱化已成为不可阻挡的发展趋势。主要表现为:

(1)集装箱运输硬件与软件的成套技术趋于完善。干线全集装箱船向全自动化、大型化方向发展,一些大型航运公司纷纷使用大型船舶组织环球航线、并通过通信卫星在全世界范围对集装箱实行跟踪管理。港口的大型、高速、自动化装卸工艺也得到发展。为了使集装箱从港口向内陆延伸,一些国家对内陆集疏运的公路、铁路进行配套建设。在运输管理方面,一些国家已从仅限于港区管理发展为与口岸各部门联网的综合管理。

(2)集装箱运输进入多式联运和门到门运输阶段。发达国家由于建立和完善了集装箱的综合运输系统,使集装箱运输突破了传统的“港到港”概念,综合利用各种运输方式的优点,提供门到门的集装箱运输服务。

6. 多式联运

在美国,多式联运起始于 20 世纪 20 年代,当时已出现铁路运输挂车的公铁联运方式。1955 年,铁路的集装箱及挂车运输被列为一项单独的货运类别,当年运输了近 17 万箱(车)。在 20 世纪 70 年代前,几乎是挂车运输主导着多式联运市场,由此导致多式联运办理站不配备起重机械,只配备渡板。渡板的装卸方式只要求装卸线末端设置为站台式,利用汽车牵引通过折叠渡板上下车实现挂车的装卸(即使后来出现了集装箱,也可以把其置于支架车上形成与挂车相同的装卸搬运灵活性)。这样的装卸速度低,一般一辆挂车的装卸需要 5 分钟,但场站的装卸作业投资费用较低。

1956 年 4 月,美国 ideal-X 号经过改装,第一次装载 58 只集装箱从纽约运至休斯敦,开辟了集装箱运输形式;同年,第一艘专用集装箱船“Maxton”号出现,其能够在甲板上装载 60 只集装箱。1970 年以后,随着集装箱运量的增长,尤其是 20 世纪 80 年代双层集装箱运输的急剧增长,美国多式联运发生了根本性的变革,中小运量的车站大量关闭(从 1973 年的 1100 个缩减到1997年的200个)，装卸作业也实现了机械化。

从20世纪90年代起，集装箱运量逐渐超过挂车运量，这是伴随着进出口贸易量的增长及双层集装箱运输形式的出现而形成的局面。20世纪90年代，挂车运量一直保持平稳状态，90年代后期开始呈下滑趋势，而2003年开始有所回升并稳定在20%左右的市场份额水平。

7. 驮背运输

20世纪初，美国公路运输对铁路货运造成较大的冲击，公铁两种运输方式之间竞争激烈，两者互相配合开展运输服务的现象极少。1955年，美国铁路针对公路运输的迅速发展，相继采用了称之为"TOFC"(Trailer on flatcar)和"COFC"(Container on flatcar)的驮背运输和箱驮运输，即把集装箱半挂车或集装箱装到铁路平车上进行运输，这样铁路运输的运费低、可靠性好的优点同公路能实现门到门运输的优点结合起来，为开展铁路与公路之间的联合运输提供了思路。此外，由于采用铁路作为干线运输方式，驮背运输对道路运输的环境污染和拥挤状况有一定的改善作用。随着驮背运输在美国的成熟应用，加拿大、欧洲部分国家、日本等也相继应用这种运输组织形式。传统的驮背运输主要依托铁路来运输道路货车、半挂车、小汽车等，使用的载运工具是铁路平车(大部分为重心较低的专用平车)[4]。驮背运输具有以下优点：

(1)驮背运输能够迅速可靠地运送货物。美国的驮背运输产生于铁路在与公路的竞争中运量减少的时期，因为驮背运输拥有比公路运输优越的运送时间和可靠性。

(2)驮背运输有稳定的市场。虽然开行双层集装箱列车后，美国驮背运输的市场份额有所下降，但是完成的运量并没有降低，一直保持在一个相对稳定的水平，其市场份额的下降是由于双层集装箱列车的开行增加了集装箱的运量而引起的。美国铁路的集装箱运输量还在不断增长，而驮背运输已经发展到一定的水平，其运量保持相对稳定。

(3)驮背运输是环保高效的运输组织形式。驮背运输可以缓解劳动力不足，减少道路运输对环境的污染，提高货物的送达速度和道路运输车辆的使用效率，降低运输成本。

值得注意的是，驮背运输的无效载荷与有效载荷的比值较大，经济性尚有较大的提升空间。如美国于20世纪70年代末开发出铁路、公路都能运行的公铁两用挂车，其实质是把两用挂车直接放到特制的转向架上，节省铁路平车的车体、节省铁路平车的制造费用、提高有效净载荷。此外，由于挂车与转向架的结合与分离都是平面作业，也减少了装卸机械设备的消耗。

二、美国道路甩挂运输发展状况

经济发达国家在20世纪40年代就已开展甩挂运输，此种先进的组织形式多被规模较大的货运公司采用，因为货运规模能够保障甩挂运输的经济性。迄今为止，发达国家的大型货运企业几乎无一例外地采用甩挂运输，而在其他一些国家如新加坡、菲律宾、韩国、巴西等，甩挂运输的应用也很广泛。

在北美、西欧等公路网络比较发达的国家，以牵引车拖挂半挂车组成汽车列车的运输方式承担的运量占总货运量的70%~80%。汽车拖带挂车的编组方式是多样的，特别是美国、加拿大等国的挂车可以互换拖挂，最大限度地提高了牵引车及驾驶人员的工作效率，减少甚至免除了到达目的地的卸货等待时间。西欧经济发达的国家，在20世纪末就已有了甩挂运输的有关规范，允许执行一车两挂，列车总长度25.0米，总质量可达60吨，牵引车的发动机功率多在

300千瓦以上，最高行驶速度可达110～125公里/小时。在澳大利亚，一车三挂已成为汽车列车的主要形式，列车总长达34～40米，总质量达70～80吨，发动机最大功率在380千瓦左右，行驶中的常用车速为50～60公里/小时，制动系统为电子控制，保证整列挂车与牵引车实现同步制动，以确保行车安全[5]。

1. 美国货运车辆主要类型

美国运输部联邦公路局（U. S. Department of Transportation Federal Highway Administration，简称FHWA）公路政策信息办公室（Office of Highway Policy Information）曾资助研究美国货运汽车特征，并于1999年完成报告，该研究基于1992年的统计调查数据（The 1992 Truck Inventory and Use Survey，简称TIUS）。TIUS提供了汽车列车所涉及挂车（主要是被单体载货汽车和牵引车头拖挂的半挂车和全挂车）的构造以及轴数的信息。对于由牵引车所牵引的半挂车和全挂车，TIUS将挂车的构造分为：单一车轴承载的单个半挂车，两个车轴承载的单个半挂车，三个及以上车轴承载的单个半挂车，三个车轴承载的两个挂车，四个车轴承载的两个挂车，五个车轴承载的两个挂车，六个车轴承载的两个挂车，五个车轴承载的三个挂车。其分类与我国对挂车的习惯称呼的对应关系见表1-5。

TIUS挂车分类与我国习惯表达对应关系表 表1-5

TIUS挂车分类	我国习惯表达
单一车轴承载的单个半挂车	一轴半挂车
两个车轴承载的单个半挂车	二轴半挂车
三个及以上车轴承载的单个半挂车	三轴及以上半挂车
三个车轴承载的两个挂车	二轴汽车和一轴挂车组成的汽车列车
四个车轴承载的两个挂车	二轴汽车和二轴挂车组成的汽车列车
五个车轴承载的两个挂车	具有五轴的汽车列车
六个车轴承载的两个挂车	具有六轴的汽车列车
五个车轴承载的三个挂车	无

车轴数不同的牵引车所拖挂的挂车类型也不同，根据资料调查统计，不同牵引车头的拖挂挂车的类型分配[6]见表1-6。

由表1-6可以看出，在由牵引车拖挂的单、二轴半挂车和三轴承载的两个挂车中，厢式货车是最常见的。在由三个车轴承载的单一半挂车中，最常见的是低底盘平车，其次是厢式货车。对于由牵引车拖挂的四轴承载的两个挂车，各车型所占比例大体相同。牵引车拖挂的五轴、六轴承载两个挂车的构造中，平车最多。总体而言，在车轴数少的挂车中，厢式货车所占的比例高，主要用于运输低密度货物；而在多轴的挂车中，平车较普遍。

对于由载货汽车所牵引的半挂车和全挂车，TIUS将挂车的构造分为：小于6.1米（20英尺）的一轴全挂车，小于20英尺的二轴全挂车，小于20英尺的三轴全挂车，二轴挂车，三轴挂车，四轴及以上挂车。根据调查统计[6]，挂车构造分类及车型分配见表1-7。

依车轴数划分的牵引车拖挂挂车的类型 表1-6

一轴半挂车			二轴半挂车		
车型	车辆数量	百分比	车型	车辆数量	百分比
厢式货车(运输干货)	1948	55%	厢式货车(运输干货)	10860	30%
饮料运输车	502	14%	平车	5065	14%
保温车	269	7%	保温车	4375	12%
低底盘平车	255	7%	液体气体专用罐车	3275	9%
平车	252	7%	自卸车	2617	7%
其他	309	9%	其他	9614	27%
总计	3535	100%	总计	35806	100%
三轴及以上半挂车			三轴承载两个挂车		
车型	车辆数量	百分比	车型	车辆数量	百分比
低底盘平车	1035	37%	厢式货车	2161	65%
厢式货车(运输干货)	530	19%	平车	557	17%
平车	354	13%	自卸车	238	7%
自卸车	305	11%	液体气体专用罐车	161	5%
液体气体专用罐车	104	4%	谷物运输车	134	4%
其他	499	18%	其他	69	2%
总计	2827	100%	总计	3320	100%
四轴承载两个挂车			五轴承载两个挂车		
车型	车辆数量	百分比	车型	车辆数量	百分比
谷物运输车	33	17%	平车	32	25%
平车	32	17%	低底盘平车	24	19%
液体气体专用罐车	30	16%	敞篷车	19	15%
厢式货车	26	13%	保温车	9	7%
低底盘平车	24	12%	自卸车	9	7%
其他	47	25%	其他	33	26%
总计	192	100%	总计	126	100%
六轴承载两个挂车			五轴承载三个挂车		
车型	车辆数量	百分比	车型	车辆数量	百分比
平车	154	48%	厢式货车	38	100%
自卸车	62	19%	总计	38	100%
保温车	56	18%			
封闭车	29	9%			
干散货罐车	8	2%			
其他	9	2%			
总计	318	100%			

注:表中车辆数量是该统计调查中样本的数量。

依挂车类型划分的载货汽车拖挂挂车的车型 表 1-7

20 英尺以下一轴全挂车			20 英尺以下二轴全挂车		
车型	车辆数量	百分比	车型	车辆数量	百分比
越野载货汽车	1154	59.88%	自卸车	1067	30.88%
平车	380	19.77%	平车	886	24.99%
带驱动力的平车	169	8.77%	越野载货汽车	820	23.11%
保温车	123	6.40%	带驱动力的平车	272	7.68%
谷物运输车	39	2.05%	服务车	263	7.41%
其他	58	3.03%	其他	240	6.73%
总计	1923	100%	总计	3548	100%
20 英尺以下三轴全挂车			二轴挂车		
车型	车辆数量	百分比	车型	车辆数量	百分比
自卸车	247	67.84%	自卸车	1012	26.18%
平车	117	32.16%	平车	953	24.64%
总计	365	100%	低底盘平车	608	15.74%
			厢式车	405	10.49%
			越野载货汽车	318	8.23%
			其他	569	14.72%
			总计	3865	100%
三轴挂车			四轴及以上挂车		
车型	车辆数量	百分比	车型	车辆数量	百分比
低底盘平车	74	43.78%	液体、气体专用罐车	9	100%
自卸车	47	27.78%	总计	9	100%
液体、气体专用罐车	25	14.68%			
平车	14	8.30%			
其他	10	5.46%			
总计	170	100%			

注:表中车辆数量是该统计调查中样本的数量数据来源于文献[6]。

对于全挂车,有一轴、二轴、三轴、四轴及以上的不同车身类型。自卸车是二轴挂车中最常见的类型。低底盘平车是三轴挂车中最普遍的,约占44%。对于四轴及以上的挂车,液体、气体专用罐车是 TIUS 中可见到的唯一的车型。

车身构造决定着车辆的平均载质量,但某些车身构造类型可能在特定的载质量范围内占多数。在车辆总质量不超过14.97 吨(33000 磅)的范围内,平车是最普遍的车型;车辆总质量在14.97 ~18.14 吨(33000 ~40000 磅)和22.68 ~36.29 吨(50000 ~80000 磅)范围内,厢式货车是最普遍的车型;车辆总质量在 18.14 ~22.68 吨(40000 ~50000 磅)、36.29 ~45.36 吨(80000 ~100000 磅)和超过58.97 吨(130000 磅)时,自卸车是最普遍的车型。

2. 美国道路甩挂运输车辆的限界

早在1956年8月,美国联邦政府在《联邦政府公路法》中规定了营业性汽车的尺寸,即行驶在州际高速公路上的车辆最大宽度为2.44米(96英寸);在1976年,《联邦政府公路法》把公共汽车允许的宽度扩展到2.59米(102英寸);1982年颁布的陆路运输法(The Surface Transportation Assistance Act,简称STAA)中把对营业性货车的宽度限制扩展到2.59米(102英寸)。同时,STAA把适用联邦政府规定车辆宽度标准的公路网从州际公路网扩展到全国公路网。全国公路网包括州际公路系统和其他指定的高速公路,这些指定的高速公路在1991年6月1日被确定为国家应急救援用基础设施的一部分。

STAA规定了营业性汽车的长度。在1982年,美国国会为大多数营业性半挂车和牵引车后的双拖车制订了最短长度标准。国会对车辆长度标准的参与反映了其对车辆长度强制标准化的愿望,因为这样的标准化可消除由各州政府对于车辆长度的不同规定所引起的管理和营运上的混乱。

美国联邦政府并未颁布对营业性汽车高度的规定。因此,各个州可以制定其车辆高度限制条令。大部分的高度限制在4.11米(13英尺6英寸)到4.27米(14英尺)之间,而且对特定路段有准许降低高度的条款。

以下根据美国运输部联邦公路局发布的《营业性车辆尺寸规定》(Federal Size Regulations for Commercial Motor Vehicles),简要介绍甩挂运输的主要车辆(组合)类型在宽度、长度方面的限界情况。

1)宽度限界

在全国公路网以及其他允许的行驶路线上,营业性汽车最大宽度限制为2.59米(102英寸),但夏威夷除外,夏威夷规定为2.74米(108英寸)。为使车辆宽度在国际上实现标准化,102英寸的宽度限制近似地与2.6米(102.36英寸)等价。此外,美国联邦政府规定的车辆宽度限制不适用于非专门运送乘客和财物而只是偶然行驶到公路上的自备动力车辆和特殊的车辆设备。这些特殊车辆包括军用或农用车、应急设备(包括警用和消防车)、筑路和养路机械等。联邦法令在放宽特殊车辆宽度要求时,并未要求各州限制车辆超宽,但是如果有的州希望允许车辆宽于2.59米(102英寸)并在全国公路网上行驶,该州需要发布特殊的超宽许可。

2)长度限界

美国联邦政府规定的是最小长度限制,各个州必须允许以下车辆能够在全国公路网以及其他允许行驶的路段上行驶。

(1)载货汽车及其牵引半挂车组合。载货汽车及其牵引半挂车组合所允许的最短长度限制是14.63米(48英尺),个别的州有特殊的限制。即使挂车比联邦法律规定的最短的长度要长,各州不能给半挂车强加车辆长度限制,也不能在两个轴的轴距上强加限制。

牵引车被定义为非运载货物的动力设备,它可以与挂车组合。在同一底盘上同时承载货物、动力设备和驾驶室的货车被称为载货汽车,它不受联邦法规的约束,但受各州的规定约束。同样,一辆牵引挂车的载货汽车也只受各州规定长度的约束,当然,这样的运输工具组合的总长度不能超过联邦政府规定的19.81米(65英尺)。

(2)载货汽车及其牵引半挂车加挂车组合。美国各州允许挂车和拖车的最小长度符合全国公路网允许的8.53米(28英尺),各州还允许长为8.69米(28英尺6英寸)的半挂车上路行驶,但载货汽车及其牵引半挂车加挂车组合的总长度不能超过19.81米(65英尺)。

(3)存储用半挂车长度。运输用挂车的最大长度是在1982年12月1日规定的,每个州实际合法的载货汽车牵引半挂车组合,可以在该日期后继续适用。此外,各个州也设立了存储用半挂车长度的规定,见表1-8。

美国各州对存储用半挂车长度的规定 表1-8

州名	半挂车长度		州名	半挂车长度	
	英尺-英寸	米		英尺-英寸	米
Alabama	53-6	16.31	Montana	53-0	16.15
Alaska	48-0	14.53	Nebraska	53-0	16.15
Arizona	57-6	17.53	Nevada	53-0	16.15
Arkansas	53-6	16.31	New Hampshire	48-0	14.63
California	48-0[a]	14.63	New Jersey	48-0	14.63
Colorado	57-4	17.48	New Mexico	57-6	17.53
Connecticut	48-0	14.63	New York	48-0	14.63
Delaware	53-0	16.15	North Carolina	48-0	14.63
District of Columbia	48-0	14.63	North Dakota	53-0	16.15
Florida	48-0	14.63	Ohio	53-0	16.15
Georgia	48-0	14.63	Oklahoma	59-6	18.14
Hawaii	48-0	14.63	Oregon	53-0	16.15
Idaho	48-0	14.63	Pennsylvania	53-0	16.15
Illinois	53-0	16.15	Puerto Rico	48-0	14.63
Indiana	48-6[b]	14.78	Rhode Island	48-6	14.78
Iowa	53-0	16.15	South Carolina	48-0	14.63
Kansas	57-6	17.53	South Dakota	53-0	16.15
Kentucky	53-0	16.15	Tennessee	50-0	15.24
Louisiana	59-6	18.14	Texas	59-0	17.98
Maine	48-0	14.63	Utah	48-0	14.63
Maryland	48-0	14.63	Vermont	48-0	14.63
Massachusetts	48-0	14.63	Virginia	48-0	14.63
Michigan	48-0	14.63	Washington	48-0	14.63
Minnesota	48-0	14.63	West Virginia	48-0	14.63
Mississippi	53-0	16.15	Wisconsin	48-0[c]	14.63
Missouri	53-0	16.15	Wyoming	57-4	17.48

注:a 长达53英尺的半挂车也可以不经过许可而上路行驶,但其必须遵照一定的车辆技术要求;

b 长达53英尺的半挂车可以在没有许可证的情况下使中心到最后的轴的间距为40英尺6英寸;

c 长达53英尺的半挂车在没有许可证的情况下也可以行驶,但其必须遵照一定的车辆技术要求。

3. 美国货运车辆限载及超载运输

根据美国运输部联邦公路局的相关规定，美国对货运车辆的载质量限制有明确和详细的要求。

美国联邦法律规定，一轴的载质量限制为9.07吨(20000磅)；间距在2.44米(96英寸)之内的二轴的载质量限制为15.42吨(34000磅)；车辆整体总质量限制为36.29吨(80000磅)。此外，还必须考虑根据公路桥梁承载公式确定的桥梁路段的承载限制值。

1975年，美国国会制定了州际公路桥梁承载公式，旨在限制过桥机动车的质量与车身长之比桥梁承载公式为：

$$W = 500 \cdot \left[\frac{LN}{N-1} + 12N + 36\right]$$

式中：W——任意车辆(组合)的两个或多个连续车轴(每轴近500磅)所能承载的总质量，磅；

L——任意车辆(组合)的两个或多个连续车轴中外车轴的车轴间距，英尺；

N——任意车辆(组合)的车轴数，个。

美国州际公路上的桥梁是为支持各种各样车辆的行驶而设计建造的。从20世纪50～60年代开始，载货汽车的载质量越来越大，必须采取一定的措施保护公路桥梁，最主要是在可行的前提下，增加车轴数来使载质量分散或者增加车轴间距。

在设计公路桥梁时，车轴间距和车轴载质量同等重要。在公路桥梁所能承受的压力状况中，车身较长的汽车给桥梁的压力要小于与其载质量和车轴载质量相同的较短的汽车。由于车身较长，汽车的载质量被分散了，而车身较短汽车的载质量则集中在一个狭小的区域内。

美国联邦公路管理局的政策是要求每个州都应制定并实施车辆尺寸和载质量的相关法规，有关车辆尺寸和载质量的相关限制是出于车辆设计规格和行驶安全性的考虑，以确保车辆超载现象的减少，也确保行驶在公路上的车辆符合各种法规规定。采取这些有效措施有助于保护公路，并创造一个安全的车辆行驶环境。

根据单车轴载质量限制、两车轴载质量限制、车辆整体总质量限制和公路桥梁承载限制标准，2003年美国各州的超载情况统计见表1-9、图1-8。

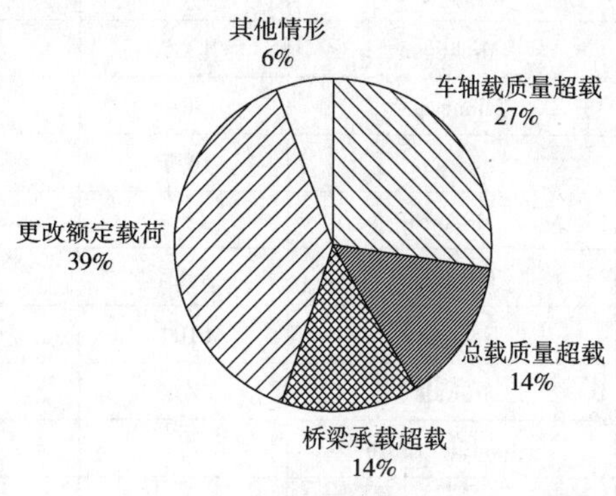

图1-8　美国各州车辆超载类型分布

2003年美国各州超载车辆统计(单位：辆次)　　表1-9

州　名	车轴载质量超载	总载质量超载	桥梁承载超载	更改额定载荷	其他情形	合计
Alabama	3846	4252	2255	3364	3976	17693
Alaska	215	36	0	225	111	587
Arizona	2126	1361	27	23389	1554	28457
Arkansas	2004	2617	872	5104	0	10597
California	31836	5142	1134	39623	0	77735

续上表

州　名	车轴载质量超载	总载质量超载	桥梁承载超载	更改额定载荷	其他情形	合计
Colorado	6785	4132	243	8637	2280	22077
Connecticut	2002	2820	102	1382	408	6714
Delaware	156	107	43	0	66	372
DC	90	181	0	0	0	271
Georgia	1544	11204	35002	1306	1953	51009
Hawaii	36	0	0	1120	92	1248
Idaho	3868	1080	1459	7762	260	14429
Illinois	13278	3420	1570	46455	6861	71584
Indiana	6070	1901	125	2119	722	10937
Iowa	1481	2091	4409	6031	2395	16407
Kansas	6333	320	390	11699	1362	20104
Kentucky	5328	1692	0	0	0	7020
Louisiana	15041	7332	21	40417	0	62811
Maine	235	326	3	414	923	1901
Maryland	15804	2292	2267	0	1464	21827
Massachusetts	2593	1604	812	90	616	5715
Michigan	1359	2198	439	831	676	5503
Minnesota	308	694	2411	234	255	3902
Mississippi	1617	4266	3148	10586	5352	24969
Missouri	8264	1437	566	9858	1881	22006
Montana	683	0	229	4819	2472	8203
Nebraska	6104	889	389	13858	1685	22925
Nevada	376	37	262	0	332	1007
New Hampshire	929	1139	92	0	0	2160
New Jersey	1845	807	0	174	0	2826
New Mexico	777	145	13	317	77	1329
New York	4013	2990	1704	844	0	9551
North Carolina	7415	18799	6732	51	2	32999
North Dakota	945	350	94	11612	4758	17759
Ohio	18878	5489	441	0	0	24808
Oklahoma	403	894	342	135	73	1847
Oregon	11951	3524	4515	1893	296	22179
Pennsylvania	284	959	210	0	0	1453

续上表

州　　名	车轴载质量超载	总载质量超载	桥梁承载超载	更改额定载荷	其他情形	合计
Rhode Island	1	114	15	0	108	238
South Carolina	6259	5127	0	543	241	12170
South Dakota	2716	312	159	2847	340	6374
Tennessee	7326	632	251	244	105	8558
Texas	34731	12920	11641	7915	4538	71745
Utah	4368	648	421	4792	1091	11320
Vermont	216	872	4	0	164	1256
Virginia	6203	10407	36576	82934	0	136120
Washington	5448	562	1973	7542	2419	17944
West Virginia	311	799	1914	0	320	3344
Wisconsin	239	1233	2901	1522	2280	8175
Wyoming	270	105	243	784	873	2275
Puerto Rico	0	0	0	0	0	0
合计	254910	132258	128419	363472	55381	934440

从抽样统计情况看，美国虽然市场经济发达，但道路运输中也存在超载运输现象，且更改额定载荷是超载的主要原因。

三、我国道路甩挂运输发展状况

1. 汽车技术与安全管理标准的加快制定

为保证汽车产品的质量，满足安全、环境和节能等方面的要求，促进汽车生产的系列化、通用化和标准化，世界各国都制定了一系列的汽车标准，作为汽车厂家、销售商和使用者必须共同遵守的准则。汽车标准是政府制定汽车法规的基础，不少重要的汽车标准实际上已成为汽车法规。从等级上看，世界各国汽车标准大致可分为国家级、行业级和企业级。国家标准是全国范围内都应遵循的标准，行业标准用于汽车行业内部，企业标准则由各厂家自行制定和执行。汽车标准的内容涉及面广，如汽车及发动机的名词术语、连接尺寸、试验方法、安全及资源保护、发动机及各部件的技术条件、设计工艺等。

我国设有专门的汽车标准化技术委员会，即“全国汽车标准化技术委员会”，于1988年由国家技术监督局批准成立，由中国汽车工业联合会主管，委员均来自与汽车产品相关的各政府部门及汽车行业骨干单位。全国汽车标准化技术委员会的成立正值《标准化法》颁布实施的前期，标准化工作开始进入法制化管理阶段。全国汽车标准化技术委员会代号SAC/TC114，下设24个分委员会。

我国十分重视包括挂车在内的汽车安全管理、制造技术及其标准的制定工作，使之逐步与国际接轨。特别是20世纪90年代以来，相继制定、颁布并实施了很多与挂车有关的各种安全标准、技术标准（见表1-10）。这些标准的发布和实施，对于规范我国挂车的制造、使用和管理,促进挂车性能的提高发挥着重要作用。

20世纪90年代以来,我国颁布实施的与挂车相关的标准 表1-10

标 准 号	标 准 名 称
GB/T 13881—1992	《牵引车与挂车之间气制动管连接器》
GB/T 15088—1994	《汽车 半挂牵引车引销强度试验》
GB 11567.1—2001	《汽车和挂车侧面防护要求》
GB 11567.2—2001	《汽车和挂车后下部防护要求》
GB 1589—2004	《道路车辆外廓尺寸、轴荷及质量限值》
GB 7258—2004	《机动车运行安全技术条件》
GB/T 4606—2006	《道路车辆 半挂车牵引座50号牵引销的基本尺寸和安装、互换性尺寸》
GB/T 4607—2006	《道路车辆 半挂车牵引座90号牵引销的基本尺寸和安装、互换性尺寸》
GB/T 4781—2006	《道路车辆50毫米牵引杆挂环的互换性》
GB/T 20069—2006	《道路车辆 牵引座强度试验》
GB/T 20070—2006	《道路车辆 牵引车与半挂车之间机械连接互换性》
GB/T 20716.1—2006	《道路车辆牵引车和挂车之间的电连接器第1部分:24V标称电压车辆的制动系统和行走系的连接》
GB/T 20716.2—2006	《道路车辆牵引车和挂车之间的电连接器第2部分:12V标称电压车辆的制动系统和行走系的连接》
GB/T 20717—2006	《道路车辆牵引车和挂车之间的电连接器24V15芯型》
GB/T 20718—2006	《道路车辆牵引车和挂车之间的电连接器12V13芯型》
GB/T 13880—2007	《道路车辆牵引座互换性》

2. 我国半挂车产销情况

公安部交通管理科学研究所统计的2000~2004年统计在册的半挂车企业生产半挂车的情况如表1-11所示,2001~2003年我国半挂车分类产销情况如表1-12所示。不难发现,超重型半挂车产品出现了迅猛增长的势头,这与国家调整交通运输设备结构,大力发展集装箱专用运输车、厢式货车、特种专用车和载质量在8吨以上的载货汽车和加快普通敞篷货车的厢式化等一系列措施有着很大的关系,还有较为重要的一点是国家加大了治超的力度。

3. 我国道路甩挂运输的发展与发达国家的差距

我国公路货运装备的结构和水平要明显落后于高等级公路基础设施的发展。近几年,全国在运管部门登记注册的公路运输车辆的平均吨位不到10吨;在载货汽车中,普通载货汽车占绝对份额,集装箱运输车、罐装车及冷藏车等专用车辆仅占极小的比例。根据交通运输部《全国公路水路运输量专项调查主要数据公报》,2008年,我国按车辆类型分类的普通货车、专用货车、危险品运输车、农用运输车、拖拉机和其他货运车辆所完成的货运量所占比重分别为63.2%、17.0%、2.8%、9.4%、5.1%和2.4%,货物周转量所占比重分别为63.8%、26.7%、3.5%、3.2%、1.0%和1.6%。

2000～2004 年我国半挂车生产情况(单位:辆) 表 1-11

挂车类型 \ 年份	2000	2001	2002	2003	2004
轻型半挂车	28	53	40	36	10
中型半挂车	632	540	341	656	459
重型半挂车	10182	16934	32375	51981	121250
散装水泥半挂车	156	255	463	472	702
粉粒物料运输半挂车	25	62	260	662	586
运油半挂车	132	333	441	689	2025
液化气体运输半挂车	224	153	295	663	713
车辆运输半挂车	161	308	1928	3129	1195
集装箱运输半挂车	388	1019	2795	5465	20154
平板半挂车	1188	1714	3438	6117	10838
栏板半挂车	8427	13524	20311	29433	74898
半挂车注册总量	10842	17527	32756	52673	121719

注:数据来源于文献[7]。

2001～2003 年我国半挂车分类产销情况(单位:辆) 表 1-12

车型分类	2001 年		2002 年		2003 年	
	产量	销量	产量	销量	产量	销量
超重型半挂车	6478	3423	11880	11717	15203	15087
重型半挂车	9345	9291	12461	12423	11996	12007
中型半挂车	14260	14164	14190	14038	14729	14775
轻型半挂车	882	882	979	873	1221	1327

注:数据来源于文献[8]。

从车辆的保有情况看,我国甩挂运输挂车的保有量一直处于较低水平。以山东省为例,山东省挂车数量虽然有逐年增加的趋势(见图 1-9),但其在载货汽车总量中的比例不到 30%(见图1-10)。

在北美、西欧等公路网络比较发达的地区,以牵引车拖挂半挂车组成汽车列车的运输方式完成的货物周转量占了总周转量的 70%～80%,同时,厢式半挂车承担了绝大部分的非集装箱运输。目前,我国载货专用汽车的比例在 30% 左右,而半挂车在专用汽车总量当中又不足 30%,与发达国家有很大的差距。

发达国家的经验显示,如果高等级公路在中长距离公路运输中发挥主要作用,则厢式半挂车应是最有效的运输工具。厢式半挂车具有大吨位、专业化、长距离、高速度、低能耗、高可靠性以及一车多挂等特点,是公路中长距离货运的主力。标准化厢式半挂车的广泛使用,能够促

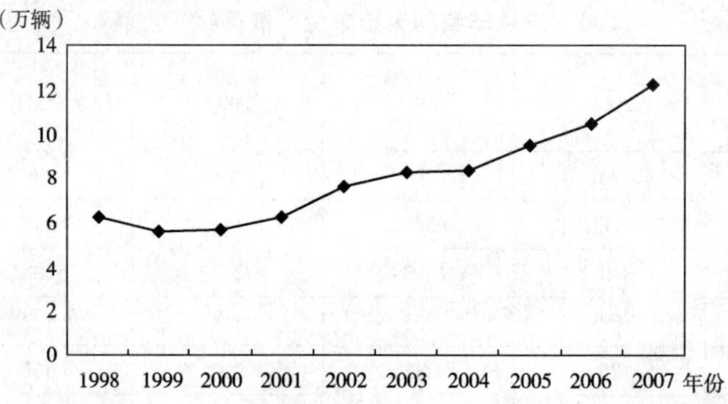

图 1-9　1998～2007 年山东省挂车数量

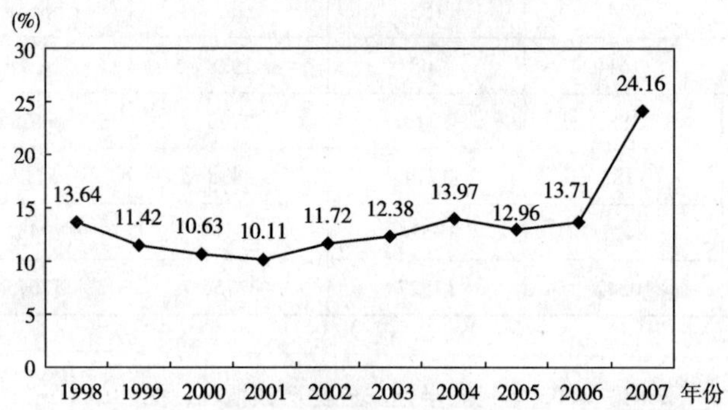

图 1-10　1998～2007 年山东省挂车在载货汽车中的比例

进公路运输网络化水平及其与水运、铁路等运输方式联合运输的发展，也会促进运输工艺的改进和标准化程度的进一步提高。国务院发展研究中心 2004 年的调研报告表明：通用型厢式半挂车和骨架式集装箱半挂车技术的运用将是我国公路货运装备升级的主要方向。我国作为 WTO 的成员国，从经济全球化的进程看，大量的海运集装箱不是在港口装箱掏箱，而是将集装箱直接运到内地，这样可以大幅度降低进出口的物流运输成本，将来我国干线公路上的主要运输组织形式可能就是厢式半挂车和海运集装箱半挂车。

第二章　道路甩挂运输市场分析技术

运输市场是道路甩挂运输发展的主体环境，规划和设计道路甩挂运输组织方案必须以充分的运输市场分析工作为基础。道路甩挂运输市场是整个运输市场的一个细分，进行道路甩挂运输市场分析，应区别运输市场的一般化特点和道路甩挂运输市场的个性化特征，并尽可能地发掘这种一般化和个性化之间的相互参照及借鉴优势。本章首先陈述运输市场的时空观、货运需求、货运量等基本概念，以及货运量预测方法，论证货运市场的分形特征，划分运输市场空间对象及其描述参数；在运输市场一般化知识的基础上，向道路甩挂运输市场分析领域拓展。

第一节　运输市场的时空观

黑格尔曾经指出：运动是时间和空间的统一，时间和空间作为运动的两个环节不可分割地相互联系着。但人们为了把握运动，又不得不把它们分割开。"如果不把不间断的东西割开，不使活生生的东西简单化、粗糙化，不加以割碎，不使之僵化，那么我们就不能想象、表达、测量、描述运动。思维对运动的描述，总是粗糙化、僵化。不仅思维是这样，而且感觉也是这样，不仅对运动是这样，而且对任何概念也都是这样。"[9]可见，"时间"和"空间"就是人们在对各种概念进行分析时，把概念本身的两个环节切开、并使之僵化所造成的。

一、时空观

爱因斯坦认为："空间与时间是一个统一体的两个不同的方面，这个统一体就是时空"[10]。从本质上讲，时空是一切物质形态最基本的运动形式，这种基本运动形式是物质形态之间的各种相互作用普遍共有的表现方式，并构成一切物质形态之间统一的外部联系[11]。

空间不仅是物质存在的广延性，同时又是物质存在的不同状态的并存序列。空间作为物质存在的不同状态的并存序列，构成了各种不同的物质存在状态的一种外部联系，表现着物质存在之间各种相互作用的差别和不平衡性，这一点它与时间相统一。同样，时间不但是物质存在状态的交替序列，而且是物质存在状态的延续性。时间作为物质存在状态的延续性，本身也是物质存在某些相对稳定因而相互并存着的状态的一种外部联系，由此，时间也与空间一致。换言之，并存着的物质存在状态同时伴随着某些状态的交替；而物质存在状态的交替也只能在它们的自我保持和并存中进行。所以，作为物质存在状态并存序列的空间和作为物质存在状态交替序列的时间是相互渗透、相互连接的。时间、空间之间之所以相互联系，从根本上是因为它们都是由物质存在之间的相互作用所决定的，有着共同的本质，表现同一个内容。物质存在之间普遍相互作用过程的平衡和不平衡环节互为前提、不可分割地联系在一起，由此决定了作为其外部表现方式的空间和时间亦互为前提、不可分割地联系着，形成一个统一的整体即时空。时间和空间都只有在时空这个统一体中,并作为这个统一体的内在要素或环节才能够存在[11]。

时空感是主体对时空的低级的原始的感受,是低级的认识;时空观是对时空感的反思、抽象和综合,是理性的、抽象的概括。正是由于其所处的认识的层次,时空感没有远离事物的现象与本质,而时空观则因主体的不同而显得形式不一。

时空观同自然科学的发展密切联系,经历了一个逐渐深化的过程。近代以前的中国哲学对时空的认识停留在了"凡虚空皆气也"的思辨议论的水平上[12]。亚里士多德比较细密地研究了时空与运动的关系,具有朴素的辨证思想,但在其整个时空理论中,不可避免地包含着今天看来不正确的观点。牛顿在总结前人成果的基础上,提出了人类历史上第一个系统的时空理论——绝对时空理论,认为时间与空间相互独立、互不相关,时空具有相对独立的属性。莱布尼兹对绝对时空理论提出了质疑,认为空间和物质的区别就像时间和运动的区别一样,它们是不可分离的。费尔巴哈提出了唯物主义时空思想,认为空间和时间是一切实体的存在形式、时间和空间以事物的存在为前提,可见,费尔巴哈的时空理论是唯物的,但不是辩证的。恩格斯在汲取黑格尔辩证思想和费尔巴哈唯物内容基础上提出了唯物主义时空观,这是基于 19 世纪自然科学成就做出的最深刻、最科学的概括,其将人类的认识提高到一个崭新的层次。爱因斯坦的时空相对性概念丰富了辩证唯物主义关于时空与运动不可分离的基本观点,其建立的时空四维体说明时空是相互联系相互依存的。广义相对论的诞生推动了宇宙学研究的发展,从而在自然科学和哲学两个领域内活跃了时空特性的研究。

现代自然科学发展丰富并证明了人类对时空特性的认识[12]:时间与空间不仅是物质运动的形式和内容,而且是物质本身的固有属性;时空与运动不可分离,时空特性与结构是相对的、有层次的、变化的;时空不是平直的而是弯曲的,在不同的点和不同的方向上其曲率是不同的;时间与空间是一个四维统一体的整体结构,时间特性与空间特性是相互联系的。

二、时空问题的分类

由于时空是一切物质形态最基本的运动形式,在研究任何客观存在的事物时,不可避免地接触其时空特点,而时间与空间应当是时空特点的两个不同的表现方面。所以,时空问题的描述性数据或语言可大体分为三种类型:时间类、空间类、实体目标类,这种分类实际上是与时间、空间、物质存在一一对应的。从研究角度出发,时空问题可分为以下几种:

(1)在既定的时间、空间范围内刻画客观存在的事物,由时间类信息和空间类信息探索发现实体目标自身的特点(时间信息+空间信息→实体目标)。

(2)在给定的时间范围内刻画特定的客观存在的事物的空间特征,由时间类信息和实体目标自身的信息探索发现实体目标的空间维特点(时间信息+实体目标→空间特征)。

(3)在给定的空间范围内刻画特定的客观存在的事物的时间特征,由空间类信息和实体目标自身的信息探索发现实体目标的时间维特点(空间信息+实体目标→时间特征)。

(4)从时间和空间两个方面分别研究作为研究对象的客观存在的事物,探索发现事物的时间特性和空间特性(实体目标→时间特征+空间特征)。

之所以没有"时间特征→实体目标+空间特征"、"空间特征→时间特征+实体目标"两类问题,是因为我们坚持了恩格斯关于时空特性的辩证唯物主义观点:恩格斯在《反杜林论》中指出,一切存在的基本形式是时间和空间,时间以外的存在和空间以外的存在同样是非常荒诞的事情。物质的这两种存在形式离开了物质,当然全是无,都是只在我们头脑中存在的空洞的观念、抽象。

在对问题进行分类时,使用的分类标准越多,所能得到的分类结果就越细。形象地讲,每采用一个分类标准就相当于进行了一次分割,随着分割的增加,事物被分成的部分的数量趋向增长,每个部分的个性就表现得更加明显。我们采用三个不同的分类标准:问题的宏观性、问题的研究目标和时空问题分类(如图 2-1 所示)。

由于三种分类标准之间不存在交叉,可以使用一个三维坐标图表示对不同问题研究的定位。

从研究的视野看,一般分为宇观、宏观、中观、微观,而对于运输管理与运营问题,只要从微观、中观、宏观着手,即可满足实践的需要。在国家、地区等大范围内整体性地如何调控运输行业等类似问题,属于宏观范畴。宏观的着眼点是国家的或地区性的整体运输,微观是从企业经营角度看运输,中观是从总体看商品和商业的运输。宏观考虑的问题是运输的整体结构和布局、政策等;微观处理的是企业的运输网络以及运输成本计算等具体问题。

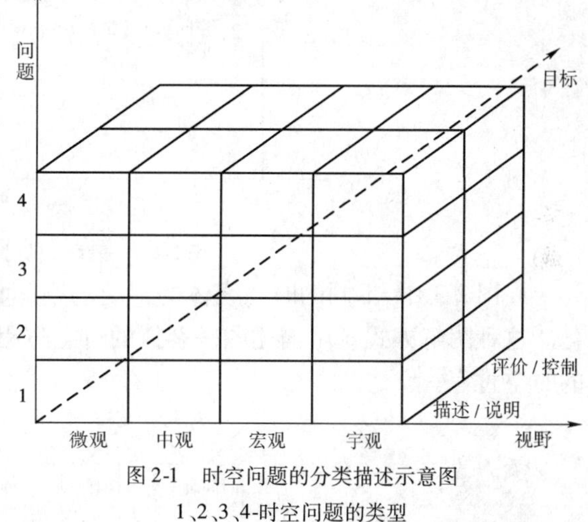

图 2-1　时空问题的分类描述示意图

1、2、3、4-时空问题的类型

研究的目标反映了研究结论对于实践的作用与意义。一般地,研究的目标可分为两大类:

(1)对现实进行描述或者说明。通过研究,将实践中的问题进行理论提升,实现从个别到一般的转化,在此基础上,将理论应用于其他类似的实践活动以作为参考。

(2)对现实进行比较评价并进而实现过程的优化控制,这从一定意义上反映了人类改造自然和社会的主观能动性。

由于问题本身性质的不同,研究的目标也有所差异,比如,对于运输优化控制等的研究目标主要侧重于评价与控制,而对于宏观决策的研究目标侧重于发展规律描述与机理说明。当然,某一特定问题的研究目标并不是绝对的,在研究问题时,也可能以实现对问题的优化控制为目的。

三、时空过程图解

时空是一切物质形态最基本的运动形式,而空间与时间是时空统一体的两个不同的方面。时空过程实质是一系列沿时间轴的时空客体的变化过程。根据考察的角度不同,可用图 2-2、图 2-3 表示时空过程。空间秩序是指某一地域内地理现象或地理事物的空间分布模式和空间分布规律。空间秩序是由影响空间秩序的一系列因素决定的,同时又与时间因素有关。空间秩序是变化发展的，在这个变化发展过程中，存在相对稳定性的阶段和相对变动性的阶段，每两个相邻的稳定阶段之间表现为变动性[13]。

在图 2-2 中，对应不同的时刻，时空客体的空间秩序是不同的。以时间为时空过程的驱动，随着时间的推移，时空客体的空间秩序发生一系列的变化。这种图解方式较适宜于同一客体的时空过程描述。

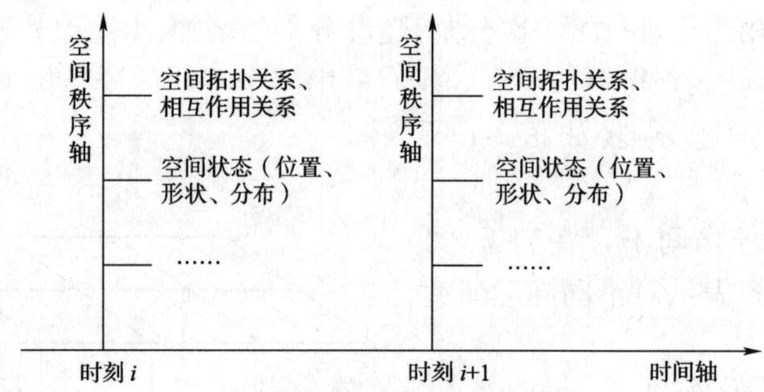

图 2-2 一般意义的时空过程图解一[14]

在图 2-3 中，不同的时空客体的不同的空间秩序分别沿着时间的推移而发生或不发生变化。这种图解方式既可描述同一客体的时空过程，也可描述其间有或多或少联系的不同客体的时空过程。

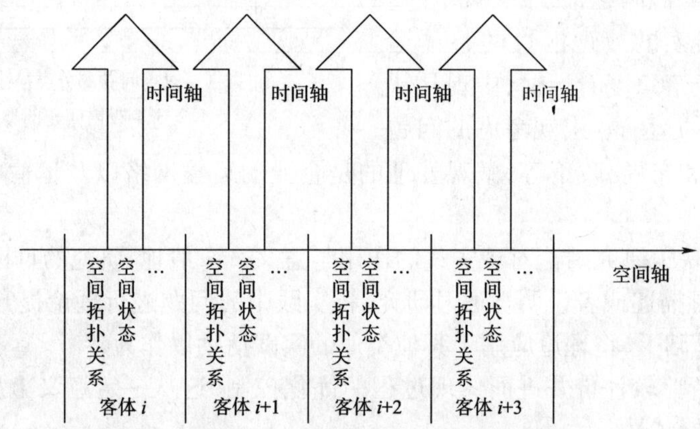

图 2-3 一般意义的时空过程图解二

四、运输市场的时空本质

运输市场是市场经济发展到一定阶段后出现的。在商品经济条件下，运输产品同样作为一种商品而存在。运输市场作为整个市场体系的一个细分，具有市场的一般共性，也有其自身的特殊性。从不同的角度看，运输市场具有多重含义：

（1）运输市场是运输产品交换的场所，也是买卖双方发生联系和作用的地点。

（2）运输市场是运输产品供求关系的总和。

（3）运输市场是一定时空条件对运输产品需求（现实需求和潜在需求）的总和。

（4）运输市场是运输产品的流通领域。

运输市场是一个多层次、多因素的集合体，它由多项要素构成。主要包括以下几个方面：

(1)运输需求者。指旅客运输需求者和货物运输需求者，他们当中既有个体运输需求，也有不同经济成分的企事业单位运输需求。

(2)运输供给者。指提供客货运输服务的不同运输方式的运输业者。

(3)运输中介者。主要是联系运输需求与运输供给的中间商，包括各种客货运输代理企业、运输经营者和信息服务公司等。

(4)政府。代表国家和一般公众利益对运输市场进行监督和控制。政府本身不是市场运行的行为主体，它是一个监督者，负责对运输市场规范和秩序进行监督。

运输市场是运输生产者与消费者之间相互连接的桥梁和纽带，具有一般商品市场所具有的特征和属性。由于运输业本身的特点，决定了运输市场具有一些与其他市场不同的特征：

(1)运输市场具有较强的空间性和时间性，运输产品的生产和消费在时间上和空间上处于同一过程，生产和销售同处于市场监督之下。

(2)运输需求是一种派生需求。运输业是国民经济的基础产业，以运输生产经营活动为主要内容的运输市场是国民经济体系中的基础部分，是商品完成交换的前提和基础。

(3)运输市场上交换的产品是不具有实物形态、不能储存、不能在区域间调拨运输劳务。运输业不改变劳动对象的内在性质，只改变它的空间位置。

(4)运输市场上存在较多的联合产品(共同产品)，运输市场提供的是服务，因而经常出现各种运输子市场共同提供的联合产品。

(5)运输市场的进入有一定的困难，垄断与竞争是运输市场最重要的特征之一。

运输市场竞争方式为：同一运输方式内部不同运输企业间的竞争和不同运输方式之间的竞争。

作为市场的一种物质形态表现，运输市场具备自我延续性和状态交替的顺序性的本质属性。从方法论的角度，研究运输市场可从发展阶段划分与周期性发展入手。发展阶段划分研究可以揭示运输市场状态交替的一般顺序性规律，周期性研究可以揭示运输市场发展过程的延续性规律。

进行发展阶段划分时，从理论研究的角度，可通过实证分析归纳总结运输市场发展的辨证过程，揭示不同阶段的产生与演变机理；从实践的角度，通过认识运输市场发展演变过程的阶段、把握不同发展阶段的特点，可为决策提供科学的依据。在进行运输市场发展阶段划分时，可基于自然辩证法质量互变规律，着重分析其发展过程中业务规模与服务水平之间的关系。业务规模与服务水平是运输市场的量与质，要划分运输市场发展阶段乃至把握不同阶段的特征，必然要考虑规模与水平。运输市场的发展演变包含了许多量变和质变的过程。正是量变和质变，使运输市场的发展演变呈现出阶段性，也正是量变和质变，使运输市场的每一发展阶段都有区别于其他发展阶段的特征。

运输市场的周期性根源于宏观经济发展的周期性。在一定的投资政策下，固定资本投资的波动引起各种产品制造行业的波动和全社会消费的波动；制造行业的波动一方面引发运输需求的波动(由于社会分工、生产的空间集中化所致)，另一方面引发就业和收入的波动；消费的波动引发运输需求的波动;而运输需求的波动也会引起就业与收入的波动;就业与收入的波动引起国民经济整体的波动;而这一系列变化的起源点在于国民经济发展水平。归根结底,从经济学角度讲,运输市场发展的周期性是由国民经济发展的周期性决定的。该机理如图2-4所示。

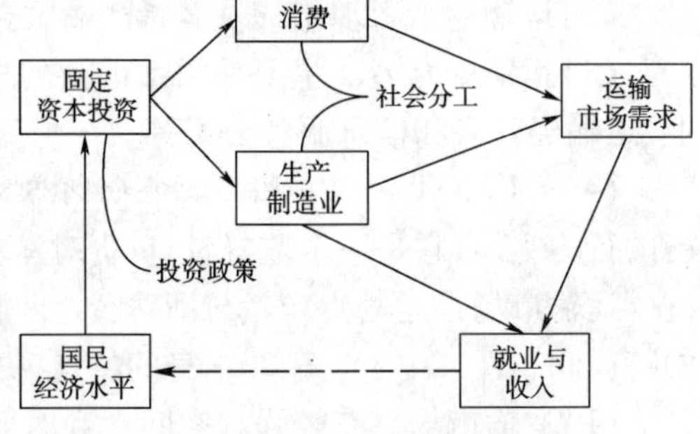

图2-4 运输市场周期性发展的宏观机理示意图

空间本身表现为物质形态普遍固有的广延和各种物质形态并存序列的统一。观察运输市场的空间特征,可从两个主要的方面着眼:空间位置→空间广延性→运输市场空间分布研究;空间拓扑关系→并存性→运输市场空间相互作用研究。运输市场的空间结构特性决定着不同区域运输供给与运输需求的特征以及它们之间的关系。由于运输生产活动具有点多、线长、面广的特点,运输业的组织形式反映了地理及组织方面的影响。从空间结构上分析,交通运输业主要根据运营特点加以组织。依据地理或经济区域划分运输市场,易于观察和分析运输市场的空间结构特征和整体平衡。

探讨运输市场的时空过程时,一方面要对其进行合理的时间轴和空间轴上的状态描述,另一方面要能够体现其在时间轴和空间轴上发展的动因。鉴于一般意义上的时空过程的两种图解形式的实用性,以时间为运输市场时空过程的驱动,同时加上发展动因问题的研究,如图2-5所示。

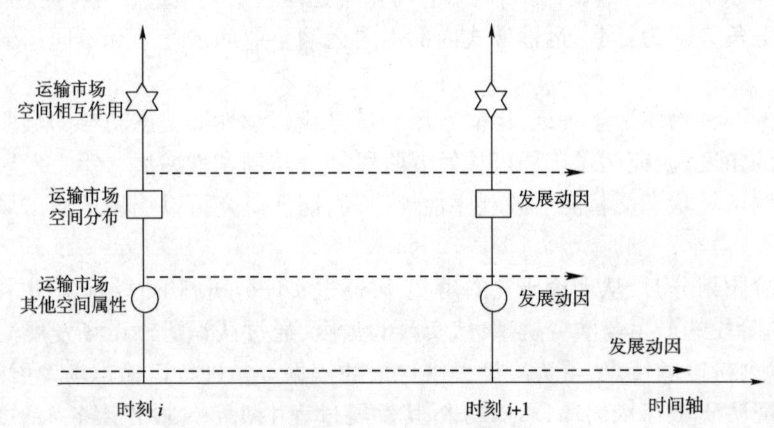

图2-5 运输市场时空过程图解示意图

从运输方式看,一般存在不同的运输子市场,即铁路运输市场、公路运输市场、水路运输市场、航空运输市场和管道运输市场。不同的运输方式由于具有不同的技术经济特征,在运输市场中承担着不同的运输任务,拥有不同的市场份额。不同运输方式的比例结构(运输市场占有率)是揭示运输市场特征的一个重要参数,可看作运输市场的主要发展动因之一。它与不同国家或地区的自然条件、经济和技术发展水平以及交通运输政策等有关。

以运输市场时空过程图解为基础,考虑到时空特征的细分和相应的技术方法,可提出由各种实用分析方法支撑的运输市场时空过程模型，如图 2-6 所示。

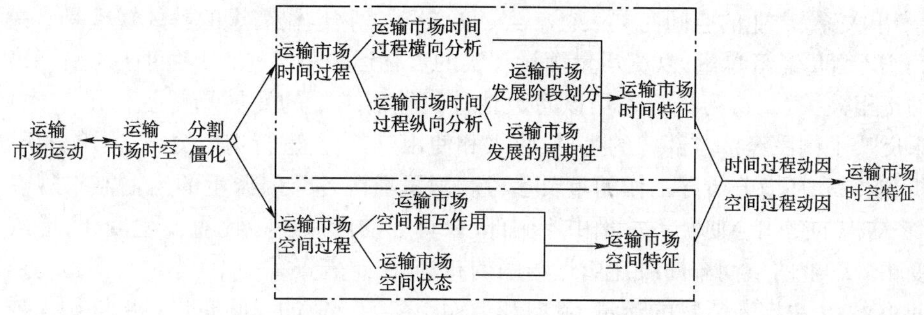

图 2-6　运输市场时空过程描述模型示意图

运输市场的演变过程是时间和空间的统一过程，首先需将运输市场时空过程分割为时间过程和空间过程，这样就可以使用既有的各种观点和技术对运输市场进行描述和评价。为认识其全貌，须将运输市场时间过程和空间过程进行统一，而时间过程和空间过程的描述结论为实现这种统一提供了条件。运输市场的运动是一种时空过程，根据人类对时间本质的认识，以时间的顺序性与延续性为着眼点开展运输市场时间过程的分析，对运输市场时间过程的阶段发展进行解释；根据人类对空间本质的认识，以空间的广延性和并存序列为着眼点开展运输市场空间过程的分析；根据运输市场时空过程图解，综合分析运输市场时间过程、空间过程及其发展的动因，可以获得运输市场时空过程本质性特征的总体认识。

第二节　道路甩挂运输市场分析的关键技术

一、货物运输需求与货运量

货物运输需求是指在一定时间和价格水平下，经济社会在商品（货物）的空间移动方面有支付能力的需求。一定的货物运输需求要求相应能力的运输基础设施来满足，基础设施是货物运输需求的物质保障，而且货物运输需求与运输基础设施增长存在动态的适应过程。运输基础设施的建设周期较长，其能力往往随着其建成到投入使用呈现跳跃式增长；货物运输需求往往与经济发展水平呈现同步式的连续增长，一般不会产生大幅度的跳跃。另一方面，由于运输产品的非储存性，运输生产与消费同时发生，运输基础设施建设必然超前，必然需要保持一定的富裕度来满足运输需求的增长，适度的超前可以缓解和避免对社会经济系统正常运转的制约。

货物运输需求的影响因素有很多，本书将其划分为三个层次：宏观经济背景、技术进步的推动和运输系统的内在发展。

货物运输需求是一种派生性需求，与经济发展密不可分。经济发展引起生产性货运需求和消费性货运需求，其中生产性货运需求主要来源于生产领域，产生的主要原因是自然资源在经济地理空间的分布与社会生产力布局相分离；消费性货运需求主要来源于生活消费领域，产生的主要原因是社会生产力布局与消费群体在空间上的分布相分离或者不同经济区域的产品

在品种、质量、性能、技术、价格等方面存在差异。影响货物运输需求的经济大背景可由经济总量、投入产出关系、产业的空间布局表征。经济总量对货物运输需求的整体规模具有决定性作用,当以 GDP 衡量经济总量、以货运量衡量现实的货物运输需求时,二者间往往呈现出一种较为稳定的正相关关系(这为我们采用该系数估计运输需求量的发展趋势提供了条件)。投入产出关系反映了国民经济各部门的生产、收入和使用过程,是进行生产分析、需求分析、价格和成本分析、能源和环境分析等工作的重要参考。国民经济各部门派生的运输需求规模是有差别的,经济结构的变化会使经济总量中不同部门、行业的产品所占比重发生变化,造成运输需求量的变化。产业的空间布局决定着运输网的布局,决定着资源产地、原材料产地与产品消费地的空间距离,也决定着货物的流量、流向和运输距离。产业的空间布局一般同国家或地区的产业政策有很大关系,在进行生产力布局时,运输成本是重点考虑因素之一。

技术进步的推动是道路货物运输需求的重要的具有长远影响的因素。在人类历史的发展中,科学技术作为生产力的构成要素,自始至终起着加速经济增长的促进作用。尤其是科学技术革命,迅速地改变着世界经济结构。在两次世界大战中,运输业成为最重要的军事力量之一。集装箱化、大型化以及专业化等为道路货物运输需求的满足提供了前所未有的应对能力。

影响货物运输需求的运输系统内在发展因素主要表现为运价、各种运输方式的发展、运网布局等。货物运输需求随运价的波动而波动,一般地,运价升高时需求减少,运价降低时需求增加。不同种类产品对运价水平的承受能力不同,初级产品较精加工产品对运价的承受能力低得多。虽然不同运输方式有不同的技术经济特性和优势,但是它们之间依然存在替代和竞争的关系。道路货物运输的发展尤其是公路等级的提高和高速公路的发展使铁路、水路等在货物运输中所占份额有所下降,这时,降价、改善服务等方式被用来作为竞争手段。运网的布局及其运输能力直接影响运输生产对货源的吸引范围和运输需求的适应程度。国际线路的开辟,为鲜活易腐的国际运输需求提供了质量保证;地处优越的交通地理位置、高质量、高效率的运输网络不仅能满足本地区运输需求,而且还可吸引过境货物、中转货物。完善、合理的运网布局,方便、快捷、高质量的运输能力无疑会大大刺激运输需求。

"运输需求"与"运输量"是两个不同的概念。运输需求是经济社会生活在货物与旅客空间位移方面所提出的具有支付能力的需要;而运输量则是指在一定的运输供给条件下所能实现的货物与旅客的空间位移量。经济社会生活中的货物与旅客空间位移是通过运输量的形式反映出来的。

在运输能力满足运输需求的情况下,货运量预测可以代表对运输需求量的预测;而在运输能力严重不足的情况下,不考虑运输能力限制的货运量预测结果,就难以反映经济社会发展对运输的真正需求,如图2-7、图2-8所示。以往实践中的很多预测工作没有区分运输需求与运

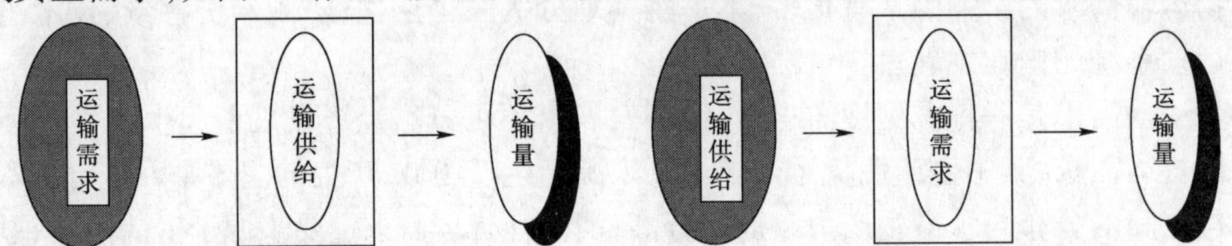

图 2-7　运输需求与运输量的关系示意图一　　图 2-8　运输需求与运输量的关系示意图二

输量，在大部分预测过程中采用过去的货运量预测未来运输需求，以“运量预测”简单代替运输需求预测，这种概念上的误差在一定程度上影响了预测的准确度。

二、货运量预测的一般方法

货运量预测是根据货物运输及其相关变量已有演变轨迹的规律性，参照已经出现和正在出现的各种可能性，运用现代管理、数学和统计等方法，对货物运输及其相关变量未来可能出现的趋势和可能达到水平的一种科学推测。货运量预测的范围很广，根据不同的分类标准，可以有不同的分类。如按预测经济活动的范围，可分为宏观预测和微观预测；按预测的空间层次，可分为国际市场预测和国内市场预测；按预测时间长短，可分为短期、中期和长期预测；按预测方法的归类，可分为定性和定量预测；按预测对象的多少，可分为单一预测和复合预测；按预测内容，可分为社会总货运量预测、各种运输方式的货运量预测、地区之间的货运量预测、货物运输企业在运输市场上的占有率预测等。运量预测的方法很多，一般可归结为定性预测和定量预测两大类。

1. 定性预测方法

定性预测方法是指预测者经过调查研究掌握资料后，凭个人的经验、知识，对货物运输发展前景的性质、方向、规模等做出推断，有时也包括粗略的计算。预测结果主要取决于预测者的经验、学识水平以及对资料的了解程度，带有比较浓厚的主观色彩和个人随意性。定性预测法主要用于意见相悖的场合、无法建立任何数学模型的场合，以及那些后果难于直接肯定或无法验证的场合。定性预测的优点是简单、易行和综合性强，且对数据资料要求低，能考虑各种各样的因素，包括政治的、心理的等无法测定的因素；缺点是预测结果受人为主观因素影响大，客观确定性差，精度难于控制。

定性预测方法在很大程度上取决于经验和专家的努力，且只能作为货运量预测的一种辅助方法。定性预测方法主要有以下几种：

(1)个人判断。个人判断主要通过征求专家个人意见，凭借专家个人的知识和经验进行预测。其优点是可以最大限度地利用个人的创造能力，不受外界影响；缺点是预测的准确度取决于专家的个人知识和经验的广度和深度，专家个人所占资料的多少，以及对预测问题是否有兴趣等。

(2)专家会议。专家会议是召集有关专家学者及从事某项工作多年的专业工作人员举行会议，通过讨论分析，集思广益以获得预测结果。与“个人判断”相比，其优点是专家会议的信息量大于个人占有的信息量；考虑的因素比个人考虑的多；提供的方案比个人提供的要具体。缺点是受心理因素影响较大，例如，屈服权威人士和大多数人的意见而忽视少数人的正确意见，容易受他人的影响等。

(3)德尔菲法。德尔菲法实质上是函询调查法，是专家会议预测法的一种发展。它以匿名方式将所需预测的问题和必要的背景材料通过函询方式征求专家们的意见。预测组织者将收到的答复，经过综合、归纳和整理再反馈给函询专家，经过几次这样的反复，直至得出较为满意预测目标结果为止。需要预测的问题经过几次反复征询，通过专家们反复分析判断，提出新的论证，专家们的意见日趋一致，结论的可靠性越来越大。

德尔菲法是"系统分析"方法在意见和价值判断领域内的一种有益延伸。它突破了传统的数量分析限制,为更合理地决策开阔了思路。由于对未来发展中的各种可能出现和期待出现的前景作出概率估价,因而为决策者提供了多方案选择的可能性。

德尔菲法与专家会议法相比,优点是参加预测的专家互不了解,互不知名,这样可以完全消除专家之间的相互影响,参加预测的专家可以改变自己的意见而无需作出公开说明,无损自己的威望,也不必屈服于其他专家或多数人意见,可以真正自由地充分发表个人意见。

(4)主观概率法。是用专家意见将定性资料转换成定量的估计值预测未来,对专家预测的实现可能性、应用主观概率给予评定。主观概率是对某一次"推测"的特定结果所持的个人信念量度,用定量数值反映对问题的可能估计。预测某一问题发生的可能性,用调查一组专家的主观概率预测的百分数,然后相加求其平均值,即为某问题发生预测概率的百分数。

2. 定量预测方法

定量预测方法是指运用统计方法及数学模型,对货物运输的发展规模、水平、速度和比例关系等做出数量上的计算。定量预测方法以历史统计资料和有关信息为依据,运用各种数学方法来预测未来货运市场需求情况。常用的货运量定量预测方法主要有以下几种:

(1)平衡法。通过对某区域或经济腹地资源与需求或对生产与消费的平衡结果,以其相互间的数量关系确定货运量。平衡法是以某区域(或腹地)为单位,根据主要货物编制运输经济平衡表来测算运量的。通过编制运输经济平衡表,可以预测出各地区各种货物运量的大小;研究输出、输入之间的合理联系,促进地区物资产、供、销合理布局;同时可根据平衡表进行各种运输方式间的合理分配。

(2)运输系数法。运输系数法是根据计划期物资的生产量与该物资运输系数的乘积来确定运量的一种方法。运用此法的关键是要确定货物的运输系数,运输系数是货运量与生产量的比值,它不是一个常数,受许多因素影响。

(3)时间序列分析法。时间序列分析法是根据历史资料组成的时间数列,从中找出发展趋势的变动规律,由过去推测未来,凭借过去状态延续到未来的可能性,从而达到预测的目的。

经济现象在一个长时期内的数量变化,主要有长期趋势、循环变动、季节变动、不规则变动等四种因素造成,其中长期趋势反映现象的基本方向,其他因素是围绕着这个基本方向所呈现的各有特点的变动。因此,只要掌握了过去可靠的历史统计资料,有了时间和数量,即可预测今后一段时间内发展趋向和可能达到的水平。货运量时间序列预测法有以下几种:

①移动平均法。移动平均法是利用统计修匀方法,以移动平均数来推算未来的一种预测方法。当未来的状况与接近它的时期的状况有关,而与较远时期的状况联系不大时即可采用此法预测。移动平均法预测的最大的优点是简单易行。但它受计算期数影响,而且预测值仅与近期有关,与计算期以前的数据无关,这与客观情况不尽相符。期数越多,修匀的作用越大,趋势就越平滑;反之,则反映波动灵敏。因此,确定计算期数的多少对这种预测的影响很大。计算期的多少应根据未来趋势与过去的关系如何而定。

②加权移动平均法。加权移动平均法对过去不同时期的资料给予不同的权数,由于距预测周期越近的数据对预测值影响越大,反之就小,所以,近期资料用较大权数,远期则用较小权

数,然后加以平均,计算出预测值。采用加权移动平均法,因权数的确定受人为因素影响,所以权数选择是否适当对预测结果的准确性有较大影响。

③指数平滑法。指数平滑法运用整个时间数列的全部资料,通过指数进行加权平均,对未来趋势进行预测。指数平滑法通过使预测与以前的历史资料全面地联系,不仅消除了受期数限制的缺陷,而且各期权数由近至远表现为权数的值依次减小,这样,越接近近期的资料对预测值影响越大,反之,影响越小。指数平滑法预测趋势线比实际变动线平滑。用指数平滑法所求得的预测值中,消除了实际数中的某些偶然因素,能比较明确的反映长期发展趋势。

④回归分析法。回归分析法是从经济现象之间的因果关系出发,应用回归方程来分析经济变化规律,进行预测。运输量的影响因素相当多,所以有一元回归分析和多元回归分析。

⑤速度比例法。速度比例法按运量的增长速度与工农业总产值的增长速度的比例关系来预测运量,这种方法往往用于总运量的预测。

3. 道路甩挂运输货运量预测的难点

甩挂运输货运量预测工作,有以下三种特殊性:

(1)甩挂运输这种运输组织方式在我国出现的时间较晚,在运输市场中的分布不具备广泛性,多数甩挂运输业务往往是零散的、短期的,所以对于开展相关预测工作所需的数据样本的采集难度较大。

(2)我国对于货运量的统计是粗放的,从货运量统计分类上看,仅细分到分地区、分运输方式货运量这样的层次。甩挂运输属于道路运输的一个子类,迄今难以获得权威的甩挂运输量的统计数据,即使可以从总的道路货运量中使用比例系数进行分离,这种比例系数也是借助调查估算来获得,其准确性、一般适应性难以保证。

(3)正是甩挂运输统计数据资料的局限,使得大多成熟的货运量预测方法难以被采用,我们不得不寻求、挑选合适的预测方法。

三、货运市场的分形特征

1. 分形简介

Hausdorff 于 1919 年提出分形和分维的概念,但迄今尚无一个为人们普遍接受的分形的定义。Mandelbrot 给出的描述是:分形是由各个部分组成的形态,每个部分以某种方式与整体相似。对这一描述加以引申可得:

(1)分形既可以是几何图形,也可以是由功能或信息架起的数理模型;

(2)分形可以同时具有形态、功能和信息三方面的自相似性,也可以只具有其中某一方面的自相似性;

(3)自相似性可以是严格的,也可以是统计意义上的;

(4)相似性有层次结构上的差异。数学中的分形具有无限嵌套的层次结构,而自然界中的分形只有有限层次的嵌套;

(5)相似性有级别上的差异。级别最高的是整体,最低的称为 0 级生成元。级别越接近,则越相似[15]。

刻画分形特征的重要参数是分维。分维可以为正数、负数,甚至是复数[16]。分维既能描述事物的物理结构,又能描述时间序列的数字结构[17]。

2. 分形理论应用于货物运输市场分析的可行性

(1)分形中的自相似特性可以是绝对意义(理论层面)的自相似,也可以是统计意义(实践层面)的自相似,统计意义上的自相似是提出货运市场自相似特征的理论依据。不拘泥于自相似的绝对意义,只是进行统计意义上的自相似拓展,这就使分形理论有了较为广阔的应用范围,也使在运输理论与实践中引入分形理论成为可能。

(2)分形的表现形式多样,分形可以是几何图形,也可以是由功能或信息架起的数理模型。如果考察货运市场的有形可见的基础设施的分布特征,可以以分形几何图与其对照;如果考察货运市场统计量的分布特征,可以以分形的数理模型与其对照。所以,分形的多样性能够保证在货运市场特征研究中多种描述性模型的建立。

(3)分形可以同时具有形态、功能和信息三方面的自相似性,也可以只具有其中某一方面的自相似性。不能强求货运市场同时在多个方面能够表现出自相似性,但分形的原理表明,只要在某一方面具备自相似性就可以使用分形理论开展研究。

(4)自相似性有级别上的差异。级别越接近,则越相似,级别相差越大,相似性越差。其中的相似现象称为标度区间内的不变性,一旦逾越标度区间,自相似性就不复存在。在我国,货运市场往往与行政区划(如省、市、县)存在明显的对应关系,这就保证货运市场空间分布的不同层次之间相差不大,货运市场的自相似性也就不至于太差。

3. 货运市场自相似性的论证

较为典型的分形集合——Cantor 集是这样构造出来的:从单位线段 $E_0[0,1]$ 出发,去掉中间的 1/3,得到的集记作 E_1(暂称此操作为“Cantor 去段操作”),它包含两个子区间$[0,1/3]$和$[2/3,1]$。接着去掉 E_1 两个子区间各自中间的一段得到 E_2。设已作成 E_k,它由 2^k 个长度为 3^{-k}的小区间组成,从每个小区间去掉中间的 1/3 得到 E_{k+1},显然 $E_{k+1}\subset E_k$,其极限集 $\mathrm{F}=\cap_{k=0}^{\infty} E_k$ 就是 Cantor 集,由于无限分割所形成的线段数目越来越多、长度越来越小,在极限情况下,Cantor 集$\{E_i\}_\infty$为一个点集,在这一点集中所有的点是非均匀分布的,此集局部与整体相似,所以 Cantor 集是分形系统。如果在构造 Cantor 集的过程中,不严格地遵循相似变换与仿射变换,则这样的 Cantor 集在大小不同的尺度上均表现出随机性。随机 Cantor 集的构造与严格意义上的 Cantor 集的不同就在于“Cantor 去段操作”的对象是随机决定的,并不总是去掉中间的 1/3,而是随机地去掉某段,这样得到的随机 Cantor 集具有统计自相似性,即把它的每一部分放大,与整体有相同的统计分布。

设集 E_i 的“大小”(可以认为是集合内线段元素的总长度)$d(E_i)$表示某物质在一定状态条件下的某种属性(如质量、密度等),则在一系列状态或条件下物质的这种属性的演变轨迹具有自相似分形结构。据此,取“物质”为某一条运输线(如陇海铁路线、京沪高速公路等),“状态条件”为一定时段(一年),“属性”为该线路在一年内完成的货运量,这样,线路 k 第 l 年完成的货运量 V_{kl}可与某一“大小”的 E_i 建立一一对应关系,在允许的误差范围内满足条件

$$\frac{V_{kl}}{V_{km}}=\frac{\mathrm{d}(E_i)}{\mathrm{d}(E_j)} \tag{2-1}$$

式中：V_{kl}、V_{km}——运输线路 k 在第 l 年、第 m 年完成的货运量；

E_i、E_j——经过了 i、j 次“Cantor 去段操作”后得到的线段集合。

可见，某运输线路的年货运量时间序列集是自相似分形集。

对于整个国家交通运输网的年货运量时间序列集，由于“物质”的组成部分——运输线的年货运量构成的时间序列集$\{V_{kl}\}_{l=1}^{N}$（l 表示由基年开始的年份序号，这里设定取了 N 年的数据）具有自相似性，那么整个路网的年货运量时间序列集$\{\sum_k V_{kl}\}_{l=1}^{N}$应为自仿射集。下面的数学计算可论证该定性结论的可信度：

设$\{x_i:x_i=\sum_k V_{ki}(i=1,2,\cdots,N)\}$为全部线路年货运量时间序列集，给时间序列 x_i 加上周期边界条件：$x_{M+i}=x_i$（其中 M 是人为设定的时间序列 x_i 的周期）

求 x_i 的 Fourier 系数：

$$a_k=\frac{1}{M}\sum_{i=1}^{m}x_i\cos\frac{\pi ik}{M} \tag{2-2}$$

$$b_k=\frac{1}{M}\sum_{i=1}^{m}x_i\sin\frac{\pi ik}{M} \tag{2-3}$$

然后计算：

$$P'_k=a_k^2+b_k^2 \tag{2-4}$$

为使 P'_k 逼近功率谱，取时间序列集$\{x_1,x_2,\cdots,x_M\}$，$\{x_2,x_3,\cdots,x_{M+1}\}$，$\{x_3,x_4,\cdots,x_{M+2}\}\cdots$计算出这些时间序列集的 P'_k 的平均值 P_k，即得到功率谱。如果功率谱符合幂指数关系 $P_k\sim k^{-\beta}$，则为自仿射分形集。（对 $P_k\sim k^{-\beta}$两边取对数，则 $\ln P_k\sim-\beta\ln k$）。

通过对比 Cantor 集与货运量而定性分析了货运量时间序列集的自仿射性，下面选取一些货运量指标进行实证分析。

R/S 分析方法能够从时间序列中辨别出分形，揭示统计结构的自相似性[20]。R/S 分析的计算过程如下：

设时间序列集为 $x_i(i=1,2,\cdots,\tau)$，根据前提条件，$x_i=\sum_m V_{im}$可在空间区划上分解。

则 τ 个时间序列数据 x_i 的均值为：

$$(\mathrm{E}x)_\tau=\frac{1}{\tau}\sum_{i=1}^{\tau}x_i \tag{2-5}$$

累积离差为：

$$X(i,\tau)=\sum_{t=1}^{i}[x_t-(\mathrm{E}x)_\tau] \qquad (1\leqslant i\leqslant\tau) \tag{2-6}$$

极差为：

$$R(\tau)=\max_{1\leqslant i\leqslant\tau}X(i,\tau)-\min_{1\leqslant i\leqslant\tau}X(i,\tau) \tag{2-7}$$

标准差为：

$$S(\tau)=\sqrt{\frac{1}{\tau}\sum_{i=1}^{\tau}[x_i-(\mathrm{E}x)_\tau]^2} \tag{2-8}$$

如果时间序列集是分形集，则$\frac{R(\tau)}{S(\tau)}\sim\tau^H$（$H$表示 Hurst 指数），根据$(\tau,\frac{R(\tau)}{S(\tau)})(\tau=2,3,\cdots)$在$\ln\tau\sim\ln\frac{R(\tau)}{S(\tau)}$坐标系中作图并用直线拟合，直线的斜率即 Hurst 指数。Hurst 指数是一个能够量化由自相似规律导致的时间序列统计特性的参数[18]。

对于 Hurst 指数，当$H=0.50$时，表示过程是独立的，该过程可能为某种随机过程；$H>0.50$暗示了一个持续的时间序列，这一序列被长期记忆效应特征化了，过去发生的一切将影响到未来，也即存在对初始条件的敏感依赖关系。这种长期记忆发生并不随时间比例的变化而变化（分形时间序列的关键特征）；$H<0.50$表示的过程特征与$H>0.50$表示的过程特征相反，$0\leqslant H<0.50$表示的过程比随机过程更随机[17][18][19]。

我们选取了部分统计指标的时间序列进行 R/S 分析以作为算例，计算结果如表 2-1 所示。

部分统计指标时间序列的 *R/S* 分析结果 表 2-1

指　　标	数据序列的时间区间	Hurst 指数
美国国内货物周转量	1960～2002	0.86
我国货物周转量	1952～2002	1.09
我国铁路货运量	1978～2002	0.93
我国公路货运量	1978～2002	1.24

可见，所选取的指标时间序列的 Hurst 指数均在 0.50 以上，这说明这些时间序列具备了分形时间序列的关键特征。货运市场的主要指标具备自相似性，可将货运量时间序列看作分形集。分形的核心就是充分利用整体与部分之间规律的相似性，这种相似性为我们开展货运市场组织管理开阔了思路。

四、基于系统动力学的货运量预测技术

本书推荐一种基于系统动力学（System Dynamic，简单表示为 SD）的甩挂运输货运量预测方法，并以公路快速货运量预测为例进行预测过程的演示。这样做主要基于以下理由：

（1）系统动力学是分析信息反馈系统的学科，也是认识系统问题和解决系统问题交叉的综合性学科。系统动力学分析解决问题的方法是定性与定量分析的统一，从系统内部的机制、微观结构入手，剖析系统进行建模，借助计算机技术来分析研究系统内部结构与其动态行为的关系，寻觅解决问题的对策。使用系统动力学模型进行甩挂运输量的预测，可遵循甩挂运输发展的一些内在机制，容易实现对甩挂运输发展的模拟。

（2）公路快速货运产生与发展的根本动力在于经济社会发展提出的运输需求，正是这种新的运输需求带动运输供给方式发生变革，从而在传统的运输供给方式基础上衍生出快速货运服务形式。另一方面，甩挂运输是在传统的运输组织方式基础上衍生出来的，因为提高汽车货运效率的重要途径是提高车辆的燃油经济性和装载能力，而提高车辆的燃油经济性和装载能力最现实的措施就是使用大吨位货车。大吨位货车在满足上述两方面的需求上已经达到较

高水平，而继续提高汽车货运效率或运输经济效益则需着眼于车辆本身之外的途径。甩挂运输就是提高汽车货运效率和运输经济效益的方法。可见，公路快速货运和甩挂运输都属于效率和效益较好的道路货物运输组织方式。

(3)相对于甩挂运输的发展，公路快速货运在我国起步较早，且在运输市场上已有大量的公路快速货运企业，他们的实践为开展针对公路快速货运的研究工作提供了丰富的素材。

(4)一旦成功建立公路快速货运量预测的系统动力学模型，就可以比照建立甩挂运输货运量预测的系统动力学模型。

1. 公路快速货运的一般形式

公路快速货运企业以小批量、多品种、附加值高、高时效等快运货物为服务对象，以分拣场站为载体实现货物分拣、中转和运输车辆调度，以地方分支机、营业网点为货物受理与配送节点，以高速公路、国道等高等级公路为纽带，使用厢式车辆载运货物。我国公路快速货运企业的基本业务流程主要有以下两种表现形式：

(1)始发网点货物受理、上门取货→始发网点装车发运→干线运输→到达网点的卸货→到达网点的货物送达、客户自提货物；

(2)始发网点货物受理、上门取货→始发网点装车发运→干线运输→分拨场站的装卸分拣作业→干线运输→到达网点的卸货→到达网点的货物送达、客户自提货物。

从空间维度看，第(1)种形式仅发生于两个网点之间，运输组织方式简单，是众多专线运输企业选择的运输组织模式；第(2)种形式涉及到多个网点和分拨场站，形成了网状的运输组织形式(多数情况下表现为以分拣场站为根结点的树状结构)。对公路快速货运企业的供给能力而言，在第(1)种形式下供给能力是网点受理能力与干线车辆运输能力的较小值；在第(2)种形式下供给能力是网点受理能力、分拨场站的装卸分拣能力和干线车辆运输能力的最小值。

在建立公路快速货运企业经营活动的系统动力学模型时，既要考虑到企业发展的经济环境，又要考虑到企业的业务组织形式。公路快速货运企业的外部环境包括中宏观经济环境和快速货运市场上的其他快速货运企业；公路快速货运企业的内部结构主要包括干线运输车辆组织、网点建设、分拨场站的装卸分拣能力建设、运输收入等。一般地，公路快速货运企业的SD模型由以下基本模块构成：企业中宏观经济环境模块、干线运输车辆模块、场站与网点建设模块、企业运输收入模块、其他快速货运企业(市场竞争者)模块。

2. 经济环境描述

在公路快速货运企业的SD模型中，企业经济环境描述公路快速货运企业与中宏观经济环境、公路快速货运企业与其他快速货运企业之间的关系。中宏观经济环境的良好发展为公路快速货运企业提供了有效运输需求，可促进公路快速货运企业的发展；公路快速货运企业供给能力不足时，将压制一些运输需求，从而对中宏观经济的整体发展产生一定的阻碍作用。公路快速货运企业与其他快速货运企业之间既存在竞争，又有合作：当二者的供给能力充足时，其间表现为竞争关系；当二者或有一方的供给能力不足时，其间表现为合作关系。企业经济环境描述涉及到以下三类方程：

1)其他快速货运企业供需状况描述方程。

其他快速货运企业的需求增长来源于三方面:①其他快速货运企业通过长期的市场培育而获得的内在的需求增长;②公路快速货运企业的货运短缺为其他快速货运企业的有效需求开发提供了空间;③国民经济指标的内在增长产生的新的分配到其他快速货运企业的运输需求,可用等式简单表示为:“其他快运企业快运需求增加=其他快运企业快运需求量×其他快运企业货运需求增长参数+某公路快运企业货运短缺量×转移系数+某国民经济指标增加×(1-某公路快运企业货运市场占有率)/全社会快运货物平均运价”。

其他快速货运企业的供给能力增长动力来自国民经济发展的推动和企业自身的发展需要,可用等式简单表示为:“其他快运企业快运供给能力增加=其他快运企业快运供给能力×某国民经济指标增长参数+其他快运企业快运供给能力×其他快运企业货运供给增长参数”。

2)公路快速货运企业需求状况描述方程

公路快速货运企业的需求增长来自三方面:公路快速货运企业通过长期的市场培育而获得的内在的需求增长、其他快速货运企业的货运短缺为公路快速货运企业的有效需求开发提供了空间、国民经济指标的内在增长产生的新的分配到公路快速货运企业的运输需求,可用等式简单表示为:“某公路快运企业货运需求增加=某公路快运企业货运需求量×某公路快运企业货运需求增长参数+其他快运企业货运短缺量×转移系数+某国民经济指标增加×某公路快运企业货运市场占有率/全社会快运货物平均运价”。

3)表征中宏观经济发展水平的国民经济指标方程

在公路快速货运企业的SD模型中,将国民经济指标设定为状态变量,其增长来源于两个方面:①国民经济指标内在增长和全社会快速货运企业的经济贡献;②快速货运企业的供给短缺导致了该国民经济指标的减少。可以用等式简单表示为:“某国民经济指标增加=某国民经济指标×某国民经济指标增长参数+全社会快运总量×全社会快运货物平均运价”;“某国民经济指标减少=(某公路快运企业货运短缺量+其他快运企业货运短缺量)×全社会快运货物平均运价”。合理的国民经济指标的选取对该模块很重要,国民经济指标既要具备表征中宏观经济发展水平的能力,又要具备一定的微观性以便与企业层面相结合。

从统计习惯看,能够表征中宏观经济发展水平的国民经济指标比较丰富;从既有研究看,在经济社会中宏观层次的交通运输系统动力学模型中,使用的较多的国民经济指标有:社会总产值、GNP、GDP等。鉴于研究对象属于经济社会的微观层次,为比选既有各种国民经济统计指标在该模型中的适用性,我们提出基于互谱分析的国民经济指标选取方法。谱分析是指从一个给定的时间序列估计其谱密度函数或谱的方法[20]。谱分析技术可分为单变量谱分析和多变量谱分析两种,多变量谱分析提供了互谱分析这一工具,可用于研究两个时间序列中各相应频率分量所对应的周期波动之间的关系,如相关程度、超前滞后关系、比例关系等。

参照文献[21]对相干谱的计算过程,以公路货运量统计数据集作为第一个时间序列,从初步选取的国民经济指标统计数据集(地区生产总值、第二产业产值、第三产业产值、工业产值、交通运输仓储、邮电、通信业产值)中选取其一作为第二个时间序列,根据相干谱计算结果,可得到在不同的频率范围内与公路货运量相关性较强的国民经济指标。根据应用要求

(如:预测企业的中短期发展状态、比选企业的长期发展策略),选取在相关的频率范围内相干谱较大的国民经济指标,以作为企业经济环境描述的重要状态变量。这里以山东省 1978 ~ 2004 年统计时间序列为样本,相干谱计算结果如图 2-9 所示。

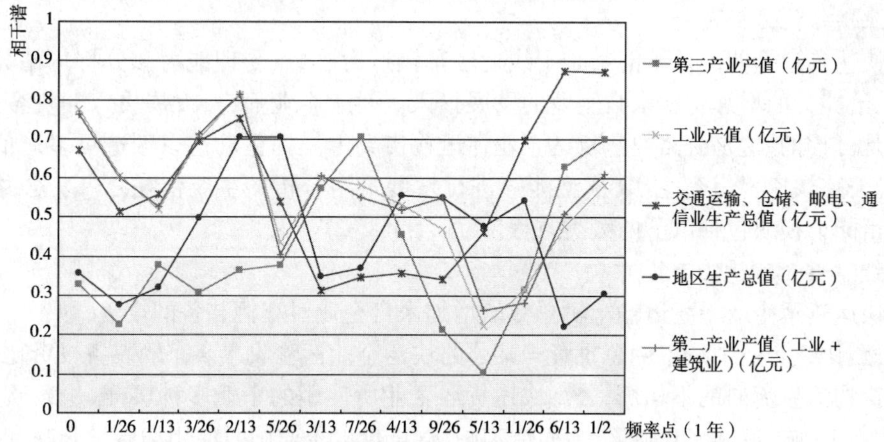

图 2-9　公路货运量与国民经济指标相干谱计算实例

设定公路快速货运企业 SD 模型运行的主要目标在于辅助企业进行生产经营活动的中短期决策,则根据相干谱图所显示的(9/26) ~ (1/2)频率范围选取相干谱较大的指标作为企业中宏观经济环境模块的国民经济指标(在该计算实例中相干谱较大的指标是交通运输、仓储、邮电、通信业产值)。为做比较,分别以交通运输、仓储、邮电、通信业产值和地区生产总值作为企业中宏观经济环境模块的国民经济指标,在其他参数、常量取值完全相同的条件下运行公路快速货运企业的 SD 模型,所得结果如图 2-10 所示。

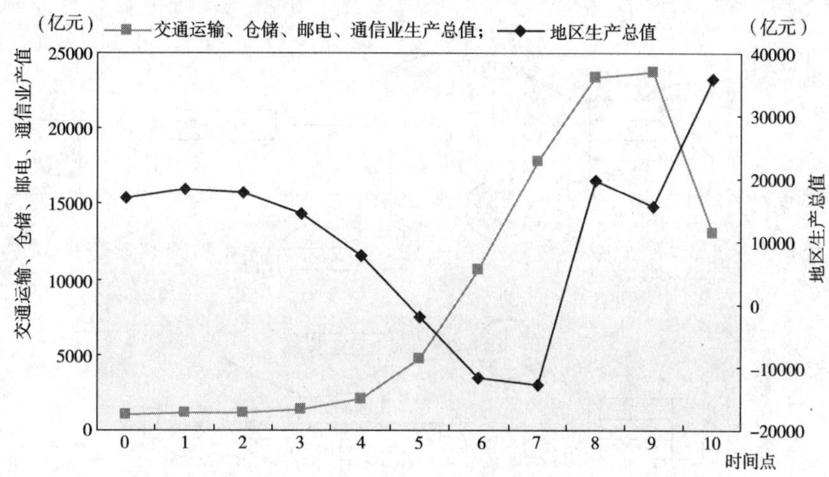

图 2-10　公路快速货运企业 SD 模型对国民经济指标的模拟实例

上述实证分析结果显示,在系统参数完全相同的条件下,交通运输、仓储、邮电、通信业产值的计算结果符合常规,而地区生产总值的计算结果产生了异常状况。为避免国民经济指标的异常状况,一般采取更改相关参数甚至修正相关因果关系等措施,这样的处理在不经意间改变了系统的内部机理。可见,不同的国民经济指标对企业中宏观经济环境模块的运行结果有很大的影响,选取合理的国民经济指标可以尽量避免 SD 模型一些不经意的改动对系统的内在机制产生不合理影响,而互谱分析是选取合理的国民经济指标的有效工具。

3. 企业供给能力描述

公路快速货运企业的供给能力是干线运输车辆运力、网点受理能力和分拣场站分拣能力的交集,供给能力的增加主要来自企业的发展投入。对于企业而言,发展投入的资金总额、投入的去向是可控的,这是公路快速货运企业在运输市场上发挥主动性以创造更多产值的主要方面,也是公路快速货运企业 SD 模型能够进行发展策略分析的主要依托之一。公路快速货运企业供给能力模块包括以下两大类方程。

1)干线运输车辆运力方程

公路快速货运企业干线运输车辆总数的增加来自企业对车辆装备的投资,即:

某公路快运企业干线车辆总投资 = 某公路快运企业运输收入 × 车辆装备投资比例

由于货物流量流向的不均衡,公路快速货运企业所使用的车辆多种多样,从载质量分析,有 3 吨、8 吨、10 吨、17 吨、20 吨等,为简洁刻画,这里仅以企业同时使用载质量 8 吨和 17 吨两种车型为例,同时设定企业在逐渐淘汰干线运输线上的小吨位车辆,即:

8 吨干线运输车减少 = 8 吨干线运输车总数 × 8 吨干线车的淘汰率

干线运输车辆的增加形式有两种:购置和租赁,不同的形式所耗用的投资有较大差异。无论购置还是租赁,都需要一定的时间做准备,用一阶延迟函数描述资金转化为运力的过程。干线车辆的运力除了与台数有关,还与车辆实载率有关,即:

干线车辆运力 = 干线运输车总数 × 额定载质量 × 实载率

干线车辆运力模块的流图,如图 2-11 所示。

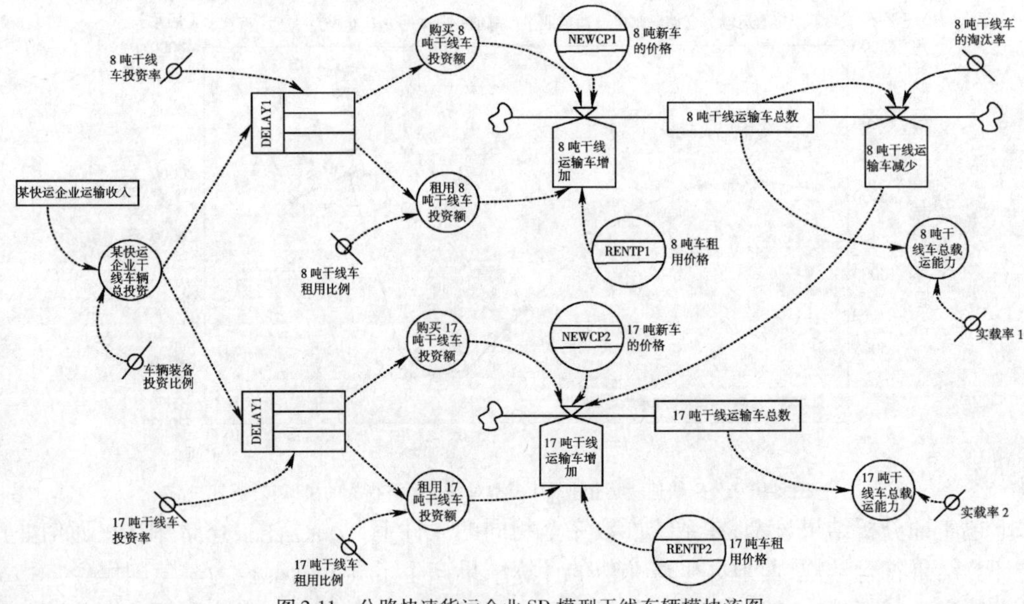

图 2-11　公路快速货运企业 SD 模型干线车辆模块流图

2）场站分拣能力与网点受理能力方程

场站分拣能力的扩充与网点受理能力的扩充主要受公路快速货运企业投资策略的影响，而要保持这两种能力的同步协调较难（市场需求有变动、能力扩充的周期有差异是主要原因），但企业可追求一种长期的协调状态。场站分拣能力受到干线运输车辆装卸位、货物暂存面积及其利用率、装卸班组和装卸机械的作业能力等因素影响，对场站的投资往往需要合理分配，对场站投资转化为实际的分拣能力需要一定的过程，可使用三阶延迟函数表示。网点受理能力的扩充表现为两种主要方式：通过新设立网点而使网点的数量增加、对既有网点扩能而不增加网点的数量。不同方式下的单位投入所产生的能力增加有所差异，在模型中表现为参数的取值有变化。该模块的流图如图2-12所示。

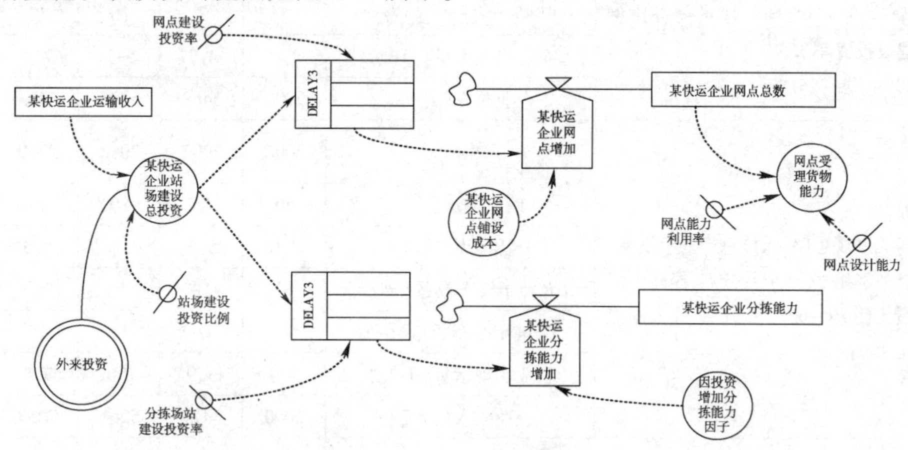

图2-12　公路快速货运企业SD模型场站与网点模块流图

4. 公路快速货运企业SD模型运算实例

公路快速货运企业SD模型涉及近30个参数，使用数个表函数，如表2-2所示。某些参数需要根据企业的经营状况加以确定（如网点能力利用率、干线车辆实载率、网点设计能力、网点铺设成本等）；某些参数需要根据企业的统计数据加以预测（如企业快速货运需求增长参数、转移系数等）；另外，可根据企业的发展定位为某些参数（如场站建设投资比例、网点建设投资率、小吨位干线车辆淘汰率等）赋值，此时显现出了SD模型的政策模拟功能。

公路快速货运企业SD模型的参量　　表2-2

常　量	赋予初始值	表函数
公路快速货运企业货运需求增长参数、转移系数、因投资增加分拣能力因子、网点能力利用率、干线运输车辆投资比例、不同吨位干线车辆投资率、不同吨位干线车辆租赁比例、干线车辆实载率、网点建设投资率、网点设计能力、小吨位干线车辆淘汰率、网点铺设成本	某国民经济指标、公路快速货运企业货运需求量、不同吨位干线车辆数量、网点数量、分拣能力、公路快速货运企业收入、其他快速货运企业运输需求、其他快速货运企业运输供给能力	某国民经济指标增长参数、全社会快运货物平均运价、干线车辆购置价格、干线车辆租赁价格、公路快速货运企业运价

以山东省某中小型公路快速货运企业为实证分析对象，采用上述SD模型分析不同的发

展策略下企业的发展状况,从而为企业经营管理决策者了解企业未来一段时间的发展状况、确立中短期的发展定位提供重要的决策参考。这里模拟三种情况:保持既有发展态势、采取内涵式发展思路、采取粗放式发展思路。主要运算结果如表 2-3 所示。

公路快速货运企业 SD 模型实例运算结果 表 2-3

发展策略	企业状况 \ 年度	2006	2007	2008	2009	2010
发展策略之一: 保持 2005 年的发展态势:网点能力利用率 50%,干线车辆投资比例 1%,8 吨干线车投资率 40%,8 吨干线车租赁比例 30%,17 吨干线车租赁比例 40%,场站建设投资比例 5%,网点建设投资率 35%	网点数量(个)	50	62	73	84	96
	分拣能力(万吨)	4.0	5.8	7.6	9.3	11.2
	8 吨干线车数量(辆)	12	10	9	8	9
	17 吨干线车数量(辆)	4	7	10	14	18
	企业实现运量(万吨)	4.0	4.7	5.7	7.2	9.0
	企业收入(万元)	2000	3468	5193	7073	9359
发展策略之二: 采取内涵式发展思路:保持总投入率不变,提高网点能力利用率 10 个百分点,提高干线车辆的租赁比例 50 ~ 60 个百分点,加大网点投资比例至 45%	企业状况 \ 年度	2006	2007	2008	2009	2010
	网点数量(个)	50	65	80	94	110
	分拣能力(万吨)	4.0	5.5	7.1	8.5	10.1
	8 吨干线车数量(辆)	12	10	9	9	10
	17 吨干线车数量(辆)	4	7	11	15	20
	企业实现运量(万吨)	4.0	4.9	6.1	7.8	9.9
	企业收入(万元)	2000	3479	5261	7255	9736
发展策略之三: 采取粗放式发展思路:提高总投入率 2 个百分点,网点能力利用率 50%,干线车辆投资比例 1.5%,8 吨干线车投资率 30%,干线车租赁比例 50%,场站建设投资比例 6.5%,网点建设投资率 45%	企业状况 \ 年度	2006	2007	2008	2009	2010
	网点数量(个)	50	66	82	98	116
	分拣能力(万吨)	4.0	5.7	7.3	8.9	10.8
	8 吨干线车数量(辆)	12	10	9	9	10
	17 吨干线车数量(辆)	4	8	13	18	26
	企业实现运量(万吨)	4.0	5.2	6.8	8.9	10.8
	企业收入(万元)	2000	3509	5435	7697	10490

(1)若企业保持既有发展方式,则企业供给能力将受到干线车辆运输能力的制约。相对而言,对车辆的投入率是较高的,但由于主要采用企业自购车辆的方式扩展干线运力,所以车辆投入显得不足,因车辆等移动设备的原因使企业的发展速度放缓并不可取。从场站分拣能力利用率看,未来 5 年分拣场站的能力利用在 80% 左右。企业实现运量在 2006 ~ 2010 年的年均增长为 22%;企业收入在 2006 ~ 2010 年的年均增长为 47%。

(2)内涵式发展思路即对既有的发展方式做出调整。在保持总投入率不变的条件下,提高干线车辆的租赁比例,同时加快市场扩展步伐、加大网点受理能力。在内涵式发展策略下,由于车辆租赁成本较购置成本低,干线车辆运力对企业发展的限制被削弱了;同时由于加大了市场拓展投入、网点受理能力增加,导致场站的分拣装卸作业能力越来越成为制约企业发展的主要因素(从第三年开始场站的分拣作业能力接近饱和)。企业实现运量在2006～2010年的年均增长为25%;企业收入在2006～2010年的年均增长为49%。

(3)粗放式发展思路即企业从各个方面较大幅度地扩展规模、提高供给能力。将总投入率提高到8%,企业购置50%左右的干线运输车辆,提高大吨位车辆的拥有比例,并适当加大网点铺设速度。则场站的分拣装卸作业能力将成为制约企业发展的主要因素。企业实现运量在2006～2010年的年均增长为28%;企业收入在2006～2010年的年均增长为51%。

第三节　道路甩挂运输市场空间分布分析技术

空间与时间是自然与社会现象的两个基本参照系,任何事物、任何现象都离不开这两个基本参照系。换言之,空间坐标与时间刻度是标识自然万物与社会现象的身份证[14]。货物运输系统是指在某一个特定的时间和特定的空间内,由两个以上的相互区别又相互联系的货物运输空间对象或要素组成的、具有特定功能和行为、与环境(社会生产系统与消费系统)相互作用的整体。地学理论认为,空间对象具有三大特征,即空间特征、属性特征和时间特征[14]。空间特征又分为空间位置和拓扑关系,时间特征表现为空间特征、属性特征的动态变化规律。实质上,地学空间特征与唯物辩证法有关空间概念的阐述是一致的。

空间在本质上是物质形态内部的各种相互作用借以保持总体平衡的普遍形式,因而也是并存着的一切物质形态借以进行相互作用的相对固定的形式。空间本身表现为物质形态普遍固有的广延和各种物质形态并存序列的统一。空间不仅是物质存在的广延性,同时又是物质存在于不同状态的并存序列[11]。空间作为物质存在于不同状态的并存序列,构成了各种不同的物质存在状态的一种外部联系,表现着物质存在之间各种相互作用的差别和不平衡性[11]。进行货物运输空间特征的研究着眼点集中于两个主要的方面:空间位置→空间广延性→货物运输空间分布研究;空间拓扑关系→并存性→货物运输空间相互作用研究。

进行空间分布研究与空间相互作用研究的有力工具就是空间分析技术。空间分析就是针对伴随空间位置的变化而变化的各种特性(包括空间中的区域、模式、联系、相互作用、变化等)的研究[22],空间分析技术中的空间分布分析是从总体的、全局的角度来描述空间变量和空间物体的特性。为进行空间分布研究,首先需要明确空间分布对象,以此为基础分析各种空间分布的类型;各种空间分布描述参数的提出为量化、可视化空间分布特点提供了数据支持[23]。

一、空间对象

1.空间对象的刻画方式

1)地理学空间对象[14]

如果把涉及地球内部、表面及外部的地理系统称为广义地理系统,则广义地理系统基本涵盖了当今人类生存、生活、研究和利用的现实世界整体,其所包含的各类目标称为广义地理目标。根据观察视点、尺度特征和兴趣点的不同,可以将广义地理目标分成4种基本类型:

(1)点状目标。点状目标是指可以用一对空间坐标、一个标识符和若干描述项共同表示的地理目标。在小比例尺情况下,某些具有面状分布特征的地理目标可以忽略其面状几何特征而归化成点。

(2)线状目标。线状目标是指可以用一组空间坐标、一个标识符和若干描述项共同表示的地理目标,可以是直线也可以是曲线。

(3)面状目标。面状目标是指可以用一组空间坐标或若干线状目标、一个标识符和若干描述项共同表示的地理目标,可以是平面也可以是曲面。

(4)体状目标。体状目标是指可以用一组空间坐标或若干面状目标、一个标识符和若干描述项共同表示的地理目标,可以是规则的也可以是不规则的,均存在三维包络边界、有一定的体积(容积)。

2)区域经济学空间对象[24]

在人类社会生产的不同类型的生产单位中,由于劳动对象、劳动条件和生产方式的不同,生产力诸要素相互结合和运动所占据的空间规模也就不等。凡是劳动对象加工方法采取分散形式的生产单位,它们所占有的空间就比较大;凡是对劳动采取集中加工的生产单位,它们占据的空间就较小一些。由于生产力体系内部分工的不断发展,占据空间大的生产单位和占据空间小的生产单位各自进行不同的生产活动,前者连结在一起就构成了区域空间结构的域面,后者集中于一点就成为区域空间结构的节点。区域各个生产部门之间为了进行生产活动必须进行各种联系。由于各个生产部门的位置固定在不同的空间,部门之间的联系必须要求进行空间转移位置的运动,从而使各部门之间的联系在空间形成种种联络的路线。这些路线在区域内纵横交错、相互连接形成区域空间结构的网络。总之,区域空间结构的基本要素包括三个方面:节点及节点体系、线及网络、域面。

3)流通经济学空间对象

文献[25]给出了如图2-13所示的流通空间与流通活动的对应关系,可见,流通空间主要由线路和节点组成。

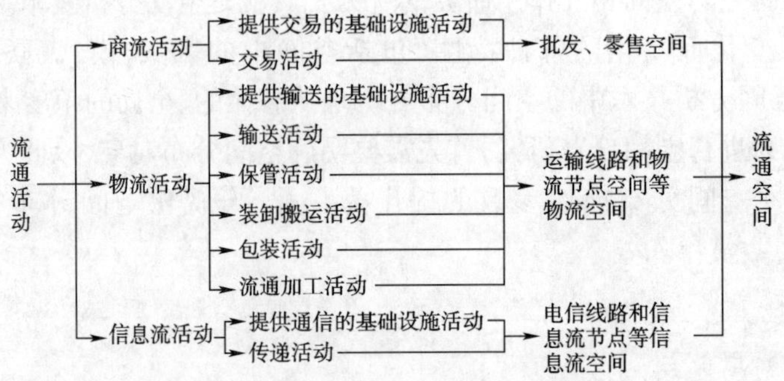

图2-13 流通活动和流通空间的对应关系

从纵向看,点、线、面是商品流通空间模式构成的基本要素[26]。点是商品流通经济活动的内聚力极化而成的中心或节点,如具有流通中心功能的城市、贸易中心、集贸中心等。线是商品从生产领域到消费领域的流通渠道,它是由商品所有者组成的,直接推动商品在其形态交换

（W—G，G—W 的价值形态转换）中由生产领域进入消费领域的组织序列。面是商品流通所能影响和辐射的范围或集合。点、线、面要素的层次组合，形成空间等级规模结构，而点、线、面要素的有效结合，形成一个高效的网络系统。从横向看，商流、物流、信息流是商品流通空间相互作用的基本形式。空间结构的点、线、面和三流有机组合构成商品流通运行整体。

综上所述，商品流通空间结构是指实现商品流通的经济实体在空间中的相互作用和相互关系，以及反映这种关系的实体和现象的空间集聚规模和集聚状态。更直接地说，它是商品网点、网络、域面、要素流和等级规模体系的要素集合。从空间组织形式看，它们共同制约着一定地域商品流通空间的疏密散聚、相互位置及分布形态。

4）交通运输地理学空间对象

若从地理学出发研究运输，则需要确认运输需求的产生、运输需求的空间位置以及满足该需求的方式。所以，交通运输地理学的任务就是搜寻运输需求的源点集和终端集并找出“源点——终端”的不同的空间联络方式。可见，空间点与线是交通运输地理学的最基本的概念[27]。

交通运输地理学采用数学（分析的、几何的、概率的等）模式和一定的图形将交通运输空间描述为交通点、线、网的模式。对于交通点的研究侧重于站点的服务距离与服务面问题，由此引申出站点的区位选择问题；对于交通网的分析侧重于网络分析，主要采用各种描述参数进行网络特征的分析；对于交通线的研究侧重于交通线的布局模式，特别是线路的走向分析[28]。

2. 空间对象的界定

《语言大典》[29]对“点”、“线”、“簇”、“网”、“面”含义的解释如表 2-4 所示。

点、线、簇、网、面含义的解释 表 2-4

名词	主要含义	名词	主要含义
点	①几何系统，尤指欧几里得几何系统中未下明确定义的成分之一；亦指由一有序集所决定的一个集的元，该有序集的数与此集的维数相等，为几何点所代表的实数或复数。 ②一个延伸的、通常是抽象的、整体的不可分割的部分之一。 ③在某种尺度中的可测量的一定位置。 ④用来作为参考点的一个极小的抽象点	网	①意味着一个系统在凸出的点上互相联合或交叉，有时是复杂的，但可以容许分析或控制。 ②一个由导线组成的系统，其中在某些点之间的电导是有多于一条通路形成的。 ③互相联系或互相关联的连串的事物、团体或系统
线	①泛指包括设备、路线以及各种附属物在内的交通运输系统。 ②旅客常走的道路、公路或航道、水路或渠道，尤指经过选择的或按规定行经的通道	面	①表面：物体或躯身的外面、外部；二维的一面或数面，团体的单面。 ②范围，常指活动、经验或知识的范围或广度
簇	①密集的或长在一块儿但不黏在一起的一丛。 ②各点的邻域和同维数欧氏空间中的球内部是同态的拓扑空间。 ③密集生长在一起的若干同类物	—	—

表 2-5 列出了“点”、“线”、“簇”、“网”、“面”的词性、在相关词性范围内的解释数量、英语

中有关的部分单词以及与这里所研究问题相关的词义。

这里将货物运输空间点、线、簇、网、面简单界定如下：

点：动态的、抽象的概念，是一个集合（集合元素包括能够实现货物运输过程中有关停顿作业的所有设施设备），其表现就是能够实现一定的停顿功能。在不同的层面上有不同的表现形式，如可以指城市内部一个具体的某件商品存放地点、一个企业或城市内部一个区域、一个城市等。

线：抽象的概念，其功能表现就是能够实现一定的空间移动功能。区位论认为，即使一个国家所有地区的气候条件、土地条件、矿产资源分布均相同，即每个地区有与其他地区完全相同的资源条件，物品的长距离的空间移动仍是必需的[30]。

簇：对于线的扩展形式的表述，可采用"带"、"簇"、"束"。对于货物运输空间而言，采用"线簇"较为合适，这是因为："线束"是通过一个定点并伸展在一个平面上的若干线条；"带"是指在某些地质特征或地质事件上具有特征表现的延伸地区，但它不是广阔成为一个地带，是明显狭长而非长宽相当的东西。可见，"线束"与"带"均不适于刻画货物运输空间的多条线的集合状态，簇就是密集分布在一起的若干条线对象，它是线对象的集合体[29]。

网：网是交通运输系统的一种表现形式，它是反映点、线（簇）之间相互关系的空间拓扑模型。网是一种点、线（包括簇）及其相互联系的集合，基本构成要素就是点与线。

面：能够实现一定移动与停顿功能的一个空间范围。

二、空间分布类型

空间分布类型的划分基于空间对象之间的空间关系分析。在地理信息系统原理中[14]，空间关系是指地理实体之间存在的与空间特性有关的关系，如度量关系、方向关系、顺序关系、拓扑关系、相似关系、相关关系等，是刻画数据组织、查询、分析和推理的基础。所谓顺序关系，是指空间目标在空间中的某种排序，如前后、左右、上下、东西南北等。所谓度量关系，是指用某种度量空间的度量尺度来描述空间目标之间的关系，如距离等。所谓拓扑空间关系，是指拓扑变换下的拓扑不变量，如空间目标的邻接与关联关系等。度量关系属于定量关系，顺序与拓扑关系则属于定性关系。总之，空间关系本身包含的内容很广，可以是由空间实体的几何特性引起，可以是由空间实体的非几何特性所导出，也可以是由空间物体的几何特性和非几何特性共同引起。

文献[14]罗列了点、线、面等空间对象的各种空间关系，见表2-5。

一般而言，理论上的空间分布类型包括随机分布、规则分布与聚类分布。但是，由于不能区别出沿着线状空间对象上的分布特征，这种分类方式并不能较好迎合空间分布类型的划分。文献[31]指出，空间分布有7个基本类型：沿线状要素的离散点（如高速公路或河流沿线的车站码头）、沿线状要素连续分布（如河流流速、流量，高速公路车流量）、面域上的离散点（如城市分布、火山分布）、线状分布（如河流，交通网）、离散的面状分布（如草场分布、农田分布）、连续的面状分布（如人口普查区域，行政区划）、空间连续分布（如地形，降水）。文献[32]提出将分布类型分为四种：完全随机分布、规则而非聚类分布、在随机点上的聚类分布、沿着线状对象的聚类分布。考察上述空间分布类型划分不难发现，不同的分布类型之间的区别在三个方面（或其中之一、之二）：分布对象、分布载体、分布方式。所以，可以以分布对象、分布对象的分布载体、分布对象的分布方式为分类标准，对空间分布类型进行划分。

点、线、面等空间对象的部分空间关系　　表 2-5

分布对象	空间关系	示意图
点—点	相离	A● ●B
	相等	A●B
点—线	相离	A● B
	相接	A B
	包含于	A B
点—面	相离	A● B
	相接	A B
	包含于	A B
线—线	相离	A B
	相交	B A
	交叠	A B
	相等	A B
	相接	A B B A
	包含(于)	B A A B
线—面	相离	
	相接	
	进入	
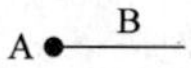	穿越	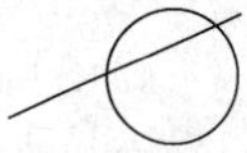
	包含于	
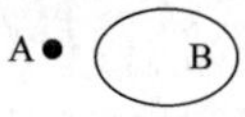 面—面	相离	 A B
	相接	A B
	交叠	A B
	相等	A B
	包含(于) 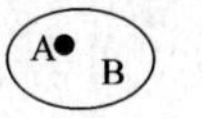 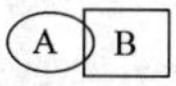	B A A B
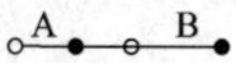	覆盖（被覆盖）	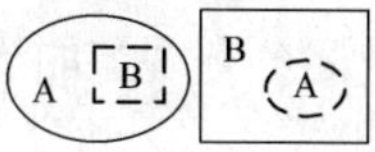 A B B A
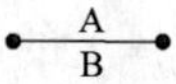	穿越（被穿越）	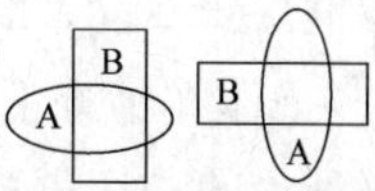 B A B A

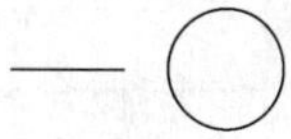

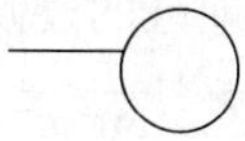

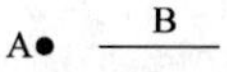

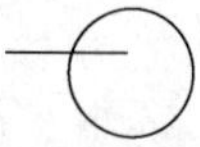

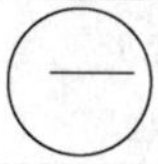

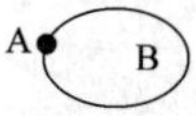

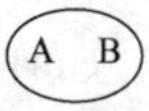

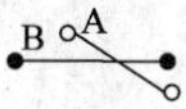

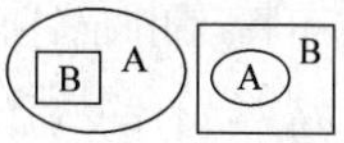

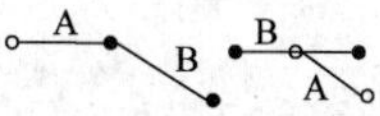

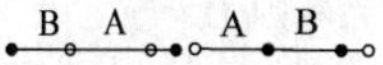

对于交通运输空间分布，其分布对象包括点、线、线簇、面，分布对象的分布载体包括线、线簇、面（没有点状载体是因为点没有空间大小的概念，不可能在其上出现空间差异或变化），而

分布方式有离散和连续两种。这样，根据组合理论，数学上交通运输空间分布类型有 $C_4^1 \times C_3^1 \times C_2^1 = 4 \times 3 \times 2 = 24$ 种，见表 2-6。值得指出的是，这里没有涉及到“网”，因为网状对象的分布方式不能以离散和连续刻画。

空间分布对象的分布类型示例　　表 2-6

分布对象/方式 分布载体	点		线		线簇		面	
	离散	连续	离散	连续	离散	连续	离散	连续
线	例如：公路上的货运站分布	例如：公路上的车流分布	例如：城市街道的快速通道	—	—	—	—	—
线簇	例如：并行的多种运输方式的换装站分布	例如：综合运输通道的货流量分布	例如：铁路车站的正线分布	线簇	例如：综合运输通道的复线铁路分布	—	—	—
面	例如：货运网络节点分布	例如：货运需求分布	例如：区域中的运输线路分布	例如：交通运输网络及其辐射线分布	例如：区域中的综合运输通道分布	面	例如：物流基地/物流园区分布	例如：行政区划分布

实际上，上述表格中有些分布类型是不存在的。比如，面状分布对象不可能分布于线或线簇状分布载体上。

三、空间点分布的参数

1. 空间点分布的集中趋势

空间点分布的很多描述参数需要一定的前提条件，即点群具有一定的集中趋势。如果点群是规则分布、随机分布或具有几个分布中心，则很多描述参数将没有意义。所以，在进行空间点分布特征的描述前，需要进行点群分布模式的检验。

文献[23]给出了点群分布模式检验的理论方法；文献[33]列举并比较了三种空间聚类的检验方法，这些检验方法由于自身的适应范围以及数学解释上的局限，并不能直接被用于交通运输空间分布现象的检验。下面从理论分析与实证分析两方面论证交通运输空间点分布的集中趋势。

交通运输空间点分布的集中趋势有一定的地理学理论基础，地理学的基本公理之一是集群公理：个体在地理上的靠近、聚集形成群体，各种群体也在一定的地理空间上集聚，称为集群。地球上的一切事物在地理空间上都呈一定的集群状态，这是事物延续、生长和发展的必要条件和必然结果。如果非集群的个体不能发育出群体，形成新的集群，则无论个体有如何的生命力，也终将毁灭。比如，人类互相联系地生活在一起才得以形成一个社会，形成发达的农业区域和城市；工业的集聚产生集聚效益，形成工业区等。自然因素、人文因素和社会因素集群的结果形成两种地理区域，一是集群地区内部结构上的相似，成为均质区域或称形式区域；二是集群产生势能，对外发生作用的结果形成功能区域或称作用区域[13]。

从原理上看，交通运输空间的点对象是以各种交通运输活动为内容的空间范畴。交通运输空间的点对象是各种交通运输活动相对集中、相对稳定的地方。在商品经济社会中，任何一种商品交换行为都不是随意的、空间上不确定的、无选择的，而是受社会经济规律的制约，在空间上渐渐地趋于稳定和集中。在一个国家内、一个地区中，总有若干地方成为人们经常进行交通运输活动的中心，该地方与其他地区比较，交通运输活动更加经常化、交通运输作业量更大，因而其基础设施、条件也更加完善和优良。同时由于各个交通运输活动中心吸引的范围不同，就形成不同层次、规模的交通运输空间点。所以，交通运输空间点对象的空间分布不是随意的。从实践看，很多学者的研究成果显示[34]，交通运输空间的集中趋势是较为明显的，这里不再详述。

有必要指出的是，客观存在的、可见的交通运输设施等实体构造的空间布局是静态的，每一种交通运输设施在空间有其特定的位置，并且不同交通运输设施之间在空间的位置一般不随时间的变化而改变，这就是交通运输空间构成的静态实体性；通过“货物”的交流产生的空间关系具有动态性，一次“货物”的交流应当发生在特定的时间与特定的空间，这就是交通运输空间构成的动态虚体性。根据交通运输空间的静态实体属性与动态虚体属性，这里的各种描述参数也可分为三类：针对交通运输空间的静态实体属性的描述参数（线对象的分布密度、网对象的 α 指数）、针对交通运输空间的动态虚体属性的描述参数（线路通过能力）以及针对交通运输空间的双重属性的描述参数（点对象的分布轴线、线路综合密度）。

2. 空间点对象的分布密度

分布密度是指单位分布载体上的分布对象（交通运输空间分布点）的数量，是两个比率尺度数据的比值。分布密度一般是针对离散分布现象的分布概率而言，即单位载体上的发生频数。由于分布载体、所关注的点的某种属性的不同，分布密度的计算形式也不一样。

如某地区公路货运站的密度计算可以为：

某地区公路货运站的密度 = 公路货运站总数 ÷ 公路线路里程

（考虑到公路货运站是沿公路线路分布的，所以取公路里程为分母）

城区商业网点密度 = 商业网点数 ÷ 城区总面积

某地区交通网密度 = 交通网总长度 ÷ 区域总面积

3. 空间点分布中心的理论计算

对于沿面状分布的离散点，其分布中心是一个重要的参数，它可以大概地表示分布总体的位置。

理论上：假设有 n 个离散点 $P_i(i=1,2,\cdots,n)$，其平面位置为 (x_i,y_i)，可以计算不同形式的分布中心。

（1）算术平均值中心 $(\bar{x},\bar{y})$

$$\bar{x}=\frac{1}{n}\sum_{i=1}^{n}x_i,\ \bar{y}=\frac{1}{n}\sum_{i=1}^{n}y_i$$

算术平均值中心没有考虑点之间的差异,但有时又必须考虑这样的差异,如当考虑某一区域城市分布,尤其是城市货运业务量分布时,仅简单地计算城镇点坐标的算术平均中心是不合适的,而应当以城镇货运业务量为权计算其加权中心。

(2)加权平均中心($\bar{x}_w,\bar{y}_w$)

设 $P_i(i=1,2,\cdots,n)$ 的权重分别为 $w(P_i)$,则:

$$\bar{x}_w=\frac{1}{\sum w(P_i)}\sum_{i=1}^{n}x_i w(P_i),\bar{y}_w=\frac{1}{\sum w(P_i)}\sum_{i=1}^{n}y_i w(P_i) \tag{2-9}$$

在计算加权中心时,权重的确定是问题描述的关键。

(3)中位中心(x_m,y_m)

中位中心由下式决定:

$$\sum_{i=1}^{n}\sqrt{(x_i-x_m)^2+(y_i-y_m)^2}=\min \tag{2-10}$$

中位中心到所有点 P_i 的路程(距离)之和为最小。中位中心不能直接计算,必须采用寻优方法。

(4)极值中心(x_e,y_e)

极值中心到点群中各点的最大距离比任何其他点相对于点群中最远点的距离都要小,即:对一切$(x,y)\neq(x_e,y_e)$,下式成立

$$\max(\sqrt{(x-x_i)^2+(y-y_i)^2})>\max(\sqrt{(x_e-x_i)^2+(y_e-y_i)^2}) \tag{2-11}$$

极值中心的地理意义在于,如果在 n 个点中设置一个点,那么应力求使该点到点群中的所有点都不至于过远,因此极值中心倾向于外围远离中心的点。

因此,应用上述有关分布中心的计算公式于实践中,特别是研究交通运输现象时,存在如下需要权衡的问题:点坐标的变通,因为不仅要考虑地理坐标,更多情况下需要着重考虑社会经济因素;由于点坐标意义的变化,需要修正分布中心的计算公式。

4. 空间点分布中心的实证分析

在研究交通运输的空间分布特征时,上述四种分布中心的算术平均中心、加权平均中心更趋向于描述交通运输空间的最重要的空间点,即等级最高的点(如果以等级体系刻画分类);中位中心、极值中心更趋向于描述交通运输空间上的“优化”意义上的点。实践中,等级最高的点与“优化”意义上的点往往是重合的。有鉴于此,这里提出采用评价的思想、通过点的等级划分寻找交通运输系统的分布中心。

区域经济理论认为[24],点是人口和产业的聚集地,是由经济活动的内聚力极化而成的中心,一定区域范围内的点之间存在着规模上的差异,不同点之间在数量上和规模上组成的相互关系就构成了点的规模等级体系。点的规模等级体系有三个基本要素:等级名称、点的规模和点的数目。点的规模分布是指一国或一区域内不同的点之间某种规模上的关系。研究点的规模分布,可以明确点由大到小的序列与其规模的关系,揭示一个国家或区域的节点描述指标是集中在少数大点上,还是成比例地分散在不同等级的点上。这就为制定区域节点体系发展战略,决定究竟单独发展少数大的节点以争取眼前利益,还是致力于均衡发展以争取长远的综合

利益提供了依据。因而,点的规模分布的研究是有其理论和实践意义的。

应用评价的方法、通过点的等级划分寻找交通运输系统的分布中心,不仅可以发现整个研究区域范围内的交通运输分布中心,而且可以发现交通运输空间分布点的不同等级以及不同等级上的分布中心。

我们曾研究了基于主成分分析法的山东省、河北省的物流节点城市的等级划分问题[35][36]。以山东省为例:

山东省下辖17个地级市。针对山东省经济发展的实际,在选取指标时考虑到以下几方面:当地的经济发展水平(可选取GDP、各产业增加值等指标);居民的总体消费额及消费水平(可以选取社会消费品零售总额、批发零售贸易业总额、居民消费水平等指标);人口规模;运输物流发展现状(可选取全社会货运量、公路货运量等指标);另外,由于山东省经济属于外向型经济,对外贸易交流活跃,很有必要考虑到其外贸增长因素,故选用单位GDP产生的外贸额这一指标。

按照主成分分析法的步骤,在进行了原始数据的标准化处理后,求取协方差矩阵的特征值,并求各特征值贡献率以及累计贡献率。根据计算结果,前两个主成分的方差之和占总方差的比例为86.7%,已经基本上保留了原来指标的信息。所以选前两个主成分进行问题的分析。

第一主成分保留了原指标73.2%的信息。从各系数可见,单位GDP产生的外贸额这个指标的系数比最大,确实反映了山东省外向型经济的特点,并且随着经济全球化和中国成为WTO成员带来的发展机遇,山东省作为对外开放的经济大省,其外贸额必将有一个较大幅度增长,由此引起外贸运输物流量的增加;此外,全社会货运量和公路货运量这两个指标的系数也比较大,属于重要因素之一,符合预期要求,有利于反映各城市的运输物流量的规模;批零贸易业总额、社会消费品零售总额、GDP、第二产业产值等指标也占有一定的不可忽视的比例。可见,第一主成分基本综合了物流由生成源到移动再到消失点的一系列特征。

第二主成分保留了原指标13.5%的信息。由各系数可见,社会消费品零售总额、批零贸易业总额等占有较大比例的指标与单位GDP产生的外贸额符号是相反的,这反映了商品的当地消费(商品流动消失)与对外输出(商品继续流动)的负相关关系。

各地级市的前两个主成分的得分和综合得分,见表2-7。

主成分计算结果 表2-7

城市	第一主成分得分	第二主成分得分	综合得分	城市	第一主成分得分	第二主成分得分	综合得分
青岛	6.7972	-1.4177	4.7841	东营	-0.9475	0.1740	-0.6701
济南	1.8018	1.7396	1.5537	枣庄	-1.1135	-0.0913	-0.8274
烟台	1.5972	0.3521	1.2167	德州	-1.2985	0.0818	-0.9395
济宁	1.0547	1.1646	0.9292	日照	-1.0749	-1.3062	-0.9645
潍坊	0.9228	0.9179	0.7994	滨州	-1.2458	-0.6698	-1.0024
淄博	-0.0150	0.5079	0.0576	莱芜	-1.4917	-1.2697	-1.2634
威海	0.0261	-0.866	-0.0978	菏泽	-1.7709	-0.0334	-1.3008
临沂	-0.7241	0.7318	-0.4312	聊城	-1.8439	-0.3314	-1.3945
泰安	-0.6739	0.3259	-0.4493	—	—	—	—

根据第一主成分与第二主成分的计算结果(得分的正负)以及综合得分,青岛和威海属于一类节点城市,在这一类中,青岛市综合得分最高,青岛的对外贸易交流明显比国内消费活跃(2000 年青岛市的外贸依存度在 90% 以上),可认为青岛属国际级物流节点城市;济南、烟台、济宁、潍坊属于一类节点城市,这 4 个城市的综合得分较高,同时对外贸易量与国内消费量处于伯仲之间,可认为这 4 个城市属省级物流节点城市,考虑到青岛的因素以及这四个城市的空间布局,可认为这一类节点城市以济南为中心。

采用主成分分析法等评价方法进行货运空间分布中心的确定时,可以找出所有点的分布中心,也可以找出不同类别之中若干点的分布中心。当然,这样的分布中心一般都是经济社会意义上的,对于地理位置因素往往考虑不多。

5. 空间点的分布轴线

空间点群的分布形态是多样的,分析其空间集中趋势可以获取其聚集信息。当空间点群在延伸率不大的区域内分布时,可计算其分布的重心位置[37][38]或上述各种分布中心;而当点群在一个狭长带状区域分布时,计算其中心的意义不大,计算点群的分布轴线可以获取更多的空间信息。在交通运输实践中,绝大多数交通运输空间点(如枢纽城市、交通运输枢纽、运输场站等)是沿运输通道分布的,计算交通运输空间点的分布轴线并确定特征区域带,对交通运输布局、经济建设乃至社会发展等具有重要的决策参考价值。所以,对于交通运输点对象的空间分布特征分析而言,分布中心与分布轴线是从不同的适用范围和角度出发的两个主要的参数。交通运输空间离散点群的分布趋势(走向)可通过分布轴线来确定:

理论上,对于离散点群 $P_i(x_i,y_i)(i=1,2,\cdots,n)$,可以拟合一条直线。

$L{:}Ax+By+C=0$。点群相对于 L 的距离反映了离散点群在点群走向上的离散程度,而 L 的走向则描述了点群的总体走向。对 L 的确定可以采取不同的方法[23]。

实际中,地理空间的点是具有属性特征的,分布轴线由于属性值大小的影响会发生一定程度的偏离(相对于地理坐标的拟合结果而言)。

研究交通运输的空间分布时,在采用上述方法确定分布轴线之前需要明确点的坐标的意义,因为交通运输活动除了与地理坐标有所联系,还与其他社会经济因素存在密切的联系。为解决这一问题,这里拟采用两种方式确定分布轴线。

(1)以地理坐标为基本条件,以交通运输空间点的属性(如点上的货运业务量、点上的经济水平等)为权,通过曲线拟合寻找分布轴线。

设空间离散点群为 $P_i(x_i,y_i)(i=1,2,\cdots,n)$,点 P_i 的属性值为 p_i(如货运业务量、经济发展水平等),这样,可以拟合一条直线 $L{:}ax+by+1=0$ 来表达这一离散点群的分布趋势。

在属性加权条件下用最小二乘法估计参数值,误差的平方和为:

$$s=\sum_i p_i(ax_i+by_i+1)^2/\sum_i p_i \tag{2-12}$$

使 $s\to\min$ 便可估计分布直线方程的参数,而这在数学上是很容易解决的。

实际上,由于空间点群分布形态的复杂性,其分布轴线有时不能用直线来表示,这就不得不采用合适的曲线进行拟合了。曲线拟合的计算过程与上述直线拟合的计算过程类似,具体可参见文献[39]，该文献以 MapInfo 为平台，对山东省胶济产业带分布轴线进行了实际计算与绘制，结果具有一定的说服力。

(2)从经济空间中的主要经济联系方向与交通运输通道的连续性、重合性来拟定分布轴线。

在经济空间非均质的现实条件下，空间点与点之间的联系也是非均质的，一般有主导方向和若干次要方向之分，这是区域经济空间结构形成的重要原因。确定主要经济联系方向有如下意义：有利于区域经济的空间组织（主要的经济联系方向实质上是企业和个人经济联系的主导方向，把握主要经济联系方向是理解经济行为主体空间行为的重要途径）；有利于空间点实体空间的发展方向（作为经济联系主体的企业和个人的追求运输成本的最小化导致其沿着主要的联系方向延伸）；有利于交通运输的合理组织（经济联系是运输存在的基础，运输网络是经济联系得以实现的物质基础，运输的发展会强化区域经济联系的空间格局）。

只要采用能够表征经济联系强度的指标就可以确定空间点的主导经济作用方向，而在经济地理学研究中不乏这种指标[40]。一旦掌握了交通运输空间点的主要经济联系方向，就可以兼顾考察该方向上的交通运输通道延伸状况。在研究区域范围内，交通运输通道与交通运输空间点的主要经济联系方向重合的频率越高，该通道就越可能成为分布轴线。举例如下：

文献[41]计算了山东半岛城市群 6 个城市经济联系量，见表 2-8。

山东半岛城市群 6 个城市经济联系量(单位：万元·万人/平方公里)　　表 2-8

城市	济南	青岛	淄博	烟台	潍坊	威海
济南	—					
青岛	10769	—				
淄博	79360	19530	—			
烟台	—	9776	3001	—		
潍坊	8107	30236	26625	3212	—	
威海	—	—	—	15428	—	—

根据该计算结果，在山东半岛的城市群中，济南的主要经济联系方向为济南—淄博、济南—青岛，与胶济铁路线、济青高速公路走向一致；青岛的主要经济联系方向为青岛—淄博、青岛—潍坊，与胶济铁路线、济青高速公路走向一致；淄博的主要经济联系方向为淄博—潍坊，与胶济铁路线、济青高速公路走向一致；烟台的主要经济联系方向为烟台—威海。可见，山东半岛城市群的主要经济联系方向大多与胶济铁路线、济青高速公路走向一致，可以认为山东半岛城市级交通运输空间点的分布轴线为由胶济铁路线、济青高速公路等构成的济南—青岛交通运输通道。

通过思路分析与算例分析发现，两种确定交通运输空间点分布轴线的方法各有利弊：第一种方法的出发点是地理学原理，在估计拟合方程的参数时以空间点的静态属性为基础，兼而考虑了空间点的动态虚体属性特征。这样做尽可能地兼顾了点的地理位置和点的动态虚体属性，但这样的分布轴线往往是虚拟的、地图上的。第二种方法的出发点是区域经济原理，尽量考虑到了现实中的交通运输通道，完全抛开了地理位置因素。该方法以空间点的动态虚体属性为基础，同时以空间的静态实体属性为约束。这样做对于地理空间坐标有所忽视，但得到的分布轴线是实际存在的交通运输通道。无论采用哪种方法，最终目的都是为交通运输空间布局、经济建设乃至社会发展提供决策依据。

有必要指出的是，这里的分布轴线与“点—轴”系统中的轴线是不一样的。文献[42]认为，“点—轴”系统中的“轴”，是在一定的方向上联结若干不同级别的中心城镇而形成的相对密集的人口和产业带；由于轴线及其附近地区已经具有较强的经济实力并且还有较大的潜力，又可以称作“开发轴线”或“发展轴线”。也就是说，轴线不是单纯几个中心城镇之间的联络线，而是一个社会经济密集带。这种轴线包括自然轴线、人文轴线和复合轴线三大类，主要依托了一些线状的地理实体[43]。

四、空间线、网分布的参数

参照文献[44]的观点，全部物流活动是在线路和结点进行的。广义上，物流线路指所有可以行驶的和航行的陆上、水上、空中路线，狭义上仅指已经开辟的、可以按规定进行物流运营的路线和航线。在物流管理领域，线路一般指后者。物流网络是由执行移动使命的线路和执行停顿使命的结点两种基本元素组成，线路与结点相互关系、相对配置等的不同，形成了不同的物流网络，物流网络的水平高低、功能强弱取决于网络中两个基本元素的配置。拓扑学与网络分析技术使组成物流网络的点与线的空间分布特点可被清楚地描述出来。

一般地，物流网络可以用密度和结构来表征。用于描述货物运输空间线（线簇）对象、网对象的参数有较为密切的联系。一般而言，货运网络的密度是指某一区域内单位面积的货运线路的总长度，当然必须考虑到货运线路的类型以及总通过能力的差异。

交通运输空间线（线簇）对象的描述参数可以包括线路总长度、线路分布密度、线路通过能力等。线路密度可以有几种计算方法：一是区域各类运输线路的总长与区域总面积之比；二是各类交通线路的总长与区域总人口的比值。综合这两种方法，可以给出区域交通线路综合密度，计算公式为：

$$D = \frac{L}{\sqrt{S \times P}} \tag{2-13}$$

式中：D——交通线路综合密度；

L——交通线路总长度；

S——区域总面积；

P——区域总人口。

交通运输空间网对象的描述参数可分为两大类：网络结构特征的描述参数，主要包括连接度与通达性；网络节点特征的描述参数，主要包括可达性与网络中心（这些参数侧重于宏观物流空间的静态实体属性描述）。

1. 网络的连接度

连接度从几何特性的角度表示网络的发达程度，有多种表示方法，其中常用的是 β 指数、环路指数 μ。

β 指数为网络的边的数量与顶点数量的比值，即：

$$\beta = \frac{E}{V} \tag{2-14}$$

式中：β——网络的连接度；

E——网络中的边的数量；

V——网络中顶点的数量。

β 是网络中线路数与节点数之比，反映了平均每个节点连接的线路数。当 $\beta < 1$ 时，网络呈树状；当 $\beta > 1$ 时，网络中存在回路。

环路指数：

$$\mu = E - V + P \tag{2-15}$$

式中：E——网络中的边的数量；

V——网络中顶点的数量；

P——网络子图的个数。

环路指数表示网络的环路数，网络越发达，连接程度越高，μ 值越大。

网对象的连接度参数在实践中具有一定的应用价值，如文献[45]提出，交通网络连接度与人均收入之间满足对数关系：

$$\beta = k\ln x + \varphi \tag{2-16}$$

式中：β——网络的连接度；

k、φ——参数；

$$x = y/Q$$

y——人均收入；

Q——区域总人口。

文献[46]通过理论推导与实证分析后指出，交通网络连接度与城市化水平之间存在线性相关关系，城市化过程与交通网络的发展互为因果，城市体系的发展与区域交通网络的建设应同步进行。

如果描述网络上某点与其他点之间的连接情况，可采用点的连接指数[47][48][49]：

$$C = \frac{L}{\sqrt{A \times N}} \tag{2-17}$$

式中：C——网络上点的连接指数；

L——网络上点之间的连接线路长度；

A——网络上点所在区域的面积；

N——网络中的点的个数。

当 $C = 1.00$ 时，网络为树形结构；当 $C = 2.00$ 时，网络为格子形结构；当 $C = 3.41$ 时，网络为格子加对角线形结构；当 $C = 3.22$ 时，网络为正三角形结构。当 $C \leqslant 1.0$ 时，网络的连接度较差；当 $1.0 < C \leqslant 2.0$ 时，网络的连接度较好；当 $2.0 < C \leqslant 3.22$ 时，网络的连接度好，网络基本完善；当 $C > 3.22$ 时，网络的连接度达到理想状态。

可见,对于交通运输空间网络的建设与发展而言,连接度指标具有描述、评价的应用价值:

(1)连接度指标的取值可以表征交通运输空间网络的实体状态,如 $C=1.00$ 时网络为树形结构,当然这种描述具有很大的局限性(由于连接度指标的取值是有限的)。

(2)连接度指标的取值范围可以为评价交通运输空间网络的实体状态提供参考,如 $2.0<C\leqslant 3.22$ 时,网络的连接度好、网络基本完善。

2.网的通达性

经济地理学文献[50],在农业区位论、工业区位论中都暗示了通达性的观念。通达性是指能够由其他地方到达某地的方便程度,可以用空间距离、拓扑距离、旅途距离、旅行时间或运输费用来衡量。概括讲,通达性总是与作为研究对象的地理实体的性质和接近该地理实体的出行方式分不开,对于通达性概念的理解应包含以下方面:被考察的各个地理实体在区域中的分布;交通运输的种类及不同种类的组合、服务方式与服务质量(如速度、费用、舒适度等);接近与被接近的对象的社会经济特性(如产业发展状况)[51]。

网络结构的演变与网络的通达性之间存在较为密切的影响关系,反过来,网络的通达性从一定角度反映了网络的建设与发展水平。对于通达性的度量,由于出发点不同而有所差异。

(1)距离度量法是最为基本的一种,该方法使用空间距离、时间距离或经济距离来度量通达性。通达指数与分散指数[50]就是基于距离度量法的通达性描述指标。

通达指数是指网络中从一个顶点到其他所有顶点的最短路径,计算公式为:

$$A_i=\sum_{j=1}^{n}D_{ij}\qquad(i=1,2,\cdots,n)\tag{2-18}$$

式中:A_i——顶点 i 在网络中的通达指数;

D_{ij}——顶点 i 到顶点 j 的最短距离。

分散指数是用来衡量网络中总的通达程度与联系水平,计算公式为:

$$D=\sum_{i=1}^{n}\sum_{j=1}^{n}D_{ij}\tag{2-19}$$

分散指数越小,说明网络内部联系水平越高,通达性越好。

实践中,单独用距离、时间或费用来度量某地的通达性往往不充分,有诸多限制。

(2)拓扑度量法将现实中的网络抽象成图,考虑图上点与点之间的连接性而不考虑实际距离,用于网络中各个点或整个网络的通达性的度量。连接网络上两点的具有最少线段数的路径就是这两个点之间的最短路径,最短路径包含的线段数就是这两点之间的拓扑距离,也就是拓扑度量法的相对通达性。类似于距离度量法,定义一个点的总体通达性为该点到所有其他点的相对通达性的和。

(3)重力度量法将自然间隔与各个地理实体的自身属性结合起来衡量网络的通达性。重力度量法考虑的影响通达性的因素包括两个方面:某地的通达性不仅取决于其在网络中的位置,也取决于网络中的大小不一的地理实体的分布方式。

(4)累积机会法用在设定的出行距离或出行时间之内,从某地点出发能接近的机会的多少来衡量通达性,机会可以是就学机会、就业机会、购物机会、就医机会、休闲机会等。

此外,文献[22]阐述了基于潜在相互作用的通达性计算方法:

$$A_i = \sum_j w_j f(\beta c_{ij}) \tag{2-20}$$

式中:A_i——起点 i 的可达性;

w_j——终点 j 的吸引力;

$f(\beta c_{ij})$——描述起点 i 与终点 j 之间运输费用的函数,该函数可以为指数形式、幂函数形式或其他形式。

第三章　道路甩挂运输网络规划

相比于运输市场分析(特别是需求分析),运输网络规划和设计是我们能够能动地作用于道路甩挂运输发展的主要手段之一。进行道路甩挂运输网络规划可着眼于两大方面:从网络整体的角度,合理权衡既有的运输网络形式与理想网络形式之间的关系,注意资源整合;从网络组成的角度,合理选取道路甩挂运输通道和场站布局。本章的内容就是从这两大方面着手:明确运输网络的外部性、规模经济性、系统特性、复杂特征,分析运输网络理论最佳形态和实践中大多数运输网络的表现形式,提出分形形式的运输网络结构;分析进行道路甩挂运输通道规划时可采用的技术方法和资源整合的注意事项;对道路甩挂运输场站进行分类,指出道路甩挂运输场站选址的基本方式。

第一节　运输网络化的必然性

一、流通网络形成的必然性

社会生产存在着生物生产和非生物生产两大类,而每类生产又分为不同阶段,发生于不同的生产单位,各个生产单位分工承担着其中某一种生产活动。在这些不同类型的生产单位中,由于劳动对象、劳动条件和生产方式不同,生产力诸要素相互结合和运动所占据的空间规模也就不同。凡是劳动对象加工方法采取分散形式的生产单位,它们所占有的空间就比较大。种植业、养殖业和林业等部门的劳动对象是植物或动物,动植物的生长繁殖过程需要较大的空间,这样的生产单位所占据的空间比较大。凡是对劳动对象采取集中加工的生产单位,它们占据的空间就较小一些。如采掘业和加工业的劳动对象一般都集中在一个地方,并采取集中加工的形式,这样的生产单位所占据的空间就比较小。由于生产分工的不断发展,占据空间大的生产单位和占据空间小的生产单位各自进行不同的生产活动,前者连接在一起就构成乡村,后者集中于一点就成为城镇。为了进行生产活动,各个生产部门之间必须进行各种联系,包括产品的交换,人员的交往,资金、信息、技术的流动等。由于各个生产部门的位置散布在不同的空间区域,部门之间的联系必须进行空间转移位置的运动,从而使各部门之间的联系在空间形成各种联络路线,这些在区域内纵横交错、相互连接的路线包括运输路线和信息传递路线[24]。

人类社会生产经历了由自然经济向商品经济发展的过程。在自然经济条件下,商品生产和交换很不发达,也就不可能形成规模化流通。在小商品经济条件下,依然不存在形成和发展规模化流通的条件和基础。那时的社会分工还不发达,除了占生产者比重很小的手工业者外,绝大部分农业生产者的产品只有一部分拿到市场上去出售,变成商品,而绝大部分产品供自身消费。商品生产和交换带有一定的偶然性、间断性,商品交换在空间上是块状的,带有很大的地区局限性,虽然地区之间也发生经济联系和商品流通,但由于社会化大生产尚未形成,这种流通并没有成为整个社会再生产的必要条件。此外,落后的交通运输条件也限制和阻隔了经济联系和商品交换。

随着社会生产力的发展和生产社会化程度的提高,商品经济日益发达,成为占统治地位的经济形式,形成了一个复杂的、庞大的、以商品经济为基础的社会分工系统,从而产生了一系列与自然经济和小商品经济完全不同的社会经济特点。

(1)复杂性。社会分工越来越细,产品品种和数量越来越大,商品化水平越来越高,商品经济在整个经济生活中占据统治地位,形成了以社会分工为基础的专业化生产经营部门,它们的经济活动十分复杂,一个消费者需要的商品可以由许多地方的许多生产者供应,反之,一个生产者的产品可以满足许多地方、许多消费者的需要。

(2)依赖性。表现在各部门、各地区、各企业的生产互为条件,相互依存,生产本身从独立的个人行为变成一系列的社会行动,原来分散的生产过程变成彼此不可分割的统一的社会再生产过程,每一个企业既是独立的,但又不能脱离开社会再生产过程。

(3)广泛性。生产点分布广,协作范围大,市场已经突破地域界线,形成了地区之间、城市之间彼此联系和相互制约的国内市场和世界市场。

(4)商品范围扩大、商品性深化。不仅存在有形的劳动产品和无形的劳务,而且技术、信息、货币都成为商品,商品生产者越来越关注商品的价值,商品的价值和使用价值的矛盾扩大了。流通不仅从生产领域和消费领域中分化出来成为独立的领域,促使商业部门产生并不断扩大,而且对生产、消费领域的反作用越来越大。在这种复杂的社会分工体系下的商品生产和商品交换,在运行中必然要求形成流通网络、实现规模化流通。商品作为独立于人的经济力量,通过流通网络,把千千万万生产者、消费者联结起来,构成庞大的社会经济系统。

同时,随着社会分工和商品经济的发展,作为商品生产基地和商品交换中心的近代城市大量兴起并飞速发展,使工业和商业在空间上日趋集中,形成了由既有分工又有联系、既有不同功能又有共同性质的城市所组成的城市体系。它们同人口、生产、交换分散的农村相比具有明显的不同。城市和城市体系是流通网络不可缺少的依托,城市体系是流通网络的基础,流通网络又促进了城市体系的发展和完善。

科学技术的进步和社会生产力的发展使交通运输、邮电通信事业也获得了飞速发展。铁路、公路、水运、航空等多种交通运输方式把大小城市、乡村,以至世界各大城市联结起来。现代化的邮政通信,大大方便了人们之间的社会交往和信息传递。交通和邮电"缩短"了空间距离,扩大了劳动地域分工的范围和深度,密切了地区之间的经济联系和商品交换,为流通网络化发展创造了物质技术条件。

二、运输网络与流通网络的重叠

从空间的角度,我们可以把城市流通系统的结构概括为"点"、"线"、"面"的关系。这样整个流通就可以看作是一个由特定的点、线、面所组成的网络结构。网络结构中的"点"就是众多的流通主体要素,以及由它们集合而成的集镇、县城、城市和中心城市。点的空间分布就是流通系统的主体结构,点有大小之分,其特点是空间位置相对固定,点与点之间有线连接,它们是特定的线的结合部。网络结构中的"线"就是众多的处于运动状态的流通客体以及相应的流通渠道。线的两端必须连接点，它们是连接点与点之间的通道，其内容是特定的客体流。由于两点间的距离不同，线有长短之分，由于渠道中客体流的品种和数量不同，线有粗细之分。线与线之间有充分的交叉，并处于不断变化之中，时间性很强。由于点与线都有特定的空间分布，所以由众多的点和线结成的流通网络必然会对区域进行网络覆盖，这就形成了网络结构中的面，即被特定流通网络覆盖的区域或地区。由于各地区的特点和经济发展水平的差异，覆盖不同地区的点与线有多少和疏密之分。商品经济和社会分工愈发达的地区所含的点愈多、线愈密；反之，商品经济和社会分工愈落后的地区所含的点愈少、线愈稀。可见，从点、线、面结合的角度，可以高度而形象地概括城市流通系统的空间结构。

点与线是运输空间的基本组成要素。在运输中，点是能够为运输对象增加附加值的，而为此需要付出的代价就是中断运输对象的移动过程。交通运输的原则之一就是保持运输对象以满意的速度持续移动，一旦这种移动发生中断，成本就要上升，所以，在点上的停顿必须为运输对象注入比增加的成本更高的运输服务附加值。此外，点与线的结合可形成两种基本的空间形态：空间的点-轴系统；空间的网络结构。

运输空间的网络形态有其形成发展的客观必然性，而点与线在网络的形成过程中扮演重要角色。流通网络是社会生产力发展、生产分工和经济联系扩大的客观要求，而交通运输、邮电通信事业的飞速发展为流通网络化发展创造了物质技术条件。由于运输空间网络是流通网络中物流的实现载体，所以运输空间网络的形成发展过程与流通网络的形成发展过程是重叠的。

三、运输网络承载着大规模运输需求

参考世界银行发布的《2009 世界经济报告：重塑全球地理》（World Development Report 2009 "Reshaping Economic Geography"）的观点，城市群有积聚的趋势，且由于交通运输技术的支持，其发展不受各种自然资源的制约。可见，城市群的空间分布状态在很长时期内不会发生显著的变化。以我国为例，国家"十一五"规划纲要明确提出要把城市群作为推进城镇化的主体形态，未来我国将形成十大城市群：京津冀、长三角、珠三角、山东半岛、辽中南、中原、长江中游、海峡西岸、川渝和关中城市群。其中京津冀、长三角、珠三角三大城市群在未来 20 年仍将主导中国经济的发展（图 3-1）。

生成能源资源的漫长生物化学反应过程，决定了能源资源的分布状态在很长时期内不会发生明显的变化。以我国的煤炭分布为例，我国煤炭资源多集中在山西、陕西及内蒙古西部（图 3-2），而煤的主要消耗则集中在华东、华南地区。

可见，由于"城市群的空间分布状态在很长时期内不会发生质的变化"和"各种自然资源的分布状态在很长时期内不会发生明显的变化"两个主要因素，致使物质资源社会生产力呈现空间分布错位的特征，由此产生了大规模交通运输需求。

（1）以我国煤炭运输为例，"西煤东运"、"北煤南运"对我国经济发展尤其重要。虽然近年我国交通运输建设速度加快，但仍不能满足需求增长的需要，煤炭运输仍是制约经济增长的瓶颈之一。

①北煤南运：我国北方地区生产的煤炭向南方（主要是华东和华南沿海地区）运输，是我

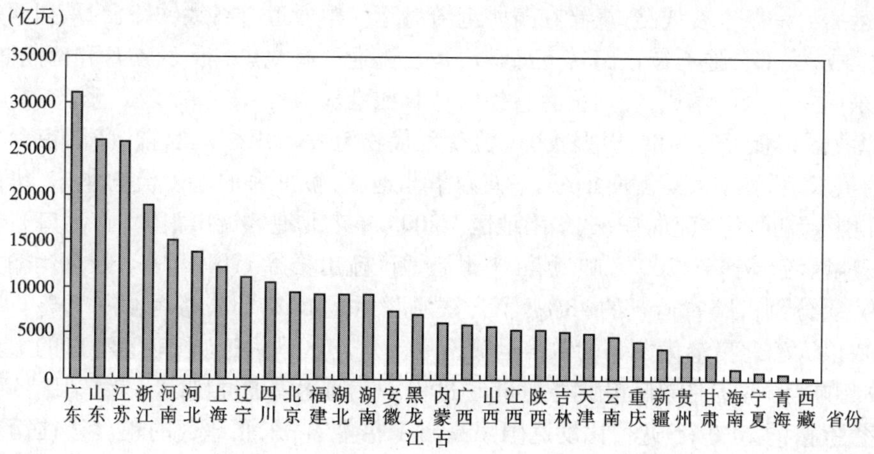

图 3-1　2007 年我国各省市自治区的地区生产总值

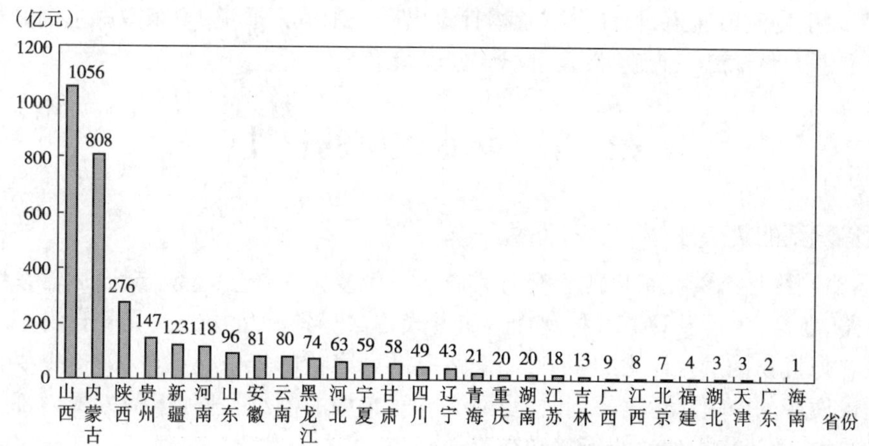

图 3-2　2007 年我国各地区煤炭基础储量

注:图中仅显示储量在亿吨以上的省份,且数据已四舍五入。

国煤炭运输长期存在的主流向。我国煤炭生产和消费地区分布不平衡,华北地区是煤炭主要产区,煤炭生产大于消费,是煤炭输出区。华东和华南地区煤炭消费大于生产,是煤炭输入区。这种煤炭生产与消费分布格局决定了华北地区(特别是山西、陕西北部和内蒙西部煤炭)向华东和华南地区(主要是上海、江苏、浙江、福建、广东等省市)运输。北煤南运运量大、运距长,主要采用铁路、海运和内河水路运输。京沪、京九、京广、焦枝等铁路,沿海、长江和京杭运河水路运输线,都是北煤南运的主要线路。

②西煤东运:我国西部地区煤炭向东部沿海地区运送。山西、陕西、内蒙古西部是煤炭生产基地,产量大,外运量多,"三西"煤炭东运任务主要由铁路运输承担,并且集中在北、中、南三大运输通道上。北通道有大秦、丰沙大、京原三条铁路,约承担西煤东运总运量的一半,除供应京、津、冀地区外,大部分在秦皇岛港转海运,并有一定数量运往东北地区。神木—黄骅铁路

是西煤东运的另一条主要线路，煤炭在黄骅港转海运。中通道有石太铁路，约承担西煤东运总运量的近三成，大部分经石德铁路转青岛港海运。南通道有太焦、邯长、侯月和南同蒲铁路，约承担西煤东运总运量的两成，经新菏兖日铁路从日照港转海运。

(2)以我国粮食运输为例，根据我国《粮食现代物流发展规划》，目前，我国粮食主要流向是：东北的玉米、稻谷和大豆流向华东、华南和华北地区；黄淮海的小麦流向华东、华南和西南地区；长江中下游的稻谷流向华东、华南地区。2005 年东北地区流出粮食(含出口)约 5710 万吨，黄淮海地区流出小麦 1700 万吨，长江中下游地区流出稻谷 1700 万吨。粮食运输主要以铁路、水路为主，分别占跨省运量的 48%(不含铁海联运)和 42%，公路运输占 10%。东北地区已基本形成以大连北良港为龙头的散粮运输格局。从产区到大连、营口等港口的散粮年运输量近 2000 万吨，约占东北港口粮食外运量的 80%。目前我国粮食从产区到销区的物流成本占粮食销售价格的 20% ~30%，比发达国家高出 1 倍左右；东北地区的粮食运往南方销区一般需要 20 ~30 天，为发达国家同等运距所需时间的 2 倍以上。根据全国粮食的流向和流量，我国将建设形成六大主要跨省散粮物流通道，分别是东北主产区玉米、大豆和稻谷流出通道，黄淮海主产区小麦流出通道，长江中下游稻谷流出和玉米流入通道，华东沿海主销区粮食流入通道，华南主销区粮食流入通道，以及京津主销区粮食流入通道。

第二节　运输网络的特性

一、运输网络的复杂性

交通运输网络形态的复杂性源于交通运输是一个复杂系统。迄今，交通运输系统宏观上由铁路、公路、航空、水运及管道五种现代运输方式构成。各种运输方式受其自身基本特性的限制，为旅客与货物提供差异化的服务，如铁路提供大容量的集中化运输、航空提供快捷的运输、公路提供便捷的中短途运输。同时，受网络空间布局的制约，各种运输方式内部及相互之间一般要通过交通运输枢纽进行衔接和交流[52]。

固定设施(如线路与场站)、运输设备(如车辆等载运工具)及运输组织管理是构成交通运输系统的三个基础子系统，三个子系统的协调是确保交通运输系统有效运转的前提条件。不同子系统受政府、企业等支配而形成不同的网络组织结构。构成交通运输系统的基本网络结构包括需求网络、组织网络、径路网络及其基础架构的设施(线路)网络。运输需求来自用户的要求，可以在不同运输网络间进行交流(替代性)及引导交通运输系统的合作(多式联运)，其网络结构形式在一定范围内呈现为完全图形态的结构。根据运输服务对象及运营管理的需要，运输组织有三种模式：系统组织(如公共交通)、自组织(如自行车)和半组织(如出租车)。不同的运输组织模式形成不同的运输组织网络，即便在同一运输方式内，运输组织网络复杂性仍难以简化处理。运输设施网络是交通运输系统完成任务和发挥功效的必要条件，它由港站、线路等基础设施构成。运输径路网络是交通设备在设施网络中运行的空间轨迹或运输组织与运输设施网络空间耦合的体现。

传统意义上的交通运输网络是指交通运输设施网络，其演变是经济社会诸因素在地理空间上的耦合及时间的积累。内河航运的基础——河流经历了亿万年变化,道路从原始的马路演变而来经历了上千年历史,铁路发展也经历了近 200 年的历史。交通运输网络经过长时间的“自组织”演变,形成一定的基础结构,在当前“科学技术革新”快变量影响下,形成以“规划引导”为主的空间网络结构。然而,人类需求的多样性、经济理性等,致使控制出行需求的运输组织需在“系统最优”、“用户最优”与“随机需求”之间周旋,据此形成交织的运输组织网络。如城市道路系统是行人、自行车、汽车甚至轨道交通的公用系统,资源有限条件下的物理不分离性使得交通运输组织网络变得尤为复杂。网络结构是认识系统复杂性的基础,而运输组织则是体现其复杂性的关键所在,这与交通运输系统以效率作为目标的原则密不可分。

系统的复杂性源于构成系统的要素间的相互作用。交通运输网络承载的对象是其上的各种流:客流、货流、交通流等。流对网络演化有重要的作用,同样,网络结构的变化对流的有效组织具有关键性的影响,如 2003 年“非典”、2009 年“甲型 H1N1”流感通过国际航空网络与铁路网络的传播、2008 年初我国南方大雪造成的交通网络阻塞对区域范围内(如降雪省区)和全国范围交通通行的影响、2009 年汶川地震灾区暴雨对当地桥梁设施的破坏引发对区域交通系统的巨大干扰等。网络结构的可靠性、弹性等影响其生存性,从而影响网络流的畅通。

网络与流的相互作用可改变运输网络空间分布及结构变化,从而对空间演变产生重要影响。此外,基于地理空间的交通运输网络受交通技术水平进步引致的“时空收敛”影响,正逐步转向基于“流”空间的复杂分析,即基于“流”和“空间”特征的研究。

随着现代区域经济一体化和经济全球化进程的加快,区域与城市两个子系统在枢纽(或场站)内的客货交流日趋频繁,交通运输系统进而形成了一个具有明显开放性特征的复杂系统。交通运输系统的开放性表现为:交通运输的基本任务是实现旅客或货物空间上的位移,即交流;城市(网络节点)的基本功能是为外部提供服务。因而交通运输网络的演变不仅受自身网络系统及其周边环境因素的影响,同时还受到广域(区域或国际大环境)的影响。目前,学术界基于复杂网络理论对交通运输网络的复杂性问题已有较广泛研究,主要涉及航空、轨道交通(铁路与地铁)、城市公交与道路等交通运输网络。

二、运输网络的外部性

作为产业组织理论基本概念的外部性有正、负之分,正的外部性意味着商品的单位价值随着其销售量的增加而增值。网络外部性是一种正的外部性,即网络的参与者越多,网络的价值就越高。外部性是网络最重要的特性,产生网络外部性的关键原因是网络成分之间的互补性[53]。

对交通运输网络而言,假设一个新的节点(如城市)与已经有 n 个节点的网络建立起连接,那么现在有 $n+1$ 个节点。这时,除了原有的 n 个节点间存在潜在的交通需求和现有的交通流量外,新增的节点与原有的 n 个节点间也将存在潜在的交通需求和现有的交通流量。因此,只要这个交通运输网络有足够的通行能力(即新的节点没有对原有节点的交通运输网络造成明显的干扰),或者以小于或等于提供原有节点服务水平的平均边际成本来增加足够的能力,交通运输网络的价值对原有节点而言就是增加的(因为原网络没有增加成本就可以与新增节点建立新的交通运输网络),这是一种直接的技术外部性。

交通运输网络外部性的产生途径主要有两种:一是交通运输网络原有的运输能力存在富余,可以通过连接节点,增加交通运输网络的使用者,减少网络的单位服务成本,从而提高网络整体效益(即未被利用的规模经济);二是在交通运输网络原有的运输能力没有富余的情况下,根据潜在的运输需求,通过与新增节点的连接,使新增节点为原有的网络节点提供额外的方便和选择途径,减少交通成本或交易成本(即未被利用的范围经济)。换言之,当网络扩大时,会有更多的互补性产品和服务供给,同时促使相对成本或绝对成本降低。

三、运输网络的规模经济性

交通运输网络的规模经济性是指伴随运输生产能力的扩大,单位运输服务成本下降而收益上升的现象。网络经济学认为,任何网络都具有一个基本的经济特征:连接到一个网络的价值取决于已经连接到该网络其他用户的数量。其他条件不变,连接到一个较大的网络要优于连接到一个较小的网络。如果一个网络规模足够大,它必然是潜在用户的首选。供应方规模经济与需求方规模经济作用在一起,导致了产业内的正反馈现象,强者越强,弱者越弱(这与复杂网络典型之一的无标度网络的偏好选择生成机制相通)。交通运输网络的结构与中心节点的技术经济特性达到一定阶段时,通常展示出明显的规模经济或范围经济效应,可充分发挥中心节点在区域内的经济辐射作用。未被利用的运输设施能力通过扩大交通运输网络范围,可以体现运输规模经济效应。与此同时,扩大交通运输网络规模,也可能提高经济效益。但值得注意的是,如此重要的规模经济并不一定在所有时间都渗透到所有网络的所有连接(或节点)的所有方面。对于某些阶段而言,过分扩大的交通运输网络可能明显地耗费规模经济,由于其成本的投入与运输需求的增长存在时间差,运输资源利用率降低,导致单位运输成本增加,规模反而不经济。提供服务的边际成本和平均成本或者是关于数量的常数,或者随数量递增。对一个网络整体或网络中的某些部分而言,这种规模经济的某些消耗是可能存在的。对直接连接到中心节点(城市)的单个节点(城市)而言,连接中运输密度的大小、额外方便性和选择途径的多少,决定着规模经济、范围经济有效与否[53]。

四、运输网络的系统性

一般地,运输网络表现出以下的系统特性[53]:

(1)目的性。交通运输网络具有明确的预期目标,即最大限度地满足经济社会的交通运输需求,包括旅客运输需求和货物运输需求,这也是交通运输系统的总目标,而交通运输网络是实现交通运输系统目标的载体。为实现这一总体目标,对于交通运输网络的建设、运营、组织管理等各个阶段又有不同的要求,因而可以将总目标划分为若干分目标。不同的分目标之间联系十分密切,交通运输基础设施网络的系统目标是运输通行能力最大、路网效率最高,是满足交通运输需求的前提;交通运输运营网络的系统目标是运输成本最低、经济效益最高,是交通运输需求的直接体现;交通运输组织管理网络的系统目标是运输资源利用率最高,是最大限度实现交通运输需求的保证。

(2)集合性。交通运输网络是由分散的交通运输线路、运输站点、运输设备及相关设施等共同组成的,由于网络元素的分散以及对时间性的要求,需要标准、管理和控制方式的一致性。

各分散的网络元素既是交通运输网络的组成部分，又可相对独立地完成一定的运输功能。

(3)关联性。网络的组成元素是相互依存、相互作用又相互制约的。交通运输网络需要通过顺畅的连通联结实现交通运输系统的整体功能，包括不同运输方式之间的衔接和同种运输方式内部的衔接等。同时，由于组成元素的关联性，组成元素的功能发挥也相互影响，如网络节点的运输集散组织能力会影响到相关运输线路的运输能力。

(4)层次性。交通运输网络具有一定的层次结构，并可根据不同运输方式分解为主干网络与分支网络。其中主干网承担交通运输的主要任务，相当于生物体的动脉系统，分支网络承担交通运输的集散和通达功能，相当于生物体的静脉和毛细血管系统。主干网与分支网之间有明确的功能定位，即主干网主要承担交通运输通道上大能力、高要求、中长距离的运输需求；分支网主要满足可达性、灵活性及覆盖广的运输需求，二者互为补充。同样，对于网络中各对应元素也因地位、功能的不同，处于不同阶层，从而发挥不同的作用。如不同网络节点可因主要功能的不同，分为运输主枢纽节点、运输枢纽节点及一般运输节点等；不同网络线路可分为干线和支线，在运输网络中，支线的数量最多、分布广、长度短、设备条件差、运送(通过)能力小。支线的主要任务是将分散的用户需求(货物或旅客)集中到干线或主干线上，或将通过主干线、干线到达的客货流运送到具体的用户，起到集中和分散的作用。干线数量较多、分布较广、距离较长、设备条件较好、运送(通过)能力较大，一般距离较长的运输首先由支线运送到主干线上，然后由干线直接运送到目的地或再运送到主干线上(或相反的过程)。

(5)整体性。交通运输网络是一个协调配合的整体，对其中任何一个运输元素或运输子系统都不能离开整体而开展独立研究，元素之间的联系和作用以及阶层分布也离不开整体的协调。否则，元素的机能、作用及分布便失去了意义。整体性就是要保证在给定的目标下，系统的元素集、系统的关系集以及其阶层结构的整体结合效果最大。

(6)环境适应性。交通运输系统存在于经济社会生活和自然的大环境中，与外部环境之间必然产生物质、能量和信息的交换，没有这种正常的交换，系统便不能生存。环境适应性是交通运输业可持续发展的重要内容。系统适应外部环境的变化以获取生存和发展的能力，外部环境的变化主要包括交通运输网络的建设对生态环境的影响、对资源的占用，交通运输网络运营对能源的消耗、对环境的污染及对交通安全的影响等。

第三节 运输网络的整体形态

一、运输网络的一般形式

特定的运输网络结构适用于不同的运输需求，呈现若干形式的运输网络可在不同的需求规模下有效运作[54]。文献[54]将运输网络划分为点点直达型、通道型(多点相串)、Hub-and-Spoke 型、环路型、混合型等几种形式；文献[55]则对 Hub-and-Spoke 网络结构类型作了进一步细分。从运输空间点的层次划分及点点之间的连接方式看，运输网络的表现形式主要有六种，如图 3-3 所示。与树状网络相关的形式是Ⅲ、Ⅳ、Ⅴ、Ⅵ，其中Ⅳ是其基本形式，而Ⅲ、Ⅴ、Ⅵ是在基本形式上的改善形式。

二、运输网络的理论最佳形式

1. 理论上的最佳形式——树状网络

10 年前，物理学家 Jayanth R. Banavar 在世界著名学术杂志《Nature》上发表的文章“Size and form in efficient transportation networks”给出一个模型，通过该模型可以得到运输网络的最佳形式[56]。

Banavar 的构想是这样的，考虑一个如图 3-4 所示的由若干节点连接而成的网络。把这个网络设想成一个运输某类物质资源的网络。在这个网络中，节点 O 是向其他所有节点提供物质资源的源，除了源之外的每个节点可以跟它的有限个相邻节点相连，并且对于任意一个节点都必须保证有一条从源节点 O 到它的路径。

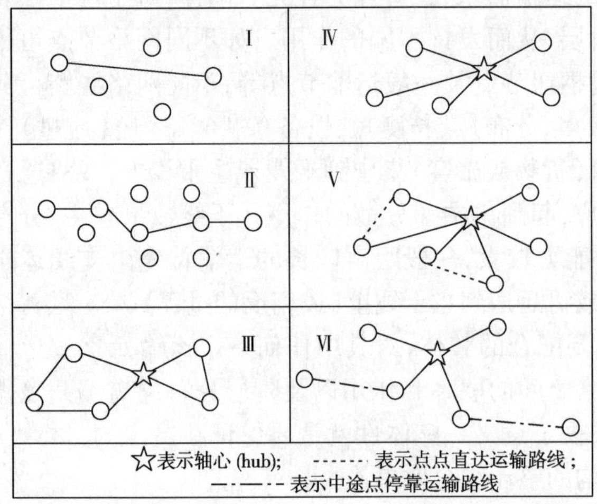

图 3-3　运输网络的一般表现形式示意图

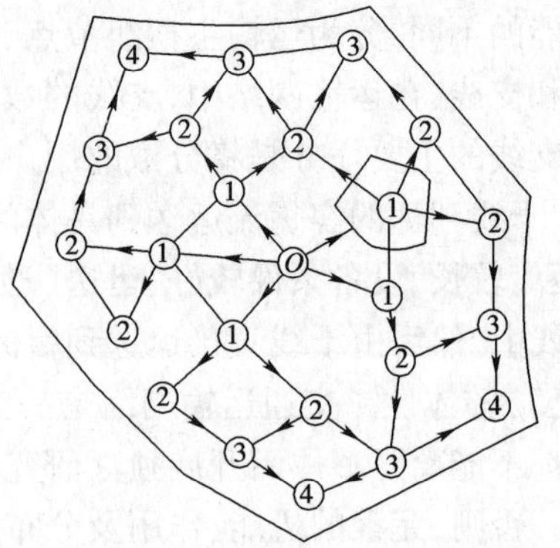

图 3-4　示例的网络

在该网络中，每条有向边 e 表示物质资源的运输方向，边的权重 f_e 表示物质资源运输量的大小。整个网络是由节点填充的一个 D 维空间中的区域，网络的节点数 N 与这个填充空间所占的体积成正比。也即 $N \sim r^D$，其中 r 为整个系统的某种特征尺度。

假设每个网络节点为了实现物质资源的运输活动，需要在每个时刻消耗固定数量的能量资源 C，则每个时刻系统消耗的总的能量资源就是：

$$F = NC \sim r^D$$

同时，流入某节点的流量减去流出该节点的流量需等于常数值，即对任意的节点 k 都应该有：

$$\sum f_{k,in} - \sum f_{k,out} = C$$

此外，可以统计整个网络中各个边的总流量，并认为这个流量构成了整个网络的重量 M（与生物体的尺寸成正比）。这样就有：

$$M = \sum_e f_e$$

这样，不同的网络拓扑结构在满足上述条件时就会出现不同的 M。有定理保证，M 值在图 3-5 所示的生成树网络中有最小值，而在图 3-6 所示的线状网络中有最大值。

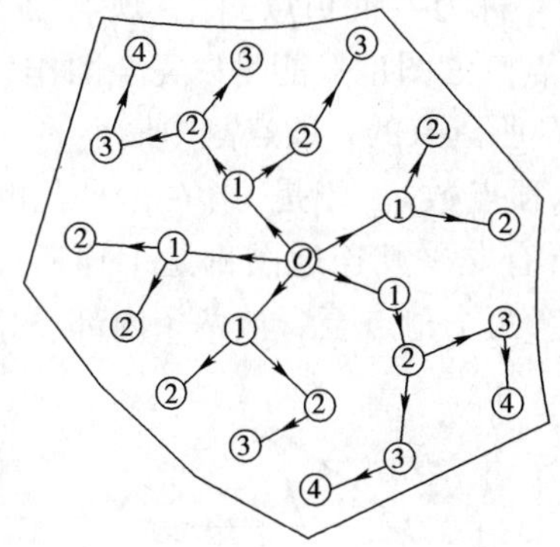

图 3-5　具有最小 M 值的网络

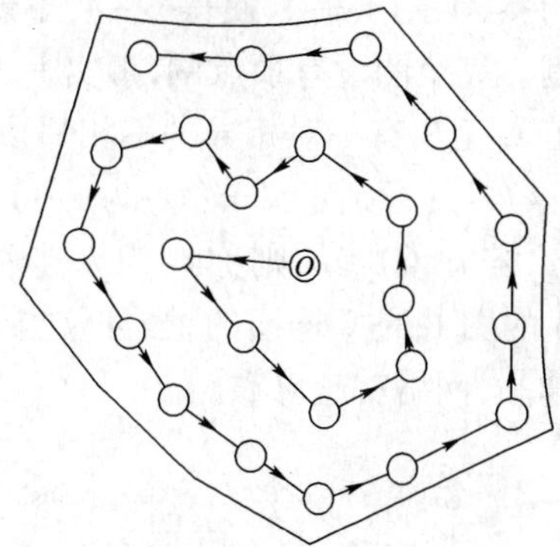

图 3-6　具有最大 M 值的网络

可见，通过加入一些合理的限制并运用数学推理，可以证明，网络的拓扑结构可以决定网络中资源运输的效率，而资源运输效率最高的网络结构如图 3-5 所示，效率最低的网络结构如图 3-6 所示。

我们再从运输实践的角度考察上述理论分析结论：

进行空间特征研究的有力工具是空间分析技术，空间分析是针对伴随空间位置的变化而变化的各种特性的研究[22]。各种描述参数为空间特征的量化提供了支持，这里使用 β 指数和连接指数[21]刻画树状干线运输网络的空间特征：$\beta=\frac{E}{V}$（E 为边的数量，V 为顶点的数量）。当 $\beta<1$ 时，网络呈树状；当 $\beta>1$ 时，网络中存在回路；连接指数 $C=\frac{L}{\sqrt{A\times N}}$（$L$ 为网络上点之间的连接线路长度，A 为网络上点所在区域的面积，N 为网络中点的个数）。当 $C=1.00$ 时，网络为树形结构；当 $C=2.00$ 时，网络为格子形结构；当 $C=3.41$ 时，网络为格子加对角线形结构；当 $C=3.22$ 时，网络为正三角形结构。

以山东省为道路货运网络实例分析的空间范围。假设某道路货运企业只在济南市设立一个场站，该场站的服务范围为山东省所有地市，这种情形下的干线运输组织模式属于图 3-3 所示的Ⅳ形式。此时，β 指数为 $0.94<1$，网络呈现为树状，连接指数 $C=2.02$。实际上，图 3-3 所示Ⅳ形式的网络结构是一种树形结构，应当表现为 $C=1.00$，据连接指数的计算公式回推，则 $L=1638$ 公里。可见，Ⅳ形式的网络结构中有一半以上的连接线路是重叠的。这一网络特征暗示：为提高干线网络的运行效率，应当对网络结构作出调整。

2. 树状网络的改善方式

干线运输网络是道路货运企业承载经济社会运输需求的主要实体，其稳定性除对经济社会运输需求的实现有所影响外，更直接关系道路货运企业的正常运行。这里着眼于网络的拓扑结构，采用连通可靠性分析道路货运企业干线运输网络。

在图 3-7 中，$G1$、$G2$、$G3$ 的连通程度渐次加强。$G1$ 是树，它是最小连通图，删去任何一条边都将使它不连通。$G2$ 显然不如 5 个顶点的完全图 $G3$ 的连通程度好。在图论中，连通度[57]

是这样定义的:若 V 的子集 V' 使得 $G-V'$ 不连通,则 V' 称为 G 的顶点割。k 顶点割是指有 k 个元素的顶点割。完全图没有顶点割,事实上,没有顶点割的图也只能是以完全图作为生成子图的那些图。若 G 至少有一对相异的不相邻顶点,则 G 所具有的 k 顶点割中最小的 k,称为 G 的连通度,记为 $\kappa(G)$;否则定义 $\kappa(G)$ 为 $v-1$(v 表示顶点数)。于是,当 G 是平凡的或不连通时,$\kappa(G)=0$。若 $\kappa(G)\geqslant k$,则称 G 为 k 连通的。所有非平凡连通图都是 1 连通的。根据定理,一个 $v\geqslant 3$ 的图 G 是 2 连通的,当且仅当 G 的任意两个顶点至少被两条内部不相交的路所连。连通度越高,网络就越可靠。

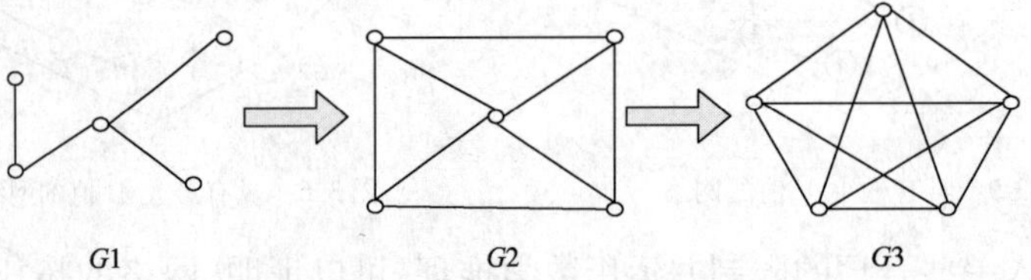

图 3-7　连通程度不同的图举例

以道路货运网络为例,在树状干线运输网络中,分拨场站处于绝对地位,一旦分拨场站停止运营作业,与之相连接的若干网点的道路货运业务将难以实现。这种运输组织模式的可靠性不高,会给道路货运企业的正常运营带来很大的隐患。由上述分析可知,提高网络的连通度就可以增加网络的可靠性,而增加圈就能提高网络连通度,可以考虑在道路货运企业干线运输网络上增设环路运输组织方式。

树状干线运输网络上的节点有两类:分拨场站和网点。分拨场站为综合性的货物停留作业点,数量少,规模大,辐射范围大,在道路货运系统中起着举足轻重的作用;网点是道路货运企业最接近快运货源、受理快运需求的基本单位,服务于当地,数量众多,规模小。由于树状干线运输网络上能够实现分拨功能的节点只有一种,即分拨场站或分拨中心,一旦分拨场站在运营过程出现异常,就极可能延误货物到达网点的时间,而提出环路运输组织方式的主要目标之一即缓解树状干线运输网络的薄弱环节造成的运力紧张。为此,需在环路上增加能够实现货物分拨功能的节点(不妨称为“中转分拨节点”)。这样,干线运输网络上的节点有三类:分拨场站、中转分拨节点和网点。其中中转分拨节点能够辐射一定的区域,有一定数量,规模较分拨场站小。

在环路上,干线运输车辆的开行方式有两种:单车单向开行(图 3-8)和双车对开(图 3-9)。

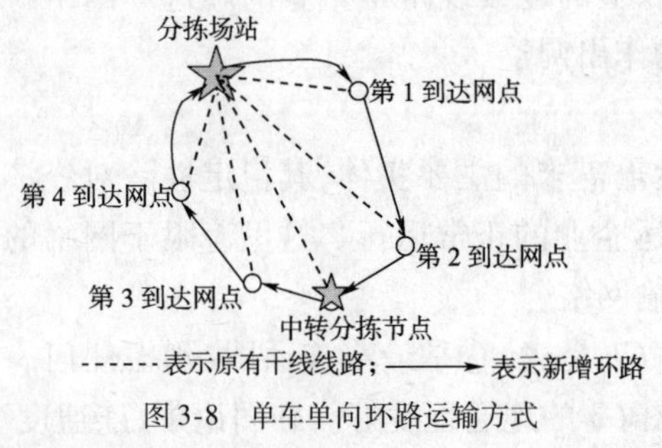

图 3-8　单车单向环路运输方式

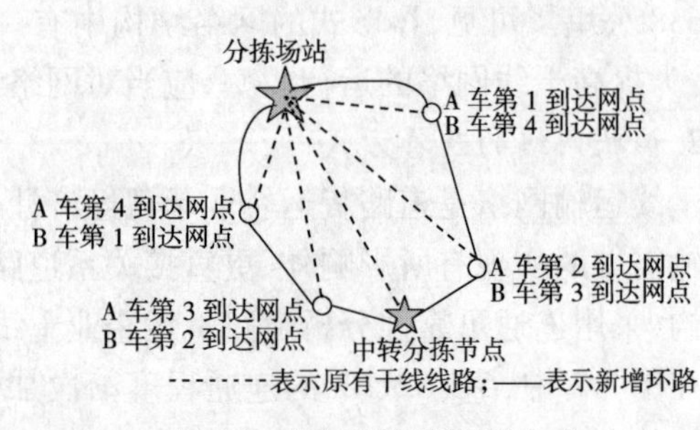

图 3-9　双车对开环路运输方式

道路货运企业在原有的树状干线运输网络上增加环路运输组织方式时应注意以下方面：

(1)干线运输网络上节点的层次划分、功能定位及空间布局方案应与运输网络所依托的区域经济社会地理空间特征相适应、特别是应与道路货运需求的空间分布点相适应。

(2)环路运输组织的主要优势之一在于可沿途多次实现不同目的地货物的装卸,所以应考虑到干线运输网络服务区域内经济社会发展的地理空间布局,特别是环路上的城镇分布情况。

(3)环路运输组织要求车辆在一个运转周期内进行多次路线上运行与站点内停留,所以干线车辆运行时间受到驾驶员工作时间的限制,且应在适当的停留点(分拨场站、中转分拨节点)预留车辆检修时间。

(4)由于不同环路可串联起的网点数量有多有少,所需投入是不同的,道路货运企业开通环路时应量力而行。即使仅仅在局部网络上增设环路,对网络的改善效果也是明显的。

(5)根据我国道路货运企业的实践,环路运输组织模式实行“上午散货,下午集货”,要求货物为小批量、高附加值货物,为实现沿途网点上货物的装与卸,可将干线运输车辆的车厢用隔板划分成若干不同到站货物暂放的空间单元。

(6)多数道路货运企业干线运输车辆的驾驶员身兼数职(驾驶员、营销员、理货员等)。由于要按规定的运行时刻表频繁进出市区的网点,环路运输组织对车辆驾驶技术要求提高;同一车厢分装不同到站的货物,环路运输组织对理货、货物装载要求提高,因此有必要在环路运输车上配备理货员。

环路对树状干线运输网络的改善效果体现在以下方面：

(1)干线运输网络上网点的连接指数增大。树状干线运输网络网点的连接指数应当表现为 $C=1.00$。增加环路后,网络上新增了若干条与原有干线运输线路不重叠的路线,这使得干线运输车辆的有效运输里程增加,L 增大,而 A 与 N 保持不变,C 将增大,整个网络的连接度得到改善。

(2)干线运输网络的连通度提高。树状干线运输网络是一种最小连通图,其连通度为1。增加环路后,图的连通度为2。网络的可靠性在局部范围得到了加强。

(3)货物运输路径方案存在最优选择。在树状干线运输网络模式下,每一批货物的干线运输只存在一种路径选择方案,即“网点Ⅰ——→分拨场站——→网点Ⅱ”,这样极易出现迂回路径、折线路径等不合理运输路径。增加环路后,在环路辐射区域内可出现两个不同节点间货物交流的多种运输路径方案,如:“网点Ⅰ——→分拨场站——→网点Ⅱ”;“网点Ⅰ——→中转分拨节点——→网点Ⅱ”;“网点Ⅰ——→网点Ⅱ”。与原有运输方案相比,既节省了干线运输时间与干线车辆的运力,又缓解了分拨场站的作业压力。

(4)有利于培育新的运输网络节点。多层次、网络化的货运场站体系是道路货运企业的发展依托。在树状干线运输网络上,网点既是快运业务受理点,又承担着配送中心的部分功能,树状干线运输组织模式基本没有形成层次分明的场站功能分工体系。环路的开通带动了中转分拨节点的发展,为培育新类型运输网络节点提供了条件。较分拨场站的功能,中转分拨节点功能的综合性低;较网点的功能,中转分拨节点功能的综合性高。中转分拨节点的培育和发展符合道路货运网络节点层次化的要求。

三、Hub-and-Spoke 型运输网络

HS 网络形式(Hub-and-Spoke 网络形式,即轴心-附属式的"轴-辐"网络模式[58]被广泛应用于交通运输、计算机互联网络和通信网络等领域。从行业层面看,货物运输业通常采用 HS 形式的网络为客户递送货物或商品,而航空旅客运输采用 HS 网络是利润最大化行为的结果[59]。从企业层面看,为了提高效率、改善客户服务、减少搬运次数,很多公路零担货运企业采用 HS 网络形式[60]。

HS 网络有以下主要特点:

(1)在 HS 网络上,一个轴心(hub)辐射多个附属点(spoke),同时为这些点提供货物的集聚/分散作业,轴心的可靠运转对整个系统而言至关重要。所以,HS 网络结构有其存在与发展的条件要求,即:HS 网络结构的有效运转依赖于轴心上处理大批货物的可靠能力。由于轴心效率高,HS 网络可引发更多的物流需求[54]。

(2)HS 网络结构可有效降低运输相关作业成本。采用 HS 网络模式的出发点就是通过在轴心上集中大量的货流而节省运输成本[61]。文献[60]指出,HS 网络结构的一个主要优势是其可实现规模经济效应,通过综合地装载运输轴心所辐射各点的货物,降低了轴心与轴心之间的单位运输成本。

(3)HS 网络结构体现出一种效益背反现象。轴心通常是集聚与规模经济的催化剂。相对于在两个附属点间直接运输的形式,HS 模式产生了迂回线路,增加了运输装卸次数。HS 模式被指消耗费用高,而同时被认为提高了点与点之间的联系程度。文献[62]认为,HS 网络可实现运输工具上更大的货物装载量、更高的运输频率、对单一始发点而言有更多的送达目的地,但额外的转运或分流作业将消耗时间和费用,迂回运输、折线运输增加,并可能降低门到门运输的可靠性。

鉴于 HS 网络形式的适用条件与特点,为充分发挥其优势,尽可能消除其缺陷造成的不良影响,学术界提出一些 HS 网络结构的改进方案。从既有研究看,学术界针对航空客运、公路货运、包裹快递、集装箱海运等问题提出的 HS 网络改善形式主要是如图 3-3 所示形式Ⅴ,形式Ⅴ的出发点往往着眼于节约网络运输成本。本节定位于图 3-3 所示形式Ⅵ的研究。

一般地,指标的计量单位有实物量单位、价值量单位和劳动量单位等形式,其中实物量单位是根据事物的属性和特点而采用的计量单位。目前针对 HS 网络特点及其改进的大多数研究对改善方案的评判标准表现在网络成本(即价值量)方面,这里将改进 HS 网络的效果评判集中于实物量方面。无论是使用点点直达运输、HS 网络,还是其他运输形式,都力求避免空驶里程。以下以车辆空驶吨公里作为推荐图 3-3 所示形式Ⅵ的评判标准,通过解析方式获得 HS 网络结合"中途点停靠"运输模式的可行性判别条件。

1. HS 网络结合"中途点停靠"的可行性判别

在 HS 运输网络上,货物集散点上货流到/发不均衡对整个网络的效益有重要影响,所以文献[63]推荐使用点点直达运输来平衡轴心上货流到发的不均衡。以下以货物集散点上货

流到发的均衡与否为依据，分不同情形探讨HS网络结合运输车辆在中途点停靠的可行性。

（1）情形1：运输网络空间各点发出、到达货物量相等（到、发均衡）时，可只在单程比较HS模式（直达）与HS结合“中途点停靠”（非直达）两种运输组织形式下车辆的空驶浪费量（吨公里）。

考虑如图3-10所示的较为理想而一般的状况，点①距离轴心场站 a 公里，由额定载质量 A 吨的车辆承担运输任务，该车的实载率为 α；点②距离轴心场站 b 公里，由额定载质量 B 吨的车辆承担运输任务，该车的实载率为 β。

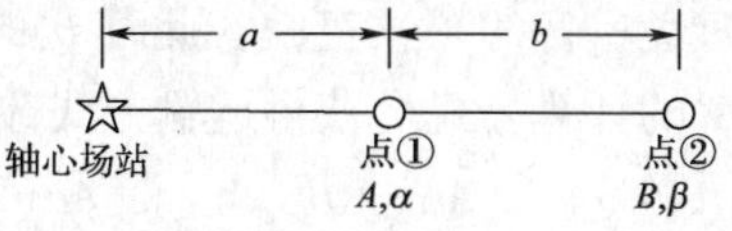

图3-10　运输示意图

当采用HS直达运输形式时，两台车的空驶浪费吨公里可表示为：$aA(1-\alpha)+(a+b)B(1-\beta)$。

当采用HS结合“中途点停靠”运输形式时（车辆运行途中在点①停靠），以一台额定载质量 C 吨的车辆承担两个点与轴心场站之间的运输任务，设定该车的实载率为 γ，且 $C\gamma=A\alpha+B\beta$，此时额定载质量 C 吨的车辆的空驶浪费可表示为：$aC(1-\gamma)+b(C\gamma-B\beta)+bC(1-\gamma)$

比较两种不同形式下的空驶浪费差额 Δ，则：

$$\begin{aligned}\Delta &=[aC(1-\gamma)+b(C\gamma-B\beta)+bC(1-\gamma)]-[aA(1-\alpha)+(a+b)B(1-\beta)]\\ &=a(C-B-A)+b(C-B)\end{aligned} \tag{3-1}$$

设 $C=\eta(A+B)$，则须有 $\eta(A+B)>A\alpha+B\beta$。令 $\Delta>0$，则 $\eta>\dfrac{B+\dfrac{Aa}{a+b}}{A+B}$。

可见，只要满足条件 $B+\dfrac{Aa}{a+b}>A\alpha+B\beta$，采用HS直达形式的车辆组织方式与采用混合非直达形式的车辆组织方式相比，可避免一定的车辆空驶浪费。

（2）情形2：运输网络空间各点发出、到达货物量不相等（到、发不均衡）时，需在往返双程比较HS模式（直达）与HS结合“中途点停靠（非直达）”两种运输组织形式下车辆的空驶浪费量（吨公里）。

参照图3-10，点①距离轴心场站a公里，由额定载质量 A 吨的车辆承担运输任务，该车往返双向的实载率分别为 α_1、α_2；点②距离轴心场站 b 公里，由额定载质量 B 吨的车辆承担运输任务，该车往返双向的实载率分别为 β_1、β_2。（不妨设 $\alpha_1<\alpha_2$，$\beta_1<\beta_2$）

当采用HS直达形式时，两台车的空驶浪费可表示为：$aA(2-\alpha_1-\alpha_2)+(a+b)B(2-\beta_1-\beta_2)$。

当采用HS结合“中途点停靠”非直达形式时，以一台额定载质量 C 吨的车辆承担两个点与轴心场站之间的运输任务，设定该车往返双向的实载率分别为 γ_1、γ_2，此时额定载质量 C 吨的车辆的空驶浪费可表示为：$C(a+b)(2-\gamma_1-\gamma_2)+Ab(\alpha_1+\alpha_2)$。

令 $C=\eta'(A+B)>A\alpha_2+B\beta_2$，比较两种不同方式下的空驶浪费差额 Δ'，则：

$$\begin{aligned}\Delta' =&\ \eta'(A+B)(a+b)(2-\gamma_1-\gamma_2)+Ab(\alpha_1+\alpha_2)\\ &-Aa(2-\alpha_1-\alpha_2)-B(a+b)(2-\beta_1-\beta_2)\end{aligned} \tag{3-2}$$

令 $\Delta' < 0$,同时考虑 $C = \eta'(A+B) > A\alpha_2 + B\beta_2$,则:

$$\frac{A\alpha_2 + B\beta_2}{A+B} < \eta' < \frac{Aa(2-\alpha_1-\alpha_2) + B(a+b)(2-\beta_1-\beta_2) - Ab(\alpha_1+\alpha_2)}{(A+B)(a+b)(2-\gamma_1-\gamma_2)} \tag{3-3}$$

考虑到 $C = \eta'(A+B)$,$C\gamma_1 = A\alpha_1 + B\beta_1$,$C\gamma_2 = A\alpha_2 + B\beta_2$,对 η' 须满足的不等式条件进行求解可发现,只要存在满足条件式(3-4)的 η',采用混合非直达形式与采用 HS 直达形式相比,可避免一定的车辆空驶。此时 η' 的取值应尽可能地远离不等式右侧的值。将所得的 η' 值代入 Δ' 的计算公式可获得运输方式改善后避免的车辆空驶浪费量。

$$\frac{A\alpha_2 + B\beta_2}{A+B} < \eta' < \frac{Aa(2-\alpha_1-\alpha_2) + B(a+b)(2-\beta_1-\beta_2) - Ab(\alpha_1+\alpha_2)}{(A+B)(a+b)(2-\gamma_1-\gamma_2)} \tag{3-4}$$

(3)情形 3:以上只考虑了车辆在单程行驶过程中途经两个运输网络空间点的情形,对于途经两个以上空间点的情形,当运输网络空间各点发出、到达货物量相等(到、发均衡)时,只要其中有两个运输网络空间点不适合“串联”,则“中途点停靠”(非直达)运输组织形式在 HS 网络上就没有存在的可能;当运输网络空间各点发出、到达货物量不相等(到、发不均衡)时,在情形 2 的基础上可进行重复计算,即将适合“串联”的两点合并后,以一个点的形式与第三个点再进行类似的计算。需要重点关注的是,“中途点停靠”运输组织中经停点过多时可能引起以下问题:车辆在一个往返运行周期内进行多次路线上运行与站点内停留时,车辆运行时间受到驾驶员工作时间的限制,还应考虑在停留点适当预留车辆检修时间;为实现沿途停靠点上货物的装与卸,应考虑将运输车辆的车厢划分成若干不同到站货物暂放的空间区划单元;多个沿途停靠点之间应保持货物信息的畅通,以便提高作业效率、节省车辆停顿时间等。可见,“中途点停靠”运输组织形式有其适用要求和局限性。

2. 算例

以上定量分析仅给出了中途点停靠运输组织形式结合 HS 网络的适用条件。下面以我国公路快速货运业干线运输组织为实证分析对象,论证 HS 网络结合中途点停靠模式的应用价值。

我国公路快速货运业的基本业务流程主要有以下两种表现形式:一是始发网点货物受理、上门取货→始发网点装车发运→干线运输→到达网点的卸货→到达网点的货物送达、客户自提货物;二是始发网点货物受理、上门取货→始发网点装车发运→干线运输→分拨场站的装卸分拣作业→干线运输→到达网点的卸货→到达网点的货物送达、客户自提货物。从空间维度看,第一种形式的干线运输(不包括货物在收/发客户端的集散)仅发生于两个网点之间,运输组织方式简单,是众多专线运输企业选择的运输组织模式;第二种形式的干线运输涉及多个网点和分拣场站,形成了网状的运输组织形式。在这样的运输组织模式下,分拣场站同时与若干网点相联系。以分拣场站的数量为分类依据,干线运输网络的基本形式有两种。

(1)当干线运输网络上只有一个分拣场站时,该分拣场站与众多网点呈 HS 状。网点 N_i 发出的干线运输车辆 V_i 上装载着到达若干其他网点 $N_j(j \neq i)$ 的快运货物,车辆 V_i 由网点 N_i 发出并直达分拣场站 H 后,货物被卸下并按流向分拣暂存;分拣场站 H 根据既定的运输组织要求,将发往网点 N_j 的所有货物装载到车辆 $V_j(j = i$ 或者 $j \neq i)$ 上,V_j 按照规定时刻表由分拣场

站 H 发出并直达网点 N_j。

(2)当干线运输网络上有两个分拣场站时，每个分拣场站与其辐射网点形成 HS 结构，而两个分拣场站之间由运输线相连接，以使任意两个网点之间互通。

以山东省某公路快速货运企业为实证分析对象，其基本状况如下：该企业属于股份制企业，截至 2006 年，该企业在山东省设立了 10 余个分公司、50 多个营业网点和一个分拣场站(位于济南市)。

对应第(1)种形式的计算实例：以该公路快速货运企业设在 L 市、W 市的两个网点为例，各参数的取值为：

$$A=3, B=8, a=120, b=124, \alpha=\beta=0.7\text{(假定值)}$$

则：

$$B+\frac{Aa}{a+b}>A\alpha+B\beta \Leftrightarrow 8+\frac{3\times 120}{120+124}>3\times 0.7+8\times 0.7 \Leftrightarrow 9.5>7.7$$

可见，当设在 L 市、W 市的两个网点各自的到、发货物量均衡时，宜采用 HS 直达形式的车辆组织方式连接分拣场站与网点。

对应第(2)种形式的计算实例：在实践中，该公路快速货运企业 10 余个分公司、50 多个营业网点的运营状况显示，运输网络空间点上的货流到/发不均衡是绝对的。以六个分公司为分析对象，其基本情况如表 3-1 和图 3-11 所示。

某公路快速货运企业六个分公司干线运输简况　　表 3-1

指标 / 单位	分公司 LL	分公司 LW	分公司 Y	分公司 W	分公司 H	分公司 J
既有干线车吨位(吨)	8	8	17	17	8	8
到达实载率(%)	0.70	0.58	0.61	0.38	0.68	0.70
发出实载率(%)	0.55	0.85	0.51	0.41	0.73	0.48
间距(公里)	150		250		120	

①当分公司 LL、分公司 LW 采用中途点停靠结合 HS 运输形式(车辆运行途中停靠分公司 LW)时有：

$$A=8, B=8, a=350, b=150, \alpha_1=0.58, \alpha_2=0.85, \beta_1=0.55, \beta_2=0.70$$

解得 $0.78<\eta'<0.85$，存在满足条件的 η'。即采用中途点停靠结合 HS 运输形式承担分公司 LL、分公司 LW—济南(分拣场站)间的干线运输时，较采用 HS 直达形式可避免一定的车辆空驶浪费，此时应使用额定吨位在 12～14 吨的车厢。

②当分公司 H、分公司 J 采用中途点停靠结合 HS 运输形式(车辆运行途中停靠分公司 J)时有：

$$A=8, B=8, a=180, b=120, \alpha_1=0.48, \alpha_2=0.70, \beta_1=0.68, \beta_2=0.73$$

解得 $0.72<\eta'<0.83$，存在满足条件的 η'。即采用中途点停靠结合 HS 运输形式承担分公司 H、分公司 J—济南(分拣场站)间的干线运输时，较采用 HS 直达形式可避免一定的车辆空驶浪费，此时应使用额定吨位在 11～14 吨的车厢。

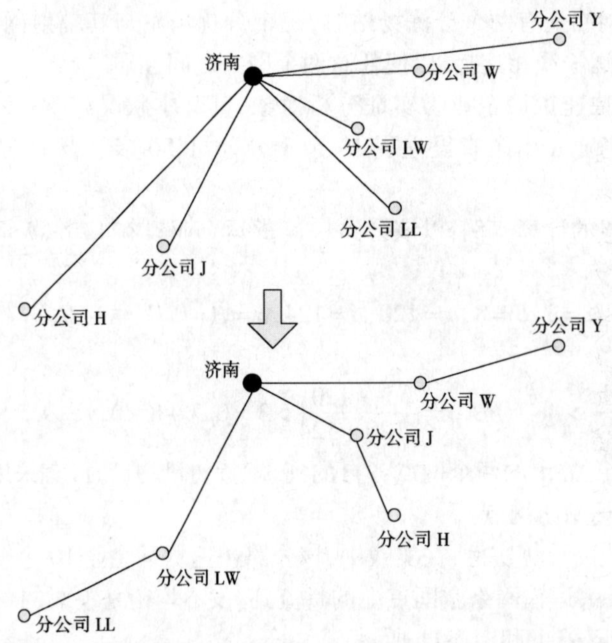

图 3-11　某公路快速货运企业六个分公司干线运输形式

③当分公司 Y、分公司 W 采用中途点停靠结合 HS 运输形式(车辆运行途中停靠分公司 W)时,有:

$$A=17, B=17, a=190, b=250, \alpha_1=0.38, \alpha_2=0.41, \beta_1=0.51, \beta_2=0.61$$

解得 $0.51<\eta'<0.72$,存在满足条件的 η'。即采用中途点停靠结合 HS 运输形式承担分公司 Y、分公司 W—济南(分拣场站)间的干线运输时,较采用 HS 直达形式可避免一定的车辆空驶浪费,此时应使用吨位在 17~25 吨的车厢,如表 3-2 所示。

某公路快速货运企业干线运输组织方式的改进效果计算　　表 3-2

运输形式 \ 指标	η' (%)	C (吨)	节省量 (吨公里/车组·班次)
(1)分公司 LL、分公司 LW 采用中途点停靠结合 HS 运输形式(车辆运行途中停靠分公司 LW)	79	12.6	959
	80	12.8	832
	82	13.1	518
(2)分公司 H、分公司 J 采用中途点停靠结合 HS 运输形式(车辆运行途中停靠分公司 J)	73	11.7	658
	79	12.6	99
	80	13.1	14
(3)分公司 Y、分公司 W 采用中途点停靠结合 HS 运输形式(车辆运行途中停靠分公司 W)	52	17.7	5887
	60	20.4	3452
	65	22.1	1881

第四节　分形运输网络形态

一、运输统计中的生物学规律

自然选择是生物进化的基本规则之一。它以两个途径决定着生物组织的结构与功能：通过延伸生物体的表面积，最大化其与环境间的交流（新陈代谢）能力；通过压缩能量的传输距离、节省能量传输时间，最大化生物体内运转效率。生物是多样的，但其体积与内部运转之间存在一种规律[64]。1932 年，生物学家 Max Kleiber 对各种鸟类、哺乳类动物的尺寸 M 与新陈代谢 F 之间的关系进行了测量，并将它们的对数值画到一张图中，发现所有的数据点都排列在一条直线上，这展示出生物学中的幂律：$F = F_0M^b$

类似于生物学中生物的尺寸，货运量可反映货运的整体状态，可以使用我国部分典型的货运统计指标及其数据进行幂律规律的发掘（所使用的公式为 $\log Y_M = \log Y_0 + b \cdot \log M$），计算过程如表 3-3 所示。可见，在统计意义上，货物运输呈现出幂律特征。

货运统计数据时间序列中隐含的幂律规律　　表 3-3

统计指标	时间序列	拟合公式	M 取值	R^2
铁路货运量	1949～2007	$\ln Y = 8.1575 + 0.9978\ln M$	1	0.9528
公路货运量	1985～2007	$\ln Y = 10.4200 + 1.0188\ln M$	16	0.9383
全社会货运量	1949～1984	$\ln Y = 9.5094 + 0.8649\ln M$	1	0.9001
全社会货运量	1985～2007	$\ln Y = 10.7100 + 1.0198\ln M$	16	0.9151
铁路货物周转量	1990～2007	$\ln Y = 6.4507 + 0.9874\ln M$	16	0.8357
公路货物周转量	1985～2007	$\ln Y = 5.7143 + 1.008\ln M$	6	0.9611
全社会货物周转量	1990～2007	$\ln Y = 8.3454 + 0.9077\ln M$	6	0.8381

二、构建定律简介

Duke 大学（位于美国北 Carolina 的 Durham）的工程师 Adrian Bejan 提出“构建定律”的理论[65]。这套理论描述了能量和物质如何在河流盆地这样的物理网络以及血管这样的生物网络中流动。Bejan 的构建定律指出，对于一个流动系统来说，如果它要存活下去，就必须为经过系统的流动提供更便利的流动路径，换句话说，它必须使得流动由少变多。在整个过程中，系统会使燃料的使用最小化而使燃烧每单位燃料所产生的熵最大化。构造定律认为，在一个由流动构造组成结构，结构又反过来影响流动的系统中，普遍存在着一种最优设计，这种最优设计可以使得系统中流动达到最大。

Bejan 认为，演化就是一个不断重塑结构，以便让通过系统的能量和物质流更加快速、更有效率的过程[66]。更好的流结构（包括动物或者河流的网络）会替换掉那些不好的结构，这是与热力学第二定律的趋向无序状态的时间箭头并列的第二种时间箭头。动物运动的模式（特别是动物的步幅以及拍打翅膀的频率与其体积大小的关系）就是动物们沿着地球表面进行流动的最有效率的方式[67]。“给定变形的自由度，一个流系统就会不断更新它自己的结构使得流动更顺畅”,“动物们沿着地球表面流动的方式与亚马逊的河水沿着地表流动的方式遵从了同样的规律”。

一股水流顺着山势而下,水流冲击着土地形成了河流。这股水流又会不停地形成各种分支,创造出更多的小河流。生物体新陈代谢从外部吸收进能量流就好比一股从山上冲下来的水流,能量流可以创造出更多的分支结构,它们形成了生物体内的能量与物质的疏运体系。不妨用经济系统或者生态系统作类比。我们知道,经济系统中各个经济体之间的交换就构成商品流,如果企业的种类繁多,生产的产品足够多样性,同时人们的消费也是多样的,就会创造出更多的消费渠道,也就可以增加商品的流动,因此商品空间中的多样性加强了经济流动。

三、分形交通运输网络

人们普遍相信,大自然进化似乎总是要把生物打造得更加精巧,从某种程度上来说就是让它们具有更优越、更有效率的结构。那么,生物体内部普遍存在的分形运输网络很有可能是因为自然进化造就出来的某种最优的、最有效率的结构。分形是大自然的优化结构,分形体能够最有效地占据空间。分形结构是系统的随机性和确定性对立统一的结果。完全随机的系统结构是平庸的,完全决定的系统结构是单调的,只有混沌的边缘才能出现奇异的分形构造。交通运输网络的形成拟合经济社会形态的变化具有确定性的一面,但交通运输网络的空间发育也不是完全确定的,其中有许多偶然因素的影响,而且社会空间形态的不规则性反应了系统演化过程中的不确定性,同时为交通运输网络赋予了发展的随机性。随机性和确定性相互作用的形成过程,使得交通运输网络隐含着自相似的分形几何特征。

分形理论自产生以来即已成为描述复杂现象空间分布的有力工具,交通运输网络的结构与经济社会的演化和区域经济的发展是一种空间的互动过程,因此利用分形理论来探讨交通运输网络分布的复杂性具有重要的现实意义。采用分形的理念,我们可从宏观、中观层次设计交通运输网络,即:宏观——城市(群)及其间的干线运输通道,中观——城市(群)内支线运输线,微观——城市内交通网。

分形交通运输网络理念使用分形几何中自相似性的概念,其实质是借鉴分形几何中“局部与整体相似,系统是部分按某种规律的组合”的基本思想。将交通运输系统中的子系统或各个部门、甚至现场作业人员都视为一个分形元,从而将复杂的交通运输系统划分成简单的“分形单元”,使其结构和功能上具有分形的自相似和自组织特性。分形以非线性的方式发展,按概率准则进行跳跃式发展与转变,不能事先进行控制。在交通运输系统中,网络结构是一种理想的组织形式。

交通运输系统的自相似性包括:交通运输组织结构的自相似,即以过程为中心建立的组织;目标自相似,即单元的目标与整体目标一致。分形交通运输的优化目标是:时间、柔性、质量、成本、生态和社会性。分形交通运输网络在自相似的基础上具有自组织性的特点,表现为:①自监控:运输服务质量、总数、效率和性能等方面的自监控;②自调控:交通运输能力利用、资源配置分配和评价的自调控;③自确定:工作时间、生产方式等的自确定;④自治性:运输生产安排和控制的自主自治;⑤不是个人、子系统、分形单元行为的协调和控制,而是分形的面向结果的评价。在分形交通运输网络中,各个子系统在交通运输总体目标下,自主寻求局部最优解，相互通过消息进行磋商和协调，得到交通运输系统整体的满意解。

分形交通运输网络按多层级和多单元的原则进行结构设置（参考图3-12和图3-13），并且各个层级和单元采用相同的设计原则进行非集中式的构造，各个层级和单元在结构上具有自相似性，分形单元之间的差别由活动空间范围以及分形单元在活动空间内的位置所决定。分形交通运输网络的集权化程度相对较低，它不按传统方式设置经营、计划和财务等直线部门，而将这些职能分布到具有制造功能的分形单元中。

分形交通运输网络的分形单元是具有一定智能和权限的自治体，分形单元之间强调自律和协同。由于分形交通运输网络将权力下放，分形单元在功能上具有很大的相似性，在企业整体目标之下，各个分形单元依靠自组织和相互之间的协作机制对环境变化作出快速反应。分形单元不仅是执行元，而且是决策元，这样就提高了信息传递的效率。

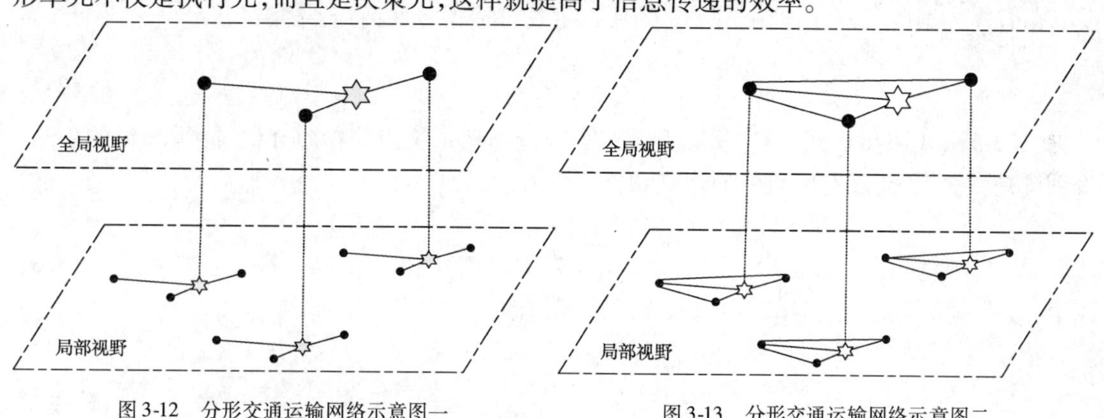

图3-12　分形交通运输网络示意图一　　图3-13　分形交通运输网络示意图二

第五节　道路甩挂运输通道规划

运输通道构成交通运输网络空间的骨架，承担着区域空间联系的大部分或全部运输任务，畅通的运输通道对于运输网络整体效益的实现起决定性作用。作为一种空间对象，运输通道从一定程度上表现了发生运输需求的区域之间的空间相互作用特征。

一、物流空间相互作用的 Wilson 模型

空间相互作用模型能够估计特定地理区域之间的相互作用量（客流量、物流量、能量流量、信息流量），其考虑了起始点的流量产生因素、终止点的吸引能力和始终点之间的流动成本，相互作用数据是与始终点相对应的[22]。潜力模型与 Wilson 最大熵模型构成了地理系统空间相互作用分析的理论方法基础[68]（当然，也有其他的刻画空间相互作用的模型或方法）。Wilson 模型是从事物原理角度建立的，有明确的理论演绎基础。

假定区域系统是由区域节点构成的节点区域，物资供应区域 j 到物资需求区域 k 之间存在流量为 T_{jk} 的区间流动，这是一个封闭系统，系统内部存在如下关系：

$$\sum_{k=1}^{N} T_{jk} = O_j \qquad j=\overline{1,M} \tag{3-5}$$

式中：O_j——区域j实际供给的物资总量；

M——提供供给的区域数。

$$\sum_{j=1}^{M} T_{jk} = D_k \qquad k = \overline{1,N} \tag{3-6}$$

式中：D_k——区域k实际需求的物资总量；

N——产生需求的区域数。

式(3-5)的意义是从区域j输出到各区域的物资流总量等于它所能提供的物资总量，式中的$j=\overline{1,M}$的意义是这样的方程有M个。式(3-2)表示区域k接受的物资总量等于它的区域总需求，式中的$k=\overline{1,N}$表示这样的方程有N个。

假定支持区域系统物资运输的经济费用是有限的，总量为C，单位物资在区域j、k间的运输费用是c_{jk}，则：

$$\sum_{j=1}^{M}\sum_{k=1}^{N} c_{jk} T_{jk} = C \tag{3-7}$$

式(3-5)、式(3-6)、式(3-7)实际上是一个统计物理系统内部物质守恒、能量守恒的表达。该系统是孤立系统，没有区域外的物资和资金流入。

令：

$$p_{jk} = T_{jk}/O_j \tag{3-8}$$

式中：p_{jk}——区域j的物资出现在区域k的市场份额。

记：

$$C_j = \sum_{k=1}^{N} c_{jk} p_{jk} \tag{3-9}$$

$C_j O_j$为从区域j运出的所有物资的全部运输费用，O_j是常量，因此C_j也是常量。显然，式(3-8)、式(3-9)描述了与区域j联系的子系统j内部约束关系，子系统j的熵S_j为：

$$S_j = -\sum_{k=1}^{N} p_{jk} \log p_{jk} \tag{3-10}$$

相互作用T_{jk}是在充分长时间内每一时刻发生的瞬时流$T_{jk}(t)$的平均值，是一个宏观统计上的稳定量。当宏观量稳定时，总系统熵达到最大，任何一个子系统熵也应该达到最大(注：熵具有相加性，系统各部分的熵相加起来等于整体的熵[69]。如果某一子系统的熵没有达到最大，则系统的熵也不可能达到最大)，所以对应稳定可测的相互作用量T_{jk}来说，其子系统熵S_j达到最大。另一方面，子系统j由式(3-10)定义的熵达到最大的条件是式(3-10)在约束式(3-8)、(3-9)下求极值。应用拉格朗日求极值方法，有拉格朗日函数：

$$L_j = -\sum_{k=1}^{N} p_{jk} \log p_{jk} - \lambda_j \left(1 - \sum_{k=1}^{N} p_{jk}\right) + \beta_j \left(C_j - \sum_{k=1}^{N} c_{jk} p_{jk}\right) \tag{3-11}$$

式中：λ_j、β_j——与k无关的参数。

则：

$$\frac{\partial L}{\partial p_{jk}} = -\log p_{jk} - \lambda_j - \beta_j c_{jk} \tag{3-12}$$

在极值点，式(3-12)为0，于是：

$$p_{jk}=K_j\exp(-\beta_j c_{jk}) \tag{3-13}$$

式中：$K_j=\exp(-\lambda_j)$，在该式中这是一个常量。

式(3-13)两边同乘以 O_j，得到：

$$T_{jk}=K_jO_j\exp(-\beta_j c_{jk}) \tag{3-14}$$

类似地，分析由区域 k 接受的供应者构成的子系统，可得：

$$T_{jk}=K_kD_k\exp(-\beta'_j c_{jk}) \tag{3-15}$$

式中：K_k 是一个常量。

参数 β_j、β'_j 起到刻画空间阻尼的作用，在空间性质相同的条件下，不应与特定的区域有关，而且运出的运输过程与运入的运输过程是同一过程，阻尼作用应该一样，所以 $\beta_j=\beta'_j=\beta$。根据式(3-14)和式(3-15)，有：

$$T_{jk}=K\cdot O_jD_k\exp(-\beta c_{jk}) \tag{3-16}$$

式中：K 为常量。

这就是 Wilson 得到的基于最大熵原理的区域空间相互作用模型[70]。

相互作用随距离变量指数衰减。只要广义距离 r_{jk} 的特殊形式 $c_{jk}=a+br_{jk}$，则式(3-16)等价于：

$$T_{jk}=K'\cdot O_jD_k\exp(-\beta r_{jk}) \tag{3-17}$$

式中：K'——常量；

r_{jk}——广义距离。

$\exp(-\beta r_{jk})$——相互作用核；

β——一个关键的参数，由于 β 为衰减因子，它决定了区域影响力衰减速度的快慢。β 值越大，衰减越快，β 为 0 时无衰减。

根据以上所述 Wilson 模型，作出以下调整：

对于由一定数量的空间点构成的中宏观物流系统，只要将发生物流关系的有关点统统包含在内，该物流系统就是封闭的。假定货物在所有点的流出总量与流入总量平衡。设点 j 到点 k 之间存在流量为 T_{jk} 的货物流动，不妨设定点 j 是源点，点 k 是终点。由物质守恒定律得知存在前述式(3-5)和式(3-6)的关系：

$$\sum_{k=1}^{N}T_{jk}=O_j \qquad j=\overline{1,M}$$

$$\sum_{j=1}^{M}T_{jk}=D_k \qquad k=\overline{1,N}$$

式中：O_j——点 j 实际流出的货物总量；

M——提供货物的地点总数；

D_k——点 k 实际流入的货物总量；

N——产生需求的地点总数。

假定支持物流系统运作的总成本为 C。为完成物流过程，单位货物在源点 j 内进行物流"停顿"作业耗用的成本是 c_{jk}^1（该单位成本不仅与点 j 的物流发展水平有关，而且与点 j 所配置的用于点 j 和点 k 间物流移动过程的设施设备水平有关，故下标中有 j、k），而在点 j 和点 k 间进行物流“移动”耗用的成本是 c_{jk}^2。这样，由点 j 发到点 k 的单位货物要耗用的物流成本为 $c_{jk}^1+c_{jk}^2$（将该和表示为一个量 c'_{jk}），成本总量 C 为：

$$C=\sum_{j=1}^{M}\sum_{k=1}^{N}c_{jk}^1T_{jk}+\sum_{j=1}^{M}\sum_{k=1}^{N}c_{jk}^2T_{jk}=\sum_{j=1}^{M}\sum_{k=1}^{N}(c_{jk}^1T_{jk}+c_{jk}^2T_{jk})=\sum_{j=1}^{M}\sum_{k=1}^{N}c'_{jk}T_{jk} \tag{3-18}$$

类似于 Wilson 模型的推导过程，不难得到：

$$T_{jk}=K''\cdot O_jD_k\exp(-\beta c'_{jk}) \tag{3-19}$$

式中：K''——常量。

记物流空间相互作用的作用强度为 $w_{jk}=\exp(-\beta c'_{jk})$。

有必要指出：① 经济社会实践中货物的运输储存条件往往不同，不同货物的“单位货物耗用的物流成本”是不同的。所以，模型中单位货物耗用的物流成本是一个平均化指标。② 与原始 Wilson 模型相比，β、c'_{jk}的意义已经发生了变化，这将对模型的应用产生重要影响。

修正 Wilson 模型中的 c'_{jk}不仅包括单位运输成本，还包括进行其他物流作业所需要的单位成本。与原始 Wilson 模型不同，c'_{jk}不能直接表示为距离的线性函数。

c'_{jk}为单位物流“停顿”作业耗用的成本与单位物流“移动”作业耗用的成本之和。物流“停顿”作业耗用一定的成本而实现了“物”的时间价值（主要与“物”的量和时间的长短有关），物流“移动”作业耗用一定的成本而实现了“物”的空间价值（主要与“物”的量和空间距离有关）。所以，对于单位物流作业的成本，可以用时间长短表示其时间效用、用空间距离表示其空间效用。泛言之，单位物流“停顿”作业量耗用的成本可使用以时间为自变量的函数 $F(t)$来表示，单位物流“移动”作业量耗用的成本可使用以距离为自变量的函数 $G(r)$来表示。如果 $F(t)$、$G(r)$均为线性函数，则单位物流“停顿”作业量耗用的成本 $c_{jk}^1=a_1+b_1t_{jk}$（其中 t_{jk}为时间变量），单位物流“移动”作业量耗用的成本 $c_{jk}^2=a_2+b_2r_{jk}$（其中 r_{jk}为距离变量）。

$$c'_{jk}=c_{jk}^1+c_{jk}^2=a_1+b_1t_{jk}+a_2+b_2r_{jk}=a'+b_1t_{jk}+b_2r_{jk}$$

所以：

$$w_{jk}=\exp(-\beta c'_{jk})\Leftrightarrow w_{ij}=\exp(-\beta\cdot(b_2r_{ij}+b_1t_{ij}))$$

问题的关键就是时间单位与距离单位之间的合理转化。理论上，速度可以将时间与距离联系起来：距离 = 时间 × 速度。设移动速度为 v，则单位时间内移动距离的值同 v 大小相等，这样就可以将时间折算为距离，将作用强度表示为 $w_{jk}=\exp(-\beta r'_{jk})$的形式。

既有研究尚未提出参数 β 的取值方法。参照文献[71]的观点，物流空间相互作用是由货物流动传递的，同时，不同层面的空间组成中有最小单元（如物流节点、城市、省区），β 取值主要与货物流动的自由程度和最小单元的尺度有关：货物流动越自由，β 越小；最小单元的尺度越大，β 越小。在物流作业能力的刻画方面，货物流动的自由程度与物流作业的便捷有很大的关系，物流作业越是便捷、各种物流设施设备的协作配合水平越高，为货物流动提供的流通条件就越好，商品的自由程度就越高。由于物流作业过程不仅发生在运输通道上，还发生在节点上，所以最小单元的尺度对 β 值的影响并不十分显著。

二、相互作用负荷

作用强度的测算公式为 $w_{jk}=\exp(-\beta c'_{jk})$，该公式针对的是物流本身的供给能力，并没有考虑由于物流作业量的大小引起的空间相互作用的差异。实践中,除了考虑作用强度,还必须考虑到实际的物流作业量。对比作用强度与实际物流作业量,有利于发现物流建设的薄弱方向或能力冗余方向,为物流空间要素的合理配置提供参考。

在空间相互作用方向上,若将作用强度视为"供给"因素,将实际的物流作业量视为"需求"因素,则不同作用方向上的"供给"、"需求"水平一般是不同的。取"需求量/供给水平"作为指标,如果该指标的取值在某一作用方向上大于其他方向,则说明该方向的供给压力大,有必要考虑加强物流建设投入;如果该指标的取值在某一作用方向上小于其他方向,则说明该方向的供给压力较小。

设与物流空间某点有相互作用的方向有 n 个,每一作用方向上的作用强度为 $w_i(i=1,2,\cdots,n)$,与之相应的物流作业量为 $L_i(i=1,2,\cdots,n)$,则指标 $u=\frac{L_i}{w_i}$可用于比较不同相互作用方向上的供需状况。

定义物流空间点 i 对其他点 $j(j\in A,A$ 为物流空间点的集合)的作用强度为所有 w_{ij}关于 j 的和 $W_i=\frac{1}{N}\sum_{j=1}^{N}\exp(-\beta\cdot r_{ij})$($N$ 为 A 的元素数)。

这样,$U_i=\frac{\sum L_i}{W_i}$可作为评价不同的物流空间点供需状况的综合指标,这里称为"相互作用负荷"。

三、道路甩挂运输通道规划的有关问题

道路甩挂运输通道是道路货物运输网络的一种主干骨架,可以承担区域间道路货物运输联系的大部分业务,畅通的道路甩挂运输通道对于道路运输网络整体效益的实现起到决定性作用。在进行道路甩挂运输通道规划时,应注意以下问题。

1)道路甩挂运输通道规划与公路主干线布局的协调

道路甩挂运输通道更多的是虚拟意义上的概念,其规划与设置需依托既有的公路干线规划与建设布局状态,公路干线的空间布局决定着道路甩挂运输通道的空间布局。由于在道路甩挂运输通道上运行的往往是大容量、高速度的甩挂运输车辆,这就要求道路甩挂运输通道所涉及的公路具备较高的设计标准和较为通畅的车流运行状态。

2)道路甩挂运输通道规划与主要经济联系方向的协调

一方面,道路甩挂运输效益实现的条件之一是稳定的、规模化的货运需求;另一方面,区域经济的发展、社会分工协作的深化等因素促进着空间运输联系的形成与稳定,中宏观层面出现大量的主要经济联系方向,这些经济联系方向上存在规模稳定的货物交流需要。为保证实现期望的经济效益和社会效益,道路甩挂运输通道规划应尽可能地与经济社会的规模化货运需求相对应。

3)道路甩挂运输通道规划与道路货运经营网络的协调

道路甩挂运输通道规划更多的是宏观层次、战略意义上的概念,实施规划工作的主体往往不是一般的道路货运企业。而在货运市场上,道路货运企业是道路甩挂运输通道的主要使用

者。进行道路甩挂运输通道规划时,应考虑到道路货运具体业务开展与经营的整体状态,尽可能使宏观层次、战略意义上的规划工作与企业微观层次上的业务经营相对应。

4)道路甩挂运输通道规划与其他运输方式的协调

随着综合运输体系的发展,各种运输方式在追求自身发展的同时,更加注重与其他运输方式间的协调配合,以提高综合运输资源的配置效率。在公路运输领域,道路甩挂运输通道属于较高层次的公路运输网络元素,道路甩挂运输通道必然对其他运输方式的大容量运输通道的形成与发展起到替代或补充的作用,所以,在规划道路甩挂运输通道时,需注重各种运输方式间的协作。

5)道路甩挂运输通道规划技术与既有基础设施的协调

尽管道路甩挂运输通道在公路运输领域中处于重要位置,但道路甩挂运输通道的形成与发展尚需时日。特别是在我国道路甩挂运输市场尚未发展成熟、企业的道路甩挂运输实践时间并不长的情形下,针对道路甩挂运输的各种统计数据非常欠缺,对大量的一手资料收集远远不够,这在一定程度上制约了道路甩挂运输通道的规划工作。此外,道路甩挂运输终究不同于既有的较为成熟的运输组织形式,各种传统的通道规划方法应用于道路甩挂运输通道规划效果如何,有待实践的检验。

第六节　道路甩挂运输场站选址方法

一、选址问题

在运输网络节点规划中,要解决的最基本的问题表现在两个方面:设施数量和设施选址。考虑到运输设施建成后的运营问题,在进行运输网络节点规划时往往需兼顾设施的服务辐射范围。选址是指运输设施数量、设施选址等方面的决策,这些决策受到规划中确定的对设施的期望辐射范围以及运营路线的优化等因素的影响。

一般地,可将运输网络节点规划问题分为纯选址问题、选址-分配问题、车辆路径问题和选址路线问题。纯选址问题就是在规划决策中不考虑服务辐射范围及路线选择等内容。选址-分配问题就是依据需求点的空间分布,确定某一地理范围内设施的数量和位置。车辆路径问题就是针对运输车辆从一个或多个设施到多个空间上分散的需求点,优化设计一套车辆运行的路线,同时满足一系列的约束条件。选址-路线问题就是给定与实际问题相符的一系列潜在的设施点,在这些潜在的点中确定设施,同时要确定从各个设施点到各个需求点的运输路线[72]。作为一种组合优化问题,选址问题一般为 NP-hard 问题。

运输网络由运输场站和运输线路组成,不同的网络结构形成不同的选址-分配问题。根据网络结构的特点和决策内容,可将选址-分配模型分成如下类型:

(1)单阶段单层选址模型,即网络由供给点(制造商/原材料供应商/零售商等)和需求点(消费者/制造商/零售商等)组成,模型确定供给点的位置和数目,并实现需求点的服务分配。

(2)两阶段单层选址模型,即网络由供给点、需求点和中转点(配送中心/仓库/物流中心等)组成,模型确定供给点或中转点的位置和数目,实现需求点的分配。

(3)两阶段两层模型,即网络结构由供给点、中转点和需求点组成,模型确定中转点和供给点的位置和数目,实现需求点和中转点的服务分配。

(4)三阶段模型,即网络由供给点、两层中转点和需求点组成,通常情况下中转点和需求点包括原料供应商、制造商、配送中心和需求者,模型确定中转层或供给层的位置和数目,并实现服务的分配。

对于选址模型的分类,从地形学角度分可为连续选址模型和离散选址模型;从选址目标角度分可为成本最小化模型和效益最大化模型;从网络结构复杂性角度分可为单阶段选址模型和多阶段选址模型;从容量约束的角度分可为有容量约束的选址模型和无容量约束的选址模型;从产品种类角度分可为单产品选址模型和多产品选址模型,从动态性角度可分为单周期静态选址模型和多周期动态选址模型;从需求动态性角度分可为确定性选址模型和不确定性选址模型等。近年来,随着选址理论的发展,多种选址方法被开发出来,一般可分为五大类:解析方法、最优化线性规划方法、启发式方法、仿真方法以及综合因素评价法[73]。

1. 解析方法

解析方法通常是指地理重心方法。这种方法通常只考虑运输成本对选址的影响,而运输成本一般是运输需求量、距离以及时间的函数,所以解析方法根据距离、需求量、时间或三者的结合,通过在坐标上显示,以设施位置为因变量,用代数方法来求解坐标。

解析方法考虑的影响因素较少,模型简单,主要适用于单个设施的选址问题。对于复杂的选址问题,解析方法常常难以应用,通常需要借助其他更为综合的分析技术。

2. 最优化线性规划方法

最优化规划方法是在一些特定的约束条件下,从许多可用的选择中挑选出一个最佳方案。运用线性规划技术解决选址问题。一般需要具备两个条件:一是必须有两个或两个以上的活动或定位竞争同一资源对象;二是在一个问题中,所有的相关关系总是确定的。

随着20世纪70年代计算机计算能力的增强,以最优化规划方法求解大型设施选址问题成为可行性很高的方法。最优化规划方法中的线性规划技术以及整数规划技术是应用最为广泛、也是最主要的选址方法。据统计,目前各种选址软件中90%的解决方案都是应用最优化规划方法得到的。最优化规划方法的优点是它属于精确式算法,能获得精确的最优解。不足之处主要在于对一些复杂情况很难建立合适的模型;或者模型太复杂,计算时间长,难以得到最优解;有时得出的解虽然是最优解,但在实践上不可行。

3. 启发式方法

启发式方法是一种逐次逼近最优解的方法,大部分是在20世纪50年代末以及60年代期间被开发出来的。用启发式方法进行设施选址及网点布局时,要定义计算总费用的方法,拟定判别规则,规定改进途径,然后给出初始方案,迭代求解。

启发式方法与最优规划方法的最大不同是启发式方法不是精确的算法,不能保证给出的解决方案是最优的,但只要处理得当,获得的可行解可以非常接近理论上的最优解,而且启发式算法相对于最优规划方法而言计算简单,求解速度快。在实际应用中,启发式方法是仅次于最优化线性规划方法的选址方法。

4. *仿真方法*

仿真方法是试图通过模型重现某一系统的行为或活动,而不必实地去建造并运转一个系统。在选址问题中,仿真技术可以反复改变和组合各种参数,通过多次试行来评价不同的选址方案,这种方法可以进行动态模拟。

仿真方法可以描述多方面的影响因素,因此具有较强的实用价值,常用来求解较大型的、无法手算的问题。其不足主要在于仿真技术不能提出初始方案,只能通过对已存在的备选方案进行评价,从中找出最优方案,所以在运用这项技术时必须先借助其他技术找出某些初始方案,而且预定初始方案的好坏会对最终决策结果产生很大影响。

5. *综合因素评价法*

综合因素评价法是一种全面考虑各种影响因素,并根据各影响因素重要性的不同对方案进行评价,以找出最优方案的选址方法。

二、常用的选址方法

既有常用的选址方法被广泛应用于物流网络上各种节点(如物流中心、配送中心)的选址、运输网络上各种节点(如货运场站)的选址,在以下表述中,以"节点设施"涵盖既有的这些节点选址情形。如果将交通运输基础设施网络视为点与线的集合,则节点设施属于网络中的点元素。

1. *层次分析法*

层次分析法(AHP)是在20世纪70年代出现的一种实用的多方案或多目标决策方法。它将定性与定量决策合理结合起来,按照思维、心理的规律把决策过程层次化、数量化,特别适合解决那些难于完全定量分析的复杂问题。首先将所要分析的问题层次化,即根据问题的性质和要达到的总目标,将问题分解成不同的组成因素,按照因素间的相互关系及隶属关系,将因素按不同层次聚集组合,形成一个多层分析结构模型,最终归结为最低层(方案、措施、指标等)相对于最高层(总目标)相对重要程度的权值或相对优劣次序的问题。该方法以其可定性与定量相结合地处理各种决策因素,以及灵活简洁的优点,迅速在经济社会能源系统分析、城市规划、经济管理、物流网络规划等各个领域内得到广泛应用。

应用 AHP 方法来解决多目标决策问题一般有以下几个步骤,在运输网络节点布局中可表现为:

(1)明确问题。选择最优的节点设施地点。

(2)确立层次结构。根据评价指标建立目标与元素之间的层次结构。

(3)建造判断矩阵。对每一层次各个准则的相对重要性进行两两比较,并给出判断。这些判断用数值表示出来,写成矩阵即为判断矩阵。

(4)通过综合计算各层因素相对重要性的权值,得到最底层(方案层)相对最高层(总目标)的相对重要性次序的组合权值,以此作为评价和选择方案的依据。

该方法中被选点权重的大小会直接影响计算所得到的结果,所以利用层次分析法确定权重时,要广泛征集有关人员和专家的意见,使得所计算出的权重较好地符合实际情况,从而最大限度地提高该模型的适用性。

2. 模糊聚类法

模糊聚类法将一个无类别标记的样本集按某种准则划分成若干个子集类,使相似样本尽可能归为一类,而将不相似样本尽量划分到不同的类中,表达出样本类属的中介性,是一种软划分手段。模糊聚类法能较好地将选址方案中一些难以直接量化的因素归入模型中,其主要优势是不需要建立像微观模型一样复杂的方程组,可以根据实际情况选择不同指标,且建立的指标体系能全面准确地衡量不同区域选址条件的优劣,模糊聚类的性质提高了决策者方案选择时的优选性,同时考虑了不同区域方案间的相似性,使方案决策具有多重性,克服了AHP模型中相似方案被划归为不同等级的缺陷。模糊聚类法的一般步骤为:

(1)数据标准化。构造数据矩阵,为消除原始数据矩阵的量纲,同时将数据压缩至[0,1]区间内,对其进行平移极差变换可得到标准化矩阵。

(2)建立模糊相似矩阵。依照一定聚类方法确定不同区域选址方案间的相似系数,并依据相似系数构造相应的模糊相似矩阵。

(3)聚类,给定不同的置信水平,列出各点的排列顺序,即可比较不同位置的优劣。

3. 加权评分法

选址时的许多重要因素难以精确量化,而这些因素与指标缺乏一定程度的量化就难以对各种选址方案作对比分析,常用的处理方法是加权评分法。加权评分法是选定几个因素并给出权重,对欲确定的地址求和得出该选址方案的最后评分,将得分最高的作为最优的选址方案。该方法常作为离散型选址方法,一般步骤为:

(1)列出备选地点。

(2)列出影响选址的各个因素。

(3)给出每个因素的分值范围。

(4)专家对各个备选地点就各个因素进行评分。

(5)将每个地点各因素的得分相加,求出总分后加以比较,将得分最高的地点作为选址地点。

应用加权评分法常需考虑的因素有:建设成本、运输成本、能源情况、劳动力环境、生活条件、交通情况和政策等。

4. 重心法

重心法是解决单个场站选址问题的一种常用方法。所谓重心法是将运输系统的需求点看成是分布在某一平面范围内的物体系统,各点的需求量和资源分别看成是物体的重量,物体系统的重心将作为节点设施的最佳设置点,利用确定物体重心的方法来确定节点设施的位置。重心法是解决只设置一个场站的简单模型,是一种连续型模型,相对于离散型模型,其对节点设施的选择不加特定限制,可自由选择。

连续选址一般做如下假设:①选址的目标区域是连续的,区域内任意一点都是候选地点;②用两点间的直线距离近似代替两点间的运输距离;③用最大允许配送距离来表征时效性约束。

问题定义:在某一经济地理区域范围内为 n 个货主规划建设一个节点设施,已知货主 j 的地理空间坐标为(x_j,y_j)，运输需求量为w_j，最大允许配送距离为D_j。确定节点设施的地理空间坐标(X,Y)，使得在满足货主最大允许配送距离的前提下，货物周转量最低。

节点设施选址模型如下：

目标函数：

$$\min\sum_{j=1}^{n}w_j\sqrt{(X-x_j)^2+(Y-y_j)^2} \tag{3-20}$$

约束条件：

$$\sqrt{(X-x_j)^2+(Y-y_j)^2}-D_j\leqslant 0 \qquad j=1,2,\cdots,n \tag{3-21}$$

模型中，目标函数表示货物周转量最低，是常见的无时效性约束的重心选址模型；约束条件表示每个货主的配送距离必须在允许范围内，满足时效性要求。目标函数与约束条件共同构成带时效性约束的场站选址模型，它表示在满足时效性要求前提下追求最低成本。

对于重心模型，一般运用迭代方式求解，可以求出运输周转量最小的地址。理论和实践表明，无论初始解为何值，迭代算法都是收敛的，且收敛速度很快。这种迭代算法虽然能够保证选址方案的总运输周转量最低，但它一般不满足时效性约束条件（不能保证时效性要求）。

重心法的优点是不限于特定的备选地点，灵活性较大。但正是由于该选址过程的自由度大，实际上很难得到最优的地址，因为这个地址可能位于河流、湖泊或其他无法实现的地点。另外，场站的处理（通过）能力不受限制，各节点设施之间的运输都被认为是直线往返运输，这与实践有较大的偏差。

5. 运筹学规划方法

1）线性规划

线性规划法一般应用于特定的约束条件下，从许多可用的选择中挑选一个最佳方案的情况。利用线性规划解决问题，必须满足一定的条件：第一，两个或两个以上的活动或定位必须为有限资源而展开竞争；第二，问题中所有的相关关系必须是确定的，且能够进行线性逼近。

给定平面上的n个位置点$P_i(x_i,y_i)(i=1,2,\cdots,n)$，要寻找选址点$P(x,y)$，使得$\max\{|x-x_i|+|y-y_i|\}$最小（这就是所谓的极小极大选址问题或绝对值距离选址问题）。对于简单的线性规划模型，可以直接利用单纯形法对其进行求解。

2）非线性规划

在实践中，因选址位置的差异对市场吸引力不同，从而引起的运输量就不同，对企业产生的效益也就不一样。同时随着节点设施功能的拓展，其能提供的服务也越来越多，因选择位置的不同而产生的收益差异越来越明显。综合考虑成本因素和收益因素来建立节点设施的选址模型问题，一般是非线性规划问题，由于变量、约束条件多，不存在多项式求解算法，用一般的方法难以求解。非线性规划是线性规划的发展，许多实际问题都属于非线性规划的范畴。

在一组等式或不等式的约束下，求一个函数的最大值（或最小值）问题，其中目标函数或约束条件中至少有一个非线性函数，这类问题称为非线性规划问题。其一般形式为：

$$\min f(x)$$

$$\text{s.t. } g_i(x)=0 \qquad i=1,2,\cdots,p$$

$$h_j(x) \leqslant 0 \qquad j=1,2,\cdots,q \tag{3-22}$$

其中 $x=[x_1,x_2,\cdots,x_n]^{\mathrm{T}}$ 称为模型的决策变量，f 称为目标函数，$g_i(x)(i=1,2,\cdots,p)$ 和 $h_j(x)(j=1,2,\cdots,q)$ 称为约束函数。另外，$g_i(x)=0(i=1,2,\cdots,p)$ 称为等式约束，$h_j(x)\leqslant 0$ $(j=1,2,\cdots,q)$ 称为不等式约束。

运用非线性规划模型进行选址时的基本假设为：①能够对某区域内的需求量进行科学合理的预测；②货物始发点到节点设施，以及节点设施到用户的运输费用可表示为运量、运距的线性函数；③仓储费用为仓储规模的凹函数；④能够初步确定候选地点的数量，仅在候选地点中考虑选址的解；⑤不考虑不同的运输工具；⑥运输需求按区域总计。虽然节点设施选址受到多种因素的影响，但在建立非线性规划模型时只考虑那些定量因素如：运输收益、运输成本、初始投资成本、管理成本、场站数量和备选地址等[74]。

对于非线性规划模型，可以采用迭代方法求其最优解。

3）混合整数规划

在解决运输网络设计中大型、复杂的选址问题时，由于能够以最优的方法考虑固定成本，同时得出数学上的最优解，因此混合整数规划法是使用最为广泛的方法之一。

当最优化问题的变量是线性实变量时，线性规划方法是最方便、最有效的方法。但是，交通运输基础设施建设初期的基本投资费用、固定管理费用都不能用实变量表示在目标函数和约束条件之中，因此对这一类选址优化问题不宜采用连续变量的线性模型来处理。固定费用是离散的，只宜用离散变量表示。因此，含有固定费用的优化问题，应该选取包含离散变量的模型。混合整数规划模型包括连续变量和离散变量，适合表述同时有可变费用和固定费用的选址问题。一般地，用混合整数规划模型来描述选址问题时，用整数变量表示各种选择，用连续变量表示各种资源的分配，用约束条件表示各种平衡关系，目标是使各种成本费用的总和最小。求解混合整数规划的计算量很大，该方法处理大规模选址问题时可能需要较长的时间。

规划和新建节点设施时，在考虑固定投资的情况下，可以采用混合整数线性规划法进行选址。应用混合整数线性规划法进行选址的步骤是，首先对总费用以及一些限制条件进行分析和抽象，转化为整数规划模型，然后求解模型，找出最佳位置。

4）双层规划

经济社会发展实践中人类所面对问题的结构日趋复杂化，层次划分和分步决策可以较好地解决复杂问题。应用这一方法时，做决策的人数增加，且这些决策者往往处于不同的层次上。一般地，高层次决策者自上而下地对低一层次决策者行使某种控制指导职能，而低层次决策者在这样的控制指导下，可以在其职能范围内行使一定的处于从属地位的决策权。在这种多层次决策体系中，每一层有其目标函数，越高层次的决策目标就越重要、越具有全局性，最终的决策往往是寻求使各层决策之间达到某种协调的具体方案。在这一方案中，最高层次的决策目标能够达到“最优”，作为上层次决策“约束条件”的低层次决策目标在从属状态可相应达到“最优”。

很多决策问题由多个处于不同层次的决策者实现，这些决策者具有相对的独立性，上层决策通过自己的决策去指导下层决策,不直接参与或干涉下层决策;而下层决策只需把上层决策作为参数或约束,可在自身可能范围内自由决策。多层次系统的决策行为在满足上层控制的条件下,实现局部的利益,各层决策行为在影响自身的同时也影响整个系统。最为常见且得到广泛研究与应用的是双层规划问题,即考虑只有两层决策者的情形。当只有一对上、下层关系时,这样的情形通常称为双层规划问题,双层规划问题虽然是多层决策系统的特殊形式,但它是最基本的形式。

双层规划系统按如下过程进行决策:上层给下层一定的信息,下层根据这些信息,按自己的利益或偏好作出决策,上层再根据这些决策,作出符合全局利益的决策。上层给出的信息是以一种可能的决策形式给出的,下层的决策实际上是对上层决策的对策,这种对策在下层看来是最好的,它与上层给出的信息有关。

求解双层规划问题是非常困难的,原因之一就是由于双层规划问题是一个 NP-hard 问题,不存在多项式求解算法。即使某类双层规划存在精确算法,对于规模较大的实际决策问题也是难以运用的。迄今为止,双层规划的求解算法约有几十种,大体包括极点搜索法、K-T 法等。

6. CFLP 法

CFLP 法(Capacitated Facility Location Problem)适用于节点设施的能力有限制、数目确定,而且各需求点的位置和需求量都确定的情形。

该方法首先假定候选地点已经确定,据此在保证总运输费用最小的前提下,求出各暂定节点设施的供应范围,然后在求出的供应范围内分别将假定的候选地点移动到其他候选地点,以降低供应范围的总费用。当移动每个候选地点都不能使本区域总费用下降,则计算结束;否则,按可使费用下降的新地点,再求各暂定地点的供应范围,重复以上过程,直到费用不再下降为止。

CFLP 法的前半部分属于线性规划中运输问题的解法,但其后半部分对线性规划作了完善,用这种算法可以避开造成求解困难的整数变量而得到所要求的满意解。该方法的缺点主要是缺乏理论证明,且需要事先确定要设置的节点设施的数量,否则就要对所有可能的数量一一重复运算过程,然后对比结果,求出满意解。

7. Kuehn-Hamburger 模型

Kuehn-Hamburger 模型是多节点设施选址的典型方法,在模型中考虑了运输费用、可变费用、延误损失费等多项费用,其目标是总费用最小。它以供货点的个数及可供量、备选地址的个数及最大容量、准许选定节点设施个数的上限、用户个数及其需求量为已知参数,考虑多种结构化因素的影响:供货点到节点设施的运输费用、节点设施到用户的运输费用、节点设施的可变费用和固定费用、各节点设施的容量限制、节点设施的个数限制。该模型更加贴近实际,但其不足之处是没有考虑固定费用,且当供货点、备选点、客户数量较多时,其计算量非常大。

8. Baumol-Wolf 模型

W. J. Baumol 和 P. Wolfe 的仓库选址模型 Baumol-Wolf 模型是一种用简明数学公式很容易计算的模型,是一种只考虑运输费用最小的运输规划。模型所考虑的问题是从几个工厂经过几个仓库向用户输送物资,该模型有广泛的应用范围,例如在选择企业的销售地点、公共流通中心、储备中心(或仓库)地点时,都可以应用此模型。

Baumol-Wolf 模型属于非线性规划模型,是以逐次求解运输问题为思路的启发式算法。这种方法在求解过程中只需要运用一般的运输规划,避免了混合整数规划模型的求解困难问题,降低了计算难度。此外,该方法还较好解决了节点设施变动费用非线性的问题。

Baumol-Wolf 模型首先将研究的问题简化如下:①货源地到物流中心及物流中心到需求地的运输成本都与运输量呈线性关系;②货源地、需求地以及供应量、需求量都为已知;③物流中心的处理(通过)能力不受限制:④物流中心的候选位置及其变动成本、固定成本都为已知。在这四项假设条件下,求解物流中心的数量、规模以及位置,使运输成本及物流中心运作成本之和最小。与其他选址方法不同的是,该方法不再假设物流中心运作成本与其物流业务量呈线性变化。

此模型的优点是:①计算比较简单;②能评价流通过程的总费用(运输成本、物流中心的固定成本和变动成本);③能求解物流中心的业务量,即可决定物流中心的规模;④根据物流中心变动成本的特点,可以采用大批量进货的方式。

该模型的缺点是:①由于采用的是逐次逼近法,所以不能保证得到最优解。由于选择备选地点的方法不同,有时求出的较优解中可能出现物流中心数过多的情况;②在解中没有反映出来物流中心的固定费用。

9. 中值模型

1)交叉中值模型

交叉中值模型用来解决连续点的选址问题,它使用城市距离,其目标函数为:

$$\min Z=\sum_{i=1}^{n}w_i\{|x_i-x_m|+|y_i-y_m|\} \tag{3-23}$$

式中:w_i——与第 i 个点对应的权重(如需求量);

(x_i,y_i)——第 i 个点的坐标;

(x_m,y_m)——待选址地址的坐标;

n——需求点的个数。

这个目标函数可用两个不相关的部分来表达,即:

$$\min Z=\sum_{i=1}^{n}w_i|x_i-x_m|+\sum_{i=1}^{n}w_i|y_i-y_m| \tag{3-24}$$

式中:x_m——在 X 方向的对应所有权重的中值点;

y_m——在 Y 方向的对应所有权重的中值点。

2)P-中值模型

P-中值模型是指在一个给定数量和位置的需求集合和一个候选设施位置的集合下,分别为 p 个节点设施找到合适的位置,并指派每个需求点到一个特定的节点设施,使之达到在节点设施和需求点之间的运输费用最低的目标。

求解 P-中值问题的算法主要有两类:精确算法和启发式算法。启发式算法不一定能得到问题的最优解,但是当数据量很大时计算速度比较快。

10. 覆盖模型

1)集合覆盖模型

集合覆盖模型的目标是用尽可能少的节点设施服务辐射(覆盖)所有的需求点。

对于集合覆盖模型类的带有约束条件的极值问题,可用两大类方法求解。一是精确的算法,如应用分枝定界方法可以找到小规模问题的最优解;二是启发式方法,所得到的结果不一定是最优解,但可以对大型问题进行有效的分析与求解。

集合覆盖模型的构建步骤为[75]:

(1)找到每一个候选地址可以提供服务的所有需求点的集合 $A(j)$,它们距离该候选地址的距离小于或者等于指定距离。

(2)找到可以给每一个需求点提供服务的所有候选地址的集合 $B(i)$,一般说来,它与 $A(j)$ 是一样的,但是考虑到其他条件的限制,也有不一样的情况。

(3)设变量 $x_{ij}=1$ 表示位于 i 点的节点设施向位于 j 点的需求点供货,否则 $x_{ij}=0$。$y_i=1$ 表示在 i 点建立节点设施,否则 $y_i=0$。由于每个需求点都可以从一个或者多个节点设施进货,由此决定了运输服务分配的约束条件为 $\sum_{(i,j)\in F} x_{ij}\geqslant 1(j\in S)$,根据 $B(i)$ 可以写出各个约束条件。

(4)检验。根据集合 $A(j)$,验证求得的选址方案是否覆盖了所有需求点。

2)最大覆盖模型

最大覆盖模型的目标是对有限的节点设施进行选址,去覆盖尽可能多的需求点,最大覆盖模型的求解与集合覆盖模型的求解类似。

11. 对既有选址方法的评价

长期以来,既有的选址模型与方法得到了较好的实践应用,理论也趋于完善。但对于我们所关注的道路甩挂运输场站的选址问题,这些模型与方法尚有一些值得深入探讨之处。

(1)既有的选址模型常常假设需求量集中于某一点,而实际上需求来自分散于广阔区域内的多个地点。

(2)对于运输费用,通常假设运价随运输距离成比例增加,然而,大多数运价是由不随运输距离变化的固定成本部分和随运输距离变化的可变成本部分组成的,运输费用往往呈现为“递远递减”规律。

(3)既有的选址模型往往认为节点设施与其他网络节点之间的路线为直线,在实践中这样的情况很少。

(4)既有的选址模型未能从现代物流管理角度解决库存与运输同步优化的问题,这些模型应该是真正一体化的网络规划模型,而不应该分别以近似的方法解决各个问题。

(5)既有的选址模型大多属于静态的确定性模型,无法反应市场环境的变化,这与市场竞争环境下需求的动态性特征不相符。

(6)运输网络、物流网络的规划应该是多目标优化问题,涉及成本、网络的柔性、反应速度等多个方面,而既有的选址模型往往以单一目标的优化为主,且对许多定性因素的考虑很少。

(7)运输与物流规划优化大多以混合整数规划模型的形式出现,是 NP 问题。当前的模型求解方法以启发式算法为主，对于精确算法的应用局限于小规模的运输与物流网络规划问题。此外，对于多阶段、跨功能、复杂的大规模运输物流网络规划问题，还缺乏十分有效的方法。

（8）缺乏对运输与物流网络方案的评价工作。利用定量的数学规划模型求得的选址方案，往往不能将很多对节点设施选址有影响的其他因素考虑进去，合理的方法是首先运用定量模型求得若干数量有限的可行解，再综合评价其他诸因素来寻求最终的最优方案。从这种角度讲，节点设施选址方案评价是节点设施选址工作的合理补充。

（9）既有的选址模型大多假定市场上不存在竞争者，在进行网络规划时不考虑竞争对手的影响，实际上运输与物流网络的规划必须考虑市场中竞争对手的影响。

12. 基于等级评价的节点设施选址方法

基于等级评价的节点设施选址方法有其地理学理论基础，即地理学的集群公理；鉴于统计指标和统计数据的可靠性，该方法更多侧重于中宏观层次的应用；相比于抽象的数学模型，该方法的应用色彩更浓厚；从研究的角度看，该方法的理论深度一般，但实用意义显著。

以下以物流网络节点城市的等级划分与功能分配为例，展示基于等级评价的节点设施选址方法的运行过程与分析效果。

合理进行物流网络节点城市的等级划分与功能分配，对于物流系统的整体规划具有重要的指导意义。主成分分析方法在降低指标向量的维数、抓住数据间主要联系等方面具有很大的优势，比较适合用来分析关联度大、涉及面广的物流系统。

全部物流活动是在线路和节点间进行的，物流节点将线路连接成一个系统，使各线路通过节点变得贯通而实现“物畅其流”；而物流系统的管理设施和指挥机构也往往集中设置于物流节点，使物流节点集管理、指挥、调度、通信等为一体。城市以其较好的设施设备条件、区位优势成为省级或国家级物流网络的重要节点，省级或国家级的物流通道就是由物流网络节点城市及其间的运输联系来构成的。而合理划分不同城市的物流节点功能，可以实现分工合理、建设投资合理、物流系统优化等目标。

主成分分析是利用降维的思想，把多指标转化为少数几个综合指标的多元统计分析方法。

设某经济问题涉及 p 个指标，这 p 个指标构成的 p 维随机向量为 $x=(x_1,x_2,\cdots,x_p)'$。对 x 作正交变换，令 $y=U'x$，其中 U' 为正交阵，y 的各分量是不相关的，使得 y 的各分量在整个经济过程中的作用容易解释，这就使从 y 的主分量中选择主要成分、剔除影响微弱的部分成为可能，通过对 y 的主分量进行重点分析，达到对原始变量进行经济分析的目的。

设观测样本矩阵为 $X=\begin{bmatrix} x_{11} & x_{12} & \cdots & x_{1p} \\ x_{21} & x_{22} & \cdots & x_{2p} \\ \vdots & \vdots & & \vdots \\ x_{n1} & x_{n2} & \cdots & x_{np} \end{bmatrix}_{n\times p}$（其中 n 为样本数，p 为变量数），主成分分析的计算过程为：

（1）将原始数据进行标准化处理。

（2）计算标准化数据的协方差矩阵 R。

（3）计算协方差矩阵 R 的 p 个特征值及其特征向量。

(4)选择 $m(m<p)$ 个主成分并对所选的主成分作出经济解释。

(5)计算综合得分。综合得分是综合因子 $y_1,y_2,\cdots,y_m$ 的组合,这里采用线性组合:

$$\alpha_1 y_1+\alpha_2 y_2+\cdots+\alpha_m y_m$$

式中:$\alpha_i=\dfrac{\lambda_i}{\sum_{i=1}^{p}\lambda_i}\qquad i=1,2,\cdots,m$

为验证上述方法在物流网络节点城市等级划分中的有效性,现选取山东省作为物流网络研究范围,按照上述方法三的无量纲化方法进行原始数据的标准化处理。求协方差矩阵的特征值,并求出各特征值贡献率以及累计贡献率。由计算结果得知,前两个主成分的方差之和占总方差的比例为86.7%,已经基本上保留了原来指标的信息,所以选前两个主成分进行问题分析。

第一主成分保留了原指标73.2%的信息,基本综合了物流由生成源到移动再到消失点的一系列特征。第二主成分保留了原指标13.5%的信息,基本反映了商品的当地消费(商品流动消失)与对外输出(商品继续流动)的负相关关系。由此可计算各地级市的前两个主成分的得分和综合得分。

以上原理分析与实例说明,用主成分分析法进行物流网络节点城市等级划分是可行和有效的。使用该方法时不限制指标的个数,可以考虑到所有有关的指标,在选择了前 m 个主成分后,仍能保持85%以上原始数据信息;同时由于对各个指标进行了标准化处理(数据无量纲),使得不同度量的指标之间具有可加可比性。对于涉及面广、关系错综复杂的物流系统来讲,主成分分析法无疑是简化问题、抓住主要矛盾的有效途径。

三、选址工作中可用的软件工具

1. TransCAD

TransCAD是为交通专业人员设计的一种地理信息系统(GIS),用来储存、显示、管理和分析交通数据。TransCAD把GIS和交通模型的功能组合成一个单独的平台,以实现各种专业化分析功能,TransCAD可用于任何交通模式、任何地理比例尺寸和任何细节程度。TransCAD能够提供:①强力GIS引擎,具备用于交通的特殊扩展功能;②各种地图制作、地图寻址、可视化和分析工具,专为交通应用而设计;③各种应用程序,用于路径查找、交通需求预测、公共交通信息查询、选址等。

TransCAD可用于所有交通数据形式和所有交通模式,是建立交通信息和决策支持系统的理想工具。TransCAD可在带微软视窗的常用计算机硬件上运行,支持几乎所有桌面计算系统标准,这样就不必为将GIS数据用于交通分析而建立专门的应用程序或复杂的数据交换模块。

TransCAD能够把GIS与需求模型及物流功能完全组合。把GIS作为规划物流软件包的一个组成部分主要基于以下因素:①网络距离和出行时间是基于路网的实际形状和路口的正确表达,用网络能定义复杂的道路属性;②数据准备更方便,数据库和可视化功能使错误在造成问题前就被发现,TransCAD已经广泛地用于建立大规模的城市交通模型;③在TransCAD中,针对不同地理表面,可以很容易地推导并运用不同的模型公式,TransCAD所具备的衡量地区便利性的功能也为用户所关注;④GIS 提供的图形解决方案明了易懂,用户能用非常直接而易于理解的方式向非专业决策者传达专业化知识。

2. LINDO/LINGO 系列软件

LINDO 是英文 Linear Interactive and Discrete Optimizer 字首的缩写形式,即"交互式的线性和离散优化求解器",可以用来求解线性规划(LP)和二次规划(QP);LINGO 是英文 Linear Interactive and General Optimizer 字首的缩写形式,即"交互式的线性和通用优化求解器",它除了具有 LINDO 的全部功能外,还可以用于求解非线性规划,也可以用于一些线性和非线性方程组的求解。LINDO 和 LINGO 软件的最大特色在于允许决策变量是整数(即整数规划,包括 0-1规划),而且执行速度很快。LINGO 实际上是最优化问题的一种建模语言,包括许多常用的数学函数,可供使用者建立优化模型时调用,并可以接受其他数据文件(如文本文件、Excel 电子表格文件、数据库文件等)。

LINDO/LINGO 软件产品在最优化软件市场上占有很大的份额,尤其在供微机使用的最优化软件市场上,更是有着绝对的优势。据该软件开发公司主页提供的信息,位列全球《财富》杂志 500 强的企业中,一半以上使用 LINDO 公司的产品,其中位列全球《财富》杂志 25 强的企业中有 23 家使用 LINDO 公司的产品[76]。

LINDO/LINGO 软件内部有以下几个基本的求解程序用于求解不同类型的优化模型:直接求解程序(Direct Solver)、线性优化求解程序(Linear Solver)、非线性优化求解程序(Nonlinear Solver)、分支定界管理程序(Branch and Bound Manager)。

3. MATLAB 优化工具箱

20 世纪 70 年代,美国新墨西哥大学计算机科学系为减轻学生编程负担,用 FORTRAN 编写了最早的 MATLAB;1984 年 MathWorks 公司正式把 MATLAB 推向市场;20 世纪 90 年代,MATLAB 已成为国际控制界的标准计算软件。

MATLAB 可以进行矩阵运算、绘制函数和数据、实现算法、创建用户界面、连接其他编程语言的程序等。MATLAB 的应用范围非常广,包括信号和图像处理、通信、控制系统设计、测试和测量、财务建模和分析以及计算生物学等众多应用领域,附加的工具箱(单独提供的专用 MATLAB 函数集)扩展了 MATLAB 环境,以解决特定类型的问题。

同时考虑经济性和时效性目标的选址模型是一个有约束非线性规划问题,可以利用 MATLAB 优化工具箱中函数求解。MATLAB 优化工具箱中的"*fmincon*(　)"函数是求解多变量有约束非线性函数极小值的函数,适合于求解有时效性要求的运输网络节点设施选址问题。

四、道路甩挂运输场站分类及其选址

1. 道路甩挂运输场站的分类

甩挂运输所涉及的场站可有多种形式,如果从运输供给与运输需求的角度,可将甩挂运输场站分为牵引车技术作业场站(专为甩挂运输提供供给能力,特别是服务于牵引车等动力部分和驾驶人员的场站)、货运场站(专为满足甩挂运输需求,即服务于货物运输组织管理的场站)和综合性场站(兼具牵引车技术作业和货运组织管理的功能)。

1)牵引车技术作业场站

由于甩挂运输组织技术重在提高车辆动力部分的利用率,所以为车辆动力部分提供保障性的技术作业服务成为甩挂运输组织的关键环节之一,牵引车技术作业场站就是为车辆动力部分以及驾驶员和乘务人员提供保障服务的主要基础设施。

牵引车技术作业场站的主要任务是在甩挂运输牵引车的运行区段上的关键点(如区段的末端、区段上应当进行牵引车检修的地点)提供整备作业或更换牵引车驾驶员乘务小组,或为过路车提供简单检修、加油等安全性要求的技术作业,并提供休息场所。

牵引车技术作业场站在甩挂运输网络上的分布主要取决于下列因素:

(1)牵引车运行区段的合理距离。甩挂运输网络上牵引车运行区段的合理距离是根据牵引车的技术经济指标、牵引交路类型及驾驶员乘务小组合理的连续工作时间确定的。

(2)甩挂运输网络规划。甩挂运输网络规划受甩挂运输经营主体的业务发展规划的影响,其所确定的牵引车技术作业场站在甩挂运输网络上的位置和作用与周边相邻场站的功能分工等因素有密切关系。一般应把牵引车技术作业场站设在主干快速通道且有一定数量车流集散的地点,如两条高速公路的交叉处、公路与铁路的衔接区。

2)货运场站

货运场站是指甩挂运输货物集散、暂存、转运的场所,规模可大可小。按照其所采用的运输方式,甩挂运输货运场站可分为道路货运站、多式联运货运站;按货运站的功能可分为集装箱货运站(是集装箱货物拆箱、装箱、办理交接箱的场所)、分拨中心(是道路快运货物集散的场所)、配载中心(是为空车和轻载车配置合适货物的场所)、零担货运站(是经营普通零担货物运输的集散场所)等。这些货运场站虽然在形式与规模上差别很大,但其核心业务都是货物的运输组织。

货运场站的功能表现在以下方面:首先,实现甩挂运输货物的集散。货运场站应能够连接长途运输和具备短途配送/集货功能,所以其必须具有货物受理、分拣、装卸搬运、配送、车辆调度、货运信息管理等功能。此时,甩挂运输的运营可形成以货运场站为载体的运输组织、货物分拣中转和车辆调度中心,以“始发站的货物受理、取货服务及装车发运→干线货物运输→货运场站集中装卸分拣作业→干线货物运输→到达站的卸货分拣、货物自提及送达服务”为作业流程。其次,为甩挂运输货物的暂存环节创造利润空间,货运场站应能够提供保管、库存调节、流通加工(拆零、配货、贴标签)、信息处理等一系列增值服务。暂时保管是货运场站的主要工作内容之一,它可使商品创造时间效益、稳定商品价格、便于售后服务。加工服务是货运场站根据用户的需要对货物进行生产/消费前的准备性加工,然后再按要求定点、定量、定时送交用户。该服务尤其适用于鲜活商品和农副产品,货运场站可具备对这类商品进行简单加工的功能,如计量、分装、包装等。为与客户对接业务,并进行必要的理货,最大限度地减少货运场站的库存,提高效率和效益,货运场站的信息管理功能是必不可少的。现代计算机技术和通信技术的迅速发展为货运场站的信息化管理提供了支持条件。

货运场站面对成千上万的客户以及瞬息万变的运输市场,需要配备现代化装备。具体来说,货运场站需要配置以下关键装备:

(1)资讯系统通用装备。作为大量货物的集散地,货运场站应当以物流信息平台为依托,方便货物的托运人、承运人、收货人办理各种手续,运输的各方参与者能够实现信息共享,其主要硬件为货物信息采集设备、信息处理和共享设备、计算机网络设备;主要的软件系统包括进出货管理系统、车辆调度系统、计费系统和管理信息系统等。

(2)仓储设备。仓储设备一般包括储存场地及货架,货架是专门用于存放成件物品的设备。货架的作用及功能有:货架是一种架式结构物,可充分利用仓库空间,提高库容利用率,扩大仓库储存能力;存入货架中的货物,互不挤压,物资损耗小,可确保物资本身的完整,减少货物损失;货架中的货物,存取方便,便于清点及计量;保证存储货物的质量,可以采取防潮、防尘、防盗等措施,以提高物资存储质量;很多新型货架的结构及功能有利于实现仓库的机械化及自动化管理。

(3)装卸搬运设备。装卸搬运是指在同一地域范围内进行的、以改变物品的存放状态和空间位置为主要内容和目的的活动。装卸指将货物上下移动,搬运指将货物短距离水平移动,在货运场站的实际应用中往往一种设备具有这两种功能。主要的装卸搬运装备有叉车和起重设备。

叉车又称叉式起重机。按国际标准化组织的分类,叉车属于工业起升搬运自装载车辆,种类很多,用途广泛,是装卸搬运机械应用最广泛的一种。它把水平方向的搬运和垂直方向的起升紧密结合起来,有效地完成各种装卸搬运作业。叉车的主要特点有:有很强的通用性;有装卸、搬运双重功能;和各种叉车附件配合,可将通用性很强的叉车变成专用性很强的叉车,并用于各种特定的作业,有利于提高作业效率;机动性强、活动范围大。

起重设备是一种以间歇作业方式对物料进行起升、下降和水平运动的机械设备。它对减轻劳动强度,降低运输成本,提高生产效率,加快车、船周转,实现装卸搬运机械化起着重要的作用。吊车是从物品上部通过吊钩吊装吊卸的一类起重机械。吊车的主要特点:大部分吊车车体移动困难,因而通用性不强,往往属于港口、车站、流通中心等处的固定设备;功能单一,主要实现装卸作业;吊车的作业方式主要是从物品上部起吊,因而作业需要的空间高度较大,作业时比较平衡;机动性差;起重能力大,起重重量范围较大。

(4)集装设备。集装化是用集装器具或采用捆扎方法,把物品组成标准规格的单元件,以加快装卸、搬运、储存、运输等活动的组织方式,集装设备是装载货物、邮件和行李的专用设备,包括各种类型的集装箱、托盘及其附属设备。

集装箱是具有一定强度、刚度和规格,专供周转使用的大型装货容器。使用集装箱转运货物,可直接在发货人的仓库装货,运到收货人的仓库卸货,中途更换车、船时,无须将货物从箱内取出换装。托盘一般指平托盘,是用于集装、堆放、搬运和运输的放置作为单元负荷的货物和制品的水平平台装置。

(5)拣选设备。货运场站为了提高分拣、传送、储存作业效率,往往还配备拣选设备,主要是输送机。输送机是以搬运为主要功能的载运设备,有些输送机兼具装卸功能。输送机械有多种类型,如牵引式输送机、无牵引式输送机及气力输送机等。

2. 道路甩挂运输场站的选址步骤

道路甩挂运输场站是进行道路甩挂运输组织最主要的依托节点。在资源分布、经济社会资源需求状况、运输行业空间布局等因素的影响下，不同的道路甩挂运输场站布局方案可能会使整个道路货运系统乃至现代物流系统的运行成本和收益产生很大的差异。

一般而言，道路甩挂运输场站选址和整体布局应以费用低、服务好、辐射强以及社会效益高等为主要目标。费用低就是包括前期建设费用和中长期经营费用在内的总费用最低；服务好就是确保在物品及时、完好地送达客户过程中提供切实有效的运输功能支撑；辐射强以及社会效益高就是选址应着眼于整个区域经济系统，使道路甩挂运输场站的地域分布与区域资源和需求分布相适应，从而满足相关区域经济发展的需求。

进行道路甩挂运输场站选址的步骤如下：

(1)收集整理历史资料。虽然道路甩挂运输的历史资料较为欠缺，但大量丰富的道路货运资料为发掘道路甩挂运输活动特点提供了间接有效的途径。通过对历史资料的收集整理，可以获得关于道路货运系统现状的认识，确定道路甩挂运输场站潜在服务对象的需求，并初步确定道路甩挂运输场站的选址原则。准确的第一手资料对于后续备选地址的选择以及定量化模型的设计均有重要作用。

(2)选定备选地址。在选择道路甩挂运输场站位置时，要根据各种影响因素进行定性分析并审慎评估，大致确定几个备选的地址。在确定备选地址时首先要确定经济地理空间范围(如在某一个国家范围内选择某些省份、在某个省级行政区划中选择某些地市)，然后进一步将位置确定在某些城市级区域。备选地址的选择是否恰当，将直接影响到后续最优方案的确定，这种选择过程可以借助一些定量手段(如前面提到的基于等级评价的方法)。此外，备选地址的数量要适当，备选地址过多，在后续选择优化方案时工作量加大，导致规划成本高；备选方案过少，可能导致最后的方案偏离最优方案太大，选址工作效果差。

(3)备选方案优化选择。备选地址确定之后，要更详细地考察若干具体地点，进一步获得现场第一手资料。为确切把握备选地址状况，可以建立数学模型，通过定量化计算辅助备选方案的优化选择决策，获得预期的优化地址。随着选址理论和计算机技术的迅速发展和广泛应用，构建数学模型进行定量化选址的做法得到有效支持，且已有很多优化选址方法被开发出来，并形成专用软件。

(4)优化结果复审。由于在定量分析中所构建的理论模型往往只能抓住经济社会联系的主要方面，暂时忽视了其他的一些因素，因此，当直接应用定量模型得出的结果进行道路甩挂运输场站选址时，常常会发现理论模型上最为可取的选址地点在实践中行不通。可见，纯粹的理论模型总是有其局限性。为此，应采取合适的手段将理论模型难以囊括的因素考虑进来，综合地理、地形、环境、交通状况、劳动条件以及有关法规等条件对优化结果进行合理评价，进一步修正理论模型的优化结果，使之具备可行性。

(5)确定最终方案。如果优化结果通过复审，即可将优化结果作为最终方案。如果没有通过复审，则需重新返回第(2)步，进行备选地址筛选、备选地址优化等一系列步骤，直至获得满意、可行的选址方案。

第四章　道路甩挂运输经营主体及其竞合关系

道路甩挂运输业务的开展必然依靠运输市场上的特定经营主体(如运输企业、物流企业、运输企业集团)。在现阶段我国道路货运市场的各种资源亟待整合的状况下,明确道路甩挂运输经营主体的竞争状态和发展趋势发挥道路甩挂运输组织模式的经济和社会效益优势,显得尤其重要。本章对物流企业间的竞争与合作关系进行理论研究和实证分析,为合理定位道路甩挂运输经营主体间的关系提供理论参考;以相图为手段,分析道路甩挂运输经营主体间竞争与合作关系的演化模式。

第一节　相关技术基础理论

一、共生理论简介

1.共生概述

广义的生物"共生"概念由德国医生、真菌学家 Anton de Bary 于 1879 年提出,是指不同生物种属按某种物质联系而生活在一起,是生物在长期进化过程中,逐渐与其他生物走向联合,共同适应复杂多变的环境,互相依赖,各能获得一定利益的一种生物与生物之间的相互关系。20 世纪 60 年代后,"共生"的思想和概念已不为生物学界所独享,逐步被运用于生态学、社会学、经济学、管理学、政治学等领域。共生理论认为:

(1)合作是共生现象的本质特征之一。共生并不排除竞争,共生不是单元之间的相互排斥和厮杀,而是单元之间的相互吸引和相互合作;不是共生单元自身性质和状态的丧失,而是继承和保留;不是共生单元的相互替代,而是相互补充、相互促进。竞争型共生系统中共生单元之间是一种通过竞争获得共同发展的相互作用关系,这种竞争通过共生单元内部结构和功能的创新促进其竞争能力的提高。尽管共生包含了竞争和冲突,但它强调从竞争中产生的新的、创造性的合作关系。

(2)共生强调存在竞争的双方的相互理解和积极态度。

(3)共生过程是共生单元的共同进化过程,也是特定时空条件下的必然进化。共同激活、共同适应、共同发展是共生的本质。共生为共生单元提供理想的进化路径,这种进化路径使单元之间在相互激励中共同进化。共生强调共生系统中的任何一方不可能单独达到一种高水平状态。

(4)在共生进化过程中,共生单元具有充分的独立性和自主性,共生进化过程可能产生新的共生形态,形成新的物质结构。共生是在较大的社会、经济和生态背景下,共生单元寻求自己定位的一种途径,进化是共生系统发展的总趋势和总方向[77][78]。

共生由共生单元、共生模式和共生环境三要素构成。其中,共生单元是指构成共生体的基本能量生产和交换单位,是形成共生体的基本物质条件。反映共生单元特征一般采用质参量和象参量两个变量,质参量用来表示共生单元内在的本质属性,一般用一个向量组表示,象参量用来表示共生单元的外部特性。

共生模式又称共生关系,是指共生单元相互作用的方式或相互结合的形式,包括寄生、偏利共生、非对称互惠共生、对称互惠共生四种共生行为模式和点共生、间歇共生、连续共生、一体化共生四种共生组织模式,其特征主要由共生度、共生系数、亲近度、同质度、共生密度和共生维度表征。其中,共生度是指两个共生单元或共生系统之间质参量变化的关联度,反映两个质参量能量相互影响的程度。假设共生单元 A 和 B,它们分别对应质参量 Z_i 和 Z_j,则 A 和 B 的共生度 δ_{ij} 为:

$$\delta_{ij}=\frac{\mathrm{d}Z_i/Z_i}{\mathrm{d}Z_j/Z_j}\qquad(\mathrm{d}Z_j\neq0)$$

δ_{ij}表示共生单元 A 和 B 的以质参量描述的共生度,其含义是共生单元 B 的质参量 Z_j 的变化率所引起或对应的共生单元 A 的质参量 Z_i 的变化率。

共生单元之间并非相互排斥,而是在相互激励中共同合作进化。这种合作进化可能产生新的单元形态,也可能产生共生能量和新的物质结构,表现为共生个体或共生组织的生存能力和增殖能力的提高,体现共生关系的协同作用和创新活力。共存共荣是共生的深刻本质,但共生并不排除竞争,它不是自身性质和状态的摒弃,而是通过合作性竞争实现单元之间的相互合作和相互促进。这种竞争是通过共生单元内部结构和功能的创新以及共生单元之间功能的重新分工定位和合作实现的。“互惠共生”的行为模式和“一体化共生”的组织模式是实现“双赢”和“多赢”的理想模式。

2. 质参量兼容原理

共生理论的基本原理反映共生体形成与发展中的一些内在必然联系,是共生体赖以形成与发展的基本规则,主要有质参量兼容原理、共生能量生成原理、共生界面选择原理。

质参量兼容原理:共生单元之间只有具备某种内在联系才可能形成共生关系,共生单元之间的这种联系表现为共生单元的质参量之间可以相互表达,相互表达的特性称为质参量兼容。如两个企业形成共生关系,其质参量之间的兼容,或者是技术的互补,或者是产品的供需,或者是资产的组合。这种相互表达可能是线性的,也可能是非线性的。质参量兼容与否决定了共生关系形成的可能性。

若 $Z_i=f(Z_j)$,则 i、j 可能形成共生关系,$f(Z_j)$ 可以是随机函数、不连续函数或连续函数,其中:

若 $f(Z_j)$ 为随机函数,则 i、j 之间一般易形成点共生模式;

若 $f(Z_j)$ 为不连续函数(线性或非线性),则 i、j 之间一般容易形成间歇共生模式;

若 $f(Z_j)$ 为确定的连续函数(线性函数或非线性函数),则 i、j 之间一般易形成连续共生模式或一体化共生模式。连续共生模式一般对应区间连续函数,而一体化共生模式则无区间限制。

共生单元的质参量可以相互表达的特性就是质参量兼容。质参量兼容与否决定共生关系形成的可能,而质参量兼容的方式决定共生模式。

二、协同学与激光器自组织简介

协同学研究协同系统在外参量(如政府政策等宏观软环境)的驱动下和在子系统之间(如不同的运输企业、物流企业)的相互作用下,以自组织的方式在宏观尺度上形成空间、时间或功能有序结构的条件、特点及其演化规律。协同系统的状态由一组状态参量(如运输、物流市场有关统计指标)来描述。这些状态参量随时间变化的快慢程度是不相同的。当系统逐渐接近于发生显著质变的临界点时,变化慢的状态参量的数目就会越来越少,有时甚至只有一个或少数几个。这些为数不多的慢变化参量就完全确定了系统的宏观行为并表征系统的有序化程度,故称序参量。那些为数众多的变化快的状态参量就由序参量支配,并可绝热地将他们消去。这一结论称为支配原理,它是协同学的基本原理。序参量随时间变化所遵从的非线性方程称为序参量的演化方程,是协同学的基本方程。

自组织系统至少有以下几个特点[79]:第一,系统内的单个部分(子系统)自我排列,自我组织,似乎有一个"无形的手"在操纵着这些成千上万的子系统;另一方面,正是通过这些大量的子系统的协同作用才导致了这个"无形的手"的产生。这种"无形的手"就是序参量。也就是说,子系统的协同作用导致了序参量的产生,而所产生的序参量又反过来支配着子系统的行为。这就是使役过程。第二,结构的产生或新结构的出现往往由少数几个序参量所主宰。一个宏观客体的变量数目往往是很大的甚至是无穷的,但在结构出现的临界点附近,起关键作用的只有少数几个,这在数学上使我们可以以最经济的方式来处理一个高维问题。从物理上讲,它告诉我们,复杂的自然界本质是简单的,复杂的结构本身只由少数几个序参量主宰。这一点已被越来越多的研究成果所证实,特别是近年来对混沌的研究表明,湍流的出现竟然可用低维方程组来模拟。第三,在结构出现的临界点,涨落起着触发的作用。由于此时系统处于高度不稳定的状态,任何微小的涨落都会被放大,从而将系统驱于与新结构相应的态。

激光器与普通充气管的不同之处[80],只在于激光器在其玻璃管的两端有两个单面镜(图4-1),它们的作用是使沿着灯管轴线行进的光波能够尽量长久地留存在管中(图4-2)。如果使其中一个镜面稍微透明一点,一些光线就会从中放射出。现有的光波能迫使一个受激的光电子以相同的节奏一起振荡、升高波峰,直到它把能量完全交给光波,然后又回到它的基本状态。由于镜子的存在,光波较久地留存在激光器中,它能够支配越来越多的受激光电子,并迫使波峰越来越高。但即使波的高度相同,这些波也不一定一致。有些波的相邻波峰彼此紧接,而另一些波的波峰则相距较远。事实上激光器发射时,其中的波完全不同,它们是几个"冒失"的光电子所放射出来的。这些波相互竞争,以求从受激光电子得到加强。但是,这些电子

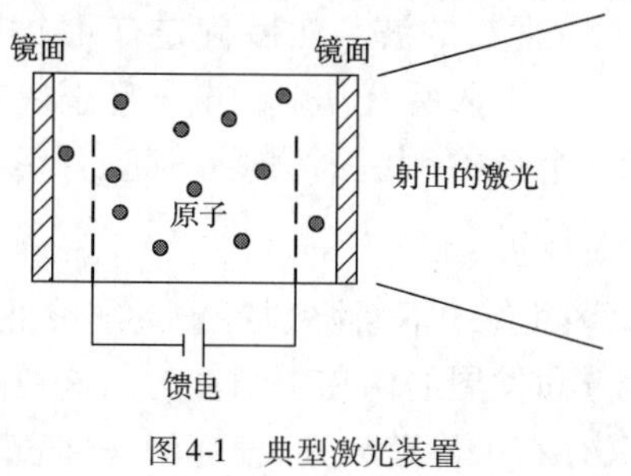

图4-1　典型激光装置

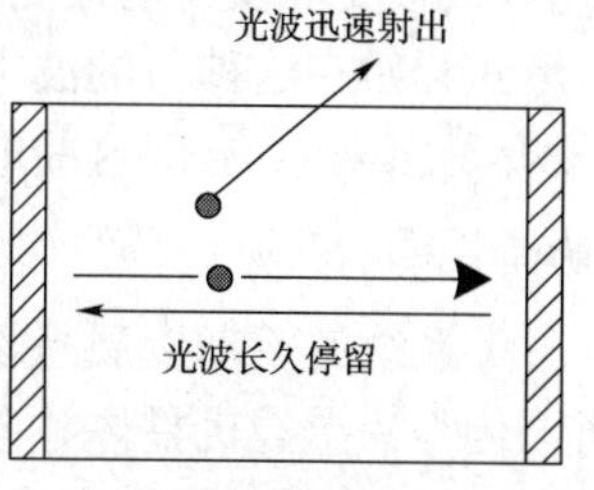

光波迅速射出

光波长久停留

图4-2　两平面镜之间光波的不同性态

加强各种光波的方式并不完全相同,而通常是把自己的能量交给自己稍为偏爱的一种波。虽然这种特定的波常常只占很微弱的优势,但它将以排山倒海之势得到加强,最终压倒所有其他的波,光电子的所有能量都将输给那种非常有规律地振动的波。一旦这种波建立了它的主导地位,它常将支配一个原子的每一个新受激的电子,并使光电子按它的周期共振。这样,新生的波确定了激光器中的序,它起着序参量的作用。

由于这个序参量使各个电子恰好按同一节拍振荡,从而在各个电子上打上了其活动的印记,所以,电子为序参量所"支配"。反之,正是电子通过它们一致的振荡而产生了光波,即产生了序参量。一方面是序参量的存在,另一方面是电子的相干性态,二者相互制约。这是一种典型的协同现象。为了使电子按同一节拍振荡,需要有一个序参量——光波。然而又只有通过电子的一致振荡才能产生光波。似乎需要假设一种首先创建有序状态的较高层次的控制力,然后有序状态得以保持下去。事实并非如此,先于有序状态的是一种竞争,一种选择过程,所有的电子都受某种波的支配。开始时各种波完全由电子偶然地、自发地产生,但后来按照竞争规律受到筛选。这里有协同学中典型的偶然性与必然性之间的相互作用,其中的偶然性是自发的放射,而必然性是不可抗拒的竞争规律。

激光器上设置平面镜的意图,是阻止沿着激光器轴线的那些光波逃逸,以便为通过受激发射的加强光波提供足够的时间。但能把光波永远留在激光器中那样完善的镜面是没有的。此外,光波还可能由于其他原因而损失(如散射)。此外,激光器在所有的实际应用时,平面镜也要放走一些光。这就使何时可以产生激光成了一个量的问题。我们必须迅速而连续地使光电子受激,使它们能足够快和有效地强化光波,以补偿由镜面造成的损失。这表明,当增加通过光管的电流时,普通光将突然转变为激光。这里有着一个临界的电流强度,在那里电流强度只要有一个小小的变动,就会大大改变激光器中的有序状态。只有通过不断地向激光器输入能量(如电流),才能保持激光放射。同时,能量以激光的形式(以及其他损耗)不断放射出来。于是激光器不断与周围环境交换能量。

通过安装两个镜面,可为激光原子和由它们产生的光波创造了一个严格确定的环境。两个平行的镜面间只能传播某些波长完全确定的光。这意味着,一开始就只有这些光波才能用做激光光波。很可能原子的光电子最喜欢向之放射的波,根本不适合作为两个镜面之间的波。然而电子并不放弃放射激光,而是选择那些与它们自己喜欢的光波的节拍最为接近的光波(当然只有在一定的限度内)。缓慢地改变平面镜之间的距离,也就相应地改变了电子的激光放射——它们适应了新的环境。这是可能出现一种非常值得注意的情况:镜面之间出现一种新的波,它比迄今被接受和支持的波更接近于电子所喜欢的波。然后首先有几个电子自发地以一种涨落的形式开始在这种新的波中放射其能量。不久所有其余的电子都很快支持这种新的波,而完全放弃了原来的波,即这些电子适应了一个新的、由一个涨落引起的"镜面环境"。

三、竞争协同规律

物质世界各类系统的运动发展是物质系统本身固有的不断协调各子系统彼此间的关系,以消除紊乱而同化为一个有机整体并向新的有序方向发展的内在组织能力。这种由于系统内部之间以及系统与环境之间,既存在整体同一性又存在个体差异性,整体同一性表现为协同因素，个体差异性表现为竞争因素，通过竞争和协同的相互对立、相互转化，推动系统的演化和发展的规律就是竞争协同规律。

竞争是系统要素要求保持个体特征的必然结果，而协同则是系统要素相互依赖的必然结果。竞争总是系统的竞争，而系统的竞争又总是表现为系统与要素、要素与要素、系统与环境之间的竞争与协同。系统的协同作用以这些竞争为前提，以竞争双方的竞争为过程，以竞争双方的协同为目的，通过信息反馈调节，随时改变系统竞争的无序度，不断改善其结构，增强其功能，变无序为有序。“协同”与“竞争”两个概念既有同一性又相区别，因为不是任何竞争都可以使系统从无序状态变为有序状态的。竞争可能产生三种作用：一是稳定作用，即竞争的结果使竞争的双方以同一种量的对比关系重复出现；二是正向性作用，即竞争的结果使竞争的双方在新的基础上达到统一，从而系统表现为协同的发展；三是负向作用，即系统将趋于瓦解和毁灭。系统论认为，系统要素的竞争和协同是相互依赖的，正如普利高津在耗散结构理论中提出的，耗散就是系统与环境的交换，这种交换就是系统与环境的竞争和协同，通过建立耗散结构，一个远离平衡态的系统可实现自组织，这只有通过竞争和协同才能实现[81]。

第二节 激光器与物流系统的自组织现象对比

一、经济社会“单面镜”

人类社会生产与再生产的总过程包括生产、分配、交换（流通）和消费四个环节。不断进行着的无数次交换构成流通活动，流通是处于生产以及决定于生产的分配和消费之间的媒介要素。社会再生产过程由生产开始，生产出来的产品经过分配、流通而进入消费领域。生产的目的是为了消费，在商品经济条件下，产品只有经过流通环节，才能由生产者及时转移给消费者，产品的使用价值和价值才能得以实现。

作为现代物流发展的主要动力，流通过程的基本矛盾是社会生产与消费、社会供给与需求之间在时间、空间、所有权、品种数量信息等方面存在的分离、差异或不一致。这种矛盾是无法在生产过程和消费过程中解决的，只能在流通过程中得到解决。流通过程的基本矛盾引起了对物流、商流、信息流的需求，而物流主要缓解流通过程中的时间、空间矛盾。流通过程中的时间、空间矛盾决定了物流市场的规模与发展水平，随着社会分工和商品经济的不断发展，社会生产与消费、社会供给与需求之间的分离与差异不断地扩大，解决矛盾的手段和方法也必然不断发展和完善，这就要求物流市场规模不断扩大，物流结构和功能逐渐完善、物流市场运行更为有效。

二、物流企业“光电子”

企业与市场的同质观[82][83]认为，企业与市场在本质上都是一种契约关系；企业与市场的替代观[84]认为，企业与市场不同之处在于市场是通过价格机制来配置资源的，而企业是靠企业家来配置资源的，企业出现的根本原因是利用企业的交易费用低于利用市场的交易费用。

从其微观职能看，物流企业是重要的市场主体，是从事物流生产或服务活动的独立核算经济单位，是市场上资本、土地、劳动力、技术等生产要素的购买者，也是各种物流服务、物流技术等的生产者和销售者。从其宏观地位看，物流企业是物流行业乃至国民经济的细胞，是从事物流经济活动的社会组织。无论物流企业与物流市场之间是同质还是替代的，从其生存发展主要动力的角度看，它们都是为缓解流通过程中的时间、空间矛盾而存在的。

三、物流系统与激光器的若干特征对比

为将物流系统与激光器做对比，须分别确定二者的关键构成。在典型的激光器（图 4-1）中，单面镜与光电子是产生激光与自组织协同现象的最基本载体；在物流系统中，经济社会的物流需求构成了物流系统的最关键外部环境，而物流企业就是组成整个物流系统的典型单元。表 4-1 从基本概念、行为状态等方面将物流系统与激光器做了较为全面的比较。

物流系统与激光器的特征对比　　表 4-1

	激　光　器	物流行业系统
概念对比	单面镜	经济社会
	两个单面镜间距	经济社会发展水平
	光波的节奏（频率）	物流需求质的规定性
	光波的波峰（振幅）	物流需求量的规定性
	光电子	某物流企业
	光电子的能量	某物流企业的供给能力
行为或状态对比	光波迫使受激光电子以相同的节奏振荡、升高波峰，直到它把能量完全交给光波	需求促使物流企业提供相关物流服务、扩大市场规模，直到物流企业的供给合乎需求的质量规定性
	单面镜的存在使光波较久地留存在激光器中	经济社会状态改变的显著时滞性为物流需求的相对稳定提供了条件
	光波能够支配越来越多的受激光电子，并迫使波峰越来越高	需求能够引导越来越多的物流企业发展，物流企业的市场规模、供给能力越来越大
	即使波的高度相同，波也不一定一致	物流需求在量上相同，但类型不同
	激光器发射时，其中的波完全不同，它们是几个“冒失”的光电子放射出来的	物流行业形成之初，需求是由少数具有创新能力的物流企业开发出来的
	波相互竞争，以求从其他受激光电子得到加强	物流服务类型不同、发展前景不同，物流企业对需求的促动作用不同
	电子加强各种光波的方式不完全相同，通常是把自己的能量交给自己稍为爱好的一种波	不同物流企业根据自身的条件选择不同的物流服务类型，从而在不同的物流服务领域得以发展
	光电子的所有能量都将输给那种非常有规律地振动的波	物流企业更多地喜好在稳定的、具有较好前景的物流服务领域中发展
	一旦波建立了它的主导地位，它常将支配一个原子的每一个新受激的电子，并使光电子按它的周期共振	一旦某物流服务类型建立了主导地位，它将支配物流企业倾向于该物流服务类型
结果对比	很快从激光器逸出的波	由于种种原因，物流企业不再发展某些物流服务类型（如市场需求消失、被合并到其他物流功能中）
	在激光器中长久留存、并发展成为激光而输出的波	符合经济社会发展需求，为物流企业致力发展的物流服务类型（如运输、配送、装卸搬运、信息服务）

第三节　物流系统序参量的发掘

一、几个前提条件

在本节中，各种符号表示的意义如下：

$q,q(t)$——物流行业系统内所有物流企业能够实现的物流业务量；

$D,D(t)$——经济社会对物流行业系统的物流需求；

$C,C(t)$——经济社会的库存量；

$Y(t)$——经济社会的货物周转量；

s——货物运输平均运距。

前提1：以各个物流企业为子系统，可以构成一个物流行业系统，以 $S_{Logistics}$ 表示。

前提2：没有物流需求就没有物流行业业务量的实现，即：当 $D\equiv0$ 时，$q\equiv0$

前提3：物流需求消失后，物流行业的业务量将很快消退到0，即：当 $D=0$ 时，$\lim\limits_{t\to0}q=0$

这个前提说明，对于 $D=0$，所有物流企业实现的业务量是稳定的，且在其变化过程中存在阻尼，可简单表示为：$q'=-\gamma q(\gamma>1$ 是常数)，该式的物理意义为：一旦物流需求消失，物流企业实现的业务量增加为负，物流企业实现的业务量会在原有水平上大幅度下降。

前提4：物流需求可以表示为：$D(t)=a\cdot \mathrm{e}^{-\delta t}$的形式。

推导如下：根据文献[21]，物流业务总量与GDP之比的数学表达式可表示为：

$$\eta(t)=\frac{C(t)^2}{K\cdot Y(t)\cdot \mathrm{GDP}(t)}=\frac{1}{K}\cdot\frac{C(t)}{Y(t)}\cdot\frac{C(t)}{\mathrm{GDP}(t)} \tag{4-1}$$

零库存是一个相对量的概念，是对库存量很小的描述[85]。采用库存量与GDP之比这个相对量来刻划零库存的状态，即当社会经济发展时间 t 趋向于无穷时，全社会生产单位的库存达到其优化的状态（生产企业实现零库存，物流企业实现库存量的合理控制），则

$$\lim_{t}\frac{C(t)}{\mathrm{GDP}(t)}=\lim_{t}\varepsilon(t)\to0 \qquad (\varepsilon(t)>0\text{ 为很小的随时间递减的变量}) \tag{4-2}$$

这里设定：$\varepsilon(t)=\mathrm{e}^{-\delta t}$，其中 δ 为远小于1的正数。

运输在实现商品的空间价值的同时也部分实现其时间价值，运输途中的商品也可视为库存量的一部分。在零库存的理想状态下，除安全储备外的所有库存均存在于运输途中，库存量就是货物运输量。与零库存状态对应的全社会货物的运输活动也基本处于稳定状态，不同运输方式实现了合理分工都在其适当的运输距离实现运输功能，则全社会货物的平均运输距离 d 近似为常量，从而有：

$$\lim_{t}Y(t)=s\cdot\lim_{t}C(t) \tag{4-3}$$

这样：

$$\eta(t)=\frac{1}{K\cdot s}\cdot\varepsilon(t) \tag{4-4}$$

设定物流企业的市场占有率的变化速度相对于GDP发展速度而言要慢得多，则物流企业

的市场占有率因素可以以比例常量的形式(以χ表示)放在$D(t)$与GDP的关系式中,即:

$$D(t) = \mathrm{GDP}(t) \cdot \frac{\chi}{K \cdot s} \cdot \mathrm{e}^{-\delta t} = a \cdot \mathrm{e}^{-\delta t} \tag{4-5}$$

二、物流企业组织化的定量描述

物流企业业务量的增长可表示为:

$$q' = -\gamma q + D(t) \tag{4-6}$$

该微分方程的解为$q(t) = \int_0^t \mathrm{e}^{-\gamma(t-\tau)} D(\tau)\,\mathrm{d}\tau$(该式表明,量$q$是物流企业对物流需求$D$的响应)

把$D(t) = a \cdot \mathrm{e}^{-\delta t}$代入,则:

$$q(t) = \frac{a}{\gamma - \delta}(\mathrm{e}^{-\delta t} - \mathrm{e}^{-\gamma t}) \tag{4-7}$$

由于γ为大于1的常数、δ为远小于1的正数,所以γ要远大于δ(这说明:协同学理论中的绝热近似假设在该问题中成立),于是:

$$q(t) \approx \frac{a}{\gamma}\mathrm{e}^{-\delta t} \equiv \frac{1}{\gamma}D(t) \tag{4-8}$$

实际上,若在$q' = -\gamma q + D(t)$中令$q' = 0$,可直接得到:

$$q(t) = \frac{1}{\gamma}D(t) \tag{4-9}$$

这就是在绝热近似下定量描述物流企业的组织化。

三、物流系统序参量

在以上描述中,对于物流行业系统内所有物流企业而言,$D(t)$是确定的量。若将$D(t)$所遵循的运动规律加以考虑,即:

$$D'(t) = F(D(t);t)$$

则问题将变为:

$$\begin{cases} D'(t) = F_1(D(t);t) \\ q'(t) = F_2(q(t);t) \end{cases} \tag{4-10}$$

这种描述显示的是物流行业系统的一种自组织现象。在绝热近似条件下,利用$q'(t) = 0$可近似求解出$q(t)$的表达式:

$$q(t) \approx f(D(t)) \tag{4-11}$$

式(4-11)表明$q(t)$受$D(t)$的役使。

根据协同学有关原理,$D(t)$可作为物流行业系统的序参量。尽管物流行业系统中各个子系统(某物流企业)的表现(如企业规模、市场占有率、物流服务类型)千差万别,但物流行业系统的行为可仅由$D(t)$的行为决定。

如前提4所述,若将$D(t)$分解为多个方面,则以上所描述的过程将复杂化,但一般意义是不变的。

根据恩格斯的自然辩证法思想,任何事物都有质的规定性和量的规定性,都是质和量的具体的统一[86]。质是一事物区别于他事物的一种内在的规定性,是由事物的内部矛盾决定的。量的规定性标志事物存在的规模和发展的程度。认识事物的质的规定性时不能脱离对量的规定性认识,要注意把握事物的量,注意决定事物的质的数量界限;另一方面,对量的规定性的认识不能脱离对质的规定性的认识,质是量的基础[87]。从质量统一的角度,可将 $D(t)$ 分为两个大方面:质的规定性——物流业务有效需求的类型,量的规定性——物流业务有效需求量。

值得指出的是,本书对物流系统序参量的选取融合了定性分析和定量分析,与既有研究成果相比可信度可能更高一些。如:文献[88]利用耗散结构理论探讨公路快速货运系统的开放性、非平衡性、涨落和非线性特征;以公路快运货物量为系统支配变量,外部经济条件为系统控制参数,基础设施条件为系统影响参数[89],建立单区域和整个区域条件下的公路快速货运系统演化模型。

第四节　基本不相关物流企业间的关系

在物流企业产生之前,随着流通过程中的时间、空间矛盾越来越突出,物流需求越来越复杂(规模增大、类型增多),缓解这种矛盾的物流元素的运行作用越来越不明显。此时,某些具有开创思维的物流元素开始采用企业的形式应对流通过程中的时间、空间矛盾。由于对流通过程时、空矛盾把握不准以及意识到自身能力的局限,这些最早的物流企业将其物流功能定位于流通过程中急需的、少数的物流服务类型。由于物流企业的稀缺性和物流服务类型的多样化,他们之间的协调关系远在竞争关系之上,即两者之间几乎不存在竞争。以微分方程作为建模工具,不失一般性,假设存在两个物流企业 $E1$、$E2$,其物流服务能力分别为 S_{E1}、S_{E2},为使描述更加一般化,不妨设 $E1$ 主观上有与 $E2$ 进行竞争的倾向和行为,而 $E2$ 没有与 $E1$ 竞争的行为,则这两个物流企业的发展演变轨迹可用微分方程描述为:

$$\begin{cases} S'_{E1} = -\alpha S_{E1} + kS_{E2} + g(t) \\ S'_{E2} = -\beta S_{E2} + h(t) \end{cases} \tag{4-12}$$

式中:α,β,k——非负常数;

k——$E1$ 被 $E2$ 物流服务能力刺激程度的度量;

α,β——物流企业自身能力约束程度的度量。

$g(t),h(t)$——流通过程基本矛盾产生的物流需求动态分配到物流企业 $E1$、$E2$ 的部分。

对某一物流企业而言,已有能力对其能力的扩张有抑制作用,但在竞争条件下另一物流企业能力的增加对该物流企业的能力产生威胁并刺激其增加。

借助微分方程的定性分析方法,可解得奇点为:

$$(S_{E1}^0, S_{E2}^0) = \left(\frac{kh+\beta g}{\alpha\beta}, \frac{h}{\beta}\right) \tag{4-13}$$

特征方程为:

$$\begin{vmatrix} -\alpha-\lambda & k \\ 0 & -\beta-\lambda \end{vmatrix}=0$$

特征值为:

$$\lambda_1=-\alpha,\lambda_2=-\beta$$

两根皆负,(S_{E1}^0,S_{E2}^0)是稳定结点;也即,当只有一个物流企业实行市场竞争战略而另一个物流企业不实行竞争战略时,两个物流企业的物流服务能力将分别趋向于稳定状态,这种稳定状态主要受到流通过程基本矛盾产生的物流需求的影响。

由于无论 $E1$ 是否采取竞争战略,两个物流企业的物流服务能力将分别趋向于稳定状态,所以对 $E1$ 而言,有放弃采取竞争战略的诱惑,这样,两个物流企业的发展演变轨迹可用微分方程描述为:

$$\begin{cases} S'_{E1}=-\alpha S_{E1}+g(t) \\ S'_{E2}=-\beta S_{E2}+h(t) \end{cases} \tag{4-14}$$

根据共生理论的质参量兼容原理,考虑两个物流企业 $E1$、$E2$ 物流服务能力 S_{E1}、S_{E2}之间相互表达的可能性。由物流服务能力增加 S'_{E1}的表达式 $S'_{E1}=-\alpha S_{E1}+g(t)$可得出 $S_{E1}=F(g)$,而由物流服务能力增加 S'_{E2}的表达式 $S'_{E2}=-\beta S_{E2}+h(t)$可得出 $S_{E2}=G(h)$。可见,两个企业之间不存在共生关系。

物流企业间的这种关系的主要特征是:各种有效物流需求完全由物流企业偶然地激发。由经济社会各种各样的物流需求导致物流企业特定业务的开展,由物流企业业务的发展进一步激发了经济社会的有效物流需求、从而逐渐形成了物流需求的较为稳定的类型。物流企业之间的合作共生关系不明显,不同物流企业在业务上往往表现出互补性、业务领域相距较远,企业之间竞争关系几乎没有存在的意义。

第五节 物流企业间的共生竞争关系

一、物流企业间共生竞争关系模型

随着物流企业对流通过程时、空矛盾把握准确性的增加以及企业自身能力的扩展,物流企业越来越倾向于将其物流功能定位于流通过程中急需的、少数的物流服务类型——运输服务(解决流通过程的空间矛盾)、仓储服务(解决流通过程的时间矛盾)。由于物流企业数量的增加和物流服务类型的集中化,物流企业之间的竞争关系日益明显。

不失一般性,假设存在两个物流企业 $E1$、$E2$,其物流服务能力分别为 S_{E1}、S_{E2},二者有强烈的进行竞争的倾向和行为,则这两个物流企业的发展演变轨迹可用微分方程描述为:

$$\begin{cases} S'_{E1}=kS_{E2}-\alpha S_{E1}+g(t) \\ S'_{E2}=lS_{E1}-\beta S_{E2}+h(t) \end{cases} \tag{4-15}$$

式中:α,β,k,l——非负常数;

k——$E1$ 被 $E2$ 物流服务能力刺激程度的度量;

l——$E2$ 被 $E1$ 物流服务能力刺激程度的度量；

α,β——物流企业自身能力约束程度的度量；

$g(t),h(t)$——流通过程基本矛盾产生的物流需求动态分配到物流企业 $E1$、$E2$ 的部分。

借助微分方程的定性分析方法，可解得其奇点为：

$$(S_{E1}^0,S_{E2}^0)=\left(\frac{kh+\beta g}{\alpha\beta-kl},\frac{gl+\alpha h}{\alpha\beta-kl}\right),\alpha\beta\neq kl \tag{4-16}$$

特征方程为：

$$\begin{vmatrix} -\alpha-\lambda & k \\ l & -\beta-\lambda \end{vmatrix}=0$$

特征值为：

$$\lambda_{1,2}=\frac{1}{2}\left[-(\alpha+\beta)\pm\sqrt{(\alpha+\beta)^2-4(\alpha\beta-kl)}\right]$$

当 $\alpha\beta>kl$ 时，两根皆负，(S_{E1}^0,S_{E2}^0) 在第一象限，且是稳定结点；即随着时间的推移，两个物流企业的服务能力分别趋于 S_{E1}^0,S_{E2}^0，各自的服务能力不会无限制地扩充，而是渐渐地稳定在 S_{E1}^0、S_{E2}^0 附近。

当 $\alpha\beta<kl$ 时，两根是异号实数，(S_{E1}^0,S_{E2}^0) 是鞍点，即随着时间的推移，某一物流企业的服务能力无限扩充而另一物流企业的服务能力无限趋于一个极限值，这样，$E1$（或者 $E2$）对 $E2$（或者 $E1$）构成较强的竞争威胁。

根据共生理论的质参量兼容原理，考虑两个物流企业 $E1$、$E2$ 物流服务能力 S_{E1}、S_{E2} 之间相互表达的可能性。由物流服务能力增加 S'_{E1} 的表达式 $S'_{E1}=kS_{E2}-\alpha S_{E1}+g(t)$ 可得出 $S_{E1}=F(S_{E2},g)$，而由物流服务能力增加 S'_{E2} 的表达式 $S'_{E2}=lS_{E1}-\beta S_{E2}+h(t)$ 可得出 $S_{E2}=G(S_{E1},h)$。可见，两个企业之间存在共生关系。至于企业之间是哪种共生模式，则需根据函数 $S_{E1}=F(S_{E2},g)$ 和 $S_{E2}=G(S_{E1},h)$ 的特点确定。

物流企业的蓬勃发展进一步激发了经济社会的有效物流需求，物流需求形成了稳定的类型。随着若干物流企业在相同物流服务领域内进行的竞争的加剧，在物流企业被市场竞争筛选的同时，有效物流需求得到筛选，这种筛选结果主要表现在各种物流需求量上。物流企业之间的合作共生关系明显，不同物流企业在业务上往往表现出相似性、业务领域相距越来越近，企业之间竞争关系明显。竞争是企业为了取得并非各自都能得到的利益而进行的较量，企业不太注重他们之间的交流与合作所带来的巨大机遇，大部分企业忽视竞争中彼此可能形成的依赖和合作关系。物流企业之间的竞争主要体现在业务量和市场占有率方面。

在这个阶段，伴随着物流企业之间较为激烈的竞争以及物流企业功能定位的明确，物流服务越来越集中于少数的类型，这些少数的类型成为了物流生产的一种主导领域。如前所述，物流生产的主导领域表现在流通过程中急需的、少数的物流服务类型：运输、仓储。经济社会"单面镜"在这个阶段起着梳理物流服务类型、稳定物流服务类型发展状态的作用。而企业要想更好地参与竞争，必须转换战略视角，采取共生策略，将竞争演进为对称性互惠共赢的持续发展过程。

二、基于我国货运业的实证分析

由于我国的经济体制长期受到计划经济的影响,形成了目前物流业发展社会化程度低、管理体制庞杂、机构多元化的局面。内贸、外贸、民航、铁路、公路、水运等均有各自的物流系统,这些物流系统都拥有相当数量的物流资源,而且各具特色和优势。物流体系的内在联系被经济体制所分割,物流业发展呈现出明显部门化、区域化特征。同时,铁路与公路都是解决流通过程空间矛盾的主要手段,且长期以来由于我国的统计习惯,有关铁路、公路货运的统计数据已经序列化,这为理论研究提供了便利。这里将我国整个铁路货运系统和公路货运系统作为两个在物流运输服务领域进行竞争的对象。各种统计数据如表4-2所示。

我国货运业相关统计数据　　　　表4-2

年份	铁路货运量（万吨）	铁路货运量的增加（万吨）	单位 *GDP* 产生的铁路货运量	公路货运量（万吨）	公路货运量的增加（万吨）	单位 *GDP* 产生的公路货运量
1985	130709		14.4974	538062		59.6786
1986	135635	4926	13.2002	620113	82051	60.3505
1987	140653	5018	11.6641	711424	91311	58.9972
1988	144948	4295	9.6357	732315	20891	48.6821
1989	151489	6541	8.9152	733781	1466	43.1831
1990	150681	-808	8.0717	724040	-9741	38.7855
1991	152893	2212	7.0194	733907	9867	33.6941
1992	157627	4734	5.8546	780941	47034	29.0059
1993	162794	5167	4.6073	840256	59315	23.7804
1994	163216	422	3.3864	894914	54658	18.5675
1995	165982	2766	2.7303	940387	45473	15.4685
1996	171024	5042	2.4028	983860	43473	13.8228
1997	172149	1125	2.1798	976536	-7324	12.3654
1998	164309	-7840	1.9467	976004	-532	11.5637
1999	167554	3245	1.8684	990444	14440	11.0446
2000	178581	11027	1.7999	1038813	48369	10.4704
2001	193189	14608	1.7618	1056312	17499	9.633
2002	204955	11766	1.7032	1116324	60012	9.277
2003	221178	16223	1.6284	1159957	43633	8.5402
2004	249017	27839	1.5575	1244990	85033	7.7871
2005	269296	20279	1.4709	1341778	96788	7.3287

注:数据来源于《中国统计年鉴》。

1.统计时间序列的拟合多项式

对于模型:

$$\begin{cases} S'_{E1} = kS_{E2} - \alpha S_{E1} + g(t) \\ S'_{E2} = lS_{E1} - \beta S_{E2} + h(t) \end{cases}$$

在本实证研究中考虑模型的主要作用原理，即：

$$\begin{cases} S'_{E1} = kS_{E2} - \alpha S_{E1} \\ S'_{E2} = lS_{E1} - \beta S_{E2} \end{cases}$$

所以，不再剔除铁路货运量、公路货运量的原始统计数据序列中随着 GDP 的增长而增加的部分。

由 Weierstrass 近似理论可知，任意的有限离散序列都可以由时间的多项式函数近似。这里使用多项式对铁路货运量、公路货运量、铁路货运量增加、公路货运量增加进行拟合（尽可能取相关系数在 0.85 以上的拟合结果，但对公路货运量增加的拟合不理想），结果见表 4-3。

对各种时间序列的多项式拟合

表 4-3

时间序列	拟合多项式	相关系数
铁路货运量 S_{E1}	$420.84t^2 - 3553.4t + 152779$	0.9532
	$64.073t^3 - 1597.4t^2 + 13817t + 118737$	0.9922
铁路货运量增加 S'_{E1}	$8.638t^3 - 116.01t^2 - 105.73t + 5640.2$	0.8629
公路货运量 S_{E2}	$692.73t^2 + 17786t + 643700$	0.9825
	$99.203t^3 - 2432.2t^2 + 44680t + 590993$	0.9855
公路货运量增加 S'_{E2}	$629.28t^2 - 12308t + 79117$	0.5963
	$9.0012t^3 + 345.74t^2 - 9867.6t + 74334$	0.5977

进行实证分析的主要目的是看各个指标数据序列隐藏的长期趋势之间的一些关系，即使拟合效果比较差，只要能够把数据序列的趋势表现出来即可。

2. 参数值的确定与使用

以时间为未知数，使用方程式两边未知数的系数比较方法求取 α、β、k、l 等参数。对于铁路货运量增加的表达式 $S'_{E1} = kS_{E2} - \alpha S_{E1}$，将上述拟合多项式代入，则：

$$\begin{aligned} & 8.638t^3 - 116.01t^2 - 105.73t + 5640.2 \\ & = k \cdot (99.203t^3 - 2432.2t^2 + 44680t + 590993) \\ & \quad - \alpha \cdot (64.073t^3 - 1597.4t^2 + 13817t + 118737) \end{aligned} \tag{4-17}$$

由于该方程式涉及 α 与 k 两个位置参数，用时间 t 的高次项系数（顺序取两个）进行比较，可得到关于 α 与 k 的二元一次方程组：

$$\begin{cases} 99.203k - 64.073\alpha = 8.638 \\ -2432.2k + 1597.4\alpha = -116.01 \end{cases} \tag{4-18}$$

解得：$k = 2.4216$，$\alpha = 3.6145$.

对于公路货运量增加的表达式 $S'_{E2} = lS_{E1} - \beta S_{E2}$，将上述拟合多项式代入，则：

$$\begin{aligned} & 629.28t^2 - 12308t + 79117 \\ & = l \cdot (420.84t^2 - 3553.4t + 152779) \\ & \quad - \beta \cdot (692.73t^2 + 17786t + 643700) \end{aligned} \tag{4-19}$$

由于该方程式涉及 β 与 l 两个位置参数，用时间 t 的高次项系数（顺序取两个）进行比较，可得到关于β与l的二元一次方程组：

$$\begin{cases} 420.84l - 692.73\beta = 629.28 \\ -3553.4l - 17786\beta = -12308 \end{cases} \tag{4-20}$$

解得：$l = 1.9824, \beta = 0.2959$.

总之：

$$\alpha \cdot \beta = 1.0695 < k \cdot l = 4.8006.$$

根据微分方程组模型的定性分析结论，当$\alpha\beta < kl$时，在1985—2005年间随着时间的推移，某一运输方式的服务能力无限扩充而另一运输方式的服务能力无限趋于一个极限值，两者间的绝对数差距将越来越大（如图4-3）。如果我国铁路货运、公路货运的发展沿着1985—2005年间的趋势继续下去，有可能走向一种不稳定的发展态势。

从另一个角度验证上述结论。使用GDP时间序列、单位GDP的货运量产生函数对铁路货运量、公路货运量作描述，则：

铁路货运量：

$$S_{E1}(t) = GDP(t) \cdot 15.072\mathrm{e}^{-0.1268t} \tag{4-21}$$

公路货运量：

$$S_{E2}(t) = GDP(t) \cdot 71.157\mathrm{e}^{-0.118t} \tag{4-22}$$

两者比较，则$\frac{S_{E1}}{S_{E2}} = 0.2118\mathrm{e}^{-0.0088t}$，随着时间$t$的增加，铁路货运量与公路货运量之比有减小的趋势。可见，铁路货运量将趋向于一个极限值，公路货运量将无限增加。

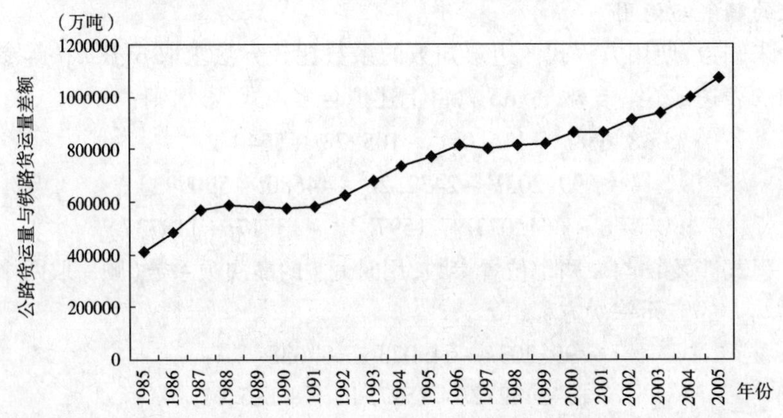

图4-3　我国公路货运量与铁路货运量差额的演变趋势

3. 共生关系的验证

根据本章物流系统序参量的选择过程分析，可以以有效物流需求作为物流企业的质参量。仍以我国铁路、公路货运发展作为共生现象的实证分析对象。以Z_i表示公路货运量、Z_j表示铁路货运量。根据1985~2005年间我国铁路、公路货运量对应关系（见图4-4），采用多项式进行拟合，则：

$Z_i = 4 \times 10^{-10} Z_j^3 - 0.0003 Z_j^2 + 68.083 Z_j - 4 \times 10^6$, ($R = 0.9808$).

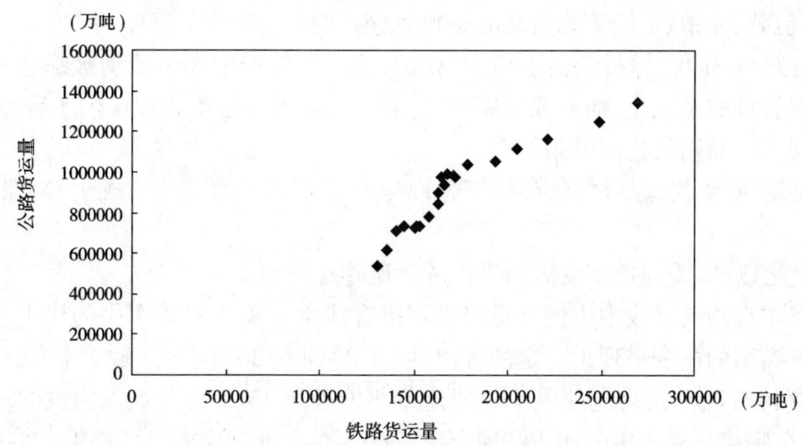

图 4-4　我国铁路货运量与公路货运量的相关关系示意图

可见,在 1985 ~ 2005 年间,我国铁路货运量与公路货运量之间存在确定的连续函数。我国铁路与公路易形成连续共生模式。实际上,铁路、公路是我国综合运输体系中的两大主要组成,其经济技术优势上的互补性非常明显。

三、物流企业间共生竞争效应的实证

随着物流企业在相同物流服务领域内竞争的加剧,物流企业和有效物流需求都被物流市场所筛选,这种筛选结果主要表现在各种物流需求规模上。伴随着物流企业之间较为激烈的竞争以及物流企业功能定位的明确,物流服务越来越集中于少数的类型,这些少数的类型成为了物流生产的一种主导领域。物流生产的主导领域表现在流通过程中急需的、少数的物流服务类型:运输、仓储。

以美国现代物流的发展演变为例,根据美国的相关统计数据(见图 4-5),运输越来越成为物流中的主要服务类型。

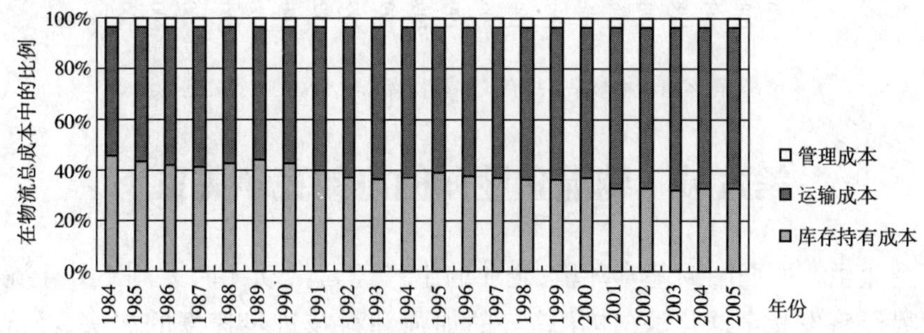

图 4-5　美国物流总成本的构成变化示意图

2001 年美国年度物流发展报告[90]从物流活动由分散到系统化、集成化的角度将美国物流发展划分为四个阶段:

(1)1980 年代以前,各种物流活动分散于企业的各个部门,需求预测、原材料采购与库存、产成品库存、包装、分销、运输等物流活动是独立进行的。

(2)20 世纪 80 年代,原材料需求预测、订购、库存等生产前物流活动被综合到一起,实现了原材料供应管理的系统化,而产成品库存、包装、运输、客户定单管理等生产后物流活动被综合到一起实现了产品销售物流的系统化。

(3)20 世纪 90 年代,原材料供应物流管理与产成品销售物流的集成化,为综合物流管理时期。

(4)21 世纪以来,美国物流发展到供应链物流管理时期。

从运输成本在物流总成本中的比重与库存持有成本在物流总成本中的比重之差看,美国各种物流服务类型的演变呈现出一定的规律性:在 20 世纪 80 年代,运输成本在物流总成本中的比重与库存持有成本在物流总成本中的比重之差处于 15 个百分点以内;在 20 世纪 90 年代,运输成本在物流总成本中的比重与库存持有成本在物流总成本中的比重之差处于 15 ~ 25 个百分点范围;21 世纪以来,运输成本在物流总成本中的比重与库存持有成本在物流总成本中的比重之差处于 25 个百分点以上的范围(见图 4-6)。这种规律性与美国物流发展阶段之间存在一定的对应关系。

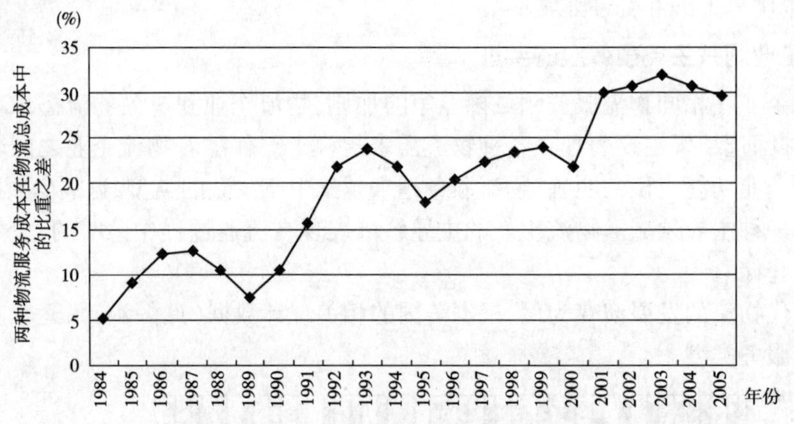

图 4-6 美国运输成本与库存持有成本在物流总成本中的比重之差的演变

第六节 物流企业间的协同竞争关系

竞争是企业生存所面临的基本环境,企业的生产经营活动无时无刻不处于竞争的压力下。随着世界经济发展全球化、一体化趋势的加强和科技进步速度的加快,经济社会变化的广泛性、快速性和不确定性等日益明显,作为经济组织的企业也越来越呈现出一些复杂特性。企业的竞争目标逐渐从单纯地追求生产效率和低成本转向追求灵活、高效与创新。传统的由企业内部资源整合所带来的竞争优势逐渐被削弱,取而代之的是企业与顾客、供应商及其他相关利益群体之间日益密切的相互作用和相互影响。对于现代企业而言,单靠自身力量来维持长期竞争优势已经非常困难。企业为了弥补自身资源与能力的局限,必须与其他企业合作。

由于长期以来传统观念的影响,各个物流经济主体都在构筑其富有效率的物流体系,这种有利于单一主体自身物流经营活动的流通组织形式,很可能对其他主体的物流经营活动产生影响,这样往往会产生物流经济主体间的利益冲突。此外,不同规模的物流企业也会因为单个企业物流管理的封闭性产生非经济性。随着经济社会与物流行业的互动发展,更好地整合物流行业系统资源,使其发挥超越部分的整体协同功能,将是物流产业发展的主要目标。随着越来越多的企业把其物流业务外包,物流企业越来越多地参与到合作与竞争中,现代物流企业面临合作与竞争共存的复杂局面,即既要面对与工商企业、终端消费者的合作,又要建立与同行业者的合作,在合作的过程中又面临来自同行业的和相关行业的竞争。物流企业通过协同合作可以获得更多的客户资源和学习机会、提高运作和服务水平、降低资金成本和风险。从实践看,物流行业内的协同合作、并购成为一种趋势。物流协同化就是要打破单个物流企业的界限,通过相互协调,创造出合理、高效的物流行业运行结构。

一、Kolmogorov 模型形式

将物流企业 i 能够实现的作业规模用 x_i 表示。当物流企业之间不存在相互作用而独立运作时,从系统动力学角度,可将物流企业的行为表示为:

$$\frac{\mathrm{d}x_i}{\mathrm{d}t}=x_i(t)f_i(x_i) \tag{4-23}$$

式中:$f_i(x_i)$——物流企业关于时间的相对变化率(在一定市场环境中企业依靠自身能力所达到的增长率)。

实际上,物流企业之间共生现象的存在使得对物流企业行为的描述不得不考虑在同一物流市场上物流企业之间的相互作用,所以,物流企业关于时间的相对变化率 $f_i(x_i)$ 中应包含其他物流企业作业规模 $x_j(j\neq i)$ 的因素。这样,应将式 $\frac{\mathrm{d}x_i}{\mathrm{d}t}=x_i(t)f_i(x_i)$ 改善为

$$\frac{\mathrm{d}x_i}{\mathrm{d}t}=x_i(t)f_i(X) \tag{4-24}$$

式中:$X=(x_1,x_2,\cdots x_i)^T$

这实际上就是 Kolmogorov 模型形式:

$$\frac{1}{x_i(t)}\cdot\frac{\mathrm{d}x_i}{\mathrm{d}t}=f_i(X).$$

二、Lotka – Volterra 模型形式

根据物流企业共生与竞争阶段的微分方程描述 $\begin{cases}S'_{E1}=kS_{E2}-\alpha S_{E1}+g(t)\\ S'_{E2}=lS_{E1}-\beta S_{E2}+h(t)\end{cases}$,其中两个物流企业以 $E1$、$E2$ 表示,其物流服务能力分别为 S_{E1}、S_{E2},二者有强烈的进行竞争的倾向和行为。不考虑 $g(t)$、$h(t)$ 的影响,将这种描述做变形为:

$$\begin{cases}\dfrac{S'_{E1}}{S_{E1}}=k\dfrac{S_{E2}}{S_{E1}}-\alpha\\[2ex]\dfrac{S'_{E2}}{S_{E2}}=l\dfrac{S_{E1}}{S_{E2}}-\beta\end{cases}\tag{4-25}$$

以下从实证的角度简单验证$f_i(X)$的形式：使用我国GDP时间序列、单位GDP的货运量产生函数对铁路货运量、公路货运量作描述，则：

铁路货运量：

$$S_{E1}(t)=\text{GDP}(t)\cdot 15.072\text{e}^{-0.1268t}\tag{4-26}$$

公路货运量：

$$S_{E2}(t)=\text{GDP}(t)\cdot 71.157\text{e}^{-0.118t}\tag{4-27}$$

两者比较，则：

$$\frac{S_{E2}}{S_{E1}}=4.72\text{e}^{0.0088t}$$

根据泰勒定理进行展开，则：

$$\frac{S_{E2}}{S_{E1}}=4.72\text{e}^{0.0088t}=4.72\times\left(1+\sum_{n=1}^{+\infty}\frac{0.0088^n}{n!}t^n\right)\approx 4.72\times(1+0.0088t)\tag{4-28}$$

这样：

$$k\frac{S_{E2}}{S_{E1}}-\alpha=k[4.72\times(1+0.0088t)]-\alpha=At+B\tag{4-29}$$

由我国1985～2005年间公路、铁路货运量的发展趋势（图4-7、图4-8）可发现，公路、铁路货运量可用线性函数较好地拟合。这样，可将S_{E1}、S_{E2}表示为关于时间t的线性函数。

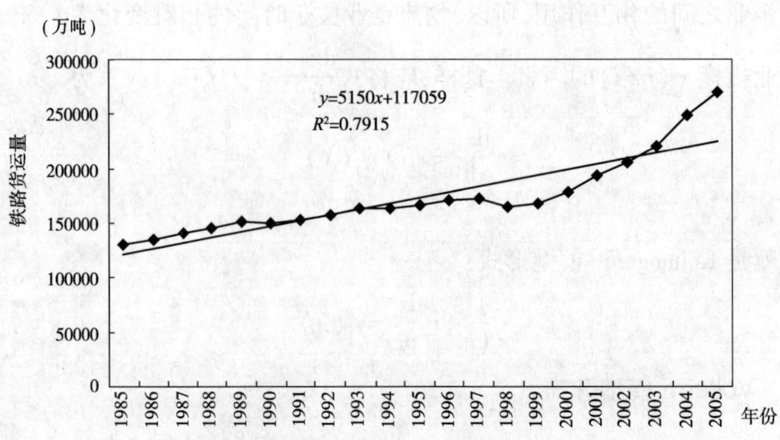

图4-7　我国铁路货运量的发展演变示意图

可见，$f_i(X)$可能存在线性函数的形式。

对于Kolmogorov模型，若设定$f_i(X)$是线性函数，即：

$$f_i(X) = b_i + \sum_{j=1}^{m} a_{ij}x_j \tag{4-30}$$

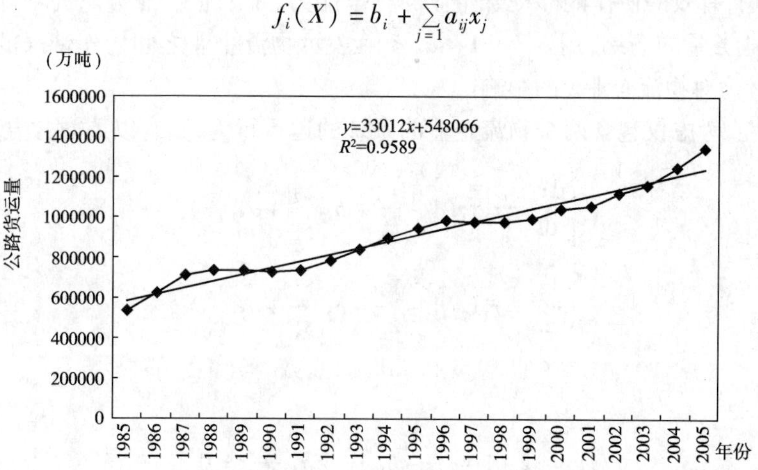

图 4-8　我国公路货运量的发展演变示意图

则有：

$$\frac{\mathrm{d}x_i}{\mathrm{d}t} = x_i(t)(b_i + \sum_{j=1}^{m} a_{ij}x_j) \tag{4-31}$$

这个线性化的 Kolmogorov 模型通常称为 Lotka-Volterra 模型。

三、协同竞争模型

在模型$\begin{cases} S'_{E1} = kS_{E2} - \alpha S_{E1} + g(t) \\ S'_{E2} = lS_{E1} - \beta S_{E2} + h(t) \end{cases}$中，仅着重考虑了两个研究对象之间的竞争关系，现在考虑将两个研究对象之间的协作关系因素加入到模型中：从其原理上考虑，$\frac{\mathrm{d}x_i}{\mathrm{d}t}$可包含 3 个主要部分：$x_i$ 的固有变化、x_i 与 x_j 之间因相互竞争而导致的 x_i 的变化、x_i 与 x_j 之间因相互合作而导致的 x_i 的变化。这样，模型将变换为：

$$\begin{cases} S'_{E1} = \alpha_1 S_{E1} + k_1 S_{E2} - \beta_1 S_{E2} + g(t) \\ S'_{E2} = \alpha_2 S_{E2} + k_2 S_{E1} - \beta_2 S_{E1} + h(t) \end{cases} \tag{4-32}$$

借鉴 Logistic 模型的构建原理，将其简化为如下形式：

$$\frac{\mathrm{d}x_i}{\mathrm{d}t} = r_i x_i(1 - \frac{x_i}{k_i} - \sum_{j \neq i} \frac{b_{ij}x_j}{k_j} + \sum_{i \neq j} \frac{a_{ij}x_j}{k_j}) \tag{4-33}$$

其中 r_i 表示物流企业 i 在一定的物流市场中仅依靠自身能力所能达到的内在增长率（这里认为这种内在增长率为正，即不考虑物流企业停止发展甚至倒退的情形）；k_i 或 k_j 表示在资源稀缺的限制下物流企业 i 或 j 所能实现的最大业务量。物流企业 i 所能实现业务量的增加受到物流市场上其他物流企业的影响，将这种影响分为两个方面：一方面，物流企业 i 的发展受到其他物流企业竞争的影响，这种竞争可能带来正效应或负效应，用常数 b_{ij}（$-1 < b_{ij} < 1$）表示物流企业 j 的竞争对物流企业 i 造成的影响；另一方面，物流企业 i 的发展受到其他物流

企业协作的影响,有效的协作能够提升企业的竞争能力、带来企业业务量的增加,无效的协作可能导致企业业务量的萎缩,用 $a_{ij}(-1<a_{ij}<1)$ 表示物流企业之间协作带来的影响,即物流企业 j 的协作行为对物流企业 i 的影响。

不失一般性,考虑仅包含两个物流企业的系统的运行行为,则有以下微分方程组:

$$\begin{cases}\dfrac{dx_1}{dt}=r_1x_1(1-\dfrac{x_1}{k_1}-b_{12}\dfrac{x_2}{k_2}+a_{12}\dfrac{x_2}{k_2})\\[2ex]\dfrac{dx_2}{dt}=r_2x_2(1-\dfrac{x_2}{k_2}-b_{21}\dfrac{x_1}{k_1}+a_{21}\dfrac{x_1}{k_1})\end{cases}\tag{4-34}$$

取:

$$\begin{cases}r_1x_1(1-\dfrac{x_1}{k_1}-b_{12}\dfrac{x_2}{k_2}+a_{12}\dfrac{x_2}{k_2})=0\\[2ex]r_2x_2(1-\dfrac{x_2}{k_2}-b_{21}\dfrac{x_1}{k_1}+a_{21}\dfrac{x_1}{k_1})=0\end{cases}$$

则不动点 X_0 的取值有 4 个,分别为:

$$(0,0),(k_1,0),(0,k_2),(\frac{[1-(b_{12}-a_{12})]k_1}{1-(b_{12}-a_{12})(b_{21}-a_{21})},\frac{[1-(b_{21}-a_{21})]k_2}{1-(b_{12}-a_{12})(b_{21}-a_{21})}).$$

令 $\begin{cases}\dfrac{dx_1}{dt}=r_1x_1(1-\dfrac{x_1}{k_1}-b_{12}\dfrac{x_2}{k_2}+a_{12}\dfrac{x_2}{k_2})\\[2ex]\dfrac{dx_2}{dt}=r_2x_2(1-\dfrac{x_2}{k_2}-b_{21}\dfrac{x_1}{k_1}+a_{21}\dfrac{x_1}{k_1})\end{cases}$ 的 Jacobian 矩阵为 $A=\begin{bmatrix}a & b\\ c & d\end{bmatrix}$,其中 $a=\dfrac{\partial x'_1}{\partial x_1}$, $b=\dfrac{\partial x'_1}{\partial x_2}$, $c=\dfrac{\partial x'_2}{\partial x_1}$, $d=\dfrac{\partial x'_2}{\partial x_2}$.

令 $\tau=\mathrm{trace}(A)=a+d$, $\Delta=\det A=ad-bc$,则该 Jacobian 矩阵的特征值可由方程 $\lambda^2-\tau\lambda+\Delta=0$ 求得:

$$\lambda_{1,2}=\frac{1}{2}(\tau\pm\sqrt{\tau^2-4\Delta})\tag{4-35}$$

(1)如果 $\tau<0$,则点 X_0 是鞍点。

(2)如果 $\tau>0$, $\tau^2-4\Delta\geqslant 0$,则点 X_0 是结点。当 $\Delta<0$ 时, X_0 是稳定结点;当 $\Delta>0$ 时, X_0 是不稳定结点。

(3)如果 $\tau>0$, $\tau^2-4\Delta<0$ 且 $\Delta\neq 0$,则点 X_0 是焦点。当 $\Delta<0$ 时, X_0 是稳定焦点;当 $\Delta>0$ 时, X_0 是不稳定焦点。

(4)如果 $\tau>0$, $\Delta=0$,则点 X_0 是中心。

根据以上分析,可得:

$$\begin{cases} a = r_1 - \dfrac{2r_1x_1}{k_1} - b_{12}\dfrac{r_1x_2}{k_2} + a_{12}\dfrac{r_1x_2}{k_2} \\ b = -b_{12}\dfrac{r_1x_1}{k_2} + a_{12}\dfrac{r_1x_1}{k_2} \\ c = -b_{21}\dfrac{r_2x_2}{k_1} + a_{21}\dfrac{r_2x_2}{k_1} \\ d = r_2 - \dfrac{2r_2x_2}{k_2} - b_{21}\dfrac{r_2x_1}{k_1} + a_{21}\dfrac{r_2x_1}{k_1} \end{cases} \tag{4-36}$$

(1)对于(0,0)点

$$A = \begin{bmatrix} r_1 & 0 \\ 0 & r_2 \end{bmatrix}, \tau = r_1 + r_2 > 0, \Delta = r_1r_2 > 0, \tau^2 - 4\Delta = (r_1 - r_2)^2 \geqslant 0.$$

可见,(0,0)点是不稳定的不动点,即两个物流企业业务量均为0的情形是不稳定的,不能存在。

(2)对于$(k_1,0)$点

$$A = \begin{bmatrix} -r_1 & \dfrac{r_1k_1}{k_2}(a_{12} - b_{12}) \\ 0 & r_2(1 - b_{21} + a_{21}) \end{bmatrix}, \tau = -r_1 + r_2(1 - b_{21} + a_{21}), \Delta = -r_1r_2(1 - b_{21} + a_{21}),$$

如果$1 - b_{21} + a_{21} > 0$,则有$\Delta < 0$,不动点$(k_1,0)$是鞍点;

如果$1 - b_{21} + a_{21} < 0$,则有$\Delta > 0$,$\tau < 0$且$\tau^2 - 4\Delta = [r_1 + r_2(1 - b_{21} + a_{21})]^2 \geqslant 0$,不动点$(k_1,0)$是稳定点。

对$1 - b_{21} + a_{21}$的取值做以下几种分析:

当$a_{21} > 0$或$b_{21} < 0$时,不论另一个参数取值如何,都有$1 - b_{21} + a_{21} > 0$,这说明只要物流企业2与物流企业1合作或竞争带来的是正效应,那么物流企业2被物流企业1消灭或吞并而导致业务量为0的情况就不可能稳定存在,两个物流企业将在合作或竞争带来的正效应下分别得到发展。

当$a_{21} < 0, b_{21} > 0$且$1 - b_{21} + a_{21} > 0$时,说明当物流企业1与2合作带来负效应,但通过与竞争负效应相加所得的负效应不超过一定程度时,物流企业2被物流企业1消灭或吞并而导致业务量为0的情况就不可能稳定存在。

当$a_{21} < 0, b_{21} > 0$且$1 - b_{21} + a_{21} < 0$时,说明当物流企业1与2合作带来的是负效应,且通过与竞争负效应合并所得的负效应超过一定的程度时,即过度竞争且合作无效时,其最终结果是只有物流企业1存在或者通过收购兼并的方式使两个企业合二为一。

(3)对于$(0,k_2)$点

与$(k_1,0)$点的分析过程相似,省略。

(4)对于$\left(\dfrac{[1 - (b_{12} - a_{12})]k_1}{1 - (b_{12} - a_{12})(b_{21} - a_{21})}, \dfrac{[1 - (b_{21} - a_{21})]k_2}{1 - (b_{12} - a_{12})(b_{21} - a_{21})}\right)$点

$$A=\begin{bmatrix} \dfrac{-r_1[1-(b_{12}-a_{12})]}{1-(b_{12}-a_{12})(b_{21}-a_{21})} & \dfrac{r_1k_1}{k_2}\times\dfrac{(b_{12}-a_{12})[-1+(b_{12}-a_{12})]}{1-(b_{12}-a_{12})(a_{21}-b_{21})} \\ \dfrac{r_2k_2}{k_1}\times\dfrac{(b_{21}-a_{21})[-1+(b_{21}-a_{21})]}{1-(b_{12}-a_{12})(a_{21}-b_{21})} & \dfrac{-r_2[(1-(b_{21}-a_{21})]}{1-(b_{12}-a_{12})(b_{21}-a_{21})} \end{bmatrix},$$

$$\tau=\frac{-r_1[1-(b_{12}-a_{12})]-r_2[1-(b_{21}-a_{21})]}{1-(b_{12}-a_{12})(b_{21}-a_{21})},$$

$$\Delta=\frac{r_1r_2[1-(b_{12}-a_{12})][1-(b_{21}-a_{21})]}{1-(b_{12}-a_{12})(b_{21}-a_{21})},$$

$$\tau^2-4\Delta=\left\{\frac{r_1[1-(b_{12}-a_{12})]-r_2[1-(b_{21}-a_{21})]}{1-(b_{12}-a_{12})(b_{21}-a_{21})}\right\}^2\geqslant 0,$$

①当$1-(b_{12}-a_{12})>0$且$1-(b_{21}-a_{21})>0$时，有$1-(b_{12}-a_{12})(b_{21}-a_{21})>0$，则$\Delta>0$且$\tau<0$，该不动点是稳定的不动点，说明两个物流企业之间的相互协作比较有效或者竞争所带来的是促进规模增长的正效应，因此两个物流企业能够通过优势互补在较长时期内共同存在，两个企业都能获得相应的发展。

②当$1-(b_{12}-a_{12})<0$且$1-(b_{21}-a_{21})>0$时，如果有$1-(b_{12}-a_{12})(b_{21}-a_{21})>0$，则$\Delta<0$，该不动点是鞍点，说明物流企业1与2的合作所带来的是负效应并且企业2对企业1的竞争十分激烈，而企业1对企业2的影响又相对较小，这种情形不能稳定存在。

如果有$1-(b_{12}-a_{12})(b_{21}-a_{21})<0$，则$\Delta>0$，

当$-r_1[1-(b_{12}-a_{12})]>r_2[1-(b_{21}-a_{21})]$时，有$\tau<0$，该不动点是稳定的不动点，这说明尽管企业1与企业2的合作所带来的是负效应并且企业2对企业1的竞争十分激烈，但企业1对企业2的影响相对较大，企业1具有领导者的优势，因此这种情形会稳定存在。

当$-r_1[1-(b_{12}-a_{12})]<r_2[1-(b_{21}-a_{21})]$时，有$\tau>0$，该不动点是不稳定的不动点，这说明在与前面相同情况下，企业1的影响力不足，在存在无效合作和过度竞争的情况下，企业1与2组成的系统必然走向瓦解。

③当$1-(b_{12}-a_{12})>0$且$1-(b_{21}-a_{21})<0$时的情形与上述②的分析类似，此处不再赘述。

④当$1-(b_{12}-a_{12})<0$且$1-(b_{21}-a_{21})<0$时，有$1-(b_{12}-a_{12})(b_{21}-a_{21})<0$，$\Delta<0$，该不动点为鞍点，这说明两个企业之间存在着过度竞争和无效率的合作，在这种情况下系统不可能稳定存在，必然会走向最终解体。

上述一系列分析表明，物流企业协同竞争系统的发展和演化是物流行业系统中的企业主体在相互联系、相互作用的过程中自组织的结果，而演化的方向主要取决于企业之间协同与竞争所带来效应的性质与大小。协同与竞争的双重推动会改变物流企业在战略选择上的偏好，从而导致物流行业系统结构的变化。当物流企业之间建立战略合作关系时，必须考虑彼此之间协同与竞争的力度和效应对系统自组织发展造成的影响。上述动态演变模型可以从系统整体自组织演化的角度对企业之间的协同竞争机制给出形式化的认识。

第七节　道路甩挂运输的经营主体

自改革开放以来,我国道路货物运输发展很快、运力增长非常明显。随着经济的快速发展,道路交通运输已从过去以原材料为主、批量大、品种单一的货源结构转向货类多、批量小、价值高的货源结构,道路货物运输的优势得以充分发挥,完成的运输量逐年提高。道路货物运输经营业户是指经过道路运输管理部门给与行政许可后从事营业性道路货物运输的组织、团体和个人,包括道路货物运输企业、道路货物运输个体运输(联)户。

我国《道路货物运输及场站管理规定》(交通部令 2005 年第 6 号)对从事道路货物运输经营和道路货物运输站(场)经营的各种市场主体提出了一些规范和要求。根据该规定,道路货物运输经营是指为社会提供公共服务、具有商业性质的道路货物运输活动。道路货物运输包括道路普通货运、道路货物专用运输、道路大型物件运输和道路危险货物运输。道路货物专用运输,是指使用集装箱、冷藏保鲜设备、罐式容器等专用车辆进行的货物运输。道路货物运输站(场)(简称货运站),是指以场地设施为依托,为社会提供有偿服务的具有仓储、保管、配载、信息服务、装卸、理货等功能的综合货运站(场)、零担货运站、集装箱中转站、物流中心等经营场所。

在我国,申请从事道路货物运输经营的,应当具备下列条件:

1)有与其经营业务相适应并经检测合格的运输车辆

(1)车辆技术要求:

①车辆技术性能应当符合国家标准《营运车辆综合性能要求和检验方法》(GB 18565)的要求;

②车辆外廓尺寸、轴荷和载质量应当符合国家标准《道路车辆外廓尺寸、轴荷及质量限值》(GB 1589)的要求。

(2)车辆其他要求:

①从事大型物件运输经营的,应当具有与所运输大型物件相适应的超重型车组;

②从事冷藏保鲜、罐式容器等专用运输的,应当具有与运输货物相适应的专用容器、设备、设施,并固定在专用车辆上;

③从事集装箱运输的,车辆还应当有固定集装箱的转锁装置。

2)有符合规定条件的驾驶人员

(1)取得与驾驶车辆相应的机动车驾驶证;

(2)年龄不超过 60 周岁;

(3)经设区的市级道路运输管理机构对有关道路货物运输法规、机动车维修和货物及装载保管基本知识考试合格,并取得从业资格证。

3)有健全的安全生产管理制度

主要包括安全生产责任制度、安全生产业务操作规程、安全生产监督检查制度、驾驶员和车辆安全生产管理制度等。

在我国,申请从事货运站经营的,应当具备下列条件:

(1)有与其经营规模相适应的货运站房、生产调度办公室、信息管理中心、仓库、仓储库棚、场地和道路等设施,并经有关部门组织的工程竣工验收合格;

(2)有与其经营规模相适应的安全、消防、装卸、通讯、计量等设备;

(3)有与其经营规模、经营类别相适应的管理人员和专业技术人员;

(4)有健全的业务操作规程和安全生产管理制度。

一、道路运输企业

1. 企业的本质

从其微观职能看,企业是重要的市场主体,是从事生产、流通或服务性活动的独立核算经济单位,是市场上资本、土地、劳动力、技术等生产要素的提供者和购买者,也是各种消费品的生产者和销售者。从其宏观地位看,企业是国民经济的细胞,是从事经济活动的社会组织。对于企业的性质,从其与市场的关系角度看有两种不同的观点:企业与市场的同质观、企业与市场的替代观。

(1)同质观。张五常认为,企业与市场的不同只是一个程度问题,是契约安排的两种不同形式。企业并非为取代市场而设立,而仅仅是用劳动市场对中间产品市场的替代,其实质是用一种契约取代另一种契约。因此在企业内部并没有消除市场本身固有的外在性,而只是变换了一下形式。企业与市场在本质上都是一种契约关系,不同的是它们是两种适用于不同物品交易的契约形式[82]。

(2)替代观。早在1937年,美国著名的经济学家、诺贝尔经济学奖获得者罗纳德·科斯第一次提出在市场存在的条件下企业出现的根本原动力。他指出,市场上固有存在着交易费用(包括市场搜索、谈判、签约、履约、监督等一系列费用);企业与市场不同之处在于市场是通过价格机制来配置资源的,而企业是靠企业家来配置资源的,企业是一个科层组织。通过企业配置资源同样也是有费用的(如管理协调费用和因科层形成的官僚费用等)。企业出现的根本原因是利用企业的交易费用低于利用市场的交易费用。企业的生存边界处于市场交易费用同企业的交易费用相等这点上[84]。

2. 现代企业的组织结构

组织是人们为了实现一定的目标、互相结合、指定职位、明确责任、分工合作、协调行动的系统。企业组织结构依据企业所确定的基本目标,对组织内的各种构成因素及其相互关系提出明确要求,并选择与之相适应的控制方式,它是由领导人或一个领导集团组建起来的群体结构。组织与管理技术进步可使企业更有效地利用自已的特定优势,对企业的竞争能力产生重大影响。随着人类社会经济的发展演变,企业的组织结构也是在不断的变化调整中[91]。现实中普遍适应的最好的组织结构是难以确定的,管理者必须根据所处的特定环境,选用最适合于企业的结构设计方案。综观企业的发展史,企业的组织结构主要表现为如下几种:

1)直线式结构

直线式结构又称纯等级结构,是最简单、最原始的组织结构形式,是企业早期发展的产物。它最大特点是严格的金字塔型权力结构。在这种组织结构中,管理的各个职务形成一条连续的等级链,每一个下属只有一个直接上级,企业大权集中于企业最高领导者一人身上。

2)直线职能制

随着企业规模的日趋扩大,企业内部的管理越来越复杂。组织者要加强企业内部专业化分工与协作、要使企业内部和各种职能适应市场的变化和竞争的需要,这就导致了职能制的产生和发展。直线职能制根据业务活动的相似性来设立管理部门,生产、营销以及财务被认为是企业的基本职能;此外还需要设置一些辅助性职能部门,如人事、研究开发等。职能制保留了直线式结构中诸多垂直领导关系,依然实行中央集中控制。

3)事业部制

19 世纪末 20 世纪初技术变革和市场发展导致大规模生产,企业需要通过产品的多样化谋求发展,从而产生了一种新的分权化组织结构,即事业部制。事业部制的特征是按不同的产品、地域或市场对象将企业划分为若干子部门,并将相应的权力下放给这些子部门,每个子部门作为利润中心建有自己的职能部门,总部除保留财务、人事等几个职能部门外,整个企业实行总部领导下的事业部负责制。如在世界范围内从事生产经营活动的跨国公司,不仅把同一类型产品的生产或销售工作集中在相同的部门组织进行,而且使分散在世界各地的附属公司成为独立的实体,对公司总部协调国际经营的各级管理人员的业务进行划分。事业部制的产生极大地促进了企业的发展,成为大型企业沿用至今的主流组织结构。

事业部制组织结构的突出特点就是实行“集中政策指导下的分散经营”。事业部制结构一般适应于生产较复杂的产品和空间上广泛分布的企业,在这种组织结构中每一个部门是一个利润中心,便于考察和比较不同产品对企业的贡献,有利于及时调整生产方向和产品结构,利于企业的内部竞争。但分部的很多职能部门与总部重叠、增加了管理费用。

4)矩阵组织结构

矩阵组织结构产生于第二次世界大战以后,是一种由纵横两套系统交叉形成的复合结构组织,纵向往往是职能系统,横向往往是为完成某项专门业务而组成的项目系统。矩阵组织具有很大的弹性和适应性,有利于调动各方面的力量、加强部门之间的横向联系,有利于最高主管实施分权管理。矩阵组织通过围绕特定的产品或项目形成横向的信息流,在有关方面的专业人员之间建立起密切的合作关系,这不仅使企业能够有效地协调各个职能部门的工作,而且还能及时发现与解决问题。矩阵结构的缺点是:项目经理与职能部门经理之间易产生矛盾,组织关系复杂、协调工作难度大,项目小组成员易产生临时性心理。

5)网络型结构

网络型结构的典型特征是机构精干、组织柔性大。企业以契约关系的建立和维持为基础,依靠外部组织进行制造、销售或其他重要业务经营活动。这种组织结构的优点是企业可以利用社会资源迅速发展;缺点是完全依赖于双方合作的诚信,可控程度相对较低。

6)虚拟企业

信息技术的高速发展为虚拟企业的发展提供了条件,虚拟企业是为响应已经出现或即将出现的市场机会而组成的公司或集团联合体,是许多拥有不同核心能力的企业,各自专门负责整个企业流程中具有比较优势的几项活动,并通过彼此间的合作网络,完成全部合作。虚拟企业中各成员共担风险、共享利益,且没有地理上的边界。虚拟企业可以获得诸如设计、生产、销售、服务等具体功能,但不一定都拥有与上述功能相适应的实体组织,而是通过外部资源来实现某些功能。虚拟企业可充分利用外部的人力资源和组织资源,实现资本的快速增值,是许多企业组织创新的理想目标模式。这种企业组织结构可以节省大量人力资本、管理成本。

3. 道路运输企业

1)传统道路运输企业需要不断解决发展中的问题

传统的道路运输企业具有较好的设施设备和人力资源基础,伴随着改革开放以来市场经济体制建设过程,大多数道路运输企业按照现代企业制度成立或已进行过改制,部分道路运输企业的国有资本仍处于控股地位。改革开放三十多年来,道路运输企业改革与发展取得了明显的成绩,但与其他行业相比,道路运输企业在规模、品牌、效益方面还存在很大差距。货运业的发展,尤其是用现代物流的理念整合资源、改造传统的货运业务方面,尚欠缺跨越式的步伐。

传统道路运输企业具有较好发展基础,但由于长期以来形成的经营观念、管理体制滞后等方面的原因,虽然近年来通过拓宽经营范围,取得一定进展,但总体经营状况不佳。另外,由于大量小型、民营个体运输企业的存在,使道路运输企业整体呈现出多、小、散、弱的局面,无法形成规模优势。主要表现为以下几个方面:

(1)运力结构不合理。目前,道路运输市场处于买方市场,由于供需不平衡,导致货运车辆空驶严重,运力浪费明显;部分车辆严重超载,道路损坏严重,存在较大安全隐患;货运运价偏低,形成恶性竞争。从营业性车辆结构看,普通货车比重过大,专用货车比重偏小,中型货车比重较大,重型货车比重过小。车辆结构性矛盾与国民经济和社会发展不适应。

(2)场站建设相对滞后,经营管理方式落后,信息化程度较低。道路运输场站作为基础设施,具有投资大、收益低、回收期较长等特点。以前,在投资上,主要以国家投资为主、企业投资为辅,企业受到投资收益及资金限制,独立投资建站较少,由于投资渠道单一,资金受限,影响了场站建设速度。主要表现在:有规模的货运场站和区域物流中心建设相对滞后,数量较少,现代化程度低,不适应现代道路货运及现代物流发展的需要。经营管理落后、信息化水平低,主要表现为已有场站仍采用传统的运营模式和管理方式,管理水平落后,信息化程度较低,场站功能发挥不足。

(3)运输市场集中度低,整体竞争力不强。主要表现为“多、小、散、弱”。道路运输业虽已形成国有、集体、民营、个体、外资等多种经济成分并存的格局,但民营、外资等经济成分由于受体制、政策等因素影响,市场占有率低,发展速度较慢。国有运输企业在市场中仍处于主导地位,但国有企业由于历史等原因虽占有一定市场资源,由于受体制、机制等因素影响,发展缓慢,赢利能力较差,致使整个运输市场主体多、小、散、弱,市场集中度较低,整体竞争能力不强。究其原因,一是社会生产力水平和社会化大生产程度低的直接结果;二是计划经济向市场经济体制转型过程的必然产物。由于道路运输业具有投资少、见效快、易操作等特点,道路运输市场放开后,市场投资多元化,准入标准的降低使社会剩余劳动力和资本发生转移,致使多种经济成分快速进入道路运输行业。从体制和主观上看,一方面,市场主体投资实行市场化运作与运输市场资源配置实行计划配置相互矛盾;相应配套改革措施不完善、不到位,管理方式方法不适应市场经济规律,造成各种经济成分在市场资源占有上不平衡;另一方面,国有运输企业管理体制和经营机制与市场经济体制不适应,尚未真正建立起与市场经济体制相适应的现代企业制度,企业内部没有形成规范的法人治理结构,管理思想和方式仍然落后,导致机制不灵活,活力不足。

2)传统道路运输企业可有多种发展战略

对传统道路运输企业的优势条件、劣势条件、发展机遇、挑战与威胁进行系统分析,有助于其发展战略定位及规划的科学制定,进行该过程所使用的方法就是 SWOT 分析。

SWOT 分析是根据企业自身的既定内在条件进行分析,找出企业的优势、劣势及核心竞争力所在,从而将企业的战略与其内部资源、外部环境有机结合。其中,S 代表 Strength(优势),W 代表 Weakness(弱势),O 代表 Opportunity(机会),T 代表 Threat(威胁),S、W 是内部因素,O、T 是外部因素。SWOT 分析有助于清晰地把握全局,分析资源方面的优势与劣势,把握环境提供的机会,防范可能存在的风险与威胁。

进行 SWOT 分析时可遵循以下步骤:

(1)罗列企业的优势和劣势,可能的机会与威胁。

(2)优势、劣势与机会、威胁相组合,形成 SO、ST、WO、WT 策略。SO 策略即依靠内部优势,利用外部机会;WO 策略即利用外部机会,弥补内部劣势;ST 策略即利用内部优势,规避外部威胁;WT 策略即减少内部劣势,规避外部威胁。

(3)对 SO、ST、WO、WT 策略进行判别和选择,确定企业应该采取的具体战略与策略。

基于 SWOT 分析,对我国传统道路运输企业的一般特点和面临的共性问题进行归纳总结后,可获得相应的发展战略。详见表 4-4[92]。

针对我国道路运输企业的简单的 SWOT 分析 表 4-4

优势与劣势 / 机会与威胁	优势 ①有一定的资金实力 ②进入运输市场较早 ③有比较完整的实体网络 ④运营组织技术比较成熟 ⑤知名度、可信度较高	劣势 ①人员观念需要提升 ②成本较高 ③一次性投入大
机会 ①中国市场化程度提高 ②运输技术水平不断提高 ③运输需求在扩大中波动	SO 战略 以市场主导的身份力争扩大市场供给能力,满足日益增大的市场需求(增长型战略)	WO 战略 努力降低成本,以更低的价格抢占市场(转向型战略)
威胁 ①由于地区经济和行政管理差异,致使有些地区的市场难以进入 ②外资、个体、民营等竞争者的实力相对较强	ST 战略 首先进入市场化程度较高的地区;用更快的速度抢占有利的细分市场(多样化战略)	WT 战略 先用传统的运输组织抢占市场,然后更新设备,改进运输组织流程(防御型战略)

3）传统道路运输企业可向现代物流企业转型

传统道路运输企业是计划经济的产物，主要职能是为生产企业和销售企业提供原材料及产成品的运输服务。最近几年，随着市场竞争的日益激烈，特别是我国加入WTO后国外高水平物流服务企业的进入，传统道路运输企业只为客户提供运输服务已远远不能满足现代物流发展的要求，这也促进和推动了道路运输企业通过提升其服务水平、为生产商和销售商提供综合化的物流服务。另一方面，在当今的经营环境中，随着社会分工的逐步细化，生产企业很难顾及到产品生产和销售的各个方面，为了提高自身在市场上的核心竞争力，必须集中精力发展自身的核心产品，而把采购和销售等环节中的物流业务适当外包，从单一的企业之间的竞争转型为企业联盟（供应链）之间综合实力的竞争，为传统的运输企业业务拓展提供了良好的市场需求机遇。

从整体看，现代物流业与道路运输业的区别主要表现为：道路运输业只提供简单的位移服务，现代物流则提供增值服务；道路运输业是被动服务，现代物流是主动服务和个性化服务；道路运输业实行人工控制，现代物流实施信息管理；道路运输业无统一服务标准，现代物流实施标准化服务；道路运输业侧重"点到点"或"线到线"服务，现代物流构建区域性服务网络；道路运输业是单一环节管理，现代物流是系统整体优化。

传统道路运输企业必须充分发挥自身在物流运作方面的专业优势，以现代物流和供应链管理思想为指导，找好市场的切入点，不失时机地拓展市场，在单纯的运输服务基础上，不断拓宽原有的业务范围，向真正的第三方物流企业转型，争取为社会提供综合的第三方物流服务。

4）传统道路运输企业向现代物流企业转型的关键问题

（1）传统道路运输企业向现代物流企业转型时必须解决企业的经营机制问题。

所谓传统道路运输企业，在我国更多地是国有运输企业。由于历史延续，这类企业都积累了大量的资源，包括车辆装备、货运场站等有形资产和人力资源、运营网络、企业信誉、知名度以及管理经验等无形资产，这些存量资源都是非常可观的经营基础条件。要整合并充分利用传统道路运输企业的各种资源，势必需要以现代物流企业为载体，从表面上看是方式方法问题，从深层次看首先得解决体制机制问题。任何企业要发展，都必须有一个充满活力的经营机制。对有着浓厚国有企业色彩的传统道路运输业来讲，无论是改良老企业，还是创建新公司，都必须解决政企职责不分、自主权难以落实、激励机制不到位、约束机制不健全、经营观念落后，历史包袱沉重、赢利能力不强等深层次问题。

政企职责不分直接表现在用人机制方面，国家把企业委托给了行政主管部门，行政主管部门又把企业委托给了企业的董事长（往往兼任总经理），实际上往往都是行政任命关系。经营者身份具有政府官员性质而不是具有独立利益的经营者，甚至连企业的其他管理人员都是企业主管部门的变相任命。这种人事机制导致企业人浮于事，机构臃肿，效率低下，内耗严重，衍生的消极作用严重干扰着企业的正常运营。政企职责不分、企业的自主经营权难以落实还模糊了企业的经营目的，导致企业的投融资受到限制，经营方向和经营决策受到干扰，无法依市场态势及时做出反应。

激励机制不到位直接影响经营者的经营理念和创业动力，经营决策上普遍偏重于固步自封的短期行为。一个国企经营者既可以把企业经营好，实现政府规定的任期赢利指标，并且为企业留下足够的发展后劲；也可以在企业的生产经营中，或采取短期行为，在企业利益与自身利益冲突时，以追求自身利益最大化为依据；或加大在职消费，建立小金库，甚至收受贿赂，贪污腐败。曾经有很多专家学者呼吁要注重国有企业经营者的培养和选聘，要提高国有企业经营者的素质。的确，经营者的素质非常重要，但是归根到底最根本、最核心的还是激励机制问题。

所谓充满活力的经营机制，就是指要使企业在成为自主经营、自负盈亏、自我发展、自我约束的独立经济体的基础上，依照现代企业制度建立经营体系，引进职业经理人的管理理念，切实落实两权分离、激励与约束机制完善的经营方式。只有构建起国资委、董事长和总经理相互之间层次清晰、责权对等并且相互协调的经营体制，让企业面向市场，才能发挥传统道路运输企业的资源优势、激发企业活力。

(2)传统道路运输企业向现代物流企业转型时必须塑造服务形象，提高服务意识。

服务品牌、服务形象、良好的企业文化以及优秀的员工队伍是企业最宝贵的无形资产，同时也是促进企业发展的重要资本。对包括道路运输在内的服务行业来讲，服务形象和服务品牌的塑造至关重要，一个企业服务品牌的知名度和美誉度，大大影响着企业的经营和发展。

提升服务形象，塑造服务品牌，是一项系统工程。必需通过企业文化建设、薪酬福利激励约束、营销宣传以及教育和培训等工作的开展，强化精神凝聚和制度凝聚，提高员工的整体素质，增强员工的向心力、归属感和荣誉感，才能让企业充满生命力。员工队伍良好的精神面貌和职业素养，是企业提升服务形象，塑造服务品牌，确保良性发展的有力保障。

以山东省快速货运有限公司为例，自其成立之初就始终注重企业文化的建设和服务品牌的塑造，把“快直送”服务品牌的塑造和宣传作为一项基本工作。在对外宣传上，主要是通过统一店面形象、统一服务规范、统一车体广告，通过优良服务使“快直送”服务品牌在市场上的影响力越来越大。在努力对外宣传的同时，特别注重内功修炼。通过服务规范的培训和学习强化员工为客户服务的意识；该公司通过多种形式的座谈会、拓展训练、体育比赛和文艺联欢等活动加强员工思想沟通和情感交流；通过重视员工劳动合同管理、完善薪酬福利待遇标准，增强员工的企业归属感；通过开展“争先创优，振兴快运”竞赛活动，表彰先进，激励员工的爱岗敬业精神；通过定期地在全系统采稿编制《快运简报》，指导员工的工作生活并加强企业文化的传播。

二、现代物流企业

在欧洲，对物流服务提供者有如下划分[93]：

①行政管理性公司。主要提供行政性的管理服务；

②运作性公司。一般精于某项运作，在某些物流运作能力方面非常出色；

③行业性公司。把自己的能力设计用来满足某一特定行业的需求；

④多元化公司。能够开发出一系列相关又不具相互竞争的服务；

⑤客户化公司。面向一些有很高专业化需求的客户，他们之间的竞争主要在服务而不是费用；

⑥细分市场的承运人。专门在一定地域内提供对特定货物的服务；

⑦物流咨询公司。

根据文献[94]，物流服务提供者的形态有如表4-5的分类。

物流服务提供者的分类　　表4-5

<table>
<tr><th colspan="2">类　型</th><th>关键特征</th><th>模　式</th></tr>
<tr><td rowspan="3">物流服务提供者</td><td>基本服务提供者</td><td>各种模式的运输资产提供者；仓储，配送中心设施；包装设备</td><td>单一服务提供者</td></tr>
<tr><td>第三方物流提供者</td><td>整合的仓储与配送服务；IT基础设施的整合与支持；资产的所有者和购买者；仓库管理系统</td><td>功能结合</td></tr>
<tr><td>超级物流服务提供者</td><td>经验丰富的物流服务供应商；结合和利用先进的能力优化物流和供应链活动；管理多重的（下级的）第三方物流提供者；决策支持；连续改进</td><td>一个超级第三方物流供者管理多个第三方物流供者</td></tr>
<tr><td rowspan="3">新业务模式</td><td>第四方物流</td><td>供应链的构思者；供应链设计和优化者；合作促进者和制造者；供应链重组者；服务、系统和信息的整合者</td><td>新业务模式</td></tr>
<tr><td>联合服务公司</td><td>联合拥有，联合管理；少数的平等合作伙伴；业绩导向，协议好的激励和报酬；创新的文化氛围</td><td>新业务模式</td></tr>
<tr><td>虚拟网络联盟</td><td>动态的网络能力；实行类似第四方物流或联合服务公司的嵌入模式，但没有严格的平等安排；安排在宽松联盟中的利益方能随意加入和离开；在速度和规模上提供特别的供应链方案；跨公司之间高度连接的过程；激励分享和投资分享</td><td>新业务模式</td></tr>
</table>

从整合资源的方式看，第三方物流企业主要有两种：一种是不拥有固定资产，完全依靠组织协调外部资源进行运作的“非资产型”第三方物流企业；另一种是投资购买各种装备并建立自己物流网点、适当整合社会资源的“资产型”第三方物流企业[95]。当底层物流市场并不成熟时，第三方物流企业拥有部分资产可以强化自身的服务能力；另一方面，能够整合各种物流资源是第三方物流企业必须具备的基本能力[96]。资产型第三方物流企业既自行投资建设网点和购买装备，又通过租赁、兼并重组或者建立战略联盟的方式获得或利用资源。第三方物流企业的运力主要体现为运输车辆的载运能力，资产型第三方物流企业的运力包括两部分：企业投资购置部分和通过租赁等资源整合方式所获得的部分。

第三方物流企业能够提供的服务可分成基本物流服务与增值服务两种。基本物流服务主要包括运输管理、仓储管理等常规服务。由于服务相对比较简单，绝大多数企业都可以提供部分或全部基本物流服务，基本物流服务市场竞争往往比较激烈。增值服务是指根据客户的需要，为客户提供的超出常规的服务，或者是采用超出常规的服务方法提供的服务。从增值服务产生的情况看，又可分为两种。一是从仓储、运输等常规服务的基础上延伸出来的增值服务，主要是将物流的各项基本功能进行延伸，伴随着物流运作过程的逐步实施，从而将各个环节有机地衔接起来。比如，运输的延伸服务有安排货运计划，为客户选择承运人，确定配载方法，货物运输过程中的监控、跟踪，门到门综合运输，报关，运费谈判，货款回收与结算等。二是实现一体化物流和供应链集成的增值服务，物流一体化的增值服务是向客户端延伸的服务，通过参与、介入客户的供应链管理及物流系统来提供服务。

三、物流企业集团

1. 企业集团的性质

根据交易成本经济学，不同的交易需要采取不同的治理结构，一般来讲主要有三类：市场组织、企业组织和混合组织。企业集团从组织形态上看更像一个混合经济组织。企业集团的出现使集团内部企业与市场的边界被部分地隔离，此时企业配置资源被集团形式治理结构所取代，而集团形式治理结构要比市场配置资源的交易成本低。因此，位于核心层企业不把所有的资源放在企业内部，也不完全依靠市场配置资源，而是通过组建企业集团、以资本为纽带、依靠契约关系来优化配置资源。各成员企业组成集团内部资本市场，这使企业集团对各企业进行评估时信息不对称减少，真实的信息披露有助于企业集团及时掌握经营状况，及时调整投资战略。企业集团可以持续向纵向一体化的产业领域或者横向的规模复制甚至是不相关的领域注入资本以获取超额利润。

企业集团是处在市场与独立企业之间的中间组织。从交易的内部化程度来看，处于市场与企业之间的中间组织可以进行以下排序[97]：市场 > 长期契约 > 战略联盟 > 合资 > 企业。文献[98]用决策准则（交易的参与者按什么目标来做出决定）和关系准则（参与交易的方式和相互之间的关系）来表示中间组织的形成，在纯粹的市场协调下，决策准则 M1 表示为利用价格或其他信号追求个体利益最大化，关系准则 M2 表示为自由进入或退出；在纯粹的组织协调下，决策准则 Q1 描述为基于权力之上的命令和共同利益最大化，关系准则 Q2 描述为固定、持续的关系。纯粹的市场准则或纯粹的组织准则可以看成是交易准则的两极，而很多交易准则介于二者之间。根据这种观点，企业集团就成为一个可以包括战略联盟在内的中间组织的形式[97]。

2. 企业集团及其边界

“企业集团”是一个使用广泛，但是用途差异比较大的一个概念，例如中国内地称为“企业集团”，中国台湾地区称为“关系企业”，日本称为“keiretsu”，韩国称为“chaebol”，美国称为“business group”。迄今为止学术界给出了多种企业集团的定义，这些定义分别从不同的角度描述和总结了企业集团的本质特征，总体来说：

（1）企业集团通常被一个核心（或主导）的个人、家族或企业控制，并由同一个管理层管理。

（2）企业集团的成员企业间通常是通过多种社会、法律和经济纽带结合。例如关联董事（interlocking directorates，一个人担任两个以上的成员企业的董事）就可以反映成员企业间的所有权关系。当一个企业全资或部分控股另一个成员企业时，通常会派代表进入其董事会。

(3)企业集团应该在不同程度上采用多元化经营的战略，包括在多个行业或者多个市场上经营。如果一个企业不是参与多个行业的经营活动，而只是对多个行业进行了投资，那么这个企业就有可能是证券投资公司、信托投资公司或者是基金公司，而不是企业集团。

(4)企业集团的总部是通过母子公司之间所存在的股权关系行使对子公司的战略指导和控制，而且还能够通过程度不同的合作和建立共同的公司文化影响子公司，从而使各个下属子公司有比其他类型的企业集合更强的认同感和整体意识。

(5)企业集团是一种多层次的组织结构，一般有核心层、紧密层、半紧密层、松散层四个层次。一方面企业集团的生存发展必须依赖高度成熟的市场机制，如经济法律、行业组织、金融体系及高度信用化的金融市场、产权明晰及投资主体的多元化、政企高度分离及成熟的市场主体等；另一方面又需要通过成熟的企业内部协调机制来保证企业集团的统一化、规范化经营，相互持股、投资决策一体化，统一的经营媒介、大银行作为依托以保证在资金和投资方面对所属企业的制约以及有实力的核心企业对紧密和松散层企业的吸引与调节。只有在这两方面的条件相对完善和成熟的情况下，企业集团才能真正充分地发挥规模经济、优化资源结构、降低生产经营成本、消除企业间过度竞争、要素流动专业化分工等作用。

“边界”的本质是指异质系统间隔的标志，企业组织的边界指的是将企业与外界环境区别开来的标志。从单个企业看，出资人出资后，完成工商登记，拥有全部法人财产权的企业从法律意义上宣告成立，企业围绕自身使命确立组织机构和划分责权体系，由一定数量的人员、一定价值的资产和一定数额的资金构成了一个企业的边界。企业集团是一个多法人企业的联合体，它按产权控制程度、业务关系的紧密性等原则，将成员企业以科层组织的方式有序组织起来，核心母公司(一般冠名为“×××集团公司”)处于这个科层组织的最上方。依此，企业集团的组织结构的平面剖析图可描绘如下：

(1)企业集团核心层：以核心母公司(×××集团公司)为中心，包括其全资企业和实际控股的企业构成。企业集团的核心资源与能力主要聚集这个层面(如核心产品的生产、核心专利技术的开发和持有、企业集团的财务结算和调度)。

(2)企业集团紧密层：主要由母公司及其通过子公司参股的企业构成，这个层面的企业与核心层企业的资源和能力紧密互补。

(3)企业集团松散层：主要由关联企业构成，它们一般是上两层企业的特许生产企业、经销商、定单生产企业等。上两层企业并不持有它们的股份，但与它们有经常性的业务往来。具有松散层特点的企业一般不控制稀缺性资源和能力，在市场上同类企业比较多，将这部分企业纳入企业集团主要通过契约维持长期的交易，降低相互之间的讨价还价成本。

企业集团是企业联合体，这种组织结构具有双重性：

一方面，企业集团由若干实体组织构成，企业集团各成员企业大多数具有法人资格，按法律程序注册，根据组织目标有独立的组织机构和权责安排，独立核算，自负盈亏，是独立运营的组织实体。企业集团是实体组织的联合体，成员企业之间的交易方式有两种：一种是核心控股层企业按企业集团内部规则定价交易，一种是关联企业主要按市场规则定价交易，因此企业集团又是成员企业交易的内部市场,具有取代市场的中间组织特性,隐含着类似虚体市场组织的属性。

另一方面,企业集团只是进行登记的社团组织,其本身不是法人,并不是法律意义上的实体组织。但是企业集团一般设有理事会等成员企业协调机构,成员企业彼此之间有业务协作关系或股权关系,特别是处于核心层的母公司,通过股权安排,对子公司、孙公司层层控制或交叉持股形成利益共同体,由此影响和干预各成员企业经营活动。尽管企业集团是虚体组织,但它并不完全虚化为市场。因此,企业集团虚体组织属性中有实体组织的特点,在实体组织属性中又有虚体组织属性特点,两种属性相互融合。当企业集团内部控股关系越强、协作关系越强,组织成本就越高,市场成本越少,尤其当企业集团为控制核心资源和能力,增加对关联企业的持股,紧密层的成员企业增多,企业集团虚体组织属性弱化,实体组织的属性强化[99]。

根据以上对企业集团组织结构的分析,企业集团的边界结构可以相应地划分为[100]:

(1)核心母公司内边界范围:仅包括核心母公司本身,核心母公司好比是企业集团的根,所有的产权关系和业务关系最终落足于此,负责整个企业集团战略发展方向、投资方向和企业形象等。

(2)核心母公司外边界范围:延伸到全资或控股企业,即包括整个核心层范围。对于这部分企业识别的简便办法是,要不要合并到母公司的会计报表中去,如果需要,那就属于核心母公司外边界范围内。

根据我国财政部财会(1995)11 号文《合并报表暂行规定》第二条:

母公司在编制合并会计报表时,应当将其所控制的境内外所有子公司纳入合并会计报表的合并范围。

①母公司拥有其过半数以上(不包括半数)权益性资本的被投资企业,包括:a. 直接拥有其过半数以上权益性资本的被投资企业;b. 间接拥有其过半数以上权益性资本的被投资企业;c. 直接和间接方式拥有其过半数以上权益性资本的被投资企业;d. 间接拥有过半数以上权益性资本是指通过子公司而对子公司的子公司拥有其过半数以上权益性资本;e. 直接和间接方式拥有其过半数以上权益性资本是指母公司虽然只拥有其半数以下的权益性资本,但通过与子公司合计拥有其过半数以上的权益性资本。

②其他被母公司所控制的被投资企业。母公司对于被投资企业虽然不持有其过半数以上的权益性资本,但母公司与被投资企业之间有下列情况之一,应当将该被投资企业作为母公司的子公司,纳入合并会计报表的合并范围:a. 通过与该被投资公司的其他投资者之间的协议,持有该被投资公司半数以上表决权;b. 根据章程或协议,有权控制企业的财务和经营政策;c. 有权任免董事会等类似权力机构的多数成员;d. 在董事会或类似权力机构会议上有半数以上投票权。

(3)企业集团内边界范围:包括核心层和紧密层范围内的企业,主要是些非控股的参股企业。

(4)企业集团外边界范围:延展到松散层范围内的企业,主要是有稳定业务关系的关联企业。

企业集团是与企业多元化经营相伴随而产生的一种新的产业或者企业组织形式。无论采用自建还是收购的方式去实现多元化,多元化必然导致分部化,以及集团公司与附属企业或者母子公司结构的出现。在我国经济发展的实践中,企业集团的总部或者母公司被约定俗成称为集团公司,全资子公司、控股公司则相应地称为附属企业(紧密型企业),参股和依靠契约发生联结的企业则成为非附属相关企业(非紧密型企业和协作型企业)[100]。在实际中无论是紧密型、半紧密型还是协作型企业都可以被统称为企业集团的成员企业。

在企业集团内部,集团公司与成员企业的关系通常是按照集团公司与成员企业关联关系的强度来进行描述的。通常来说,集团公司与附属企业的边界是很容易划分的,因为处于企业集团内部最高层次的组织就是企业集团的总部、母公司或者集团公司,而在其下的各个层次的全资或者控股的行业性经营单位就是附属企业。但是有的情况下,集团公司与附属企业或者附属企业之间的边界划分并不容易,因为存在着下述三种情况:①企业集团的核心业务是放在集团公司的;②附属企业虽然在法律上是独立法人,但是并不是作为独立的利润中心;③附属企业之间存在着业务重叠关系。

如果说在单一行业性企业中投资者(股东)与企业是直接发生关系的话,那么在企业多样化和集团化以后,投资者与附属企业之间就多了一个新的中间机构——企业集团总部或者集团公司。集团公司是处于董事会与附属企业之间的一个中介性的机构,其中董事会(代表股东)与集团公司之间存在着一种委托——代理关系。因此集团公司高层管理者具有两个不同的角色:企业集团的经营决策者和附属企业的产权所有者。同时,集团公司与附属企业之间也存在着一种程度不同的委托——代理关系,附属企业管理者受集团公司的委托而成为这些附属企业的经营决策者。集团公司既扮演高层管理者的角色,即受股东的委托管理和运营他们的资产,又能够代表股东对附属企业行使股东的权利。集团公司在职能设置与发生作用的方式上需要反映这两个角色的要求。

3. 我国国有企业集团的分类

目前国内外对于企业集团已有一些分类方式,对于当前处于经济转型时期的中国国有企业集团的分类应更多地遵循其特殊性。本书按照不同标准对我国的国有企业集团进行分类,如表4-6所示。

4. 我国国有企业集团发展阶段划分

企业集团在我国发展的历史较短,从20世纪80年代初的企业横向联合至今,大约经历了20多年的时间。这一发展历程大致可以分为四个阶段:孕育阶段、起步阶段、发展阶段和大型企业集团阶段(图4-9)。

1)孕育阶段(1980~1986年)

改革开放以来,随着国有企业自主权的逐步扩大,我国开始组建、形成最初的“横向经济联合体”。1980年,国务院发布了《关于推动经济联合的暂行规定》,明确提出了在所有制关系不变、隶属关系不变、上缴利税渠道不变的原则下,鼓励企业发展横向联合。规定指出:“走联合之路,组织各种形式的经济联合体,是调整好国际经济和进一步改革经济体制的需要,是我国国民经济发展的必然趋势”。1986年,国务院颁布《关于进一步推动横向经济联合的若干问

我国国有企业集团的分类　表4-6

分类依据	类　别	主要特点
企业集团的产生渊源	以大型工厂为核心的企业集团	核心企业资本实力雄厚,成员企业之间形成了较科学的专业分工体系,母公司的发展方向是混合型控股公司
	由行政机构转型的企业集团	其建立与发展是政府职能和机构调整的产物,在一定时期内兼有政府管理和企业管理两种功能
	强强联合型的企业集团	一般是在几个大企业的基础上再成立一个集团母公司,即先有子公司后有母公司
	从大型企业集团中剥离出来形成的企业集团	鉴于"企业办社会"的问题日益突出,国有企业集团通过对这些辅业部门和单位剥离加以解决
	自我发展型企业集团	在单一行业中经营的企业,采用以机会带动、以高负债为手段、以多元化投资为战略迅速发展壮大而成
企业集团内母子公司产生的先后	先有母公司的企业集团	基本具有现代企业制度特征,母公司与子公司间关系牢靠,管理顺畅,市场竞争力强,发展潜力大
	先有子公司的企业集团	多是通过政府行政推动型方式形成
母子公司之间的联结方式	以股权为联结纽带的企业集团	由资产经营一体化而形成的,产权关系是企业集团中成员企业之间最基本的纽带
	以契约为联结纽带的企业集团	成员企业之间产品生产的横向联合或者销售都是以合同等契约形式为基础
	混合联合的企业集团	成员企业间的联结既有通过投资参股形成的股权联结,又有通过合同契约所形成的联结

题的规定》,首次提出要通过企业之间的横向经济联合,逐步形成新型的经济联合组织,发展一批企业群体或企业集团。这一阶段是我国企业集团的孕育阶段,企业的横向经济联合为企业集团的组建和发展提供了思想和组织基础,中国的企业集团开始萌芽。政府需要解决的主要问题是如何克服国有企业当时存在的"小而全"和"大而全"的问题,促进国有企业进行跨地区、跨部门、跨行业的联合,解决生产资料缺乏和交易成本过高的问题,充分发挥国有企业的生产能力以满足被压抑了很久的巨大的市场需求。

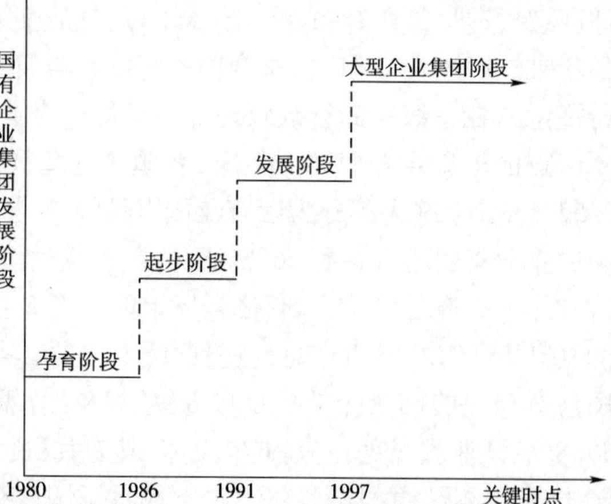

图4-9　我国国有企业集团发展阶段划分示意图

2)起步阶段(1987～1991年)

资金、人才和技术严重缺乏,极大地影响

了整个社会生产力和人民生活水平的提高，因此一些大型国有企业或者经营比较成功的国有企业开始利用其在资金、人才和技术方面相对比较充裕的资源、通过投资方式进入上下游行业或者开拓新的行业，寻找降低成本、稳定供应和获得高收益的发展机会。1987 年，国家体改委和国家经贸委联合发布了《关于组建和发展企业集团的几点意见》，对组建企业集团的条件作了较为原则的、引导性的规定。对企业集团的含义、组建、条件、内部管理等问题作了明确规定，之后，各种形式的企业集团迅速涌现。1989 年，国家体改委印发了《企业集团组织和管理座谈会记要》，首次对企业集团的基本特征做了界定，强调企业集团要以产权为主要联结纽带。这一阶段的企业集团绝大多数仍然是不规范的，但已有企业集团开始以产权为主要联结纽带。

3)发展阶段(1992～1997 年)

邓小平同志"南巡讲话"使改革与发展的目标得到确定，从而使经济发展进入了"提速"阶段。当时宏观经济面临的主要矛盾是机会多而资源不足，从而使国有性质与企业集团这种组织形式的结合可以发挥特别重要的作用。这个时期的国有企业集团普遍实施多元化战略，有的已经完全采用了不相关多元化的战略，其目的主要是想利用人才和财务上的范围经济或者杠杆作用。1991 年，国务院批转了国家计委、国家体改委、国务院生产办公室《关于选择一批大型企业集团进行试点的请示》，对试点企业集团的有关问题作出了明确规定，在全国范围选择了第一批 55 家试点企业集团；1992 年，国家工商行政管理局、国家计委、国家体改委和国务院生产办公室联合发布《关于国家试点企业集团登记管理实施办法(试行)》。至此，企业集团的登记管理纳入了企业登记注册管理范围。1997 年，国务院提出企业集团要建立以资本为主要联结纽带的母子公司体制，并将试点企业集团数扩大到 120 家。同年，党的十五大报告强调要以资本为纽带，通过市场形成具有较强竞争力的"四跨"大型企业集团。在这一阶段，我国企业集团进入了发展轨道。

4)大型企业集团阶段(1998 年至今)

十五大以后，我国经济发展进入了一个全新的阶段。在"以资本为纽带，通过市场形成跨地区、跨行业、跨所有制、跨国经营的大型企业集团"方针的指导下，一批大型企业集团迅速成长起来。1999 年 3 月底，符合国家工商行政管理局 1998 年 4 月下发的《企业集团登记管理暂行规定》，在各级工商行政管理部门登记的企业集团共 5456 家；经国务院批准进行大型企业集团试点的国有企业集团 117 家，乡镇企业集团 3 家；经省级人民政府批准设立的企业集团共 2352 家，其中绝大部分为国有及国有控股企业集团。2000 年底，经省部级单位批准的比较大型的企业集团已经达到 2655 家；资产总额达 106984 亿元，营业收入达到 53260 亿元；营业收入和年末资产总值均在 50 亿元以上的大型企业 140 家，企业集团母公司为特大型、大型企业的共计 1697 户，其资产总计达到 97257 亿元，占全部资产总额的 90.9%。截至 2005 年底，我国注册登记的国有企业集团数量为 1446 家，占全国企业集团数量的 50.8%，占利润总额的 85.8%，从业人员的比重占 79.9%，成为我国国民经济的重要支柱。外资企业与民营企业得到了迅速发展，并且在经济总量上超过了国有企业；市场经济的发展导致市场供给迅速提升，在大多数行业出现了供过于求的局面；政府开始控制信贷规模、改革金融体制，建立和健全金融市场；人才市场，特别是经理市场开始建立。产品市场、经理市场和金融市场的建立与健全导致国有企业集团面临着更加激烈的竞争，但是相当多的国有企业集团在经过盲目和高速多元化发展之后开始受到资产结构与行业结构不合理的困扰。于是，政府一方面加大了对国有企业改革与扶持的力度，实施抓大放小的策略；另一方面，加强了对国有企业集团的改革和行为的规范，鼓励国有企业集团进行重组，主要战略是降低多元化程度，采用相关多元化发展战略，其目的是要利用规模经济与范围经济效益。中央直属企业从股权性质上看，多数为国有独资公司，一般在法人形式上多以企业集团法人统辖下属各子公司。其下属企业一般在法律意义上具备至少具有一级独立法人资格。由于内部管理层级繁多、涉猎行业复杂，部分国有企业在多元化扩展的冲动中，曾投资数十乃至上百个行业，内部管理层级更高达 7 级以上（信息来源：国资委网站）。国务院国资委在"十一五"规划中对国有企业的合并做出了超前规划，指出在 2010 年的时候将现有的中央企业数量减少到 80 家左右，采取的主要形式是基于主业的兼并重组。

5. 当前我国企业集团的发展特点

1）企业集团在各次产业中的分布数量有明显变化

我国企业集团所在的行业分布涉及 78 个国民经济行业大类，从经济规模看，电力、石化、冶金、汽车等国民经济支柱产业发展稳定，形成规模经济。近几年，各级政府加大产业结构调整力度，鼓励一些关键领域和重要行业重组、兼并中小企业，发展规模经济带动产业升级；同时，对大量技术工艺设备落后、质量低劣、污染环境、浪费资源以及不符合安全生产条件的小企业实行关、停、并、转，优化资源配制。所以，我国以工业生产为主营活动的企业集团数量有所减少。

2）国有及国有控股的企业集团仍居主导地位

当今世界，企业集团对一国经济的发展、经济结构的调整、国际竞争力的形成起着举足轻重的作用。关系国家安全和国民经济命脉的重要行业和关键领域（如军工、航空航天、交通运输、通讯、电力、煤炭、石油石化等行业）的技术创新和参与国际竞争，则主要靠国有及国有控股企业集团。

在 20 多年的发展历程中，我国的企业集团经历了初创、发展、深化、做强等不同的阶段，企业集团从政府行政性推动、契约形式的联合，发展到以资本为纽带的联结，已初步形成了一批引领国民经济发展的大企业集团。国有及国有控股企业集团也在这一过程中得到了快速发展，并在国民经济中发挥着越来越重要的作用。我国加入 WTO 以后，企业集团直接面对实力强劲的全球知名的跨国公司，面临的国际竞争压力与日俱增，而我国企业集团中真正能参与竞争的却寥寥无几。在这种新形势下，国家对企业集团的发展政策做出了重大调整，即由原先过分强调企业集团数量过渡到注重企业集团质量上来，也就是要通过强强联合形成具有国际竞争力的大企业集团。至此，我国的企业集团开始步入了做强做大的新阶段。

3）企业集团实行兼并重组，通过多种手段融通资金，扩大企业集团资产规模

企业集团通过兼并、收购中小企业方式进行低成本扩张，使有效资源不断从落后企业流向优势企业，实现资源的合理配置，同时发挥中小企业产品结构转变快，适于分散生产经营领域

风险的特点，优化产业结构。

4）企业集团母公司法人治理结构进一步完善，母公司职能得到加强

近几年来，国有及国有控股企业集团的改革工作进一步深化，已建立母子公司体制的企业集团比重不断提高，母公司出资人进一步明确，改制面超过四分之三，公司治理结构不断完善。截至2005年底，95.6%的国有及国有控股企业集团已建立以资本为联结纽带的母子公司体制，比1997年提高14.9个百分点，比“十五”期初提高7.9个百分点。同时，98.3%的国有及国有控股企业集团母公司能够对集团发展战略进行统一决策；95.3%的母公司能够对重大投融资项目进行统一决策；85.9%的母公司有统一的财务管理制度。

5）我国大企业集团的营业收入水平整体持续增长，经济实力普遍增强

从国家统计局的调查结果看，通过积极开拓市场等多种举措，我国大企业集团的营业收入水平整体持续增长，经济实力普遍增强。一批具有一定国际竞争力的大企业集团已经出现并且不断发展壮大，其直接表现就是进入世界500强的企业增多，而且排名提升。从美国《财富》杂志公布的2006年度全球500强企业的名单来看，一方面，中国内地有19家大企业集团榜上有名，比2005年增加了4个；另一方面，中国大企业集团排头兵的综合实力继续增强：中国石油化工集团公司取得了中国公司在世界500强排行榜上的最好名次。

6. 物流企业集团及其边界

物流企业集团是以一个或多个实力雄厚的物流企业为核心，以产权联合为主要纽带，并以物流服务、物流技术、经济契约等多种结构方式，把多个物流企业、传统储运企业、IT服务企业、管理咨询企业等联系在一起，具有多层次结构的法人联合体。物流企业集团除了具有一般类型企业集团的共性外，还具有突出的行业特征，主要表现在以下方面：

（1）物流企业集团属于专业型服务企业组织，其输出的不是一般意义上的产品，而是服务（知识的输出（如提供供应链解决方案）及物流服务支持）。

（2）物流企业集团的主业在于通过一对一营销、提供个性化物流服务和供应链解决方案，通过这样的服务扩展其盈利领域。

（3）物流企业集团的核心企业一般在某个或某几个物流环节拥有绝对优势。

（4）物流企业集团具有网络化特征。网络化既指物流业务运作体系的网络化，也指支持运营的物流信息系统的网络化，还指物流企业集团总部对成员企业组织管理的网络化。物流企业集团的最大优势之一就在于其跨地域的运作体系，业务网点众多、服务范围广，这就使得其能提供比一般的物流企业业务延伸地域更广泛、更靠近客户终端的物流服务。而网络化的物流信息系统和组织管理模式是对运作体系网络化的有力保障。物流企业集团的网络化特征使其行政组织管理由传统意义上的功能导向转为协同导向。

（5）物流企业集团的边界模糊特征更加显著。各种代理企业（特别是货运代理企业）的大量涌现和发展是最典型的反映。

（6）从物流服务最基本的作业单位——物流作业完成周期看[101]，物流服务的各种作业接口与决策必须联系在一起才能实现系统化，这使得物流企业集团在业务层面体现出一种“组件化”、“模块化”组织管理的松耦合特点。

(7)精确测算物流企业集团生产能力的难度很大。一方面,物流业界与学术界对物流总规模的测算方式有分歧(表现为两类:成本、产值等价值方面的指标,物流量、货运量等实物量计量单位方面的指标);另一方面,物流业务的实时变更、物流企业集团边界的动态变化使按照传统思路计算其生产能力的办法很难实施。

边界作为系统与外界环境相互作用的中介,处于复杂的动态变化状态,它是人们对系统及其与环境间关系的未来演化加以预测和决策的重要依据。在联合应对经济金融危机的背景下,企业间的兼并、重组、收购此起彼伏,企业集团的边界处于不断变动中。迄今用于指导企业集团边界决策的理论主要有:规模经济理论、范围经济理论、交易费用理论、产业关联理论、产权理论、企业集团战略观等。这些理论从不同角度对企业集团的有效边界进行解释。

物流企业集团组织边界由单一物流企业边界扩大到企业集团组织的四种边界,即母公司内边界(集团核心层)、母公司外边界(包括集团核心企业及被作为其联合核算对象的集团紧密层企业)、企业集团内边界(包括集团公司及其通过股权持有关系联结的所有紧密层和半紧密层企业)和企业集团外边界(包括集团公司及其所有通过股权持有关系联结的紧密层和半紧密层企业以及通过长期契约关系发挥影响力的集团协作层企业)(图4-10)。物流企业集团的总体规模和整体实力,主要受物流企业集团系统边界范围内的成员企业的规模和实力影响,由于每个成员企业的物流业务范围须按市场需求变动,加上企业集团成员企业的数量和范围也会发生变动,与单个企业相比,物流企业集团的边界变动显著。从边界的角度研究分析物流企业集团相关问题,一般以单个物流企业为研究的基本单位。

物流企业集团边界的主要特点有:

(1)层级性与跃迁。依据母公司控股程度和业务协作关系的紧密度,母公司内边界是整个物流企业集团的边界内核,其次是母公司外边界,再次是企业集团内边界,最外围的是企业集团外边界。当处于物流企业集团外边界范围的物流企业对母公司重要性加强,母公司可通过加大持股比例等方式加强对其控制,这个物流企业就可以从物流企业集团外边界跃迁到母公司外边界。类比原子核模型,处于不同边界范围内的物流企业具有不同的"能级"(类似于母公司的持股比例),要实现"跃迁",必然伴随能量的变化(母公司对其持股比例的变化)。

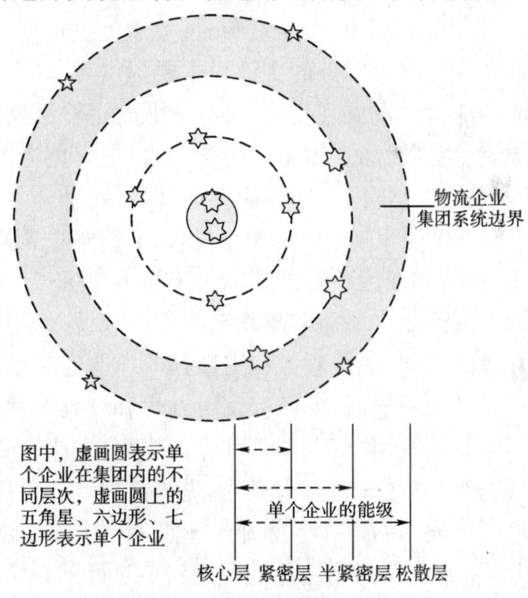

图4-10　物流企业集团的各种边界

(2)动态性与收放。物流企业集团是一个控制资源和能力的功能团,它将核心资源和能力置于母公司边界范围控制下。物流企业集团根据成员企业的物流服务能力、物流服务水平时常进行动态调整,这种调整一方面表现为"跃迁",另一方面表现为"吸收/释放",而对特定物流企业的便捷收放往往要求物流企业集团的外边界必须具有开放性,这对物流企业集团的边界影响更大。

7. 现阶段我国物流企业集团的发展背景

1)交通运输与现代物流行业政策背景

近年来,现代物流业受到我国各级政府的高度重视。国家提出"要把物流业作为我国本世纪的重要产业和国民经济新的增长点",原国家经贸委、发改委、商务部等相关部委多次联合发布加快现代物流发展的指导意见和政策措施,营造有利于现代物流业发展的宏观环境。各省、市政府纷纷制定并实施现代物流发展规划,加强物流基础设施建设,构建现代物流服务体系。国家在"十一五经济与社会发展规划纲要"中提出,"大力发展现代物流业","推广现代物流管理技术,促进企业内部物流社会化。""培育专业化物流企业,积极发展第三方物流。建立物流标准化体系,加强物流新技术开发应用,推进物流信息化。加强物流基础设施整合,建设大型物流枢纽,发展区域性物流中心"。在我国现代物流业快速发展过程中,交通运输行业积极参与和支持现代物流发展,对现代物流网络体系构建和第三方物流市场发展发挥着极其重要的作用。交通部、铁道部、民航局等不同交通运输方式的行业主管部门作为国家现代物流发展部级联席会议成员单位,始终参与国家现代物流发展宏观战略、指导方针和政策体系的研究制定;与此同时,作为传统交通运输业实现产业拓展升级和可持续发展的重要发展方向,交通、铁道、民航等交通行业管理部门大力倡导充分整合利用本行业运输物流资源,构建行业现代物流体系,向现代物流服务领域进行业务延伸,推动有条件的交通运输企业向现代物流企业转型。交通部2001年发布的《关于促进运输企业发展综合物流服务的若干意见》中提出,"运输企业是物流服务的主体或主要提供者,具有发展综合物流服务的优势和条件。引导交通运输企业大力发展现代物流,对于调整运输结构,优化交通资源配置,实现交通运输可持续发展战略,提高交通运输企业的竞争力,更好地为国民经济和社会发展服务,具有重要意义。"各省区交通主管部门积极响应交通部号召,结合各地实际情况推动交通现代物流发展。

2009年以来,国际金融危机对我国实体经济造成了较大冲击,物流业作为重要的服务产业,也受到较为严重的影响。2009年2月25日的国务院常务会议将物流业列为调整和振兴的十大产业之一。实施物流业调整和振兴,不仅是促进物流业自身平稳较快发展和产业调整升级的需要,也是服务和支撑其他产业的调整与发展、扩大消费和吸收就业的需要,对于促进产业结构调整、转变经济发展方式和增强国民经济竞争力具有重要意义。2009年3月10日国务院印发《物流业调整和振兴规划》(国发[2009]8号),明确提出:物流业调整和振兴举措,"既要应对国际金融危机,解决当前物流业发展面临的突出问题,……又要从产业长远发展的角度出发,解决制约物流产业振兴的体制、政策和设施瓶颈,促进产业升级,提高产业竞争力。""政府要为物流业的发展营造良好的政策环境,扶持重要的物流基础设施项目建设。""统筹国内与国际、全国与区域、城市与农村物流协调发展,做好地区之间、行业之间和部门之间物流基础设施建设与发展的协调和衔接,走市场化、专业化、社会化的发展道路,合理布局重大项目。"

2)企业集团发展的总体背景

就其理论意义而言,国内外学者从不同的角度、运用不同的方法对企业集团及其相关问题进行了广泛的研究,并取得了丰硕的成果。企业集团这种法人联合体的组织形态,在调整企业集团规模和范围、提高整体经营效率上有其异于单个企业的做法,即不是通过要素交易来实现,而是借助频繁的企业组织交易来完成,衍生出一系列值得研究的问题。我国学术界近年来掀起了公司治理研究的热潮,但有关公司治理问题方面的研究主要针对单一企业而言,不涉及多个单一企业的治理和相互间的协调问题。而对于作为多个法人联合体的企业集团的关注主要集中在财务、多元化经营、规模与边界等问题上,涉及到公司治理方面的问题散见于其中。

从实践的角度来讲,当今世界国与国之间的竞争集中体现在经济实力的竞争,国家的经济实力又是通过企业实力、特别是大企业和企业集团的经济实力来体现。世界500强集中显示了发达国家的经济竞争力。综观世界主要经济发达国家的发展历程,无不依靠该国的企业集团尤其是大型企业集团的发展、壮大,人们往往把一国企业集团的兴衰看作是国家经济实力兴衰的象征。

中国是一个独特的处于经济社会转型期的国家,其经济转型的过程不仅包括了从计划经济向市场经济的转变,而且包括了从农业社会向工业社会的转变以及从封闭社会向开放社会的转变。在中国经济转型过程中出现的大量企业集团在中国经济高速发展中发挥了显著的作用。中国作为一个发展中国家,经济竞争力不够强,关键在于缺乏世界级水平的大企业、大公司。要提高国际竞争力,就必须发展我国自己的"经济航母",就必须贯彻执行党中央"抓大放小"的方针,发展一批大企业集团。我国已经走过了20多年的组建和发展企业集团的历程,也形成了一批有一定技术创新能力、有一定市场开拓能力、有一定经营管理能力、劳动生产率和净资产收益率等主要经济指标都接近或达到国际同行业先进水平、规模效益稳定、具有持续的盈利能力和抗御风险能力的大型企业集团。但是,在我国企业集团中存在的问题依然显而易见,主要表现在:缺乏竞争力、运作不规范、效益差等方面。组建企业集团必然要求相关企业在管理方面做出创新性举措。企业管理创新是企业根据市场和社会环境的变化,重新整合人才、资本和技术等要素,以适应、满足和创造市场需求,达到自身的经济效益目标和完成社会责任的过程。也即,根据市场经济条件下企业生产经营的客观规律和现代科技的发展态势,对传统的管理模式及相应的管理方式方法进行改进、改革,创建新的管理模式、方式和方法。企业的管理创新可归结为一个将资源从低效率向高效率使用转化的过程。

3)物流企业集团对交通物流行业发展的现实意义

经过多年的发展,我国(特别是东部沿海省份)交通物流行业呈现出一个重要的特点:个别交通物流企业生产的高度组织性、有计划性和整个交通物流行业生产(物流服务)无序状态之间表现出较为显著的矛盾性(即企业与行业之间的矛盾);交通物流行业供给能力绝对值的快速扩大趋势与经济社会对交通物流的有效需求、结构性需求相对集中之间表现出较为显著的矛盾性(即生产和消费之间的矛盾)。具体表现在以下方面:

(1)企业的现代物流理念得以全面普及,实践力度加强。

多年来,相关的行政主管部门积极采取各种政策措施促进现代物流理念的普及;交通运输物流企业也采用请进来走出去的方式,积极参观、学习国内外现代物流管理运作先进经验,聘请国内外专家对企业物流的发展进行指导。迄今,大多数交通运输物流企业在现代物流运作方面处于稳定发展阶段,物流管理水平和信息化程度得到明显提升,对现代物流理念的认识也达到了一定的层次,并正在将先进的物流管理方式、物流技术付诸实践。

(2)基础设施网络建设水平与运输能力有力支持着物流发展。

改革开放以来,为适应国民经济与社会发展,消除严重的交通运输"瓶颈"制约,国家把加快交通运输的发展作为一项战略任务,采取了一系列重大举措,改善了交通运输基础条件,提高了运输能力和效率,运输紧张状况得到了缓解。经过多年建设和发展,以干线铁路、高速公路、深水航道、干线机场、枢纽港为重点的交通基础设施建设,改善了交通运输设施条件。

随着交通运输基础设施的不断发展与完善,运输能力相应提高,各种运输方式完成的客货运量日益增长。经过不断调整和优化,我国客货运输改变了依赖单一或少数运输方式的状况,运输结构得到改善。20 世纪 70 年代以来,我国公路客货运输市场份额快速增长,铁路客货运输市场份额大幅度下降,民航客运和远洋货运市场份额持续稳定增长,与国外主要国家运输市场的发展趋势基本一致。

(3)道路货运场站建设与经营中存在诸多与市场需求不适应的问题。

长期以来公路货运场站建设、管理工作不能适应全社会运输物流服务需求的问题一直没有得到很好的解决,货运场站从数量、空间布局、规模等级乃至服务功能等都远不能满足运输物流需求的发展。

现代道路运输系统功能的增强要求相应的货运场站与之相配套,货运场站面临的新的挑战是满足商品数量多、品种全、周转快、新商品不断涌现提出的市场化、物流化的新要求。在我国公路枢纽形成过程中,各个地区的场站建设一直落后于线路建设。

现代化道路运输系统对场站的服务功能不断提出新的要求。货运场站除完成传统的运输、储存、装卸搬运功能外,还应具备配送、包装、流通加工、信息处理等功能。不仅如此,随着现代物流的不断发展,一些商流活动也将纳入到场站的功能范围之内,包括订货处理、商品检测、库存控制等。但目前我国各地还严重缺乏功能齐全、设备先进的公用型货运场站,现有场站多为仓库式货运站,科技含量低,作业效率低,经营效益差,功能相对落后。由于社会化程度偏低,各单位自备仓储货运站和专业运输,利用率低,功能单一,配套简陋,影响全行业资源的合理配置和优化利用,不仅造成投资和土地的浪费,也使专业货运难以发挥优势。

(4)道路运输企业发展物流存在的问题。

从全社会看,很多工商企业仍然没有意识到通过业务外包加强企业核心竞争力的重要性,面对委托第三方物流企业提供物流服务心存疑虑。

从企业看,一方面:道路运输物流企业整体上呈现出"多、小、散"的状态。大中型运输物流企业偏少,市场集中度低。这样的格局造成:道路运输物流业运力绝对值相对过剩,运输资源浪费严重;货运实载率不到 50%,迂回运输、重复运输、相向运输严重,运输效率低下;运输物流企业间竞争无序,存在抢货源、降低运价、超载运输等情况。与运输物流业运力绝对值相对过剩对应的是运输车辆结构不合理。大型货运汽车比例低,厢式货运车辆、集装箱、冷藏车、大件运输车等车辆占总车辆数的比例低。另一方面:运输物流企业服务功能得到延伸,除了货物位移的简单运输上,对市场需求的分析与研究、对真正融入生产企业的原材料供应和商品销售的配送过程中去、对与客户企业建立长期稳定的战略合作伙伴关系等方面均有发展与提升。运输物流企业已达到一定的现代化程度,管理手段、技术和信息设备等处于较好的状态。多数企业普遍使用计算机进行日常事务管理、对物流中的许多重要决策问题也实现了半人工半计算机化决策。

4)物流企业集团对交通物流行业发展的理论意义

从政治经济学的角度看,当前交通物流系统中缺乏来自政府的有力的宏观调控手段。要调控一个行业,必然涉及方方面面,但从行业本身看,对行业的市场主体进行调控就抓住了问题的主要方向。针对物流企业的“多、小、散”状态,交通主管部门积极引导组建物流企业集团不失为解决行业性矛盾的有效手段。从经济学角度,物流企业集团作为一种组织形式(尤其是介于市场与独立企业之间的中间组织)能够降低交易成本,克服市场失效。从政治学的角度看,政治学强调政府政策对经济发展和经济组织行为的影响,其着眼点是利益群体之间如何通过权威、权力的基础施加影响以取得或者保护各自的最大收益。政府对企业集团主要有两个影响:首先,国家在资源分配上的作用扩大了企业集团的金融性资源,因此集团公司作为内部市场的职能作用也随着扩大。在转型经济中,当中央计划体制开始逐渐淡出时,国有企业集团不仅仅是一种经济组织,而且在某种程度上具有辅助政府分配资源的作用或作为政府某些职能的代理;第二,国家支持企业集团的措施促进了企业集团通过多元化进入新的行业。既然大多数资源(如资金、土地)是由国家来分配,这些非专用性的资产会促进企业对不相关多元化战略的选择,而且企业集团间的互动和趋同又会建立所谓的“制度资本”,制度资本通常导致了企业的水平多元化。中国的实践表明,国有企业集团在获得政府支持和资源分配上比其他类型的非国有企业有着独特的优势。

第八节 道路甩挂运输经营主体间的竞合模式

一、道路甩挂运输经营主体间关系的类型

关系是一种“联系”,企业关系指的是具有主观能动性的企业在行动过程中相互之间产生的联系。多年来,社会学、经济学、营销学、管理学等诸多学科领域都对企业之间的关系从不同角度有所涉及。社会学对企业关系的研究主要体现在企业关系的社会性方面,社会学对企业关系的研究可以追溯到马克思关于资本主义的政治经济学理论;经济学对企业关系管理的研究最早可以追溯到亚当·斯密的著作《国民财富的性质和原因的研究》;市场营销学领域对企业关系的研究是围绕企业与顾客关系进行的;管理学的研究视角是以企业为核心的。

企业关系是多种多样的,关于企业之间关系分类,管理学界主要有以下几种[102]:

将企业作为一个组织单元,从企业内部、外部进行关系区分,可把企业关系分为10种:①企业与供货方之间的交易伙伴关系;②企业与服务提供者之间的交易关系;③企业与竞争者之间的战略联盟关系;④企业与非盈利组织之间的联盟、合作;⑤联合研究和开发的伙伴关系;

⑥企业与最终顾客之间的交易伙伴关系；⑦企业与中间用户即工作伙伴之间的交易关系；⑧企业内部各职能部门之间的关系；⑨企业与其职工、雇员之间的关系；⑩企业内部各功能单元之间的关系。

引入生态学理论认识企业间关系。生物种群之间存在着竞争、捕食、寄生、互惠、共生、偏利、偏害等相互影响、相互制约的关系，竞争、捕食、寄生、共生、互惠是生物种群在生存与发展中最为常见的关系。在生态学中共生理论框架下，可将企业之间关系划分为竞争与共生、寄生、偏利共生、互惠共生等类型。

从空间角度，依据企业对外发生联系的其他企业数量，企业间组织关系有三种形式：结对或二元的组织间关系（指企业之间的关系只发生在两个企业之间，是最简单的组织间关系形式，是传统企业最常见也最愿意采用的形式）、组织间小圈子（以某个组织为核心组织，由它与其他相关组织分别结成二元间组织间关系，其中任何一对关系的变化既可能对其他关系产生影响也可能没有影响）、组织间网络（所有的企业组织都通过某种特定的关系而在彼此之间形成二元的组织间关系，任何一对关系的变化都会对其他关系产生影响）。

依据关系营销“六个市场”模型中的6种关系，可将企业关系划分为企业与消费者、供应商、分销商、内部雇员、竞争者、其他利益相关者6种基本关系，其中企业与消费者关系是企业关系体系的中心。

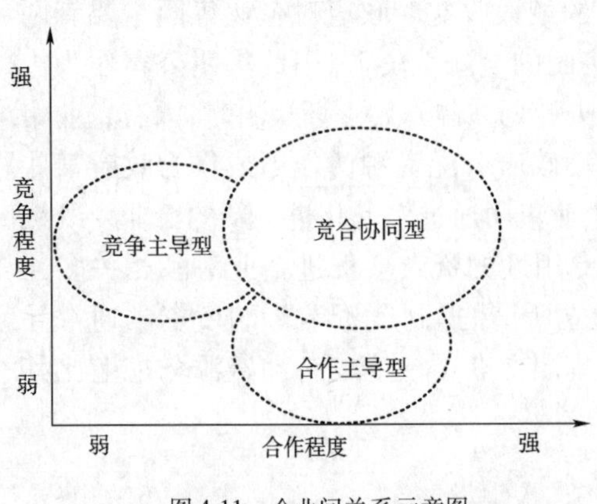

图4-11　企业间关系示意图

综上所述，依据不同的分类标准，管理学领域内对于企业之间关系的划分也是多样的。借鉴生态学相关的概念，以企业之间竞争、合作为主要分类依据，反映在平面坐标系中（图4-11），可将企业间关系划分为竞争主导型企业关系、合作主导型企业关系、竞合协同型企业关系。

二、道路甩挂运输经营主体间关系的图示

热力学上所谓的相是指系统的一部分，这部分的性质和成分是均匀的，物理性质上有它本身的特性而且至少在理论上可以从系统的其他部分分离的。从原子结构的观点解释，这代表着一定原子排列方法的部分[103]。相图可以较为明晰地展现出各种不同的相，并有助于相变过程的分析。

本节在借鉴相图原理描述道路甩挂运输经营主体之间的竞合关系时，将注重其最一般的应用，即：将道路甩挂运输经营主体之间的不同竞合关系在图上体现出来，以便将道路甩挂运输经营主体之间不同类型竞合关系的转化过程在相图上体现出来。

建立道路甩挂运输经营主体间竞合关系相图的第一步是定义“相”或“状态”及其影响因素。根据前面的分析，道路甩挂运输经营主体间竞合关系的“相”或“状态”就是“竞争主导型”、“合作主导型”、“竞合协同型”，它们是道路甩挂运输经营主体间的特定联系方式而形成的相对稳定的状态。用二维平面相图来描述道路甩挂运输经营主体间竞合关系时（见图

4-12)，相图的两个坐标轴分别代表了状态参量(这里用物流行业的序参量)与状态函数(企业间的关系类型)。

对于图4-12的横轴上的变化解释如下：从竞争性质上看，与一般企业之间的竞争演化趋势类似，道路甩挂运输经营主体之间竞争的程度遵循着由弱到强、直至对抗，然后再到合作乃至协同进化的发展脉络。

对于图4-12的纵轴上的变化解释如下：当处于起步发展阶段时，由于地域差异等因素，道路甩挂运输经营主体之间很少发生联系，单一企业能够实现的运量绝对值受到其所辐射地域范围内经济社会需求的限制而显得较小、运量的增长空间也比较小；道路甩挂运输经营主体之间的竞争关系加强后，无论是竞争主导、合作主导还是竞合协同，企业所能实现的运量都有很大的拓展空间。

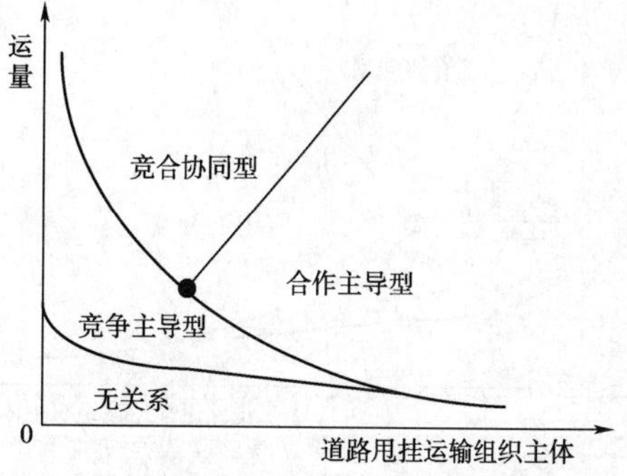

图4-12　道路甩挂运输经营主体间关系相图

三、道路甩挂运输经营主体间关系的演化

物流行业系统的自组织演化过程主要表现为：在一定的生产力外界条件下，在不断适应经济社会发展环境的过程中，系统的某些特征得到不断巩固和强化，而一些不适应经济社会发展环境的特征则逐渐弱化直至消亡。物流行业系统的自组织演化是在一定条件下，由于企业主体之间的相互作用，使行业系统形成一定功能和结构的动态过程。在这个动态过程中，系统从一种相对简单、均衡的状态转变成一种更加有序和复杂的状态。

不同的发展状态、不同的发展阶段对道路甩挂运输经营主体之间的竞争、合作程度及整个行业的整体稳定性具有重要影响：

在行业发展的初级阶段，道路甩挂运输经营主体之间基本无关系，企业主体之间竞争、合作、协同行为的产生需要严格的触发机制，主要表现为对收益和成本的对比具有很高的要求、甚至对收益的分配机制具有高度敏感性，行业处于极为稳定的状态。

随着企业主体之间联系的加强，企业之间的竞争关系越来越明显，行业的稳定性主要受竞争机制的影响：如果企业主体间存在着极为激烈的竞争，企业之间互相排斥，则行业很不稳定，企业走向"洗牌"的可能性很大；如果企业主体在经历激烈竞争的同时意识到合作的重要性，则企业极可能尝试从竞争中寻求合作的路子，当企业之间的合作关系强于竞争关系时，企业之间可出现集团化的局面，单一企业消失，取而代之的是企业集团；当企业之间的合作关系与竞争关系并存、难分强弱时，企业之间在竞合协同的状态下并存。

根据道路甩挂运输经营主体间竞合关系图示(图4-13)，不难得到以下结论：

(1)道路甩挂运输经营主体间关系的类型取决于道路货运市场的基本时空状态，如经济社会运输需求与结构、运输工具供给能力、运输组织管理水平、运输市场主体的空间分布等。道路货运市场的发展状况决定了道路甩挂运输经营主体间关系的开始与发展演变轨迹。例如，当道路货运市场需求旺盛、而企业分布于不同的经济地理空间时，道路甩挂运输经营主体间可能表现为无关系或者合作型关系；当道路货运市场需求在总量上增长缓慢、更多地表现在

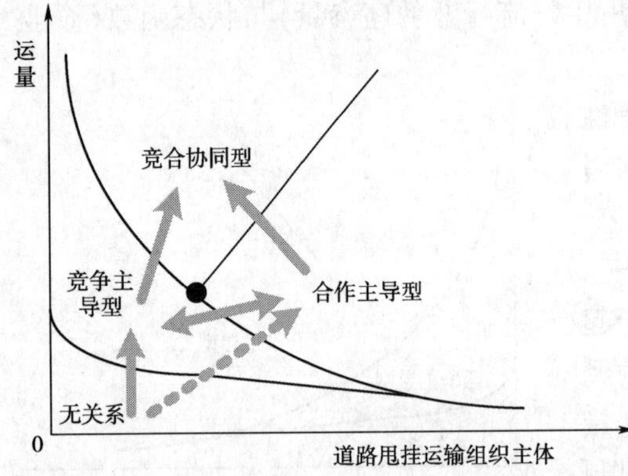

图4-13 道路甩挂运输经营主体间竞合关系图示

需求结构的调整上时，分布于相同经济地理空间上的企业之间的关系可能表现为合作主导型或者竞合协同型关系。

(2)道路甩挂运输经营主体间关系的转变速度有快慢之分。由无关系类型到竞争主导类型、合作主导类型可能很快，由竞争主导类型到合作主导类型可能需要较长的时间，要发展到竞合协同型关系可能需要很长的时间。所以，道路甩挂运输经营主体间关系的演变模式可以表现为激进模式与渐进模式，两种模式的主要区别在于演变模式所涉及的企业关系类型的数量。另一方面，两种演变模式不能截然分开。从相图看，道路甩挂运输经营主体间关系的演化路径有多种，如无关系→竞争主导型→竞合协同型，无关系→竞争主导型→合作主导型，竞争主导型→竞合协同型。演化路径不同，企业间关系给单一企业造成的影响不同，企业的市场成长经历、生命周期各个阶段耗用的时间也不同。

(3)从预期的最终状态看，处于经济社会大环境中的道路货运行业系统将处于多重反馈回路的作用下，该行业系统的结构、模式、形态、特性和功能，都不是系统的主要组成成分——道路甩挂运输经营主体所固有的，而是行业系统自组织演化的产物，是通过行业内的各个企业主体相互作用而在整体上突现出来并自下而上自发产生的。道路货运行业系统从原始的混沌状态演变成稳定的有序结构，又从有序结构转变为无序状态或者再变迁为新的有序结构。只有行业中各个企业主体的目标一致，即，企业之间建立了协同发展的共同目标，才有可能保证行业系统动态协调发展秩序的最终形成。

根据道路甩挂运输经营主体间竞合关系图示，可以发现道路甩挂运输经营主体间关系的演化模式有以下几种：

(1)“无关系→竞争主导型关系→竞合协同型关系”。这种演化是较为一般的、普遍的模式。道路甩挂运输经营主体之间由竞争走向协同进化发展的状态。

(2)“无关系→竞争主导型关系→合作主导型关系”。在这种演化下，道路甩挂运输经营主体之间最可能的是走向原有企业消失、代之以合并后的大型企业或企业集团形式(特别是在竞争主导型关系→合作主导型关系过程中)。

(3)“无关系→合作主导型关系→竞争主导型关系→竞合协同型关系”。在这种演化下，极有可能伴随着个别道路甩挂运输经营主体的成立与消失(特别是在无关系→合作主导型关系过程中)。

(4)“无关系→合作主导型关系→竞合协同型关系”。在这种演化下，极有可能伴随着个别道路甩挂运输经营主体内各部门之间的竞争演变为整体的、全局的矛盾，导致道路甩挂运输经营主体内职能部门的相对独立。

第二篇

道路甩挂运输组织实践

第五章 公路快速货运甩挂运输组织

随着我国经济发展水平的提升,公路快速货运逐渐成为我国道路货运市场上最活跃的运输服务形式。公路快速货运与甩挂运输同属于运输组织管理技术范畴,二者存在密切的联系,也有明显的区别。在公路快速货运领域开展甩挂运输组织的管理难度要更高一些。本章将在明确公路快速货运的发展为道路甩挂运输提供发展机遇和基本需求的基础上,以实例分析为手段,给出公路快速货运开展甩挂运输时所涉及的关键思路和办法。

第一节 公路快速货运与道路甩挂运输

一、公路快速货运概述

1.公路快速货运的概念

公路快速货运是以高时效的货物为服务对象,以高等级公路为基础,依托网络化的货运场站体系集散货源,使用技术先进、结构合理的载货车辆,以高效的通信信息技术为管理手段,通过科学有效的运输组织,实现货物安全、准确、快速运输的现代化运输组织形式,是经济发展到一定阶段的一种新型、高水准的公路运输服务形式[104]。

理论上,公路快速货运系统由快运货物、道路设施、场站设施、货物装卸分拣设备及组织、运输装备、通信信息、运输组织等要素构成,如图5-1所示。快运货物即公路快速货运系统的承载对象,与经济发展水平直接相关的货源条件决定了快运货物的基本特点;快运货物是公路快速货运系统中最活跃的因素,能够体现系统的发展水平,可用它的规模来反映公路快速货运系统基础设施的完善程度及与经济发展的互动关系;道路设施属于交通基础设施范畴。快运货物和道路设施两个因素属于客观环境条件,需要政府或社会来营造,公路快速货运企业自身

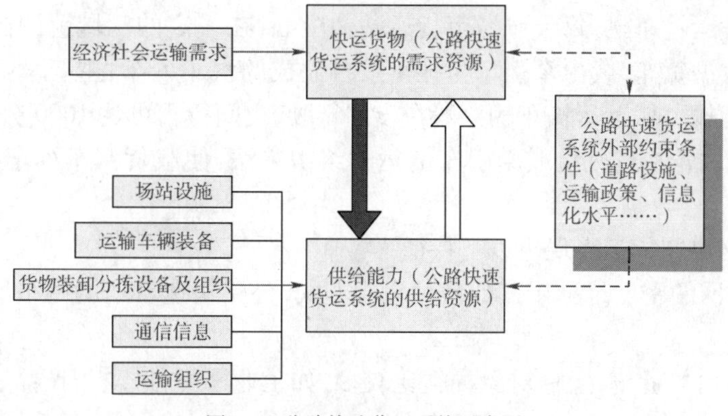

图5-1 公路快速货运系统示意图

难以控制，但可采取策略有效利用。在外部条件具备或基本具备的情况下，公路快速货运企业通过充分运用场站设施、货物装卸分拣设备及组织、运输车辆装备、通信信息和运输组织这几个因素，发挥主观能动性，可以在快速货运领域有所作为。

20 世纪 70 年代以来，由于经济社会的发展和科技的进步，经济社会系统的运行趋于高效率和快节奏，全社会对货物运输的服务质量和时间要求越来越高。为满足这种市场需求，部分经济发达国家（如美国、日本、澳大利亚等）的运输企业在传统的零担运输的基础上对货物运输业务进行“提速”。在经济发达国家，当零担货物运输运送距离在 1000 公里之内时，一般在 24 小时内到达目的地（门到门），但这种服务并不冠以“快速运输”这个字眼。国内的公路快速货物运输，实际上相当于经济发达国家的普通公路零担货物运输。

2. 国外公路快速货运的发展

从运输方式看，国外存在两种形式的快速货运：一种是以民用航空为主，民航与公路联运的快速货运系统，国内快件均可在翌日送达；另一种是以高等级公路为基础，由载货汽车完成货物运输的快速货运系统，即公路快速货运系统。这两种快速货运系统各有其优劣势。第一种形式运达速度快，但运输费用高，较适合长距离、小批量、重量轻、价值高、时效强的货物（如鲜花、信函等）。第二种形式在长距离运输中的运达速度不及航空，但运输费用较航空要低得多，运输批量可大可小，适宜装载的货物品种范围大，整体运输量大大高于第一种形式的快速货运。公路快速货运系统由于具备相对较高的服务质量与成本比，因此，在世界上很多国家发展迅速。

美国的公路快速货运以快速和优质的服务作为核心竞争力，特别强调在时间上取胜：运距 800 公里以内，当天到达；运距 800 ~ 2400 公里，2 天到达；运距 2400 ~ 4800 公里，3 天到达；运距 4800 公里以上，4 天到达。美国从事公路快速货运的规模较大的企业均在全国大部分城市布设站点，建立业务网络，以便全面掌控货物运输情况。日本公路快速货运系统的代表是“小件急运”（宅急便）。小件急运的运输对象可大可小，其特点：一是快，运输速度力求次日送达；二是无所不至，业务网络覆盖日本任何地方（小件快运每隔 200 ~ 300 米就设有受理店）；三是服务优质，千方百计满足顾客的需求，不断开辟新的服务项目，以扩大市场范围；四是保证货运质量，做到无损无失。澳大利亚公路快速货运由取送运输和城际运输两部分组成。取送车辆一般采用小型短途运输车辆，每天以城市货运站为中心，在一定的区域范围内取送货物；城际运输车辆通常是大型货车，或由牵引车与挂车组合而成的汽车列车，主要承担城市间、城市和乡镇间的中长途运输。城际运输车辆一般在夜间行驶，夜间行程可达 1000 公里。当运距超过 1000 公里时，则采取轮换驾驶员或牵引车的运输组织方法，使载货汽车列车昼夜不停地行驶至目的地。

发达国家公路快速货运表现出以下特征：

（1）由于公路网的密度远高于其他各种运输方式，公路快速货运的网络覆盖面广、服务辐射范围大。

（2）普遍采用厢式货车，运输对象种类比较多，如工业零配件、电子产品、仪器仪表、服装、食品、印刷与音像制品、邮件、鲜活易腐品等。

(3)公路快速货运企业形成了以现代化货运站为节点的运输网络体系,通过完备的货运站服务系统集散货源,利用站内高效的货物分拣、装卸、仓储等设施中转货物,站与站之间多采用班线运输方式连接,并严格按车辆时刻表运行。

(4)下午集货、上午散货,在以货运站为中心的服务区域内,采用小型车辆进行取送货服务,采用大型货车或汽车列车通过高等级公路进行站与站之间的干线运输,干线运输一般在夜间进行。

(5)采用先进的通信信息系统,实现货运站与货主、站与站以及站与运输车辆之间的通信。

二、公路快速货运与现代物流的关系

1. 公路快速货运是现代物流的组成部分之一

《中华人民共和国国家标准物流术语》中物流的定义是“物品从供应地向接收地的实体流动过程。根据实际需要,将运输、储存、装卸、搬运、包装、流通加工、配送、信息处理等基本功能实施有机结合。”运动与停顿是物流系统对立统一的两个方面[22]。从整体的、全局的角度看,可简要将物流分为“运动相关”和“停顿相关”两方面。

按照系统论的观点[105],要素应具有如下特征:要素可再分为不同的层次;要素之间相对独立,有差异性,彼此外在;要素之间相互联系与作用并形成一定的结构。物流要素即物流的组成单元,是物流的基础和实际载体。物流要素的选择必须遵循要素的基本特征,根据物流整体全局的表现,可选取运输、储存、装卸、搬运、包装、流通加工、配送和信息处理为物流要素。理由如下:

(1)上述要素均可细分为不同的层次,如物质基础层(可进一步细分为点与线)、软环境层(组织管理方式、体制、标准等)等,这就满足了要素的第一个特征。

(2)虽然上述要素之间存在一定的作业联系,但是它们是相对独立的,甚至存在运作效率目标的冲突(效益背反现象),实现的物流作业效果是不一样的,这就满足了要素的第二个特征。

(3)上述要素之间的相互联系和相互作用形成了物流的运行结构,这就满足了要素的第三个特征。使用同样的思路,运输要素的选取也要遵循要素的基本特征,可将综合运输系统的要素分为铁路运输、公路运输、水路运输、航空运输和管道运输。分析公路运输系统组成部分时,可将公路运输系统分为基础设施子系统、公路运输工具子系统、公路运输组织管理子系统、公路运输劳动者子系统。

公路快速货运产生与发展的根本动力在于经济社会发展提出的运输需求,正是这种新的运输需求带动运输供给方式发生变革。从硬件看,运输设施设备是物流物质基础层的重要组成部分,而公路快速货运设施设备是运输基础设施设备的组成成分之一;从软件看,运输组织管理是物流软环境层的重要组成部分,而公路快速货运作为一种较为先进的组织形式,代表了运输组织管理的某种发展方向。可见,公路快速货运是较微观层次的物流组成部分之一,参见图 5-2。

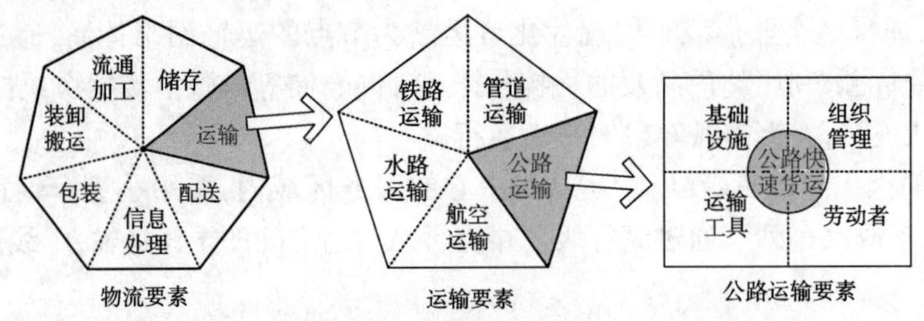

图 5-2 公路快速货运是较微观层次的一种物流要素

2. 公路快速货运应现代物流的发展要求产生

2001 年美国年度物流发展报告[90]从物流活动由分散到系统化、集成化的角度将美国物流发展划分为四个阶段。根据文献[21]的研究,在 1978 年以前,美国物流总量的增长速度很快,并且增速的波动幅度也很大。从物流运作的实际状况看,美国物流正处在实践与推广过程中,实业界已经开始重视物流管理,原材料供应物流与产成品销售物流管理理念与技术形成并逐步成熟化,但尚未综合化;物流理论体系处于形成时期,有关统计指标体系和统计数据缺乏。物流总量的粗放式增长对应了该阶段的物流运作效率水平。到了 1978 年前后,由于美国运输业服务质量低下和服务可靠性难以保证,工商企业不得不保持过度的库存水平,实践中出现的运输、储存问题要求物流运作效率水平的提高。可见,20 世纪 70 年代的物流发展不能完全适应经济社会物流需求的状况促使新的物流技术方法、物流运作方式产生。

公路快速货运的出现有其技术进步渊源:人类社会发展进入工业化阶段后,产业结构与产品结构发生了根本性的变化,工商业活动的快节奏和高效率使得人们的时间观念日益加强,以较高的费用换取快速、优质、便捷的运输服务成为经济社会生活中新的价值观。时效性、灵活性、直达性是公路运输的优势。公路运输机动灵活,可以实现门到门运输,运送速度快,空间通达性好,可深入到工矿企业、广大农村和边远地区,是其他运输方式所不能比拟的。公路运输非常适合小批量、多品种、高附加值等高时效货物的运输,在以较高运输速度为特征的运输体系中有明显的优势。20 世纪 70 年代以来,社会经济系统的运行效率越来越高,节奏也越来越快,全社会对货物运输的服务质量和时间要求越来越高,而物流发展不能完全适应经济社会物流需求。为了满足这种市场需求,部分经济发达国家(如美国、日本、澳大利亚等)的运输企业在传统的零担运输的基础上开始开展快速货物运输业务。

3. 公路快速货运不同于第三方物流

"第三方物流"(Third Party Logistics,简称 3PL 或 TPL)是 20 世纪 80 年代中期由欧美发达国家提出的。目前对于第三方物流的定义很多,在我国 2001 年公布的国家标准《中华人民共和国国家标准物流术语》中,将第三方物流定义为"供方与需方以外的物流企业提供物流服务的业务模式"。第三方物流有其最基本的特点:

1)第三方物流是独立于供方与需方的物流运作形式

根据运作主体不同,可将物流运作模式分为第一方物流、第二方物流以及第三方物流。第一方物流是由卖方、生产者或供应方组织的物流,这些组织的核心业务是生产和供应商品,为了自身生产和销售业务需要而进行自身物流网络及设施设备的投资、经营与管理。第二方物流是由买方、销售者组织的物流，这些组织的核心业务是采购并销售商品，为了销售业务需要投资建设物流网络、购置物流设施和设备，并进行具体的物流业务运作、组织和管理。第三方物流是专业的物流组织进行的物流活动，其中的“第三方”是指提供物流交易双方的部分或全部物流功能的服务提供者，即物流企业，是独立于第一方、第二方之外的组织，是与第一方、第二方相比有明显资源优势的进行物流运作的主体。

2)第三方物流是一种社会化、专业化的物流

人类社会生产与再生产的总过程包括生产、分配、交换(流通)和消费四个环节。依据输入—处理—输出的自适应体系模式，生产过程可以划分为生产前的原材料及半成品的准备、消耗物化劳动和活劳动的纯生产、产成品的销售前准备三个阶段；消费过程也可作类似的划分；连接生产与消费的就是流通过程。与上述生产过程细分对应的物流过程就是：生产前物流——为保证生产过程的实施而进行的原材料、半成品的产前准备发生的物流活动；生产物流——伴随生产过程中的原材料、半成品从上一道工序到下一道工序发生的物流活动；生产后物流——伴随生产企业对产品进行销售等所发生的物流活动。与流通过程对应的物流活动是社会物流，与消费过程对应的物流活动是生活工作物流[85]。

社会物流是超越一家一户的以一个社会为范畴面向社会的物流，这种社会性很强的物流往往由专业的物流组织来承担。企业物流则是发生在企业内部的物流活动的总称，是具体的、微观的物流活动的典型领域，又可细分为企业生产前物流、企业生产物流、企业生产后物流等。第三方物流是企业生产物流以外的专业化物流组织提供的物流，第三方物流服务不是某一企业内部专享的服务，第三方物流供应商面向社会众多企业提供专业服务，因此具有社会化的性质，是物流专业化的一种表现。

3)第三方物流是以合同为导向的系列化服务

国外一般将第三方物流看作类似于外包或契约物流的业务形式。传统的企业外包主要是将部分物流活动如货物运输、存储等交由外部的市场主体去做，相应地产生了仓储、运输公司等专门提供某一物流环节服务的企业，它们利用自有的物流设施被动地接受企业的临时委托，以费用加利润的方式定价、收取服务费。而库存管理、物流系统设计之类的物流管理活动仍保留在工、商企业。第三方物流则根据合同条款规定的要求，提供多功能、甚至全方位的物流服务。一般来说，第三方物流公司能提供物流方案设计、仓库管理、运输管理、订单处理、产品回收、装卸搬运、物流信息管理、报关、运输谈判等几十种物流服务项目。

公路快速货运企业的服务内容与第三方物流企业的服务内容有相似之处，但公路快速货运企业的优势在于其送达速度较第三方物流企业要高。快速，从本质上讲就是时间缩短，对于托运人而言就是缩短生产和流通过程的时间和空间，提高效率，因为托运人把货物运输在途时间的延长视为一种损失。要保证货物流通时间的最小化，不仅仅需要提高车辆运行速度，更重要是从全过程的角度出发，追求从货运信息的发生到货物运抵收货方全过程货物流通的时间最短、服务质量最优。它要求对货运市场反应迅速敏捷，最方便迅速地将货运信息传递给承运人，最快最好地协调运输各个环节，最大限度地缩短货物在各个环节之间的流通时间，使货物

在运输各个环节上高速连续地流通。

在当前物流产业发展状况下，公路快速货运系统的"快速"特征已显示出一定的竞争优势。但这种竞争优势并不是可以长期保持的，邮政、铁路、民航等其他运输组织方式在送达速度上也表现出越来越明显的快速化。所以，公路快速货运系统必须采取有力措施进一步强化"快速"优势，培养其核心竞争力。培养核心竞争力的基点在于：实现规模化运营；拥有专项资源（网点、干线车辆、分拨系统）；保持与客户的长期良好关系。培养核心竞争力的关键在于：提高干线运输速度；提高分拨系统作业效率；提高末端配送速度。

三、我国公路快速货运发展状况

1. 我国零担货运发展状况

我国零担货运起源于20世纪30年代左右；从20世纪30～50年代初，我国极少的公路干线上出现了少量的汽车零担货运；20世纪60～70年代，我国大多数省（区）开展了汽车零担货运业务，邻近两省（区）间的省际零担运输、独立的零担仓库与货运站开始出现；20世纪80年代中期，随着公路运输市场的开放，汽车零担运输得到了较快的发展，初步形成了以零担货运站为节点的零担运输网络体系；20世纪80年代后期以来，公路零担运输发生结构性变化，总量相对下降，局部重要线路上的零担运输仍呈现良好的发展态势，公路零担运输正以不同于过去的技术经济特征在新的经济社会环境中发展。

在传统公路零担运输发展基础上，我国公路快速货运业发展迅速，东部地区已基本形成以沿海大城市群为中心的区域性快运辐射圈，同时又以滚动式、递进式的扇面辐射，带动中部和西部地区公路快速货运企业的发展。部分大城市和特大城市已成为区域性公路快速货运业的发展中心，在全国范围内形成了以高等级公路运输干线为基础的若干快运网络。

仅从市场的角度考察，当前我国公路零担运输和快速货运面临以下主要问题：

（1）公路零担运输和快速货运市场主体发育不良。从运力供给看，一方面，零担运输和快速货运运力相对集中于城市和交通干线，车辆利用率低，空驶严重；另一方面，中小城市、内地偏远地区运力缺乏、基础设施落后。运力供给的空间分布不均，产生供需矛盾。

从企业主体看，公路零担运输和快速货运主体多元化，多种经济成分并存；运输市场表面繁荣，但缺少整体规划；价格制定规则混乱，运输企业之间无序竞争、不正当竞争现象普遍；大部分运输企业经营规模小、服务专业化程度低。

（2）公路货物运输组织方法发展滞后。公路运输企业小规模、分散化经营，造成货物运输组织方式滞后。依靠规模经济效益和整体实力运作的长距离、定点、定线、长短线相结合的货物集散运输、大吨位甩挂运输等在经济发达国家较常见的运输组织形式在我国没有得到有效的应用与发展。我国公路多式联运、陆空多式联运等较高级运输方式的发展处于起步阶段，尚未形成规模。

2. 我国公路快速货运发展特点

在我国，公路快速货运主要是在传统的汽车零担货物运输的基础上发展起来的，近年来出现的以客运班车捎载为主的小件快递也可看作是公路快速货运的一种表现形式。经过多年的发展，我国公路快速货运已初具规模，出现了一批具有一定规模和实力的公路快速货运企业。

这些企业的出现与发展,拓展了道路运输的发展空间,促进了道路运输结构的调整与完善,在一定程度上满足了社会生产和生活对快速货运的需求[106]。

相对于传统的道路货物运输而言,公路快速货运是一种新型的升级的运输服务。当前,我国公路快速货运呈现出以下特点:

(1)运输品质参数——“速度”明显提高,服务质量突出“快”字,追求从托运人的发货点到货物运抵收货方全过程的时间最短。随着我国高速公路与国道干线网的建设、载运工具性能的提高以及信息技术的发展,我国公路快速货运企业的货物运输速度有了明显提高,与之相关的安全、方便、及时等运输特征也得到显著改善。部分公路快速货运企业已经实现了400公里以内当日往返,800公里以内当日到达,800~1600公里48小时送达。

(2)组织化程度高。通过货运场站(实践中通常称为分拨中心)进行货物集散、中转、分拣拼装,将不同流向的货物按线路进行配载,将小批量货物集零为整;同时通过运输网络,促使不同的运输工具、不同的运输方式有机衔接,使货物在各个环节快速、有序流动,大大提高了货物的运送速度,也大大提高了车辆的实载率和运用效率。

(3)公路快速货运的实体网络形式逐渐由线路型向网络型转变,专业型快速货运企业已出现。一直以来,以线路型运输模式为基础的专线运输企业以其组织灵活、成本低等优势获得了较大的利润空间,线路型的公路快速货运企业占有较大比例,这类快运企业一般规模较小,拥有车辆数少,线路途径城市少。但是,我国公路快速货运企业的网络形式已开始逐渐由线路型向网络型转变,网络覆盖的广度和深度都有了较大发展。网络形式已由最初的只能够到达线路上的经济发达城市发展到可到达区域范围内的县、镇等节点,或以经济圈快运为主。以前的公路快速货运企业大都在传统运输业务的基础上开展了不同程度的快运业务,但由于受企业运力、组织能力、管理与观念的影响,很难提供专业化的快运服务。随着快运需求的专业化要求越来越强烈,专门提供快速货运服务的新型运输企业已经出现,业务内容包括配送、混合装载、大范围的网络运输等快运服务。另一方面,我国公路快速货运企业运输网络的构建还停留在节点层次上,而对于节点的辐射能力以及节点之间运输通道的有效衔接仍缺乏投入。

(4)信息管理发展滞后、货物运输信息流难以有效传输并发挥作用。公路快速货运系统的实现对车辆及信息流通的速度和准确性要求高,而且公路快速货运系统运行过程中需通过先进适用的通信信息和管理系统来整合系统内各种资源,协作实现公路快速货运的生产过程。国外公路快速货运企业大都建有高效的信息系统,如联邦快递公司的信息系统可以实现实时监控和跟踪货物状态、货物信息的快速收集以及动态查询功能,成为企业发展必不可少的支持保障系统。目前我国的公路快速货运企业在信息采集、处理以及信息系统构建等诸多方面普遍发展滞后,信息收集、处理、跟踪的低效性使企业很难全面、准确、动态地把握各方快运信息。从其建设看,公路快速货运信息平台的建设与使用陷入恶性循环:信息平台初期建设投入大→投入产出比远未达到预期→信息更新不及时、维护费用大→信息平台遭受非议→信息平台建设决策偏差→信息平台初期建设投入大……

(5)客户服务理念陈旧,缺乏市场竞争意识。客户服务已经成为现代企业发展战略的基本内容,对服务型的公路快速货运企业而言,拓展和延伸运输服务内容非常重要。目前,我国公路快速货运企业的客户服务理念陈旧,缺乏市场竞争意识。一是服务意识比较淡薄,不能设身处地地替公路快速货运需求方量身打造运输策略,不能主动提供优质周到的深层次服务,特别是在经营过程中不能满足客户全方位的需求;二是传统服务思维还存在,"门到门"等贴近客户的服务观念和服务意识尚未形成。

四、道路甩挂运输有助于公路快速货运的发展

公路快速货运产生与发展的根本动力在于伴随经济社会发展而衍生的运输需求,正是这种新的运输需求带动运输供给方式发生变革,从而在传统的运输供给方式基础上衍生出快速运输服务形式。另一方面,公路快速货运在发展中除了要满足运输需求外,还要达到一定的经济和社会效果。从经济效果上看,公路快速货运应实现规模化经营,尽可能地采用大吨位车辆,尽可能地提高车辆的技术速度;从社会效果上看,公路快速货运应实现资源的低消耗、服务的便捷性。公路快速货运的发展必须依托良好的硬件资源与软件资源。综观公路货物运输发展历程,高等级公路网络、合理的物流节点布局、大吨位车辆、厢式货车等都是公路快速货运发展不可或缺的硬件资源;多式联运、甩挂运输、整车运输、零担运输都是公路快速货运可采用的组织管理方式。具有良好动力性能与较高技术速度的牵引车、大吨位与厢式化的挂车、牵引车与挂车的灵活搭配组合等优势因素使得甩挂运输装备及其组织方式极有可能成为公路快速货运实现更好经济社会效益的软硬件依托,如图5-3所示。

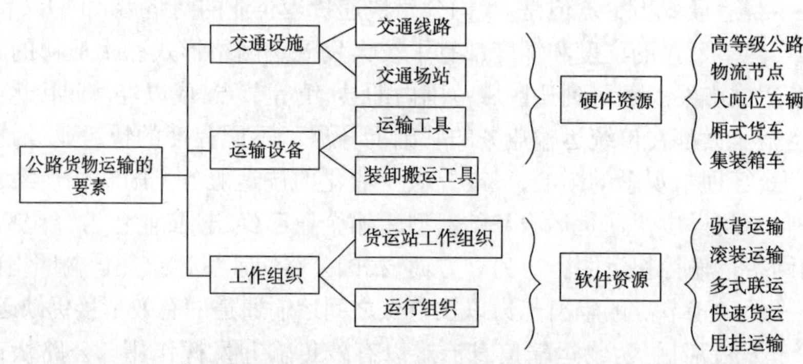

图5-3 公路货运要素及其支撑资源示意图

公路快速运输对车辆提出的要求不仅是速度快、运量大、经济效益好,而且要保证高速行驶车辆的安全,装卸货物方便、省力、快捷,保证货物完好,驾驶操作方便舒适,符合现代环保和节能的要求,还要适合多式联运。现代公路货运车辆主要有重型集装箱运输车、厢式车、罐式车等,而重型专用半挂汽车列车在快速高效的公路运输系统中占有更重要的地位。目前在经济发达国家,重型专用半挂汽车列车数量已占公路运输车辆总数的85%~90%,且技术性和经济性都能满足快速高效公路运输的各项要求。

公路快速货运企业发展甩挂运输时对车辆有以下要求[107]:

(1)动力性能。牵引车的动力性能是决定车辆的最高车速和经济车速的主要指标。若半挂车的载质量为30吨,半挂汽车列车的总质量为42~46吨,牵引车的功率为201~220千瓦,此时其最高车速为70~80公里/小时,经济车速为50~60公里/小时。要充分发挥高速公路

的高速行驶性能，必须提高牵引车的功率。而国外汽车列车的发动机功率在300～320千瓦以上。因此我国高速公路行驶的半挂牵引车的功率应达到250千瓦以上才较合理。这样最高车速可提高到90～100公里/小时，其加速性能亦明显提高。此外通过采用子午线轮胎和无内胎轮胎，在驾驶室顶部安装导流罩以及对各总成部件进行优选和匹配都会减少功率损耗，保证其高速性能。

(2)可靠性。可靠性是影响运输车辆效率和效益的主要因素。若牵引车、半挂车及其专用部件的故障率高，维修频繁，必将增加使用成本，延误货运时间，减少出车率，降低运输收入，甚至造成重大经济损失。因此牵引车不仅使用寿命至少要达到60万～80万公里，而且故障率要小，可以24小时连续使用。对半挂车的行走机构如车轴、悬架、轮胎等都应选用品牌优质、可靠性好的总成和零部件。

(3)安全性。车辆安全性能要求除保证其制动性能以外，还应全面考虑人身和货物的安全性。重型半挂汽车列车必须具备行车、应急、驻车三套独立的制动系统和双管路制动系统，应安装制动器间隙自动调整器，采用储能弹簧制动器，并积极推广制动防抱死装置。半挂汽车列车的行驶稳定性也是非常重要的安全性能指标，半挂车的制造质量是影响稳定性的重要因素。车辆应有坚固的前后防撞保险杠、防火设施、防盗装置，还须设置安全气囊、防撞报警器、防瞌睡报警器和固定的通信系统等。

(4)经济性。与单车相比，重型专用半挂汽车列车从事高等级公路运输的综合经济效益非常显著。而对半挂汽车列车本身而言，降低牵引车燃油消耗率、专用半挂车整备质量轻量化、提高质量利用系数和容积利用系数及合理的性能价格比是进一步提高其经济性的方向。采用高强度钢、铝合金和复合材料，并经优化设计改进的车架结构和专用部件可明显降低专用半挂车的整备质量。虽然半挂汽车列车购置时价格要高一些，但长期的营运收益将大大高于购置成本。

(5)舒适性。为适于长途运输，减轻驾驶疲劳，现代货运车辆操纵性能灵便，并为驾驶员提供了宽畅舒适的驾驶环境。如采用液压助力变速器、电子自动变速器、可自动调节伸缩的转向盘、液晶显示仪表盘、中央门锁、电脑控制自动空调系统和可完全向后平躺的宽大舒适座椅或小型卧室，另外空气悬架技术及轿车化配置，也使驾驶条件更加轻便和舒适。

(6)环保性。重型牵引车的排放必须达到国家规定的标准。运送易燃、易爆化学物品的厢式车或罐式车，必须具备可靠的密封性并采取防爆措施，防止运输过程的泄漏对环境造成的污染和破坏。重型半挂加油车配有底部加油和油气回收装置，可防止油气挥发对环境的污染，并能防火、防爆、节油。新型罐体顶部有高于入孔和阀的护肩，可防止罐车倾翻后压坏入孔而产生泄漏，避免对环境造成污染。

第二节　道路甩挂运输最佳运距及牵引车运行图

一、道路甩挂运输最佳运距分析

道路甩挂运输牵引车交路是牵引车拖带各种挂车往返行驶的路段，其长度为牵引车交路距离。牵引车交路两端的场站一般应具备为牵引车提供技术检查、简单维护、加油、驾驶员休息等服务的条件。牵引车交路与道路甩挂运输场站的布局、牵引车周转时间、车辆运行速度等密切相关,直接影响着道路甩挂运输的运输效率和经济效益。由于交路类型、运转方式和乘务制度不同,牵引车交路有多种形式,交路距离也各不相同。按交路距离,牵引车交路可分为短交路、长交路和超长交路。参考我国铁路机车的运转方式,在此给出如图 5-4 所示的道路甩挂运输牵引车运转方式。

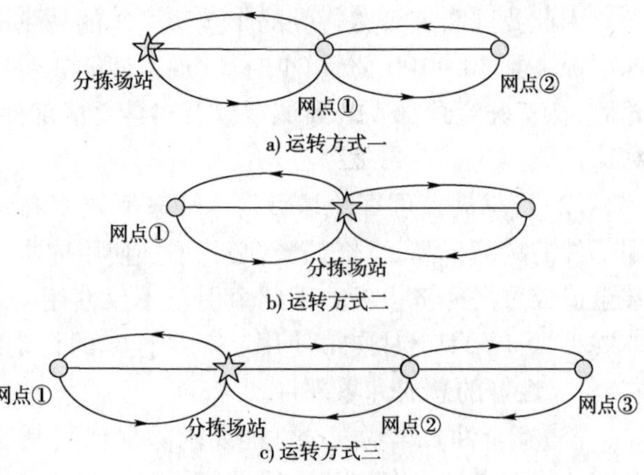

图 5-4　道路甩挂运输牵引车运转方式示意图

运输距离取决于运输速度与运输时间。在车辆状况良好(车因素)和车辆运行环境适宜(环境因素)的情况下,驾驶员的合理工作时间(人因素)是决定牵引车运行时间的主要因素。

单一驾驶员每天的合理工作时间用 T(单位:小时)表示,则在同一牵引车上执行运输任务的 m 个驾驶员每天的总工作时间为 mT。

设定牵引车在 n 个场站(网点)间进行甩挂运输生产,摘下并挂上挂车车厢需要 t_1 小时/次,进入并驶出场站(网点)需要 t_2 小时/次,则在每一次完整的甩挂运输生产过程中,牵引车的工作时间包括三部分:

①路上行驶时间,可表示为$\frac{S}{V}$小时,其中 S(单位:公里)是甩挂运输生产过程中牵引车的总走行里程,V 是甩挂运输生产过程中牵引车的平均技术速度(单位:公里/小时);

②摘、挂车厢耗用的作业时间,可表示为 nt_1 小时;

③进入并驶出场站(网点)需要的时间,可表示为 nt_2 小时。这样,甩挂运输生产全过程中牵引车的工作时间可表示为:$\frac{S}{V}+n(t_1+t_2)$。

驾驶员的工作时间应少于或等于牵引车的工作时间,所以:$mT \leqslant \frac{S}{V}+nt_1+nt_2$(该式适用于每天完成一个甩挂运输循环的情形,若 k 天完成一个甩挂运输循环,则有 $kmT \leqslant \frac{S}{V}+nt_1+nt_2$。

借鉴我国铁路货车机车驾驶员的工作时间,取 $T=10$ 小时,若设定牵引车由场站(网点)发生的相关作业时间 t_1+t_2 为 1.5 小时,则在驾驶员人数、牵引车技术速度和场站(网点)个数不同的情形下,每一次完整的甩挂运输生产过程中牵引车的最大总走行里程计算结果如表 5-1 和表 5-2 所示。

每天完成一个甩挂运输循环的牵引车最大单程 表 5-1

驾驶员人数 m	场站(网点)个数 n	牵引车技术速度 V (公里/小时)	最大总走行里程 S (公里)	最大单程 (公里)	驾驶员人数 m	场站(网点)个数 n	牵引车技术速度 V (公里/小时)	最大总走行里程 S (公里)	最大单程 (公里)
1	2	35	245	123	2	3	35	543	272
1	2	40	280	140	2	3	40	620	310
1	2	45	315	158	2	3	45	698	349
1	2	50	350	175	2	3	50	775	388
1	2	55	385	193	2	3	55	853	427
1	2	60	420	210	2	3	60	930	465
2	2	35	595	298	0.5	2	35	70	35
2	2	40	680	340	0.5	2	40	80	40
2	2	45	765	383	0.5	2	45	90	45
2	2	50	850	425	0.5	2	50	100	50
2	2	55	935	468	0.5	2	55	110	55
2	2	60	1020	510	0.5	2	60	120	60

注:m 为整数表示每天一个循环,m 为分数表示每天 $1/m$ 个循环。

两天完成一个甩挂运输循环的牵引车最大单程 表 5-2

驾驶员人数 m	场站(网点)个数 n	牵引车技术速度 V (公里/小时)	最大总走行里程 S (公里)	最大单程 (公里)	驾驶员人数 m	场站(网点)个数 n	牵引车技术速度 V (公里/小时)	最大总走行里程 S (公里)	最大单程 (公里)
1	2	35	595	298	2	3	35	1243	622
1	2	40	680	340	2	3	40	1420	710
1	2	45	765	383	2	3	45	1598	799
1	2	50	850	425	2	3	50	1775	888
1	2	55	935	468	2	3	55	1953	977
1	2	60	1020	510	2	3	60	2130	1065
2	2	35	1295	648	2	4	35	1190	595
2	2	40	1480	740	2	4	40	1360	680
2	2	45	1665	833	2	4	45	1530	765
2	2	50	1850	925	2	4	50	1700	850
2	2	55	2035	1018	2	4	55	1870	935
2	2	60	2220	1110	2	4	60	2040	1020

选取牵引车最佳运距方案时,应注意以下事项:

(1)遵循运输经济学中的"递远递减"规律,应尽可能发挥长交路的优势,为此,每台牵引车上至少配备2名驾驶员。

(2)当单一场站/网点上公路快速货运业务货运量尚未形成规模时，采用点对点的甩挂运输组织方案难以实现规模经济；针对这种情形，可使牵引车交路上至少涵盖3个场站/网点。

(3)在车辆在途运行时间和场站作业停留时间允许的情况下，牵引车在其运行交路上可适当停靠一定的快速货运网点，以尽可能集聚货运量并提高车厢利用率。

二、牵引车运行图

牵引车运行图是所有与道路甩挂运输车辆动力部分调度组织有关的业务部门工作的技术文件，是道路甩挂运输组织工作的基础，是甩挂运输运力资源配置、企业劳动组织的综合体现。由于运输物流市场需求的变化较快，运输企业间的竞争日趋激烈，道路甩挂运输组织主体应具备实时调整牵引车运行组织方案的能力，因此牵引车运行图的编制方案应留有一定的回旋余地，并具备良好的可调整度。

牵引车运行图的可调整度是指牵引车运行图在执行过程中承受各种随机因素扰动的能力，也就是当牵引车运行组织偏离基本计划时，根据调度指挥的调整措施，牵引车运行图凭借本身储备的缓冲时间，使牵引车恢复按图行车或减少偏离程度的能力。所以，从可调整性的角度，可将牵引车运行图分为柔性运行图（有利于牵引车运行调整，应变能力强，保证良好的牵引车运行质量和优质的牵引车运行秩序的运行图）和刚性运行图（以充分利用牵引车潜在能力为目的，调整余地小，应变能力差的运行图）。

刚性运行图的“敏感性”很强。对于在刚性运行图的指挥下进行的牵引车运行组织，由于牵引车运行图已尽量对牵引车和停靠站停泊位的能力进行了利用，停靠站的牵引车检查维护等技术作业、装卸搬运作业等消耗的时间已经最小化，无潜力可挖掘。一旦由于突发原因（如天气原因、交通管制原因）导致牵引车晚点，甩挂运输运行过程组织就会陷入一种很难回到图定计划的局面，这对于既要保证运输组织管理的条理，又要尽力适应运输市场需求的道路甩挂运输而言无疑是不可取的。

以下以山东省快速货运有限公司（简称山东快运）为例，展示甩挂运输牵引车运行图的一般形式。山东快运属于股份制企业，截至2006年12月，该企业在山东省17个地市和北京、天津设立分/子公司，在济南市设立了分拨中心。山东省快速货运有限公司2006年业务发展的空间分布状况为：济南作为整个系统的最高级节点，在甩挂运输线路上不可或缺；北京、烟台、青岛节点是多个其他节点的中转节点，在整个网络上处于重要地位。甩挂运输牵引车应尽可能停靠济南、北京、烟台、青岛，这几个节点间的公路里程约为：北京$\overset{500\text{公里}}{——}$济南$\overset{350\text{公里}}{——}$青岛$\overset{220\text{公里}}{——}$烟台；北京$\overset{500\text{公里}}{——}$济南$\overset{450\text{公里}}{——}$烟台$\overset{220\text{公里}}{——}$青岛。若不考虑牵引车停靠其他节点，则根据上述牵引车的最佳运距测算，有如下一条线路可供甩挂运输牵引车采用：北京$\overset{500\text{公里}}{——}$济南$\overset{350\text{公里}}{——}$青岛（两天完成一个循环）。鉴于山东快运的干线运作模式，考虑设置两个甩挂运输线路（如图5-5所示）：南北线（北京—济南—鲁南（菏泽））和东西线（济南—胶东（青岛或烟台））。这两个牵引车交路均为长交路（两天一个循环）。考虑到车厢利用率和各分/子公司货物到发量，可在甩挂运输时间允许的条件下使车辆停靠一定的节点，如天津、济宁、潍坊、淄博。

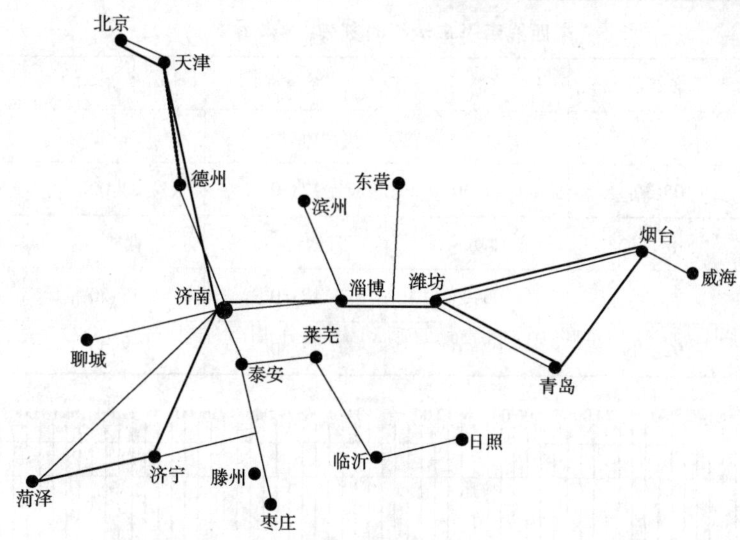

图 5-5　道路甩挂运输线路设计参考方案

考虑到既有干线车运输时刻表,给出如下甩挂运输南北线牵引车、东西线牵引车运行时刻参考方案(见表 5-3 ~ 表 5-5)(平均速度 45 ~ 50 公里/小时)和牵引车运行图(见图 5-6 和图 5-7)。运行图的使用为调整牵引车运行过程中的时间窗提供了便利条件,即可通过平移的方式对牵引车停靠场站时刻进行调整。

南北线牵引车运行时刻表 1(参考方案)　　表 5-3

牵引车 A	北京→	天津→	济南→	济宁→	菏泽
到达时刻		15:30	23:30	05:00	9:30
发出时刻	12:30	17:00	01:00	06:30	
牵引车 A	北京	←天津	←济南	←济宁	←菏泽
到达时刻	09:30	05:00	21:00	15:30	
发出时刻		06:30	22:30	17:00	12:30

南北线牵引车运行时刻表 2(参考方案)　　表 5-4

牵引车 B	菏泽→	济宁→	济南→	天津→	北京
到达时刻		20:30	02:00	10:00	14:30
发出时刻	17:30	22:00	03:30	11:30	
牵引车 B	菏泽	←济宁	←济南	←天津	←北京
到达时刻	14:30	10:00	04:30	20:30	
发出时刻		11:30	06:00	22:00	17:30

东西线牵引车运行时刻表(参考方案) 表 5-5

牵引车 A	济南→	青岛→	烟台→	潍坊→	济南
到达时刻		11:30	16:30	22:30	04:00
发出时刻	05:30	12:30	17:30	24:00	
牵引车 B	济南	潍坊→	烟台→	青岛→	济南
到达时刻		06:00	12:30	17:30	
发出时刻	02:00	07:30	13:30	18:30	00:30

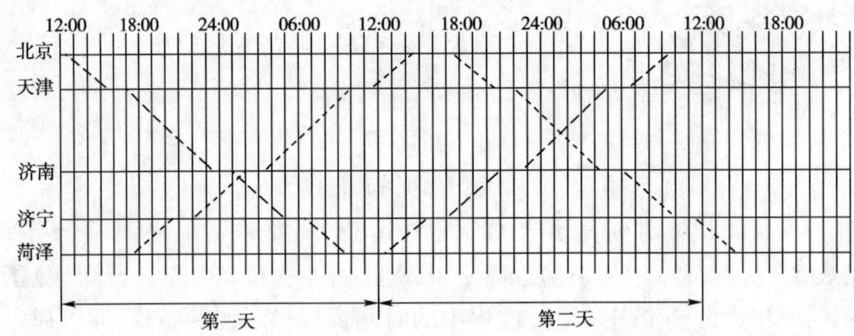

图 5-6 甩挂运输南北线牵引车运行图(参考方案)

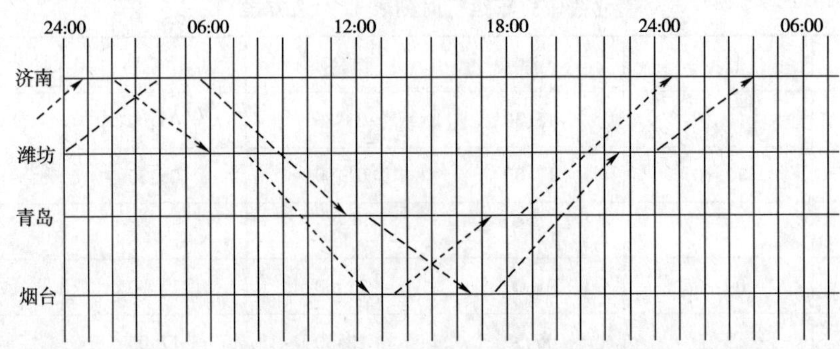

图 5-7 甩挂运输东西线牵引车运行图(参考方案)

三、牵引车运行图的实施

基于以上牵引车运行图参考方案,结合山东快运 2006 年的业务发展状况,企业相关研究与咨询部门设计了以下甩挂运输方案。

1. 既有的车辆组织模式困境

2006 年,山东快运的整个业务系统采用的是每日往返的车辆运行模式,车辆到达分(子)公司的相应网点后,网点卸完货再装完货之后返回分拨中心,返回分拨中心也有限定的时间点,否则就耽误了货物在分拨中心的分拣装卸作业,导致无法实现次日上午到达收货网点的服务目标。对于运距较短、车辆在途时间短的线路而言,车辆在网点有足够的时间供货物装卸;

而对于运距较长、车辆在途时间长的线路，网点的装卸作业时间明显紧张，若晚点返回分拨中心就会影响整个系统的运行秩序和运营时效。这种网点装卸作业时间紧张的情况比较典型的是济南—北京线路。另外一种情况是，分拨中心分拣装卸时间不足，同样是受运距和车辆在途时间影响。如青岛—潍坊循环线路，青岛干线车辆凌晨1:30抵达济南分拨中心后，卸下来自青岛方向的货物，然后装上到达潍坊方向货物，凌晨4:00自分拨中心出发去往潍坊；潍坊网点的车辆则是当日22:00返回分拨中心后，卸下来自潍坊方向的货物，然后装上到达青岛方向货物，凌晨1:30发往青岛。在这样的车辆循环运行模式下，预留给分拨中心进行货物装卸作业的总时间很短（不到3小时）且装卸作业量很大，一旦出现车辆晚点返回或者卸车时间过长的状况，就会导致货物无法按时装车，继而影响一系列干线车辆的发车时间。

2. 基于甩挂运输的解决方案

为解决济南—北京线路面临的问题，采用"一拖两挂"的甩挂运输组织方式。即在既有运行的载质量17吨半挂车的基础上，增加一台挂车并配备在北京分公司的网点。北京分公司的网点受理货物后直接装在挂车上。发往北京的干线车辆凌晨3:00自济南分拨中心发出后，中午12:00到达北京分公司的网点，甩下所拖带挂车，交由北京分公司的网点卸货，经过简单的技术准备作业后挂上北京分公司的网点已经装好货物的挂车，于下午14:00返回并于23:00抵达济南分拨中心。这样一来，北京分公司的网点下午14:00以前所受理货物当日即可参与整个系统的分流，可将部分到达方向的货物运输时效由48小时压缩至24小时。

为解决青岛—潍坊线路上车辆循环问题，可采用"两拖三挂"的甩挂运输方式。即增加一台挂车并配备在济南分拨中心，于3:00前装载发往潍坊方向的货物，当来自青岛方向的干线车辆1:30到达济南分拨中心后，甩下所拖带的载货挂车，牵引车经过简单的技术准备作业后挂上已装好到达潍坊方向货物的挂车，于3:30发往潍坊网点；来自潍坊的干线车辆22:00抵达济南分拨中心后，卸下货物并装载到达青岛方向的货物，于凌晨1:30自济南分拨中心发车。这样，通过甩挂运输组织就能够有效地解决因作业环节的时刻承接而困扰系统运行的车辆组织问题，大大提高车辆运行正点率和服务时效，增强整个系统运行的稳定性和可靠性。

3. 必要条件

甩挂运输车辆配置及其技术要求：从技术角度上讲，目前相关的车辆生产商所生产的半挂车以及公路快速货运企业正在使用的各种半挂车，能够实现自由"甩"、"挂"作业，并不需要定制专用车辆，只需添置一定数量的挂车即可。此外，为解决挂车在场站内的停靠位调换问题，可考虑配备仅在场站内使用的牵引车；当然，在时间允许的情况下直接使用干线牵引车进行场站内作业也是可行的。

货物交接环节界定：公路快速货运企业在货物交接环节一般采用随车驾驶员按照货物清单"监装监卸"的方式。若采用甩挂运输方式，则驾驶员就没有时间监装监卸。为此，可考虑采取两种办法，一是增加随厢驾驶员，该驾驶员随挂车停留在相应的网点，监装货物并完成交接，在牵引车到达该网点换厢之后，该驾驶员替换原车驾驶员，驾车返回分拨中心并与分拨中心分拣员交接货物，形成三名驾驶员轮流随厢停留在网点进行休息的循环；二是增加随车厢押运员，专门负责货物在干线运输两端的交接。

第三节　道路甩挂运输车辆运力配置测算

公路快速货运企业单位时间(如:日)实现的运输量时间序列往往表现出波动趋势,公路快速货运企业在经营过程中出现运输能力不足或运输能力过剩成为普遍现象。当公路快速货运企业的货物发送量大于其运输能力时,为满足运输需求,需增加运输车辆(购置新车辆、租用社会营运车辆)以扩充运输能力;当公路快速货运企业的货物受理量小于其运输能力时,企业运输能力便出现闲置(车辆闲置),由此增加了不必要的运输费用支出。如何确定公路快速货运企业应当拥有的合理运输能力成为企业控制成本时面临的重要问题之一。

一、基本模型的构建

设 X 为公路快速货运企业的运输能力(以吨为单位),x 为单位时间内经济社会对企业的运输需求量(以吨为单位),假定 x 为随机数(在实证分析中可采取一定的处理方法予以构造),x 的分布密度为 $p(x)$。

设公路快速货运企业租用社会运力所需费用为 C_1,企业自备运输能力所需费用为 C_3,企业自备运力闲置时的费用为 C_2(C_1、C_2、C_3 的单位:元/单位时间·吨)。

当 $x \leqslant X$ 时,公路快速货运企业在运营过程中所耗用的运输成本为 $xC_3+(X-x)C_2$;

当 $x \geqslant X$ 时,公路快速货运企业在运营过程中所耗用的运输成本为 $xC_3+(x-X)C_1$。

企业所耗用运输成本的期望值为:

$$C(X)=\sum_{x=1}^{X}p(x)[xC_3+(X-x)C_2]+\sum_{x=X+1}^{\infty}p(x)[xC_3+(x-X)C_1] \tag{5-1}$$

$$\begin{aligned}C(X+1)-C(X)&=\sum_{x=1}^{X+1}p(x)[xC_3+(X+1-x)C_2]+\sum_{x=X+2}^{\infty}p(x)[xC_3+(x-X-1)C_1]\\&\quad-\sum_{x=1}^{X}p(x)[xC_3+(X-x)C_2]-\sum_{x=X+1}^{\infty}p(x)[xC_3+(x-X)C_1]\\&=\sum_{x=1}^{X}p(x)C_2+p(X+1)(X+1)C_3-p(X+1)(XC_3+C_1)\\&\quad-\sum_{x=X+2}^{\infty}p(x)C_3+\sum_{x=X+2}^{\infty}p(x)C_1\\&=\sum_{x=1}^{X}p(x)C_2-\sum_{x=X+1}^{\infty}p(x)C_3+\sum_{x=X+1}^{\infty}p(x)C_1\end{aligned} \tag{5-2}$$

由于:

$$\begin{aligned}&\sum_{x=1}^{\infty}p(x)=1,C(X+1)-C(X)\\&\qquad=\sum_{x=1}^{X}p(x)C_2-[1-\sum_{x=1}^{X}p(x)]C_3+[1-\sum_{x=1}^{X}p(x)]C_1\end{aligned}$$

整理得:

$$C(X+1)-C(X)=C_1-C_3+(C_2+C_3-C_1)\sum_{x=1}^{X}p(x) \tag{5-3}$$

若 $C(X) \geqslant C(X+1)$，则 $C(X)$ 单调递减，此时 $\sum_{x=1}^{X} p(x) \leqslant \frac{C_3 - C_1}{C_2 + C_3 - C_1}$；

若 $C(X) \leqslant C(X+1)$，则 $C(X)$ 单调递增，此时 $\sum_{x=1}^{X} p(x) \geqslant \frac{C_3 - C_1}{C_2 + C_3 - C_1}$。

可见，当 $\sum_{x=1}^{X} p(x) = \frac{C_3 - C_1}{C_2 + C_3 - C_1}$ 时，$C(X)$ 达最小值。

由于 $\sum_{x=1}^{X} p(x) > 0$，此时要求 $C_1 < C_3$ 或 $C_1 > C_2 + C_3$，即公路快速货运企业租用社会运力所需费用较企业自备运输能力所需费用为少，或者公路快速货运企业租用社会运力所需费用较企业自备运输能力所需费用与企业自备运力闲置时费用之和为多时，使用以上结论应取满足这样条件的 X，使 $\sum_{x=1}^{X} p(x)$ 的值与 $\frac{C_3 - C_1}{C_2 + C_3 - C_1}$ 尽可能接近。

将 C_1、C_3 所表示的意义互换，保持其他参量的意义不变，使用同样的方式进行推导，可得到相同的结论，即：当 $\sum_{x=1}^{X} p(x) = \frac{C_3 - C_1}{C_2 + C_3 - C_1}$ 时，$C(X)$ 达最小值，此时要求 $C_1 < C_3$ 或 $C_1 > C_2 + C_3$，即企业自备运输能力所需费用较公路快速货运企业租用社会运力所需费用为少，或者企业自备运输能力所需费用较公路快速货运企业租用社会运力所需费用与企业自备运力闲置时费用之和为多时，使用以上结论应取满足这样条件的 X，使 $\sum_{x=1}^{X} p(x)$ 的值与 $\frac{C_3 - C_1}{C_2 + C_3 - C_1}$ 尽可能接近。

上述为自备运力规模测算模型的构造过程，应用该模型时可遵循如图 5-8 所示的流程。

(1)公路快速货运企业运输量时间序列的平稳性检验与平稳序列的构造。由于以上测算方法的理论基础是概率统计，故时间序列的随机性是该测算方法的前提条件。公路快速货运企业运输量时间序列可能表现为随机序列，也可能表现出一定的趋势性，需要采取一定的平稳性检验方法对时间序列予以检验。值得指出的是，若时间序列隐含趋势，必须采取措施将这种趋势消除以便测算方法适用；同样，测算结果也须根据消除的趋势进行修正。

(2)公路快速货运企业运输量时间序列的累计概率统计。由于数据资料的有限性与实践中数据采样的局限，可直接使用时间序列的相对比率和累计比率。

(3)C_1、C_2、C_3 的确定。自购运力所需费用、租用运力所需费用以及自购运力的闲置费用须在合理划分各种运输费用类别、区别各种干线运输方向的基础上，结合实际予以确定。

(4)公路快速货运企业自备运力 X 的确定。

(5)公路快速货运企业运输车辆数的计算。根据运力 X 以及实际可获取的车型，可大体确定车辆数量。

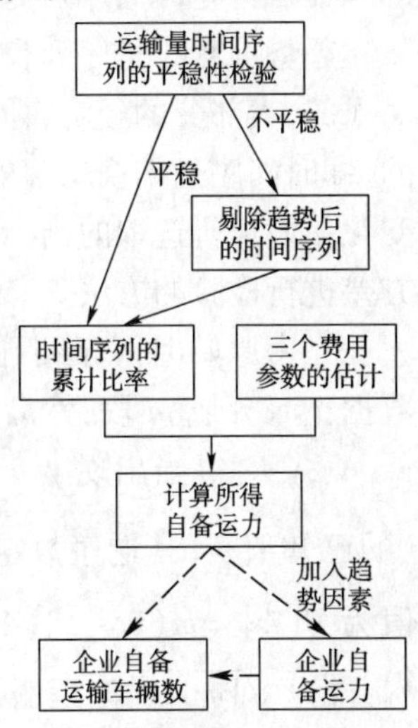

图 5-8　自备运力规模测算流程示意图

--->表示应根据情况采用的步骤

二、算例

以山东省快速货运有限公司(属资产型公路快速货运企业)所辖的四个分公司为实证分析对象。鉴于企业层面数据的可靠性与时间序列长度的要求,应尽可能缩短时间序列的统计周期。以旬为时间单位,2006 年四个分公司货物受理量时间序列(按每个月份上、中、下三旬,每旬内特定分公司每运输班次装载的平均质量统计)如图 5-9 所示。

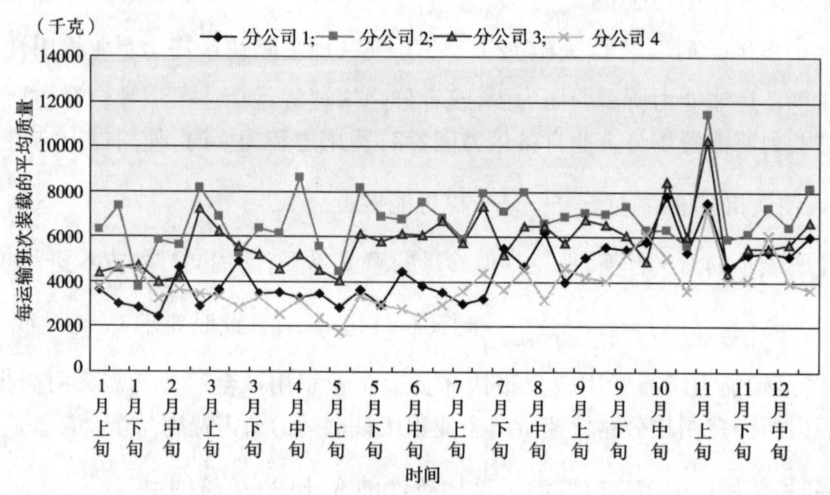

图 5-9　2006 年四个分公司每班次货物受理量时间序列

1. 运输量时间序列趋势判定

趋势可看作是序列长度为无穷大的周期。经济时间序列的趋势大致有两类:一是均值意义上的,大部分的经济时间序列中都存在序列的均值不断向上递增的趋势;二是方差意义上的,即时间序列围绕均值的波动范围随时间而改变,均值递增的经济序列的方差往往也呈递增变化。假定所选取的指标一般具有递增的发展趋势,采用以下对可能存在某种趋势的均值或方差进行检验的方法。

先由原始时间序列计算一个大致不相关的均值或方差值序列(可把整个原始时间序列数据记录分成 m 段,然后求各段按时间平均的均值或方差)。设该均值或方差值序列为 y_1,y_2,…,y_m。每当出现 $y_j > y_i(j > i, i = 1,2,\cdots,m-1)$ 时定义为 y_i 的一个逆序,对于下标为 i 的已知值 y_i,其逆序数定义为与 y_i 相应的逆序的个数 A_i,逆序总数为 $A = \sum_{i=1}^{m-1} A_i$。A 的平均值为 $E[A] = m(m-1)/4$,方差为 $Var[A] = m(2m^2 + 3m - 5)/72$。统计量 $u = (A + 0.5 - E[A]) / \sqrt{Var[A]}$ 渐近服从正态分布 $N(0,1)$。如果 u 处于 ± 2 之内,则可接受"序列无趋势"的假设;否则拒绝该假设(在 0.05 显著水平上)。如果 A 很大,表明序列均值(或方差)有上升的趋势;如果 A 很小,则表明序列均值(或方差)有下降的趋势。针对以上时间序列的趋势判定结果如表 5-6 所示。从该结果看,分公司 1、2、3 的运输量时间序列均隐含上升的趋势。

2006 年四个分公司运输量时间序列的趋势判定结果　　表 5-6

公司名称	m	A	$E[A]$	$Var[A]$	u	序列均值的趋势
分公司 1	9	29	18	23	2.4	上升
分公司 2	9	29	18	23	2.4	上升
分公司 3	9	28	18	23	2.2	上升
分公司 4	9	26	18	23	1.8	无趋势

2. 随机序列的构造

在时间序列分析中有很多方法可用于剔除趋势。从效果上看，任何一种趋势剔除方法都既有优越之处，又存在缺陷。这里采用直线拟合进行时间序列的趋势剔除，即对时间序列以直线进行拟合后，用原始时间序列减掉直线拟合结果。不可避免的是，这样处理后所得的时间序列中有负数，不利于以上测算方法的使用。为将这样的时间序列转换为正数列，应使时间序列整体上沿纵坐标轴向上平移一定距离。如对分公司 1 的货物发出量时间序列以直线进行拟合（直线方程为 $y = 90.989x + 2715.4$），并用原始时间序列减掉直线拟合结果，得到消除增长趋势后的新时间序列，但该新时间序列中存在负数，在其基础上整体上调 2000 单位，则得到的时间序列为正数序列（以 P_1 表示），且其 $u = 0.31 < 2$，正数序列 P_1 无趋势。趋势剔除后的分公司 1、分公司 2、分公司 3 的运输量时间序列如图 5-10 所示（经检验，三个时间序列均为随机序列）。

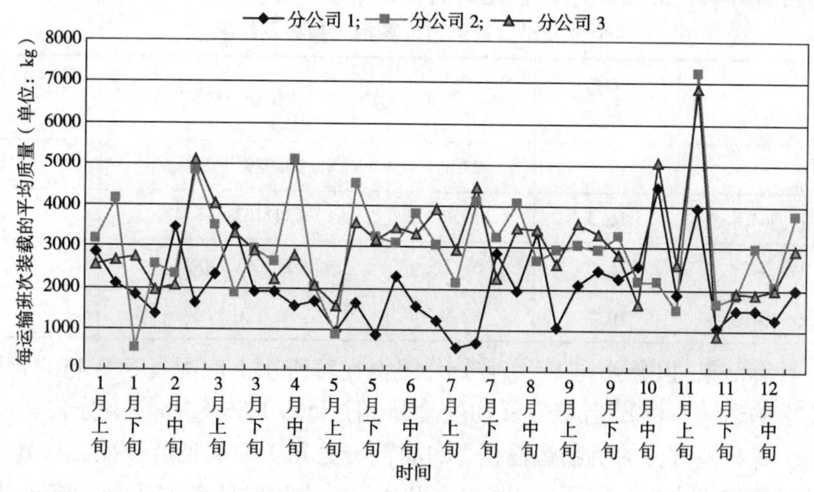

图 5-10　剔除趋势后的三个分公司每班次运输量时间序列（平移后）

3. 随机序列的分布

以分公司 1 为例，正数序列 P_1 的分布如表 5-7 所示。

4. 自备运力的计算

仍以分公司 1 为例。根据总公司财务部门与运营监管部门的相关统计，分公司 1 自购运力所需费用、租用运力所需费用以及自购运力的闲置费用（单位：万元）分别为：$C_1 = 61.8$、$C_2 = 13.0$、$C_3 = 77.1$。

此时$\frac{C_3-C_1}{C_2+C_3-C_1}=0.54$，取$X'_{分公司1}\approx 2.0$（吨）。

剔除趋势后的分公司 1 货物运输量时间序列的概率分布　　表 5-7

数值	频数	相对比率	累计比率
1000 以下	4	0.11	0.11
1000～1500	6	0.17	0.28
1500～2000	12	0.33	0.61
2000～2500	6	0.17	0.78
2500～3000	3	0.08	0.86
3000 以上	5	0.14	1.00

剔除整体沿纵坐标轴上调 2000 单位（根据图 5-10，单位为千克）的因素，得到$X''_{分公司1}\approx 0$，由于分公司 1 的货物发出量时间序列中隐含长期增长趋势，考虑到这种趋势（由于拟合直线在y坐标轴的截距为 2.7，故取基数为 2.7 吨，以每旬 0.09 吨、即每月 0.27 吨的速度增加），经过一年的增长，2006 年年底$X^{2006}_{分公司1}\approx 5.9$（吨/班次）。

同样道理可计算其他分公司的自备运力，计算结果如表 5-8 所示。

四个分公司自备运力计算相关参数及结果　　表 5-8

公司名称	C_1（万元）	C_2（万元）	C_3（万元）	长期趋势	自备运力（吨/班次）
分公司 1	61.8	13.0	77.1	$y=90.989x+2715.4$	5.9
分公司 2	64.8	16.3	70.0	$y=34.103x+6147$	6.3
分公司 3	44.1	16.3	57.1	$y=53.109x+4824.2$	6.7
分公司 4	31.3	10.7	32.9	无	3.0

根据以上计算结果，以分公司 1 为例：分公司 1 在每班次上应配备 5.9 吨的自购运力（购买符合吨位要求的运输车辆），当实际货物受理量超过 5.9 吨/班次时，该分公司应租赁社会运力以承担高于 5.9 吨部分的货物运输任务，这样，分公司 1 在满足经济社会物流需求的条件下可实现运输成本的最小化。实际上，目前承担分公司 1 运输任务的车型为自购康明斯厢式货车（额定载质量为 8 吨），通过比较计算结果与实际运作状态，并考虑车厢容积的限制因素，承担分公司 1 运输任务的车型选择比较合理。

以分公司 4 为例：分公司 4 在每班次上应配备 3.0 吨的自购运力，当实际货物受理量超过 3.0 吨/班次时，该分公司应租赁社会运力承担高于 3.0 吨部分的货物运输任务，这样，分公司 4 在满足经济社会物流需求的条件下可实现运输成本的最小化，从而提高单位运输成本的产出。实际上，目前承担分公司 4 运输任务的车型为自购康明斯厢式货车（额定载质量为 8 吨），通过比较计算结果与实际运作状态，承担分公司 4 运输任务的车型选择并不合理，可适当作出调整。从财务部门的统计结果也可看出，分公司4的单位运输成本的产出相对于其他分公司而言较低。

三、挂车的配备

从组织管理层面（非技术层面）看，道路甩挂运输中挂车的配备涉及两个因素：挂车停靠的场站及挂车数量。挂车停靠的场站主要取决于牵引车的运行方案；挂车数量主要取决于牵引车的甩挂运输循环涵盖的场站数量。

根据本书第4章所介绍"HS网络结合'中途点停靠'的可行性判别"的方法，以山东省快速货运有限公司（简称山东快运）的各个分公司的业务状况为基础，可测算挂车运力的配备。

根据测算，采用"中途点停靠"形式的车辆组织方式承担北京、天津—济南分拨中心间的干线运输时，应使用载质量为17～18吨的挂车车厢；采用"中途点停靠"形式的车辆组织方式承担菏泽、济宁—济南分拨中心间的干线运输时，应使用载质量为16～18吨的挂车车厢；采用"中途点停靠"形式的车辆组织方式承担烟台、潍坊—济南分拨中心间的干线运输时，应使用载质量为22～33吨的挂车车厢。而根据本节所测算的企业自备挂车运力结果，北京、天津—济南分拨中心间的干线运输合理自备运力为15.9吨，菏泽、济宁—济南分拨中心间的干线运输合理自备运力为12.6吨，烟台、潍坊—济南分拨中心间的干线运输合理自备运力为18.9吨，如表5-9所示。

挂车运力的测算　　表5-9

运输线路	非直达车辆组织方式所需载质量（吨）	合理自备运力（吨）
北京、天津—济南分拨中心	17～18	15.9
菏泽、济宁—济南分拨中心	16～18	12.6
烟台、潍坊—济南分拨中心	22～33	18.9

鉴于国内外牵引车与挂车的一般技术参数（特别是牵引质量、载质量），即使采用"非直达车辆组织方式所需载质量"与"合理自备运力"之间的最大者，还是距离国内外牵引车与挂车的一般技术参数有明显的差距，此时从车辆所耗用的运输成本的角度看也并非最优方案。但若采用"非直达车辆组织方式所需载质量"与"合理自备运力"之间的最小者，距离国内外牵引车与挂车的一般技术参数差距更为显著，甩挂运输的技术经济效果被严重削弱。在此推荐第一种情形，则山东快运甩挂运输生产过程中挂车的配备情况如表5-10所示。

四、采用道路甩挂运输的经济技术效果

如前所述，开展道路甩挂运输有一定的技术经济效益，如动力部分利用率的提高、场站储存面积的节约、站点上装卸搬运时间窗的延长、车辆载货部分利用率的提高、驾驶员人数及其相关费用的减少等。以下以山东快运为测算对象、仅从动力部分展示道路甩挂运输的效果。

（1）汽车牵引部分（动力部分）全周转时间（指牵引车在交路上往返牵引一对车厢所消耗的全部时间，包括在牵引交路上往返运行时间和场站停留时间）。追求目标：在完成同样的运输量条件下缩短全周转时间。牵引车全周转时间节省的理论效果如表5-11所示。

挂车配备情况 表5-10

场　站	挂车数量	挂车额定载质量(吨)
北京	2	18
菏泽	2	18
烟台	1	35
	1	8
青岛	1	10
	1	8
济南	2	18
	1	35
	1	10

牵引车全周转时间的对比 表5-11

甩挂运输方式			既有方式	
牵引车编号	牵引区间	全周转时间(小时)	运行区间	全周转时间(小时)
A	北京—济南—菏泽	22.5	济南—北京	23.0
B	菏泽—济南—北京	22.5	济南—天津	19.0
C	济南—烟台—青岛	48.0	济南—济宁	16.0
D	济南—青岛—烟台	48.0	济南—菏泽	19.0
		共计141.0	济南—烟台	22.0
			济南—青岛	20.0
			济南—潍坊	17.0
			青岛—烟台	17.0
				共计153.0

(2)汽车牵引部分(动力部分)平均日车公里(指平均每台牵引车在一昼夜内所走行的公里数,综合了牵引车工时的有效利用和速度两个因素,反映了牵引车平均每天所完成的流动工作量)。追求目标:在完成同样的运输量条件下降低平均日车公里。牵引车平均日车公里节省的理论效果如表5-12所示。

(3)汽车牵引部分(动力部分)平均牵引总质量(是反映牵引车牵引能力利用程度的一项指标)。追求目标:在完成同样的运输量条件下提高平均牵引总质量。牵引车平均牵引总质量增加的理论效果如表5-13所示。

牵引车平均日车公里的对比 表 5-12

甩挂运输方式			既有方式	
牵引车编号	牵引区间	平均日车公里	运行区间	平均日车公里
A	北京—济南—菏泽	800	济南—北京	1000
B	菏泽—济南—北京	800	济南—天津	700
C	济南—烟台—青岛	1000	济南—济宁	360
D	济南—青岛—烟台	1000	济南—菏泽	560
		共计 3600	济南—烟台	900
			济南—青岛	700
			济南—潍坊	380
			青岛—烟台	420
				共计 5020

牵引车平均牵引总质量的对比 表 5-13

甩挂运输方式			既有方式	
牵引车编号	牵引区间	平均牵引总质量(吨)	运行区间	平均牵引总质量(吨)
A	北京—济南	17.5	济南—北京	8.0
	济南—菏泽	17.0	济南—天津	8.0
B	菏泽—济南	17.0	济南—济宁	8.0
	济南—北京	17.5	济南—菏泽	8.0
C	济南—烟台	28.0	济南—烟台	17.0
	烟台—青岛	5.0	济南—青岛	17.0
	青岛—济南	10.0	济南—潍坊	17.0
D	济南—青岛	10.0	青岛—烟台	5.0
	青岛—烟台	5.0		平均 11.0
	烟台—济南	28.0		
		平均 15.5		

(4)成本比较。既有模式下的运输成本如表 5-14 所示。

从车辆的日车公里看,采用甩挂运输方案的日车公里是既有模式下车辆日车公里的 72%,车辆在途消耗成本的下降空间较大;从挂车的配备情况看,挂车长时间停靠的网点的货物存储占地面积、货物装卸耗用人工和机械成本都有一定的下降空间;从司乘人员的配备看,人数较既有模式下有所减少。

既有运输组织方式下的主要运输成本 表 5-14

干线车辆运行方向	车型载质量(吨)	购置费用(万元)	单程里程(公里)	总运输费用(万元/年)
青岛→济南	17	27	381.5	80.0
烟台→济南	17	27	475.0	98.3
潍坊→济南	17	27	245.0	50.2
济宁→济南	8	18	220.0	31.3
菏泽→济南	17	27	310.0	57.1
北京→济南	10	21	430.0	61.8
天津→济南	17	27	355.0	64.8
青岛→烟台	5	9	210.0	23.5
合计		183		467.0

同时推行两个甩挂运输循环时,甩挂运输的运输成本:购置牵引车 4 台,以每台 26 万元(国内牵引车销售平均报价)计算;购置挂车 12 台,以每台 10 万元(国内挂车销售平均报价)计算;前期购置费用共计 224 万元。可见,与既有模式相比较,推行甩挂运输在成本方面最大的劣势是前期购置投入很大。如果企业的干线运输车辆处于超使用时限运作状态,在未来较短时期内将面临车辆的更新问题,则此时推行甩挂运输是有利的;如果企业的干线运输车辆较新,则企业就很可能没有购置新的甩挂运输车辆的动机了。

第六章 公路集装箱运输中的甩挂运输组织

从我国交通运输发展的实践看,甩挂运输形式最早出现于针对港口集装箱集疏运的公路集装箱运输活动中。相对于公路快速货运发展甩挂运输,从管理技术层面讲,公路集装箱运输在实行甩挂运输组织形式时的难度稍低一些。本章首先分析当前我国公路集装箱运输发展中面临的问题,明确公路集装箱运输面临的挑战为道路甩挂运输的推广和发展提供的机遇,在此基础上,简要分析港口集装箱甩挂运输的组织形式。

第一节 公路集装箱运输简介

一、集装箱运输的优势

在一定的装备技术支撑条件下,采用集装箱运输的优势主要有:

1)运输效率大大提高

集装箱运输是实现机械化作业的高效率运输形式,它将不同形状、尺寸的件杂货装入标准化规格的集装箱后再进入运输环节,为实现高效的机械化作业创造了最为重要的条件。集装箱运输各环节所采用的硬件设备大多效率很高且实现了专用化,使得装卸速度提高、运输工具周转加快。集装箱运输将单件货物集合成组,使运输单位增大,便于机械操作,从而也大大提高了装卸效率。装卸效率的提高,使非生产性停留时间缩短,码头和车站使用率随之提高。

2)为开展多式联运提供基础条件

集装箱运输适于组织多式联运。进行联合运输时,由一种运输方式转换到另一种运输方式,需要换装的是集装箱,并不需要将箱内的货物逐件进行装卸搬运作业,这就大大简化和加快了运输过程的换装作业。由于集装箱坚固、密封,外贸口岸监管单位可以加封和验封转关放行。可见,集装箱能把海运和陆运等多种运输方式以及与进出口业务有关的口岸监管等工作联合起来进行一体化的联运操作,可大大提高运输服务质量。同时,为方便货主和保证货物运输安全,集装箱运输经营者采用一体化的运输服务,托运人只需一次托运、一次交费,即可获得门到门运输服务。

3)提高货运质量,减少货损货差

集装箱运输是保证货运质量、简化货物包装的安全、节省的运输方式。集装箱具有坚固密封的箱体,一般不易发生盗窃事故,且足以防止天气条件对箱内货物的侵袭,对货物具有很好的保护作用,即使经过长途运输或多次换装,箱内货物也不易损坏。在运输和装卸过程中,与外界接触的是箱体而非货物,货物破损事故大为减少,对货物的包装要求也可降低。

4)运输相关费用大大降低

集装箱是强度很好的外包装,货物在箱内不易受外界的挤压碰撞,因此货物本身的外包装可大大简化，从而减少了包装费用。由于集装箱对货物具有保护作用，货物保险费率也可降低。随着货损率的降低，潜在的理赔费用也随之减少。此外，由于集装箱的标准化，车船载质量和容积得到充分利用，一般班轮公司对集装箱货运收取较非集装箱货运低10%的运费。由于以集装箱为运输单位，计量、整理、保管、检验、交接等操作手续被大量简化。集装箱可露天存放，中途储存不需要条件良好的仓库设施、只需堆场，这也可节省仓储手续和费用。

二、公路集装箱运输专用车辆

集装箱运输发展初期，因集装箱载质量较小、数量少，普通载货汽车被直接用于集装箱的载运作业。20世纪60年代以来，随着集装箱运输的迅速发展，世界各国相继研制专门运输集装箱的汽车。集装箱汽车载货部位的尺寸按标准集装箱尺寸设计，并在对应于集装箱底部四角的位置上设有固定集装箱的扭锁装置。

集装箱汽车通常采用汽车列车的组合形式。这种组合有半挂式、全挂式和双挂式，实践中以半挂式汽车列车居多，组成集装箱汽车列车的半挂车有平板式和骨架式两种。公路集装箱运输涉及的专用车辆主要有集装箱牵引车、集装箱半挂车、集装箱自装自卸车、集装箱汽车列车等。

1. 集装箱牵引车

集装箱牵引车本身不具备装货平台，必须与挂车连在一起使用。牵引车按驾驶室的形式可分为平头式和长头式两种。

平头式牵引车的驾驶室短，驾驶时的视线好；轴距和车身短，转弯半径小；缺点是发动机直接布置在司机座位下面，驾驶员会受到机器振动影响，舒适感差。长头式牵引车的发动机和前轮布置在驾驶室的前面，驾驶员舒适感较好，万一发生交通事故时，驾驶员较为安全，在开启发动机罩修理发动机时也较为方便；主要缺点是驾驶室较长、整个车身长，回转半径较大。

由于世界各国对公路、桥梁和涵洞的尺寸有严格的规定，车身短的平头式牵引车应用日益广泛。

2. 集装箱半挂车

平板式集装箱半挂车除有两条承重的主梁外，还有若干横向的支撑梁，这些支撑梁上铺有花纹钢板或木板；在集装箱固定装置的位置，按集装箱的尺寸和角件的规格要求，安装着扭锁件。因而它既能装运国际标准集装箱，又能装运一般货物。在装运一般货物时，整个平台承受载荷。平板式集装箱半挂车由于自身质量较大，承载面较高，一般在需要兼顾运输集装箱和一般长、大、笨重货物的场合采用。

骨架式集装箱半挂车专门用于运输集装箱，它仅由底盘骨架构成，而且集装箱也作为强度构件加入到半挂车的结构中。因此，其自重较轻，结构简单，维修方便，在专业集装箱运输企业中被普遍采用。

鹅颈式集装箱半挂车是一种专门运载12.2米(40英尺)国际集装箱的骨架式半挂车，其车架前端拱起的部分称作鹅颈。当半挂车装载12.2米(40英尺)国际集装箱后，车架的鹅颈部分可插入集装箱底部的鹅颈槽内，从而降低车辆的装载高度，在吊装时也可起到导向作用。

3. 集装箱自装自卸车

这种车辆按其装卸形式的不同可分为两类:一类是后面吊装型,从车辆的后面通过特制的滚装框架和由液压电动机驱动的循环链条,将集装箱拉到车辆上完成吊装作业,卸下时则相反;另一类是侧面吊装型,是从车辆的侧面通过可在车上作横向移动的变幅式吊具将集装箱吊上吊下。由于集装箱自装自卸车具有运输、装卸两种功能,在开展门到门运输时,不需要其他装卸机械的帮助,使用方便,装卸平稳可靠,又能与各种牵引车配套使用,除了装卸和运输集装箱外还可以进行大件货物的运输和装卸作业,因此其应用日益广泛。

4. 集装箱汽车列车

半挂方式:是用牵引车来拖带装载着集装箱的挂车。集装箱的质量由牵引车和挂车的车轴共同承担,车轴压力较小;此外,由于后车轴承受集装箱的部分质量,故能得到较大的驱动力;这种拖挂车的总长较短,便于倒车和转向,安全性和可靠性好;挂车前端的底部装有支腿,便于实现甩挂运输。

全挂方式:是通过牵引杆架与挂车连接,牵引车本身可作为普通载货汽车使用。挂车可用支腿单独支承,全挂车是仅次于半挂车的一种拖带方式,操作难度比半挂车稍高。

双挂方式:是半拖挂方式后面再加上一个全挂车,实际上是牵引车拖带两节挂车。在高速行进中,该拖挂方式后面一节挂车会出现摆动前进的状态,后退时操作性差,在实践中应用并不多。

三、公路集装箱运输的组织

公路集装箱运输以其安全、快捷、高效、环保等优点,在道路货运领域得到越来越广泛的应用,被视为公路运输现代化的标志之一:①采用公路集装箱运输便于控制车辆的载质量。由于集装箱规格统一,在运输工具上所装的货物能够占据的空间是确定的,这有利于遏制超限超载运输;②使用集装箱装卸可以保护箱内货物、可以消除绝大部分货损货差,大大减少损坏赔偿与商务事故次数;③集装箱运输车辆执行国家颁布的强制性标准,有助于运输市场上车型的统一与规范;④公路集装箱运输在全球经济一体化格局中高速发展,世界各国都十分注重对集装箱运输的引导。大力发展公路集装箱运输,不仅可以迎合我国内、外贸易运输发展趋势,适应我国扩大对外开放和发展经济的需要,还可以带动相关产业的发展。

与其他运输活动类似,公路集装箱运输在绝对量上的演变往往表现出波动性,公路集装箱运输过程中出现运力不足或运力过剩现象在世界各国普遍存在。从事公路集装箱运输业务的,主要是各类集装箱汽车运输公司,集装箱汽车运输公司车辆配备及其运力是相对稳定的,但公路集装箱运输市场对集装箱汽车的需求在数量、流向、时间等方面的分布是不均衡的。这使组织货源成为公路集装箱运输的重要工作。公路集装箱运输货源的组织形式有:

(1)统一受理、计划调拨。这是公路集装箱运输货源组织的最基本形式。货运代理公司或配载中心统一受理需用集装箱汽车运输的货源,然后根据各集装箱汽车运输公司的车型、运力、营运等特点,统一调拨运力。这种方式对公路集装箱运输的运力调拨和结构调整起着指导作用,能较好地缓解能力与需求的不平衡。

(2)合同运输。这是计划调拨运输的一种补充形式,船公司、货运代理公司和货主在某些情况下与集装箱汽车运输公司直接签订合同,确定某段时间、某一地区的运输任务。

(3)临时托运。集装箱汽车公司接受短期、临时客户小批量托运的集装箱,这是对计划调拨运输和合同运输必不可少的补充。

在实体运作方面,集装箱汽车运输公司在组织货源时可采取以下手段:

(1)委托公路运输代理公司或配载中心组货,这是集装箱汽车公司最主要的组货渠道。因为货运代理公司或配载中心与各类企业有密切的联系,熟悉业务,便于进行商务接洽。由货运代理公司集中地向众多货主揽货,然后分配给各集装箱汽车公司,也便于提高效率,降低交易成本。

(2)建立业务受理点。集装箱汽车运输公司也可以在主要货主、码头、集装箱货运站或公路集装箱中转站设立业务受理点,自行组织货源。这样做能及时解决客户的急需或特殊需求,也便于集装箱汽车公司实时掌握运输市场动态。

一般而言,公路集装箱运输的运送方法有以下三种:

(1)汽车货运方式。这种方式以一般的载货汽车来运送集装箱,对于载货汽车而言,集装箱只是一件较为庞大的货物而已。显然,载货汽车除了用于装运集装箱外,还可装运其他货物。

(2)全拖车方式。这种方式是从载货汽车运送方式演变而来,除了以一般载货汽车装载集装箱外,再在载货汽车尾端以特定的拖杆牵引一辆车架运送集装箱。

(3)半拖车方式。这种方式是以一辆牵引车后拖带车架以装运集装箱,牵引车可脱离车架而灵活调度使用,以增加使用率。

第二节 我国公路集装箱运输面临的机遇与挑战

一、公路集装箱运输的利润空间

1. 公路集装箱运输的运价

我国货运市场开放之后,竞争愈演愈烈,竞争压力的不断上升使部分货运企业铤而走险开展非法经营,使用假牌、套牌车进行集装箱运输的非法经营手段尤为突出。相对于正规经营者而言,假牌、套牌车的经营者可以逃避保险费、车船税等税费,在市场竞争中占有明显成本优势。为了赢得更多的货源,这些假牌、套牌车主以低廉的价格,甚至以低于合法运输车主成本的价格招揽运输业务,与合法经营者展开不公平的价格竞争,扰乱正常的运输市场秩序。

一般而言,不同地区的公路集装箱运输价格是不同的,这里,以深圳市公路集装箱运输为例,考察公路集装箱运输的运价变动情况。

2004 年是深圳市集装箱运输市场的转型年。《中华人民共和国行政许可法》自 2004 年 7 月 1 日起实施、《中华人民共和国道路运输条例》和《道路货物运输及站场管理规定》相继出台,这给地方立法机构从法律法规角度发挥行业管理的空间变小了。新法规要求道路货物运输管理应当公平、公正、公开和便民,对货运行业注册资质不再有严格要求,增加运力完全成为市场调控下的企业行为,这使得运力急剧增加。自 2004 年以来,深圳港的集装箱吞吐量翻了一番,而运输市场上的拖车数量却翻了 3 番,按 2007 年的集装箱吞吐量与市场拖车数量计算,每处理 1 万个集装箱,需动用 1100 台拖车,运力明显供大于求。运力供大于求使得市场竞争日趋激烈,而激烈的市场竞争、低管理水平的市场经营主体占绝大多数的状况带来的最直接的影响就是运价不断降低,市场经营主体无力从管理创新、技术创新的层次应对市场竞争,更倾向于压低运价。深圳市道路集装箱运输市场运价大致可以以 2003 年、2005 年和 2008 年为界划分为 3 个主要变化时期,在这 3 个时期,运价经历几次大幅下降,直接影响了公路集装箱运输行业的效益,而这却是经营企业最基本的生存条件。

表 6-1 显示了 12.2 米(40 英尺)集装箱从盐田、蛇口起步运至各个目的地在 2003 年前的市场价格以及 2008 年的市场指导价格。可见,作为道路货运市场的一个组成部分,公路集装箱运输业务也受到了道路运输市场上运力扩张速度加快、变相压价等因素的影响,公路集装箱运输的运价呈现出明显的下降趋势。

12.2 米(40 英尺)集装箱从深圳盐田、蛇口起步的平均价格(元/TEU)　　表 6-1

目的地	2003 年运价	2008 年市场指导价	下降百分比(%)
汕头	4800	2600	45.6
澄海	5000	2700	46.0
饶平	5200	3200	38.5
中山	3200	2000	37.5
佛山	2900	1800	37.9
广州	2500	1700	32.0
顺德	2800	1800	35.7
东莞	1600	1000	37.5
深圳市区	850	500	41.2

注:资料来源于文献[108]。

2. 公路集装箱运输的成本

随着国际油价波动、国际贸易运输成本上升、各种主要价格指数上升等趋势,道路运输成本呈现上升的趋势。对于道路货运而言,燃料、动力类购进价格指数大大影响着货运成本。表 6-2 显示了与道路运输有明显关联的原材料、燃料、动力类购进价格指数变动情况,自"九五"以来,我国原材料、燃料、动力类购进价格指数(原材料、燃料和动力购进价格指数是反映工业企业作为生产投入,而从物资交易市场和能源、原材料生产企业购买原材料、燃料和动力产品时,所支付的价格水平变动趋势和程度的统计指标,是扣除工业企业物质消耗成本中的价格变动影响的重要依据)处于增长状态,虽然历年的增长速度有所差异。从其演变趋势看,燃料、动力类购进价格指数的增长幅度要高于总指数(见图 6-1)。

原材料、燃料、动力类购进价格指数(上年指数均为100)　　表6-2

年　份	总指数	燃料、动力类	黑色金属材料类	有色金属材料类
1996	103.9	110.2	99.3	92.4
1997	101.3	109.3	97.4	96.2
1998	95.8	99.1	95.1	88.3
1999	96.7	100.9	94.7	98.9
2000	105.1	115.4	100.9	110.3
2001	99.8	100.2	100.5	95.6
2002	97.7	100.1	98.2	96.5
2003	104.8	107.4	107.9	105.3
2004	111.4	109.7	120.4	120.1
2005	108.3	115.0	107.5	114.0
2006	106.0	111.9	98.3	130.8
2007	104.4	104.3	105.4	111.6

注:数据来源于《中国统计年鉴》(2008)。

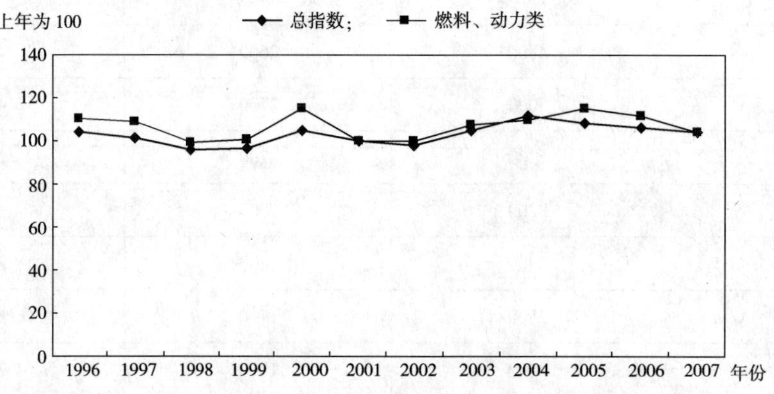

图6-1　燃料、动力类指数和总指数演变趋势的比较

这里仍根据深圳市集装箱拖车运输协会的材料[108],以深圳市公路集装箱运输为例,考察公路集装箱运输的成本变动情况。近年来,大家对于深圳市道路集装箱运输行业的不合理征费问题争议颇多,道路运输企业因各项收费问题与码头、堆场或船公司等相关方产生的纠纷也较为常见。

据2007年深圳市道路集装箱运输行业发展状况(那时我国尚未实施成品油价税费改革),单车月产值一般为30000~40000元,按平均月产值35000元(车辆行驶里程为4500公里)为例进行成本核算如下:

(1)应缴纳税费包括养路费、车辆保险费、运输管理费、年/季度审查费、过路过桥费、港口建设费等港口相关费用、企业营业税金等。根据测算,运输企业应向政府缴纳的税费能够占单车月产值的近一半。

(2)运输企业营运成本包括燃油费、轮胎消耗、交纳给船公司的费用、车辆维修保养费、停车费、管理费等。根据测算，运输企业的营运成本能够占单车月产值的一半。

可见，扣除各项费用后，道路集装箱运输企业的利润空间很小。

二、公路集装箱运输的市场占有率

当今，公路集装箱运输在发达国家得到广泛的普及，且已成为国际贸易货物运输的主要形式之一。在美国、加拿大等国家，公路集装箱运量占多式联运量和社会总运量的50%以上；而我国一直将集装箱运输车辆作为专用化、特殊用途车辆，其在整个公路运输车辆中所占的比例很低。在我国公路营运汽车拥有量中，普通载货汽车无论从车辆数还是从车辆吨位看，都占据80%以上的份额（见图6-2），而特种车辆、专用车辆的比重很低。

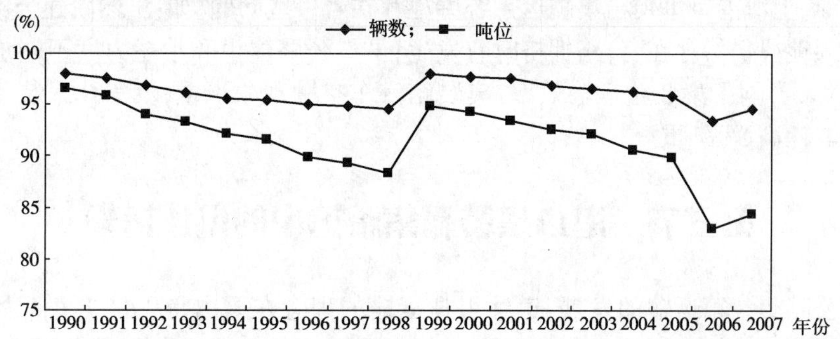

图6-2 普通载货汽车在我国公路营运汽车总量中的比重

2005年（“十五”末期），我国共有公路集装箱运输企业3472家，占全国货运企业的比例为0.1%，拥有集装箱运输车5.8万辆。根据交通运输部《2008中国道路运输发展报告》，2008年（“十一五”中期），我国公路集装箱运输运输经营业户达到7991户，比上年增长9.3%，增幅有较大回落。虽然近几年我国集装箱车辆保有量有了一定的增长，但是从整个道路运输市场的车辆结构看，集装箱运输车所占比重仍然偏低（见表6-3）。集装箱运输车保有量在全社会营运货运汽车保有总量中的比例偏低，在一定程度上阻碍了我国公路集装箱运输的发展。

2000～2008年我国全社会拥有集装箱运输车辆的情况 表6-3

年　份	2000	2001	2002	2003	2004	2005	2006	2007	2008
货运车辆总量（万辆）	486	509	537	572	628	605	641	684	761
集装箱运输车（万辆）	2	2.6	3.3	4.1	5.2	5.8	7.5	9.6	9.6
集装箱运输车所占比例（%）	0.4	0.5	0.6	0.7	0.8	1.0	1.2	1.4	1.3

一般而言，不同港口地区的公路集装箱运输的市场占有率是不同的，这里以上海港口国际集装箱集疏运为例[109]，考察公路集装箱运输在港口集疏运过程中的市场占有率情况。

《国务院关于推进上海加快发展现代服务业和先进制造业，建设国际金融中心和国际航运中心的意见》提出，到2020年基本形成规模化、集约化、快捷高效、结构优化的现代化港口集疏运体系以及国际航空枢纽港，以实现多种运输方式一体化发展作为上海国际航运中心建设的总体目标之一。

目前，上海港口集装箱的集疏运由公路、铁路、水路等方式组成，除外贸进出境必须经国际航线水路运输方式外，公路、铁路、水路（内河、沿海、内支线）方式可相互竞争和替代。据统计，上海港2008年集装箱集疏运量为4711万TEU，集与疏在数量上大致平衡。其中由境内公路、内河水路、沿海水路、内支线水路完成的比例大致为74∶6∶7.5∶12.5。铁路则通过公路短途驳运，分担了10万TEU的集疏量。可见，上海港口集装箱集疏运系统在上海港的发展过程中已经承担重要角色。上海港口集装箱的主要腹地集中在包括江、浙、沪在内的长江三角洲地区，与港口距离在400公里范围内，呈多点扇面分布，密度递远递减，集疏的集装箱量占上海港腹地集疏量的80%以上，其中少量通过水路运输，绝大部分由公路运输完成。

另一方面，上海港口集装箱集疏运系统中也存在着一些问题，如：虽然新建公路有所增加，但公路的瓶颈地段仍然存在、公路拥挤时有发生；虽然公路建设和治超力度不断加强，但公路仍经常被损坏，影响了集装箱运输效率；集装箱汽车空驶现象严重；汽车技术装备差、车况不良、车速慢、能耗高、污染重等。

第三节　港口集装箱集疏运中的甩挂运输

伴随着公路集装箱运输的发展，道路甩挂运输的理念在国内得以接受并开始试点：1986年5月，交通部公路局在广州召开“公路直达集装箱运输业务座谈会”，重点研究讨论集装箱汽车甩挂运输问题，会议决定委托上海船厂集装箱分厂设计试制公路专用集装箱；同年6月，交通部公路局发布《关于开展公路直达集装箱甩挂运输试运线的通知》，确定在北京—沈阳、南京—扬州—南通、上海—杭州—南京、青岛—潍坊4条线路上组织甩挂试运。1987年10月，作为交通部在长江三角洲地区公路干线网上组织公路集装箱汽车甩挂运输的试点企业，通沪杭集装箱汽车运输联合公司在南通举行开业典礼并正式投入运营，这对推动公路零担集装箱运输的发展起到了示范作用。1988年3月，南京—苏州—南通集装箱汽车运输联合公司成立，这是我国开通的第二条集装箱汽车甩挂运输试点线；同年4月，山东潍坊—青岛集装箱汽车甩挂运输试点线开通营业。1988年4月，公安部交通管理局发布《关于集装箱牵引车甩挂运输管理问题的通知》，同意在4条指定线路进行甩挂运输试点，实行牵引车与集装箱半挂车分离，各自核发牌照，并要求将牵引车和半挂车的车型、牌照号码、行驶区域送经地区交通管理机关备案。1990年2月，交通部在沈阳召开“集装箱汽车甩挂运输座谈会”，专题研究了开展甩挂运输试点以来的工作经验和存在的问题。1996年7月，国家经贸委、公安部、交通部联合发布《关于开展集装箱牵引车甩挂运输的通知》。

一、国际集装箱运输概述

集装箱运输是为适应社会化大生产发展的要求而产生的，是件杂货运输的发展方向，是交通运输现代化的必然产物。由于集装箱运输具有很多优点，从根本上改变了传统运输方式，被世界公认为20世纪的一场“运输史上的革命”。

当前，世界集装箱运输市场主要集中于远东、欧洲和北美三大地区，形成了世界三大核心班轮航线（太平洋航线、欧地航线和大西洋航线），构成了以干线运输为骨架、短程支线和内陆运输相配套的集装箱运输网络。世界集装箱运输已呈现出“运输船舶大型化,枢纽港口分布集中化,支线与干线连接更加紧密化,以枢纽港为中心的国际集装箱运输体系网络化”的发展趋势。

国际集装箱运输是一个涉及面广并由诸多子系统构成的大系统,是复杂的运输系统工程。它由适箱货源、国际标准集装箱、集装箱船舶、集装箱港口码头、集装箱货运站、陆路集疏运等基本生产要素及管理功能子系统组成。

1. 适箱货源及揽货管理

为保证集装箱运输顺利进行,首先必须具备足够的适箱货源。对于那些物理及化学属性都适宜装箱的,并且货值高、运费率高、承受运价能力大的货物属于最佳装箱货;对于那些货值稍低、运费率稍低、承受运价能力较大的货物,且在物理及化学属性上也适宜装箱的货物称为适于装箱货。集装箱运输的对象绝大多数是以上两类货物。做好适箱货源的组织工作,提高揽货工作质量,为国际集装箱运输提供充足而稳定的货源,是保证国际集装箱运输顺利展开的前提。

2. 国际标准箱及箱务管理

国际标准箱是国际集装箱运输必要的装货设备。提供适合于各种适箱货物要求的各种类型的集装箱并做好箱务管理工作,是国际集装箱运输正常进行的重要环节。根据国际标准化组织的规定,集装箱应具备以下特征:①具有足够的强度,能够长期反复使用;②适用于一种或多种运输方式运送,中途转运时,箱内货物不需换装;③具有快速装卸和搬运装置,特别便于从一种运输方式转移到另一种运输方式;④便于货物的装满和卸空;⑤具有 1 立方米及其以上的内部容积。

3. 集装箱船舶及其营运管理

集装箱运输船舶是集装箱的主要载运工具之一,是完成集装箱干线运输任务的重要手段。集装箱运输船舶具有吨位大、功率大、航速高、货舱开口大、货舱尺寸规格化、稳定要求高等特点。正确选配使用适宜的集装箱船舶,搞好集装箱运输船舶的营运管理,才能实现整个集装箱运输系统的优化。

集装箱船是载运规格统一的标准集装箱的货船,集装箱船可有下列两种分类方式:

(1)按装运集装箱程度区分,有全集装箱船和半集装箱船。全集装箱船除了装载集装箱外,不兼载其他未装箱之货或散装货;半集装箱船亦称多用途船,除了装载整箱的集装箱货物外,兼载其他零批杂货或散装货,船上除了装卸集装箱的起重机具外,还有装卸零星杂货的吊杆等设备。

(2)按装卸集装箱的方法分类,有:①吊上吊下型集装箱船。货舱由角钢结构将其分隔,其每一分隔空间大小适合一般标准型集装箱的尺寸,集装箱经由船上起重机或岸边桥式起重机自载货汽车或岸边吊起,沿引导槽垂直放下或卸出;②驶进驶出型集装箱船。船尾开一舱门供拖车驶进驶出,舱内集装箱置于车架上,舱门开启时,有跳板伸出并架在船舱与码头之间,集装箱及拖车即经此门驶进舱内或驶出船外,舱内的集装箱及车架由预置的锁链固定;③浮进浮出型集装箱船。此船为一种驳船,利用大起重机或特殊机具进行集装箱的装卸。

4. 集装箱码头及装卸作业子系统

集装箱码头是集装箱在不同运输方式间进行换装的场地,是集装箱的集散地。做好集装箱码头的各项管理工作,对于加速车、船和集装箱的周转,降低运输成本,提高集装箱运输系统的效率和经济效益,具有极其重要的意义。随着世界货物运输“集装箱化”的比例不断提高,集装箱运输量不断上升,集装箱船舶日趋大型化和高速化,要求集装箱码头具有现代化的硬件和软件系统,实现作业高效化、自动化,管理工作现代化、标准化和规范化,以满足国际集装箱运输系统对集装箱码头的要求。

5. 集装箱货运站

集装箱货运站作为集装箱货物的集散点,其主要任务是:集装箱货物的承运、验收、保管和交付;拼箱货物的拆、装箱作业;整箱货的中转;重箱和空箱的堆存和保管;票据单证的处理,运费、堆存费的结算等。根据货运站所处的地理位置和职能的不同,可以分为设在集装箱码头内的货运站、设在集装箱码头附近的货运站及集装箱内陆货运站等。

6. 陆路集疏运子系统

由于港口的发展不能仅仅依靠其直接腹地集装箱生成量的支持,而必须依靠更广泛区域的集装箱生成量,为了把广大腹地的集装箱集中到港口,或把集装箱及时疏运到目的地,港口很有必要建立发达完善的陆路集疏运网络。构筑集疏运网络的先决条件是要有一个以港口城市为中心的综合运输基础设施网络。在目前我国管理体制下,基础设施的规划与建设是政府的行为,但利用这个综合运输基础设施网构筑集疏运网络则是企业的行为。这可以由港口企业联合起来实施,也可以由某一个企业实施。

随着公路运输事业的高速发展,道路质量的逐步提高,汽车性能的日渐优化,目前在陆上用公路运输的集装箱的份额保持着很高的水平。公路集装箱运输是多式联运的重要运输方式,其主要设备一般为集装箱货运汽车和集装箱挂车。

铁路集装箱运输已经成为国际集装箱运输系统的重要环节和不可缺少的运输方式。利用铁路平车装载集装箱以担当陆上较长运距的集装箱运输服务,是一种所谓“驮背运输”的作业方式。根据集装箱的装载情况不同,它又可分为两种方法:①平车载运拖车。将集装箱连同载运拖车一起固定于铁路平车上,作长距离运送服务。到达目的站以后,将拖车集装箱直接送往收货处;②平车载运集装箱。利用机具将集装箱直接固定于铁路平车上,待运抵目的站后,再以机具将集装箱卸至拖车的车架上送抵收货处。此外,还有双层集装箱列车,这使铁路集装箱运输的效益得到进一步提高。

二、传统公路集装箱运输模式

对于航运企业而言,公路集装箱运输是其竞争手段之一,若航运企业在目的港拥有公路集装箱运输权,则可将集装箱直接运往收货处,也可利用公路集装箱运输扩大揽货业务。能够实现“门到门”是集装箱运输的主要优势,集装箱运输要实现真正意义上的“门到门”,必然要借助公路运输支撑集装箱的始末端运输过程。通过集装箱汽车从发送地点取箱、将箱送到接收地点,集装箱汽车运输在承担集装箱干线、大规模、长途运输的各种运输方式之间起衔接、支撑的作用,通过公路上的“短驳”,将各种大容量运输方式衔接起来,最终完成完整的运输过程;

甚至在有的情况下,公路集装箱运输扮演主要角色,自始至终完成一次完整的集装箱运输服务过程。在实践中,公路集装箱运输的形式主要有三种,见表6-4[110]。

公路集装箱运输的形式及特点

表6-4

形　式	特　点
公路集装箱直达运输	汽车或汽车列车独立承担全程运输任务
公路—铁路联运	为了发挥铁路运输能力大和公路运输机动灵活的特点,公路运输部门与铁路运输部门共同完成集装箱运输任务
公路—水路联运	公路运输部门与水运部门共同完成集装箱运输任务,是进出口货物运输中的常用形式

我国的公路集装箱运输是伴随着海运国际集装箱运输和国内铁路集装箱运输的发展而兴起的。1977年,原交通部在天津港组建了第一支集装箱运输专业车队,通过技术改造建成第一座集装箱公路中转站。此后经历改革开放30多年的逐步推广,公路集装箱运输在港口国际集装箱集疏运、联合开展铁路集装箱门到门运输以及完成干线公路集装箱运输方面发挥了重要的支撑作用。

传统上,公路集装箱运输模式一般采用一车到底的方式,是点对点运输,集装箱列车晚上到港口或堆场提取空箱(重箱)并经过夜间的运输活动,次日上午送达客户的工厂仓库进行装拆箱作业,下午则将空箱(重箱)运回港口或堆场[111]。

传统公路集装箱运输模式的缺陷较为明显:①车辆动力部分的使用效率低。由于要赶在白天时间进行装拆箱作业,集装箱列车一般集中在夜间提箱、还箱,导致港口在夜间的装卸作业繁重、集装箱列车排队等候时间长,集装箱列车每天在提箱、还箱进场、装拆箱等作业环节浪费了大量的等待时间,车辆使用效率大大降低;②车辆运营效益差。由于一辆集装箱列车(包括一个牵引车和一个挂车)要贯穿提箱、装(拆)箱、还箱过程,在运输距离稍长时,每天的业务作业机会可能仅有一次,这使得集装箱列车运输企业车辆投资效益差;③单位运量的能耗高。进出港口的集装箱每天每次只能做一次空箱运输,回程往往承载空箱甚至牵引车自身,不能做有效的循环运输活动,导致港区集疏运资源(特别是关键路段)占用严重,单位能耗增加;④运输过程的顺畅性和安全性差。由于集装箱列车驾驶员并非在专线上进行分段运输,每天跑不同的路线、路况不熟,给运输过程的高效顺畅进行带来不利、也给安全行驶带来风险。

三、港口集装箱甩挂运输模式

针对传统上公路集装箱运输模式的缺陷(参照甩挂运输的基本理论),可从车辆装备、运输组织方式等方面对公路集装箱运输的缺陷进行弥补。

(1)在车辆装备方面,通过引进多挂集装箱汽车列车参与集疏运,以汽车列车取代普通载货汽车,可以增大车辆的载质量,实现规模效益。多挂集装箱汽车列车由牵引车和两辆及两辆以上挂车组成,这种汽车列车可单挂或多挂使用,牵引车或汽车与挂车两者间能摘能挂,可按需要灵活调配车辆。使挂车配备数量多于车辆动力部分(汽车或牵引车),以便到达目的地卸货点时,甩下挂车装卸货,而汽车或牵引车可挂走已装好货的挂车,进行高效率的往复运输,以便在完成相同运输量的情况下减少牵引车或汽车购置成本,提高牵引车或汽车的运营效率。

(2)在运输组织方面,可按照专业化分工原则,将公路集装箱运输过程分为多个作业阶段、交由多个牵引车实现空间移动。如[111]:在港口的后方、高速公路出入口附近、铁路集装箱中转站辐射范围内,建立港口集装箱运营中心;在集装箱进出口量大的地点建立面向客户的区域集装箱运营中心。港口到港口集装箱运营中心主要实现提箱、还箱作业,可以使用面向场站内的、性能要求低一些的集装箱列车全天候进行集装箱的转移作业;港口集装箱运营中心到客户区域集装箱运营中心间一般由通行状况好的公路主干线相连接、使用性能良好的牵引车和技术过硬的驾驶员在相对固定的路线上循环往复,通过一部牵引车拖带多个挂车的汽车列车方式运输集装箱;客户区域集装箱运营中心到客户仓库的集装箱移动过程则使用性能较好的集装箱列车实现。

在港口集装箱集疏运过程中采用道路甩挂运输组织方式,可获得以下优势:

(1)运输效率高、单位运输成本低。由于道路甩挂运输的技术经济优势,道路运输企业可减少牵引车投资,而牵引车的运营效率大大提高。对于港口而言,集疏运过程对其装卸集装箱的要求大大降低,这可大大缓解港口的提、还箱压力。

(2)实现专业化服务。由于增设了集装箱运营中心,依托这样的运输网络节点可提供延伸性的现代物流服务,如开展仓储、加工、配送等业务;提供集装箱车辆修理、配件、买车、卖车、保险、加油等服务。

(3)推动内陆集装箱集疏运场站的建设与发展,有助于拓展港口腹地。将客户区域集装箱运营中心与内陆集装箱集疏运场站联动建设或一体化建设,可以直接推动港口集疏运网络的完善,并加快港口辐射范围的扩张。

(4)提升集装箱运输的市场营销能力。专业化运作降低了驾驶员的工作强度,能够促使驾驶员有精力有时间提高自身业务素质,由高素质驾驶员、高性能车辆直接面对客户,为客户提供装拆箱指导,增强客户对港口服务水平和能力的认可。

值得指出的是,为在港口集装箱集疏运过程中采用道路甩挂运输组织方式,应采取一些鼓励性、保障性措施,如:

(1)加大政策引导,推动甩挂运输的发展。相关的政府主管部门可制定有利于发展公路集装箱运输的扶持政策,重点扶持港口腹地集装箱运营中心的规划与建设,在规划审批、土地利用等方面予以政策倾斜;引导道路运输企业与港口企业(集团)进行合作,推动集装箱运输企业利用内陆集装箱集疏运场站发展甩挂运输;政府可设立专项资金,支持集装箱甩挂运输专线的开通。

(2)引导运输与物流企业积极开展甩挂运输组织。发达国家经验证明,集装箱运输是先进的运输设备与组织技术完美结合的产物,而甩挂运输则是其主要的组织技术,通过集约化、规模化和网络化的经营,利用大吨位车辆组织甩挂运输,使得公路运输的优势得以充分发挥,可以大幅度提高公路运输效率,有效降低运输成本。因此,政府主管部门应制定有利于发展集装箱运输的各种政策。相关的政府主管部门乃至全社会应形成积极组织若干规模化运输企业、物流企业开展甩挂运输的氛围,通过企业的实际运营和试点示范作用,进一步提高甩挂运输发展扶持政策措施的操作性,进而调动运输企业开展甩挂运输的积极性。

第七章　滚装运输中的甩挂运输组织

滚装运输在我国特定的区域内发挥着重要的支撑人员与物资交流的作用。虽然滚装运输在绝对量和活动辐射范围上有所局限,但其作为较为理想的区域性多式联运形式,在技术进步推动下产生着越来越好的经济效益和社会效益。本章简要分析滚装运输为道路甩挂运输提供的发展机遇,并指出道路甩挂运输与滚装运输的互动发展方式。

第一节　滚装运输简介

一、滚装船与滚装运输

滚装船是指有一层或多层封闭或开敞甲板的船舶,一般不分舱,货舱(供车辆用甲板)贯穿船舶全长并且能在水平方向进行装卸作业。按照其用途不同,在航的滚装船大体可分为件杂货滚装船、运车滚装船、车客滚装船、车客滚渡船等几种船型。滚装船的出现改变了从垂直方向装卸货物的传统作业方式,不需要起重器械吊上吊下,装卸货物时采用带轮的装卸搬运工具、通过设在船上的通道设备在水平方向滚进滚出。

滚装运输是基于运输过程中的装卸作业要克服重力因素的问题而产生的,指利用叉车、半挂车或载货汽车承载货物,将货物连同车辆一起开上滚装船,到达目的地之后再从船上开下的运输组织形式。一般地,机动车作为一个运输单元,由托运人驾驶直接驶上或驶离船舶,采用两种票据,客/车同渡完成客/车运输过程,从而实现客、车、货三位一体同步运输过程。在内海、海湾、海峡和沿海岛屿间的短途水运中,滚装运输通常具有明显的竞争优势。

适合采用滚装运输的货物种类包括:载货的汽车、全挂车、半挂车以及其他带轮的车辆等陆路载运工具;载有集装箱的拖挂车、底盘车;货盘(板)成组的集装箱;长、大、笨重货物等。

滚装运输的优势主要体现在以下方面:

(1)滚装运输以滚上滚下的作业方式完成装卸搬运过程,从根本上改变了传统的吊上吊下工艺,使港口装卸作业过程大大简化、作业灵活便捷,装卸效率得以提高。据粗略估计,滚装与吊装工艺相比可提高几十倍的效率。

(2)码头装卸机械化系统发生了根本性变化,装卸机械使用量大大减少,这可大幅度节省装卸设备、装卸基础设施等的前期投资和日常损耗。

(3)滚装船的停靠泊位布置简单,不太受装卸机械类型、仓库堆场、铁路线等影响。

(4)滚装货物在港停留时间短,这可大大节省流通过程中货物对资金的占用,同时也有利于加速船舶周转、提高港口泊位的通过能力。

(5)港口从事滚装运输的生产成本低,生产环节较少,投资回报率较高,创造的利润可观。

当然,滚装运输也存在较为明显的缺点。由于载运工具和货物同时上船,导致货舱有效利用率降低,滚装船上货物堆存作业几乎没有优化利用货舱空间的余地;由于载运工具动力部分也在货舱内,由机动车燃料等因素导致的安全隐患大。

二、国内外滚装运输发展概况

滚装运输出现于20世纪60年代初,发展于20世纪70年代末。由于起步较早,目前北欧地区滚装运输发展已进入成熟阶段。由于地理区位的因素,斯堪的纳维亚地区的国家成为发展陆海联合运输的先驱,丹麦、芬兰、挪威和瑞典等国拥有漫长的海岸线,再加上波罗的海和北海等的照应,使该地区自然而然的成为客/货滚装运输方式的发源地,丹麦是发展客/货滚装运输的先驱[112]。

1847年,丹麦成为斯堪的纳维亚地区开辟国家铁路线路的国家,直至1930年,为抗议火车轮渡对汽车旅行者搭渡大贝特尔海峡所提供的劣质服务,丹麦汽车协会订造了"Heimdal"号渡轮(能够运载60辆汽车和600名旅客)并投入大贝特尔海峡的航线营运,这标志着滚装运输得到了较大的推动[113]。目前,该地区拥有世界上最广泛和最复杂的滚装运输系统。不仅在北欧国家,而且在世界上许多国家的国内陆海运输领域,滚装运输以其相对于吊装船特有的优势发挥着越来越大的作用,美国、加拿大、日本、韩国等国家的滚装运输正朝着标准化、物流一体化方向发展。国外滚装船队主要从事欧洲波罗的海、北海、地中海和日本列岛间的商业运输,以及美国、俄罗斯的军事运输。

随着应对气候变化的需要和交通运输节能减排的发展趋势,世界各国更加重视包括滚装运输在内的低能耗运输形式的发展。以美国为例,2008年美国修订的新能源法对美国沿海运输业的发展起到有力的推动作用,鉴于沿海运输对能源的利用率高,并且有助于改善美国内陆运输的拥堵状况,修订后的法案要求美国政府运输部门规划好沿海运输发展计划,鼓励船东扩张船队规模,增加港口投资,并且允许美国国内船东利用美国建设资本基金新建集装箱船和滚装船,用于美国沿海和五大湖区的运输业务经营。

由于滚装运输的发展受地理条件和地区经济社会发展水平等因素的影响,其通常在经济较为发达地区的内海、海湾、海峡和沿海岛屿间的中短途运输中具有比较优势。我国的滚装运输起始于20世纪70年代后期,1977年我国在琼州海峡首先开辟海安至海口的车客滚装船航线;其后,又相继于1983年在长江三角洲开辟上海至崇明的车客滚渡航线,于1985年在渤海湾开辟大连至烟台的车客滚装船航线,于1986年在杭州湾的舟山群岛开辟镇海至宁波的车客滚渡航线,于1990年在黄海胶州湾开辟青岛至黄岛的车客滚渡航线。

值得注意的是,滚装运输是我国未来要重点支持发展的水上运输形式之一,已得到国家和行业政策上的支持,如:

(1)2001年,交通部颁布《2001—2010年公路水路交通行业政策及产业发展序列目录》。这是我国政府交通主管部门第一次比较全面和系统地发布公路、水路交通行业发展政策,在该政策文件中明确列出了今后我国为适应社会经济可持续发展需要而重点鼓励或明确限制、禁止的发展项目。其中,滚装运输、客滚运输是重点优先发展的水上运输方式;滚装船、客滚船(客/车渡船)、内河集装箱船、滚装船等是重点鼓励建造的运输船舶;滚装码头也是重点鼓励投资建设的港口项目。由此可见,国家在内河滚装货运与客滚运输发展方面是明确支持鼓励的。

(2)2001 年,交通部在《关于航运业结构调整的意见》中,明确提出我国未来 5 ~ 10 年航运发展调整方向。该意见指出,内河船队在总量基本不变的情况下,加快更新运力,推动多式联运、现代综合物流发展。鼓励发展液化气船、化学品船、滚装船和高速客运等船种,逐步淘汰老旧船舶。

(3)交通部《全面建设小康社会公路水路交通发展目标》指出,到 2010 年,长江、珠江三角洲水网地区以及长江、西江、松花江干线基本实现船舶标准化,集装箱、液体危险品、汽车滚装等运输船舶基本专业化;到 2020 年,内河水运主通道全部达到规划标准,内河港口基本实现机械化,集装箱、石油及液化气、煤炭、矿石、汽车滚装等专业化运输系统形成,运输船舶实现标准化、专业化、大型化。

(4)交通部《公路水路交通"十一五"发展规划》在"全面提升交通运输效率和服务质量"的举措中明确指出,"发展以石油制品及液体化工品、煤炭为主的专业化散装运输和汽车滚装运输;煤炭、矿建材料、金属矿石运输系统得以完善,LNG、汽车滚装运输快速发展。"在"努力推进交通运输装备现代化"的举措中指出,"海运船队以大型散货船、大型油轮、集装箱船、滚装船和液化气船为重点,向大型化、专业化方向发展,平均船龄有所降低,船舶总载重吨和集装箱船运力规模居世界前列。"

(5)国家发展和改革委员会、科学技术部《中国节能技术政策大纲》指出,在交通节能方面,"调整海洋和内河船队运力结构,远洋船队应大力发展大型集装箱船、LPG 船、LNG 船、滚装船以及大型散货船和专用化学品船。"

上述文件的政策导向表明滚装运输是未来交通运输发展中的重要组成部分,其发展得到了国家政策的鼓励与支持,滚装运输必将继续在我国水路运输乃至综合运输体系发展中占据一定地位。

三、我国滚装运输的车辆类型

国外开展滚装运输较为成功的西欧、日本等地,其滚装运输的货源种类广泛,主要有商品轿车、载货汽车、拖拉机、载货托盘、集装箱拖车或某些特殊货物(如长大件货)等;主要的滚装运输种类有载货车滚装运输、商品车滚装运输、小件杂货滚装运输、客车滚装运输、火车轮渡、集装箱滚装运输、拖拉机滚装运输等;发展比较成熟的是载货车滚装运输、小件杂货滚装运输、客车滚装运输、集装箱滚装运输。

目前,我国进行滚装运输的道路运输车辆类型很多,且规格不一。总体上看,可分为客车和货车,其中客车所占总量的比例一般不到 10%,货车要占总量的 90% 以上。货车类型有小车、单车、半挂车(小车指 5 吨以下、车长短于 9 米的货车,单车指自重 5 吨、装货后毛重能达到 10 吨、车长在 9 ~ 12 米的货车,半挂车指自重 10 吨、装货后规定毛重能达 20 吨、12 米以上长度的货车)。货车中 80% 以上是敞篷车,厢式车比例不足 15%,挂车等大吨位车在货车中所占比例相对较小(约占 30%),而单车、小车等小吨位车所占比例较大(约占 70%)。例如,1998—2005 年烟台—大连航线主要滚装船承载车型比例情况(表 7-1)支持了这样的结论。可见,由于车型规格不一,尤其是大车的比例较小,致使滚装船的实际车辆及货物承载利用率不高。

烟台—大连航线主要滚装船承载车型比例分布 表 7-1

车型 / 船舶	挂车(%)	单车(%)	小车(%)
岛字号	38	42	20
海字号	29	52	19
银河号	25	50	25
鲁字号	23	47	30

注:数据来源于文献[114]。

四、我国的滚装运输市场

经过 30 多年的发展,我国滚装运输逐渐形成了分布于琼州海峡、舟山群岛、渤海湾和长江上游的四大滚装运输市场。

1. 琼州海峡滚装运输市场

琼州海峡(位于广东省与海南省之间的一段沿海水域)滚装运输市场是从 1982 年开始发展起来的。琼州海峡滚装运输主要集中在海口港,海口港滚装汽车运输的货物主要是反季节蔬菜、日用百货、建筑材料、电子仪器和钢材等,其中反季节蔬菜是汽车滚装运输的主要货源。琼州海峡滚装运输一直是海南省与岛外联系交流的最重要方式之一,滚装汽车运量与海南省经济发展水平以及陆岛间经贸交流量有着显著的正相关关系。"八五"时期是海南省经济大发展时期,滚装汽车运量以 13.7% 的年均增长速度快速增长;进入"九五"时期,海南省国民经济发展陷入低潮,滚装汽车运输的发展速度放缓,滚装汽车运量一直处于年均 60 万辆的平稳水平;1999 年以来,随着海南省经济增长幅度的提高,滚装汽车运量又开始明显增长(见表 7-2)。

琼州海峡滚装汽车运输量 表 7-2

年份	2000	2001	2002	2003	2004	2005	2006	2007
滚装汽车(万辆)	77.6	75.4	80.2	79.5	84.4	94.5	102.2	110.6

注:数据来源于海南省琼州海峡轮渡运输管理办公室。

自 2000 年以来,琼州海峡滚装运输市场基本没有增加新航线,但是在船舶更新改造方面力度较大,这大大改善了船舶状况。在市场经济条件下,有些传统滚装运输企业试图借助压低价格获取竞争优势和市场份额。对此,琼州海峡轮渡运输管理办公室以及海南、广东两省交通厅和两省物价部门严格控制运价,由两省交通厅和两省物价局要求琼州海峡轮渡运输管理办公室对该市场进行统一定价,并报物价局备案;对于恶性竞争压价行为,相关部门明令禁止。这些措施(如:海南省交通厅、海南省物价局、广东省交通厅、广东省物价局关于颁发《琼州海峡水路货物滚装运输收费规则》的联合通知(琼交(1998)245 号)、广东省交通厅、物价局、海南省交通厅、物价局关于统一琼州海峡滚装运输客票价的通知(粤交水[2000]341 号))有效地规范了琼州海峡滚装运输市场,尽可能地避免以压低价格为手段的市场恶性发展状态的产生。

琼州海峡滚装运输市场有一个特点，即：航运企业数量较多，且铁路轮渡与汽车滚装运输之间有较大的替代性和明显的竞争（见表7-3）。2003年和2004年，粤海铁路对原有的琼州海峡滚装运输市场带来了一定冲击。有数据统计[115]，自2003年年初承担载车和散客业务的粤海火车轮渡开通以来，2004年7月至9月间，通过火车轮渡过海的旅客及车辆开始增加，月平均旅客流量达1.65万人次、车辆3000辆次，大约分流海南海口至广东海安航线旅客运输3.9%的份额、车辆运输5.2%的份额。2004年10月至12月间，火车轮渡增加航班数量、调整了开航时间，平均每月运载旅客5.7万人次、车辆8719辆次，大约分流海南海口至广东海安航线旅客运输14%的份额、车辆运输14.6%的份额。2004年12月，专门载运旅客的粤海火车轮渡旅客列车的开通加剧了旅客及车辆的分流，仅12月份粤海铁路火车轮渡就分流旅客8.6万人次、占整个海峡旅客运输量的21%，车辆1.1万辆次、占整个海峡车辆运输量的17.4%。

琼州海峡滚装运输市场上的部分企业及其船舶规格　　表7-3

航运企业	船名（举例）	船舶类型	船舶主尺寸（米）	排水量（吨）	载货量（吨）	行驶航线
海南港航控股集团公司	宝岛5号	半封闭式客滚船	64×14.8×4	1917	641	海安线
	宝岛8号	封闭式客滚船	83×16×4	3840	880	海安线
能运公司	海口1号	半封闭式客滚船	65.4×11.8×3.95	990	483	海安线
祥隆公司	永华号	半封闭式客滚船	80×15.4×5.5	2533	560	海安线
粤海铁路轮渡	粤海铁1号	半封闭式客滚船	156×22.6×9	14381	4500	海安线
	粤海铁2号	半封闭式客滚船	156×22.6×9	14381	4500	

注：资料来源于海南省琼州海峡轮渡运输管理办公室网站。

2. 舟山群岛滚装运输市场

舟山群岛滚装运输市场于1983年起步，是我国滚装运输市场中航线较多，船队较少，船龄较低，发展比较健康的市场。该市场自1986年开始，在我国华东沿海经济发展带动下迅速发展起来。舟山群岛滚装运输市场陆—岛、岛—岛间的短程航线较多，且海域情况平稳，对船舶适航条件要求也相对较低[115]。

与琼州海峡滚装运输市场的竞争状态有所差异的是，舟山群岛滚装运输市场主要受到舟山跨海大桥工程的冲击。舟山跨海大桥由浙江省交通投资集团投资建设，起自舟山本岛的329国道鸭蛋山环岛公路，经舟山群岛中的里钓岛、富翅岛、册子岛、金塘岛至宁波镇海区，与宁波绕城高速公路和杭州湾大桥相连接。舟山大陆连岛工程跨4座岛屿、翻9个涵谷、穿2个隧道，投资愈百亿元。工程共建岑港大桥（跨越岑港水道，连接岑港和里钓岛，全桥长为793米，桥面宽22.5米，双向四车道，通航等级为300吨级，通航净高17.5米，通航净宽2×40米）、响礁门大桥（跨越响礁门水道，连接里钓岛和富翅岛，全长951米，桥面宽22.5米，双向四车道，通航等级为500吨级，通航净高21米，通航净宽135米）、桃夭门大桥（跨越桃夭门水道，连接富翅岛和册子岛，全长888米，桥面宽27.6米，双向四车道，通航等级为2000吨级，通航净高32米，通航净宽280米）、西堠门大桥（是连接舟山本岛与宁波的舟山连岛工程五座跨海大桥中技术要求最高的特大型跨海桥梁，主桥主跨1650米，设计通航等级3万吨、使用年限

100 年)和金塘大桥(起自金塘岛,接至宁波镇海,该桥跨海全长 18.5 公里,行车道宽度为 26 米,双向四车道,通航等级为 5 万吨级,通航净空高度 51 米,通航净宽 544 米)5 座大桥,全长 48 公里,按高速公路标准设计,设计行车速度为 100 公里/小时。

虽然舟山跨海大桥的开通对既有的舟山群岛滚装运输企业造成一定的竞争压力,但是,无论是滚装运输还是道路运输,都有其优势与不足,自由的市场必然选择两种运输形式的互补状态。舟山群岛滚装运输虽然会受到跨海大桥、高速公路等的冲击,但是滚装运输作为一种独特的运输方式,也有其不可替代的优势。虽然连岛大桥将分流可观的车客流量,但是对于那些重载货车以及大桥限载汽车的运输,还将由滚装运输来完成(实际上,从 2009 年 12 月下旬连岛大桥开通试运行以来,禁止载货汽车和危险化学品运输车辆通行)。并且,滚装运输可以在特殊情况下起到重要的作用,特别是大桥不能正常运转时。实际上,舟山跨海大桥横跨进出宁波舟山核心港区主航路,更是外国籍化工船舶进出宁波舟山核心港区的主通道。该海域海水流态复杂,海上全长 18.27 公里的金塘大桥共布有水中桥墩 511 个,其余约 16.27 公里长的非通航孔桥墩均位于原繁忙的通航水域内。如果不加强防范措施,桥体被撞的可能性很大。舟山跨海大桥在建设过程中曾经发生过多次轮船撞桥或擦桥事故,如 2008 年 3 月 27 日凌晨,某台州籍货轮与正在建设中的金塘大桥发生撞击,导致桥面上的两块箱梁断裂塌落,其中大部分直接砸向货轮的船尾;2009 年 1 月 6 日,桃夭门大桥被违规行驶的江苏连云港籍某工程船擦碰,大桥钢箱梁底部局部被擦损;2009 年 11 月 16 日,载有约 3000 吨钢板的韩国籍某货船发生走锚,擦碰金塘大桥一处非通航孔两侧的桥墩。

3. 渤海湾滚装运输市场

渤海湾滚装运输主要以辽宁和山东两省为主,渤海湾滚装运输市场于 1990 年启动,与该区域内相应的陆路运输相比,滚装运输具有路程短、运输时间短、费用低等优势。在 20 世纪 90 年代末期,渤海湾滚装运输市场的在航滚装船队船龄较高、市场投入盲目性较大、市场发展速度过快、运力相对过剩。

随着国民经济持续稳定增长,国家实施"振兴东北老工业基地"战略,山东启动"胶东半岛制造业基地"建设,东北、华北、华东等区域经济的迅猛发展,物资交流和人员往来不断增加,为渤海湾滚装运输市场注入了新的活力,渤海湾滚装运输市场发展快速。近几年,受环渤海湾经济发展的影响,渤海湾滚装运输车辆流量相对平稳,烟台至大连海上航线每年实现旅客运量约 500 万人次、实现 40 余万辆滚装车运输量,2007 年烟台至大连航线滚装货物运输量已达到 5000 万吨。

与国内其他海上滚装运输市场相比,渤海湾的海况最为复杂。渤海湾属于北方气候、冬季天气寒冷、风大浪高,为适应在这种气候下航行,用于渤海湾滚装运输的船舶体现出两个特点:其一,与琼州海峡及舟山群岛的滚装运输相比,渤海湾滚装运输的运距长,在航船舶具有大型化特点;其二,受渤海湾航区自然条件的影响,用于该航区航行的船舶抗风等级要求高。渤海湾滚装运输市场受季节影响大,为满足粮食及瓜果蔬菜等民用物资的运输需求,秋季成为该市场车流量的旺季。此外,渤海湾滚装运输市场受时间影响也比较大,与其他滚装运输市场不同的是,该市场车客流量表现出晚上较白天多的现象,出现这种情况与渤海湾地区滚装运输"夕发朝至”的航程时间安排有关。

在渤海湾滚装运输市场上，甩挂运输组织方式得到相关部门和企业的认可并被试点推行。渤海湾滚装船甩挂运输组织主要涉及适厢/箱货物的集货（包括内陆辐射区域适箱货物的集中，以集装箱场站为依托的货物收集、装箱和拆箱分送）、滚装船运输、滚装船甩挂运输实施条件等方面。渡海货物的集货由货主或当地运输公司、物流中心等市场主体负责，货物的安全问题一般由理货人员负责。渤海湾滚装船甩挂运输的一般流程是：牵引车拖带半挂车到起运港口，港航部门验证货单及安全检查证书，在进行必要的安全检查后放行登船，牵引车离船等候或是接挂其他半挂车从事另外业务；半挂车按照提前预定的车位，按照长度或质量分类停放、固定；半挂车渡海至到达港，由到达港的牵引车把半挂车牵引下滚装船；然后，由半挂车押运驾驶员租用对方港口或社会上的牵引车拖带该半挂车至港口货运站，或牵引车直接牵引半挂车到达最终目的地。

4. 长江上游滚装运输市场

与前三个地区相比，长江上游滚装运输市场是唯一一个内河滚装运输市场。川江（注：长江上游从宜宾至宜昌，长约1044公里，俗称川江。通常以重庆为界一分为二，重庆以上为上川江，重庆以下为下川江。上川江全长385公里，江险滩多，通航条件差；下川江全长660公里，通航条件较好，沿江以山地为主，陆上交通条件差）滚装运输以运载载货汽车为主。作为长江上游水运经济新的增长点，自1998年第一艘滚装船在川江航线从事营运至今，大大拉动了川江运输的发展。

据统计，截至2006年9月，川江共有滚装船码头4个，滚装运输企业20家，实际在线运营船舶114艘，5900车位，营运航线3条，运输收入以年增1个亿的速度递增，年营业收入近6亿元，拉动2500余人就业，同时还惠及造船、港口、餐饮、保险、运输代理等相关行业[116]。

川江滚装运输是川江沿线特殊的自然、地理和气候条件共同作用和运输市场调整的产物。渝东和鄂西地区遍布崇山峻岭，山顶常年积雪。重庆万州至湖北宜昌之间，国道318线是最主要的陆路运输通道，公路全长520多公里，迂回曲折，秋、冬、春季节多雾雪，路滑不安全，收费点多、公路运输运营成本高。与此形成鲜明对比的是两地水运里程约320公里，运费低廉，里程缩短近一半，时间缩短60%以上，经济、效率高、便捷、安全等因素促成了汽车弃路走水。与公路相比，川江滚装运输的比较优势明显：滚装运输的费用较低，特别是隐性费用少；走水路给车辆一些休养的时间、减少了机械及轮胎磨损，潜在地节省了修理费、延长了车辆寿命；在人力劳动强度方面，乘船对于驾驶员而言是一种放松和休息；在安全方面，318国道川鄂段路况复杂，汽车驾驶危险度较大；与散货水运、集装箱水运相比，川江滚装运输克服了散货和集装箱运输方式需要中间换装的缺陷。此外，在环保、节能方面，川江滚装运输与公路、铁路相比具有明显的优势。

值得一提的是，翻坝行驶路线的开通为川江滚装运输的持续发展增加了保障。2000年以来，川江滚装运输发展迅猛，滚装船舶数量大量增加，三峡船闸难以承受。对此，交通部在2004年春运期间做出决定：把滚装船分流，让滚装车辆自行翻坝。三峡开发总公司开放了坝区坝上与坝下两个码头和区间公路，方便车辆快速翻坝。通过这种措施减缓了三峡船闸的通行压力，明显缩短了滚装运输时间。

第二节　滚装运输与道路甩挂运输

一、滚装运输组织方式

传统的滚装运输组织方式随着滚装船的产生而产生，经过长期的发展，已较为成熟和普遍。一般地，载货陆路运输车辆直接上船，绑扎固定后驾驶员到客舱休息；水上运输过程结束后，车辆下船并继续进行陆路运输至最终目的地。根据货主性质，滚装运输组织有两种表现形式：第一，由具备稳定货源的企业组织陆路运输部分。货量大且具备实力的企业，货源一般比较稳定，这些企业往往与船公司签订协议或合同，以通过规模效益获得低运价。由于货量大，这些企业一般自备车队，或者长期与社会运力合作，用挂车进行整车运输；第二，由配货站组织陆路运输部分。配货站是货物与车辆结合的平台，货量不稳定、每个航次不能凑成整车的小货主一般依托配货站实现集货作业。配货站负责提供配货、车辆调度等服务。目前，我国滚装航线上的车辆通过配货站上船的占有相当的比例，由于配货站必须掌握大量的车辆和货源信息，社会闲散运力往往依托配货站配货。

对于传统的滚装运输组织方式，运输是主要的环节，而辅助环节则包括集货与送货。在集货环节，具备稳定货源的企业或者配货站起着主要的作用。水上运输环节是车辆从滚装码头上船到在目的地滚装码头下船的过程，责任由船公司承担。船舶停靠港口装卸时直接采用车辆滚上滚下的方式，装卸效率大大提高，但由于车型种类多、规格不一，船务人员在安排车辆上船期间工作量大，在一定程度上影响装船效率。船舶在航期间，最重要的是安全问题。送货运输环节是车辆下船经过陆路运输将货物送达收货人的过程。

传统滚装运输组织方式的优势主要表现在：第一，装卸船作业效率较高。采用车辆直接开上开下的形式，在上下船期间除了接受港口人员的必要检查之外无需其他操作和手续，车辆集港和疏港所需时间很短，装卸船效率高，整个装卸船过程顺畅；第二，处理紧急事件灵活性强。由于驾驶员跟车上船，船舶在航行过程中，在出现紧急事故需要移车位、或重新绑扎固定等情况时，船方可以直接联系驾驶员协助操作，处理紧急事件的灵活性较高。

传统的滚装运输组织方式也表现出多方面的不足：

(1)服务水平较低。传统的滚装运输组织服务功能单一(局限于运输服务)，增值服务、延伸服务欠缺，随着现代物流业的发展，货主对运输以外其他服务的需求越来越多，这必然对传统的滚装运输组织提出更多的要求，因此，提高物流服务水平是传统滚装运输组织方式发展的关键之一。

(2)安全隐患明显。一直以来困扰滚装运输航线最大的问题就是安全问题，而安全问题大多源于上船车辆。滚装船上船车辆带车头，在运输途中如遇颠簸、碰撞，车头中汽油、柴油等燃料存在燃烧爆炸的隐患，这也是目前滚装船运输出现海难事故的最主要原因；上船车辆类型繁多、大小不一，超载现象普遍，敞篷车不封顶，对车辆绑扎、固定造成不便，车辆在海上运输中容易倾倒、侧滑；由于上船车辆大多属于私有车辆，为了谋求个人利益，车载货物中夹杂危险货物、禁运货物情况屡见不鲜，这些隐患因素往往是导致滚装船发生海上事故的关键。因此，安全问题是传统滚装运输组织方式存在的最主要缺陷之一。

(3)成本较高。上船车辆的海运费用由车辆费用和驾驶员费用组成。车辆上船费用是按车长计算，由于单车、小车比例较大，导致滚装货物平均海运费较高；每辆车上船平均至少需要1名驾驶员，相当于又额外多花费海运成本。配货站的存在使得许多货物往往经过若干个配货站倒手之后才成交，无形中增加了一次甚至多次中介成本。此外，由于信息不对称，不能共享货源信息，驾驶员跟车过海后没有有效的回程货保证，这大大降低了陆路运输车辆周转速度。

(4)资源利用率低。主要体现在运力资源、场站资源、人力资源利用率偏低。上船车辆车型多样，规格不一，车辆在船舶中的摆放不规整，使舱位利用不充分；车头上船占据了很大货载空间。

二、滚装运输中采用甩挂运输的影响因素

1)政策鼓励与市场环境营造

滚装运输航线的正常运营与安全保证不仅要依赖滚装船的安全可靠，还受到船舱里所装载的车辆和货物类型的影响。国家可以采取强制措施保证滚装船的安全可靠，但滚装运输企业很难强制严禁某些车型和货物上船。现代物流业的成熟发展必然促进标准型车辆的比例逐步得到提高，但是，目前我国货运车辆车型规格标准化程度还处于非常低的水平，由于国家政策、物流企业的规模差异等原因，国外普遍采用的半挂车甩挂运输尚不能在国内大规模实行。有关行业主管部门可根据不同的经济地理环境，采取不同的运输发展政策与策略，优化运输环境。对于基于滚装运输和甩挂运输组合的新型的运输组织方式，除了依靠行业政策的鼓励，更需要让市场发挥需求调节与引导的作用。一些有利于滚装运输过程采取甩挂运输的鼓励举措包括：重点扶持厢式货车业务的规模化、集约化发展，针对为滚装运输码头泊位服务的甩挂运输场站出台投资优惠政策，并在审批、注册、税收等方面给予相应的政策扶持。

2)运输成本的合理控制

一旦滚装运输的运价上升到一定程度，客户就会有降低滚装运输成本的要求。成本降低主要表现在两个方面：第一，车辆动力部分(车头)不上船，以便节省滚装船的载货空间。一般地，车头平均占有长度为1.5~2米，按照平均船载70辆标准车计算，在车头不上船的情况下至少还可以再装载10辆车左右；第二，采用标准化车辆，车辆规格统一，有利于车辆规则停放，这样就利于提高滚装船的空间利用率，提高船舶的实载率。

3)海、陆作业环节的科学衔接与组织

在滚装运输中采取甩挂运输的目的是以滚装运输为基础，以挂车甩挂为手段，为滚装运输航线两端的客户提供高水平的、一体化的货运服务。由于采用甩挂的海—陆衔接模式，装卸船技术需要满足一些新的要求。实际上，综合考察国外集装箱滚装船的甩挂运输模式以及国内滚装船的船型特点，根据不同的船型采用不同的装卸船方式是可以实现甩挂运输的。此外，海、陆作业环节的科学衔接与组织需要一个市场主体，以整合社会资源(如以包舱方式与船公司合作以便降低海运费，在社会运力允许情况下通过收购或挂靠的形式与车队合作以降低自购车辆的前期投入)。

三、滚装运输与甩挂运输互动发展

针对传统滚装运输组织方式的主要优势与不足，参考国外的实践经验，学术界提出一些较为新颖的现代滚装运输组织模式。以下针对滚装运输与甩挂运输的优势互补、互动发展展开简要的分析。

一方面，如前所述，在道路运输科技发展过程中，提高汽车货运效率的重要途径是提高车辆的燃油经济性和装载能力，而提高车辆的燃油经济性和装载能力最现实的措施就是使用大吨位货车。大吨位货车在满足上述两方面的需求上已经达到较高水平，而继续提高汽车货运效率或运输经济效益则需着眼于车辆本身之外的途径。甩挂运输就是提高汽车货运效率和运输经济效益的方法之一，甩挂运输能够增加牵引车的有效工作时间、降低牵引车的购置费用。可见，甩挂运输的发展是大吨位货车发展的必然结果。另一方面，相对于滚装船的载运能力，甩挂运输车辆的载运能力要小很多，要实现滚装运输与甩挂运输的互动发展，必然需要甩挂运输的规模化。

为实现甩挂运输的规模化发展状态，可从以下方面着手：

(1)从运营主体的角度，由于传统的滚装运输组织的经营和利益主体是分散的，信息不对称等因素导致运输效率方面的损失。鉴于滚装运输环节的规模效应，为实现低成本、高效率的一体化水陆联运过程，需要对现有资源进行有效的整合，这就需要以一个经营主体为中心，以综合经济效益为目标，提供综合化的运输服务，并实现与相关部门、企业的协调配合。该经营主体可以是非资产型的，以创新型组织管理技术与知识为市场竞争优势；该经营主体也可以是资产型的，依托专业化运输、物流基础设施开展水陆联运作业。

建立滚装物流中心就是从货运资源整合的理念出发，通过整合相关的信息资源，在滚装运输环节的两端及其辐射地域的货物集散地分别建立滚装物流中心，统一进行集中、储存、分拣、装车、疏运等作业，实现货物的规模化调配与流通。滚装物流中心应具有一些基本功能，如集货、运输、配货拼车、仓储、流通加工以及信息服务，依托这些基本功能，滚装物流中心可实现两大目标：一是发挥集货、配货拼车功能，实现货物规模化流通，从而降低滚装运输成本；二是依托仓储、配送、流通加工、信息服务等功能，提供一体化的现代物流服务，从而提高滚装运输服务质量。在资源整合方面，传统的滚装运输配货站可以入住滚装物流中心，这样配货站便成为滚装物流中心重要的揽货力量，通过货源信息的共享，由滚装物流中心进行运输路线优化及合理配载。这样的资源整合过程避免了零散分布的配货站站点的重复建设，避免货量不成规模导致的低效益，并可缩短回程车配载回程货物的等待时间。

(2)从运营车辆的角度，鉴于传统滚装运输组织中的问题，可以使用标准化车辆对类型不一的滚装运输承载车辆进行整合。上船车辆可选用能够实现甩挂作业的标准化厢式货车，上船后车头与车体分离，只留车体在船上进行水上运输。采用可以甩挂的标准化厢式车进行滚装运输时，车辆甩挂上船，即牵引车卸下、车体在船上，可消除因车头存有燃料而发生火灾的隐患；相比于敞篷车，厢式货车可避免货物被风吹、雨淋、日晒而引起破损，也可避免运输途中捆绑不牢造成的货损、货差，有利于保证货物的完好性和安全性、减少商务事故与纠纷；能够上船的车型规范化，有利于船公司配载、绑扎固定；货物都是通过滚装物流中心配载的，装船前对货物可以进行仔细的检查，以有效避免危险品上船所带来的潜在隐患。

(3)从运营网络的角度,根据滚装运输货源发生地的经济地理布局状况,可采用 Hub-and-Spoke 型运输网络(本书第 3 章有详细的介绍)。基于滚装运输涉及到的主要经济地域,选取重要的城市作为 Hub-and-Spoke 型运输网络的最高级节点,在每个重要城市挑选合适的场站作为滚装运输业务的依托基地(即 Hub),每个场站要为所辐射区域提供综合化的物流服务。场站所辐射区域内可设立多个货物集散中心(即 spoke),以负责集中或者疏散广泛分布的货物,通过与滚装运输业务的依托基地(如滚装物流中心)进行联系实现末端运输与干线运输的便捷衔接。在滚装物流中心内,设置高效的拼装、疏散作业设施与作业流程,对由货物集散中心而来的货物按照货物的最终目的地和对方区域各货物集散地的分布统一进行拼装,通过标准化车辆进行甩挂式的装卸船作业,货物经过水运过程后再分别运往区域内相应的货物集散地进行最终的分拨配送。

在滚装运输与甩挂运输互动发展过程中,滚装运输通道一端的滚装物流中心通过在其腹地内集货,将货物集中到滚装物流中心,对于需要仓储的货物提供仓储管理,对于需要及时发运无需存储的货物直接装入大型标准化厢式车,大型厢式车开往滚装码头,然后进行甩挂式装船,车体留在船上绑扎固定,牵引车卸下返回滚装物流中心、进行下一个运输作业,车体通过水上运输到达目的地滚装码头后,目的地滚装物流中心根据对接信息,安排牵引车等待接车卸船,然后车辆开往目的地滚装物流中心进行拆车卸货、按照一定的原则分类或仓储,或者直接将货物进行末端配送。这样的运输模式主要有以下特点:

(1)由于使用标准化车型、便于车体在船上绑扎固定,采用甩挂作业技术、车头不上船,采用厢式车、减少货损货差等,可大大提高货物运输过程的安全性。

(2)从整个运输过程来看,所消耗的成本主要包括船舶航运成本,车辆运输成本与以及货主必要的费用支出(如货物包装费、配货站中介费等),实践中最终表现为货主支出给承运人的一次性运费。在既定的航次,船舶航运成本、货主必要的费用支出基本保持稳定,则与传统的滚装运输方式相比,标准化的拼车环节产生的规模效益将大大降低成本。

(3)由于车头不上船,可以节省很大一部分空间;由于采用标准化车辆,车辆规格统一,有利于车辆在滚装船上规则停放,这就利于节省空间,提高船舶的实载率。

(4)所设立的滚装物流中心,可以为货主提供集货、运输、配货拼车、仓储、流通加工以及信息服务等服务。基于现代物流管理技术,滚装物流中心能够实施较高水平的管理,业务流程操作实现标准化、规范化,这有别于以往的货运公司或配货站召集社会车辆临时经营。

(5)由于水上运输装卸船环节采用了甩挂作业模式,而不是车辆的直接开上开下,这对于采用单舱口装卸的滚装船来说会影响装卸船的效率;在增加服务功能、提高物流服务水平的同时,也使原本简单的操作模式变得复杂、缺乏灵活性,尤其在滚装物流中心的车辆、信息对接以及货物拼装和分拣等环节的衔接上;加入拼车、分拣等操作环节,使得一票货、一辆车、一套单据可以服务到底的模式变得复杂,增加两个装卸环节的同时也增加了对分类货物信息处理的难度;甩挂作业模式下的车辆在航期间没有动力支持,且驾驶员不上船,车辆在上船绑扎固定好之后便由船方负责,一旦出现紧急事故需要移车位、或重新绑扎固定等情况时,船公司对于紧急事故的处理灵活性较差。

第三篇

道路甩挂运输的保障与我国的现实背景

第八章 道路甩挂运输绩效评价

在评价道路甩挂运输组织效果的基础上、适时进行反馈和动态调整,有利于保障道路甩挂运输的科学开展。评价道路甩挂运输的效果,因评价方法、评价层次、评价范围不同而不同。本章在绩效评价基本理论和技术方法基础上,从道路甩挂运输的实施主体、甩挂运输的经济效益、社会效益、评价所采取的方法等三方面分析道路甩挂运输绩效评价工作。

第一节 绩效评价概论

绩效评价体系的建立与运用是市场经济条件下现代企业面临的挑战之一。绩效评价在企业战略规划制定、企业目标实现过程控制与效果评估、企业经营管理者薪酬计划和激励政策制定等方面起着重要的参考作用。随着经济社会发展和市场竞争的加剧,传统的以单一财务指标进行的绩效评价已不能满足企业发展的要求。理论界和实践界越来越认识到开发新的更有效的综合绩效评价体系的必需性,并做了大量的推进工作,迄今为止出现了多种绩效评价模型和方法。本节将简要总结绩效评价的基本原理,以作为道路甩挂运输绩效评价的理论基础。

一、绩效与绩效评价的概念

一般地,绩效可以包括两个方面:效果和效率。效果是针对结果而言的,效率是针对过程而言的。效果是指某项活动达到预期结果的程度,如满足顾客需要的程度。效果回答的问题是“是否完成了预定的目标?”因此,效果侧重于实际结果和预期或标准之间的比较。效率是指为了达到某一水平的产出所消耗的资源水平。效率回答的问题是“用多少资源才达到某种水平的产出?”因此,效率侧重于投入与产出的比较。效果和效率是绩效概念相互联系相互影响的两个主要方面,以运输企业车辆运行可靠性指标为例:从效果的角度看,提高车辆运行的可靠性有助于提升运输服务水平,从而提高顾客满意度;从效率的角度看,提高车辆运行的可靠性可减少运输企业的日常维修等费用支出,从而降低企业的运营成本。总体上讲,绩效是指劳动者通过耗费一定的劳动而产生的可以被量化的有益社会结果的一种实践活动。

一般认为,绩效评价是企业计划与控制的有机组成部分,绩效评价就是对行动的效果和效率的评价。从评价对象看,绩效评价包含组织绩效评价和劳动者绩效评价。组织绩效评价是投资者监督和评价企业运营效果的过程,组织绩效评价的作用主要体现在预测和导向方面;劳动者绩效评价是对管理者和一般员工的工作绩效进行评价,以便形成客观公正的认识。

企业绩效评价是指运用数理统计和现代数学方法,基于既定的指标体系,对照统一的评价标准,按照一定的流程,通过定量定性对比分析,对企业一定经营期间的效益效果及其能力做出客观、公正和准确的综合评判,剖析企业经营过程,真实反映企业发展状况。

二、绩效评价的演进

1. 西方企业绩效评价的演进过程

按照国内学者的观点，一般可将西方国家绩效评价的演进分为四个时期：19 世纪以前的观察性绩效评价时期(企业规模很小，对其评价意义不大，评价以观察为主)、工业革命至 20 世纪初的统计性成本绩效评价时期(工业革命之后，企业规模日渐扩大，产权关系日趋复杂，企业设计了一些统计性的业绩评价指标，这些指标与财务会计无必然联系)、20 世纪初至 20 世纪 90 年代的财务绩效评价时期(企业逐渐向跨行业经营的大规模企业集团方向发展，迫切需要一套指标对企业业绩进行准确评价，于是一套基于会计、财务数据的企业绩效评价方法应运而生)和 20 世纪 90 年代以后的战略绩效评价时期(财务指标和业务指标相结合的综合绩效评价)。每一时期的绩效评价系统都是由企业所处的经济社会环境和企业的管理要求所决定，绩效评价的差异性集中体现在绩效评价指标体系上。绩效评价内在的逻辑演进始终是按照从简单的单指标到复杂的多指标，从定量分析到结合定性定量分析，从重结果到重过程，从静态分析到动态分析，从重点片面指标集到平衡全面指标集的轨迹发展。

20 世纪 80 年代末 90 年代初，发达资本主义国家的很多学者和企业发现，传统的以财务为单一衡量指标评价企业绩效的方法是妨碍企业技术进步的主要原因之一。传统的财务指标之所以受到批评，原因在于财务指标存在下述缺陷：①鼓励短期行为；②缺乏战略性考虑，无法提供产品质量、顾客响应度和柔性等方面的信息；③鼓励局部优化，而不是全局最优化；④鼓励管理人员千方百计地最小化标准偏差，而不是寻求持续改进的方案；⑤无法提供有关“顾客需要什么”、“竞争对手是如何运作的”等方面的信息；⑥只能提供历史绩效信息，无法预测未来的绩效发展状况，应用的范围受到限制。

鉴于财务指标自身存在的缺陷，越来越多的学者倾向于引入非财务指标。相对于财务指标，非财务指标具有如下优点：评价更加及时、准确，易于度量；与企业的目标和战略相一致，可以有效地推动企业的持续改进；具有良好的柔性，能够适应市场和企业周围环境的变化等。尽管如此，非财务指标也有其缺点，即数量过多，企业很难选择并构建适合自已的评价指标体系。

20 世纪 90 年代以来，从传统企业财务评价到以财务为主结合非财务指标的评价，再到以战略为导向的关键绩效指标评价，企业绩效评价获得了极大的发展。

2. 我国企业绩效评价的演进过程

我国国有企业绩效评价发展历程大致分为三个阶段：一是 20 世纪 70 年代的计划管理和考核时期，主要以实物量考核为核心；二是改革开放后的放权让利时期，主要以产值和利润考核为主要内容；三是在 20 世纪 90 年代以后的现代企业制度建设时期，开始探索建立以投资报酬率为核心的企业绩效评价方法体系。

1992 年以来，国务院有关部门先后制定了数套绩效评价体系。

(1)国家计委“工业企业经济效益考核指标体系”。1992 年，国家计委、国务院生产办和国家统计局提出了 6 项考核工业企业经济效益的指标，具体包括产品销售率、资金利税率、成本费用利润率、全员劳动生产率、流动资金周转率、净产值率。该体系根据指标的重要程度对每项指标进行权数分配，并采用了标准值的概念，使用全国统一制定的标准值进行评价计分。

(2)财政部的《企业财务通则》。1993 年,财政部发布实施的《企业财务通则》规定:企业业绩评价指标体系由资产负债率、流动比率、速动比率、应收账款周转率、存货周转率、资本金利润率、销售利税率、成本费用利润率等指标组成,分别从偿债能力、营运能力和获利能力方面对企业的经营业绩进行全面、综合的评价。

(3)财政部制定的《企业经济效益评价指标体系(试行)》。1995 年,财政部根据国有企业监管的要求、国有资产管理的特点和新财务会计制度的规定,制定和颁布了《企业经济效益评价指标体系(试行)》。这套指标体系由 10 个指标组成:销售利润率、总资产报酬率、资本效益率、资本保值增值率、资产负债率、流动比率(或速动比率)、应收账款周转率、存货周转率、社会贡献率、社会积累率等。这一指标体系有利于投资者、债权人及相关人士对企业财务业绩做出比较综合的评价,从而对企业经营管理水平做出正确的评价。

(4)财政部等四部委制定的《国有资本金绩效评价指标体系》。1999 年 6 月,财政部、国家经贸委、人事部、国家发改委联合印发了《国有资本金绩效评价指标体系》及《国有资本金绩效评价操作细则》,对国有企业业绩评价进行重新规范,重点评价企业资本效益状况、资产经营状况、偿债能力状况和发展能力状况等四项内容,通过 8 项基本指标、16 项修正指标和 8 项评议指标三个层次对企业绩效进行层层深入分析,以全面反映企业的生产经营状况和经营者的业绩,初步形成了财务指标与非财务指标相结合的业绩评价指标体系。该体系结构较严谨,首次采用了多层次的指标体系和多因素分析方法,标志着我国企业综合绩效评价体系的初步建立。但是,作为一个企业综合绩效评价体系,它还存在诸如评价指标具有明显相关性、评价指标权重赋值的主观性和固定性、评价体系完全静态等不足。

(5)财政部等五部委发布的《企业绩效评价操作细则(修订)》。2002 年,财政部、国家经贸委、中央企业工委、劳动保障部、国家发改委联合印发了《企业绩效评价操作细则(修订)》。修订后的企业绩效评价体系充分考虑了现阶段我国国有企业的运行机制、经营条件、管理基础等基本要求,评价内容包括企业财务效益状况、资产运营状况、偿债能力状况和发展能力状况等方面,通过基本指标、修正指标和评议指标,分行业、分规模、分档次对企业绩效进行层层深入分析,以全面反映企业的生产经营状况和经营者的业绩。修订后的指标体系不仅对第二层次的修正指标进行了一定的增减,而且还对评议指标也进行了一定的修正。此外,还对各指标的权重进行了修正。与修订前相比,修订后的指标体系提高了对企业偿债能力和发展创新能力的评价,使该评价体系更为客观公正,更具有可操作性。2006 年《企业绩效评价操作细则(修订)》得到进一步修正,在注重财务指标评价的同时,不断加大对非财务指标评价的比重和力度。

由于该评价体系主要是从国有资本出资人角度,针对竞争类工商企业设计的,因而不能满足一些企业集团、尤其是特殊行业企业集团绩效评价的需要。目前,许多大型国有企业集团在参考财政部这一评价体系的基础上,制定了适合各自经营特点的内部绩效评价体系,并且取得了一定的成效。

三、绩效评价体系的构建

绩效评价体系的科学构建是保障评价合理性的关键。建立和实施一个完整的绩效评价体系一般包含以下四个步骤:绩效评价指标的设计(包括判别关键目标和设计评价指标)、评价指标的选取(分为初选、校对、分类/分析等四个步骤)、评价体系的应用(评价、反馈等)和战略假设的验证(反馈)。此外,评价体系应具有环境适应性[117]。

绩效评价体系应是动态的,推动其演进和变化的因素主要来自四个方面:内部影响因素、外部影响因素、过程因素和转换因素,见表 8-1[118]。

绩效评价系统演进的影响因素　　表 8-1

绩效评价体系	主要影响因素	影响因素的细分表现
绩效评价系统的演进	内部影响因素	力量关系、合作兴趣、同等单位的压力、需求
	外部影响因素	法律法规、市场环境、信息技术
	过程因素	实施评价的态度、政策过程管理、创新力度、系统设计
	转换因素	高层决策者支持力度、因变革导致的损益风险、组织文化

为了满足不同条件对评价体系的要求,文献[119]提出一套动态绩效评价体系的框架,框架包括以下几个子系统:

①外部环境控制子系统,利用绩效评价指标连续控制外部环境中关键参数的变化;

②内部环境控制子系统,利用绩效评价指标连续控制内部环境中关键参数的变化;

③反馈控制机制,利用内部、外部控制器提供的绩效信息和更高层系统设置的目标和优先权决定内部目标和优先权;

④配置子系统,使用绩效评价指标为各经营单位、加工过程等设置修正后目标和优先权值。

四、企业绩效评价技术方法

由于绩效的主体是管理者和劳动者,绩效与人的态度、能力、知识、经验、行为、组织文化、外部顾客以及工作环境等有紧密关系,因此,理论界对绩效概念以及绩效评价标准等存在较多不同的思考方式,绩效评价存在不同的模型和方法。

1. EVA 评价法

EVA(Economic Value Added)是在 20 世纪 80 年代提出的。所谓经济增加值,又称经济利润,是经营所得在支付所有成本(特别是应包含机会成本)之后的剩余部分。相对的,会计利润是指经营所得减去所有经营投入之后的剩余部分,两者之间最大的差别在于是否考虑机会成本。机会成本是指为某项经济活动投入的资源如果用于其他活动所能争取的回报。考虑机会成本是 EVA 最核心的经济实质。从某种意义上说,EVA 在利润指标中引入了一种竞争机制,要求只允许正 EVA 的项目(部门、子公司)存在,淘汰那些表现不如"一般水平"的项目(部门、子公司),从而使整个公司的财务表现向好的方向发展。

理论上 EVA 的计算公式为:

$$EVA = (ROIC - WACC) \times IC = NOPAT - COIC$$

式中:ROIC——投入资本报酬率;

WACC——加权平均资本成本;

IC——投入资本;

NOPAT——税后净经营利润;

COIC——投入资本成本。

这些变量通过公司的资产负债表、损益表以及一些内部数据就可以获得。

EVA 比其他经营业绩评价指标如会计收益具有更多的优点:

(1)真实反映企业的经营业绩。

(2)将股东财富与企业决策联系在一起,有助于管理者将财务的两个基本原则(企业的主要财务目标是股东财富最大化、企业价值依赖于投资者预期的未来利润能否超过资本成本)融入到经营决策中。

(3)注重企业的可持续发展,鼓励企业的经营者选取能给企业带来长远利益的投资决策。

(4)它体现了一种新型企业价值观。为了增加企业的价值,经营者必须表现得比同他们竞争的企业经营者要好。

EVA 本身也有一些局限性:

(1)学术界对 EVA 的实证研究有所限制。

(2)计算 EVA 时进行的调整可能不符合成本效益的原则。EVA 的倡导者认为,为了消除会计信息的失真,必须对有关的会计信息进行调整,调整的数量越多,计算结果越精确。到目前为止,计算 EVA 时可作的调整已达 200 多种,这大大增加了计算的复杂性;

(3)不考虑学习与成长、内部流程、顾客需求等反映经营业绩产生原因的非财务指标,因此无法诠释企业成长性机会。

2. 平衡计分卡

罗伯特·S·卡普兰(哈佛商学院教授)和大卫. P. 诺顿(复兴全球战略集团创始人兼总裁)对在绩效评价方面处于领先地位的 12 家公司进行研究后,提出了平衡计分卡(The Balanced Scorecard,简称 BSC)。最初,平衡计分卡提供了一种将财务指标和非财务指标有效整合的业绩评价体系,其基本出发点是业绩指标的设计要与企业的总体战略相一致,要能够达到对员工为实现企业战略目标所作贡献进行评估和激励的目的。BSC 通过寻求财务与企业其他因素之间的因果关系,树立财务和客户两个目标,该双重目标的实现有赖于企业核心流程的完善和企业核心竞争力的构建,并且需要企业通过学习来不断进行创新,以保持企业的战略竞争优势。经过多年的发展,作为新的战略管理体系,平衡计分卡可以为经理人员提供一个全面框架,用以把公司的战略目标转化为一套系统的绩效评价指标。平衡计分卡把组织的战略目标与实现过程联系起来,把企业当前的业绩与未来的获利能力联系起来,通过评价体系使企业的组织行为与企业的战略目标保持一致。平衡计分卡从 4 个方面构建企业的绩效评价体系:①财务方面;②客户方面;③内部经营过程;④学习和成长方面。这 4 个方面分别用一系列的指标来描述,4 个方面的指标通过因果关系联系,构成一个完整的评价考核体系。

建立平衡计分卡的一般步骤是:

(1)确定企业愿景与战略。从企业最根本的愿景与经营思维出发,检查审视目前业务发展状况与未来目标之间的差距,运用 SWOT 分析等工具对市场与竞争态势做出判断,明确企业的发展战略,并在企业内部达成共识。

(2)制定具体战略目标。确定每一战略主题在财务、客户、内部经营程序、学习与成长等方面的具体目标,这些目标间因果关联,它们的整体实现将支持战略主题的实现。

(3)选取评价指标。对各个具体目标选取最能表达其战略内涵的评价指标,从而使企业总体战略最终转化为一系列评价指标。

(4)目标与指标的层层分解。配合激励制度,将目标与指标逐层落实到部门与个人,使团体和个人行为与企业战略联系起来。

(5)制定战略行动计划。为指标制定长期目标,利用因果关系确定关键业绩驱动因素,订立实现战略目标所需的行动计划,并根据战略行动计划的优先顺序作为企业资源配置的基础,使企业资源配置与长期战略相联系。

(6)战略反馈与学习。为指标制定短期目标,得到长期战略目标执行的各阶段的反馈,并依据反馈信息,及时对战略进行检验和修正。

平衡计分卡用顾客、内部程序以及创新提高活动的绩效测评指标补充传统的财务指标,是一种能体现知识经济特征、更好地促进企业长远发展的业绩评价方法。它具有以下优势:

(1)平衡计分卡测评指标来源于组织的战略目标和竞争需要,要求从四个角度一一选择数量有限的关键指标,有助于企业把注意力集中到战略远景上来。

(2)平衡计分卡可以充当当前及未来成功的基石。从四种角度得出的信息,可使经营收入等外部测评指标与新产品开发等内部测评指标之间达到平衡。

(3)平衡计分卡是从整体的角度看企业,可作为组织各种努力的着力点。

但是,平衡计分卡没有给出一个最终的评价结果;虽然 BSC 针对影响业绩的动因提出了许多指标,但没有给出这些指标之间的定量关系;平衡计分卡的主体是企业自身,它不是一个能够适用于所有企业或整个行业的模板。不同的市场地位、产品战略和竞争环境,要求有不同的平衡计分卡。

3. 业绩多棱体评价法

业绩多棱体评价法的基本框架如图 8-1 所示。多棱体的上下两面分别是利益相关者的满意度和利益相关者的贡献。绩效评价的起点不是公司战略,而是所有者利益。战略仅仅是实现目标的途径,而不是目标本身。企业的各项经营活动(包括战略本身)是为了增加所有不同利益相关者的价值,包括投资者、顾客、供应商、行政部门、社会公众等。

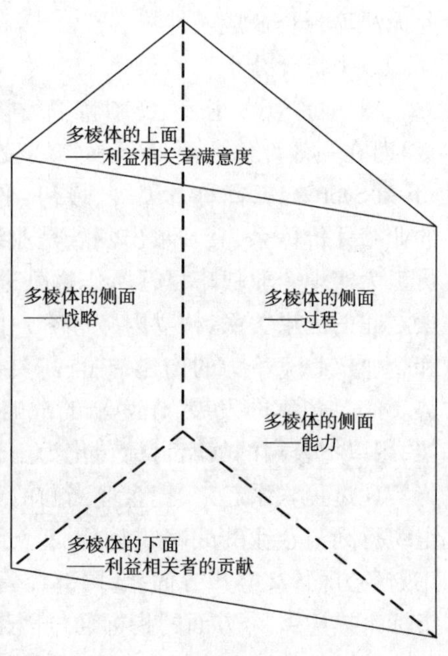

图 8-1　业绩多棱体示意图

多棱体的三个侧面分别是战略、过程和能力。战略面考虑如何才能满足利益相关者需求；过程面是实施该战略所需要的经营过程的改进；能力面是人员、程序、技术等要素，过程由这些要素组成，过程的改进首先是这些能力的改进和提高。多棱体强调绩效评价指标体系要考虑所有这些综合因素，而不仅是某一方面。

业绩多棱体评价模型的建立基于以下逻辑：公司要取得长远的成功，必须清楚公司重要的利益相关方是谁，他们想得到什么；据此制定战略，通过实施战略将价值传递给相关方；在执行战略时必须能够有效发出和执行命令，而且在过程中必须有能力保证流程顺畅；最后，必须获取利益相关方对公司的贡献，才能使公司得以保持发展的能力。

业绩多棱体从利益相关者的满意度和贡献度来考虑目标和战略，对于整个经营过程的改进要求，是业绩多棱体相对于平衡计分卡的突破，但是，该模式没有进一步分析利益相关者的利益是通过什么机制与企业的经营目标及战略相联系，使绩效相关者分析对于绩效评价的影响还不能落到实处。这一模式更多地集中于绩效改进，而不重视通过指标设计及其他业绩评价环节相配合发挥激励作用。

4. 关键绩效指标

关键绩效指标（Key Performance Indicator，简称 KPI）是通过对组织内部某一流程的输入端、输出端的关键参数进行取样、计算、分析，衡量流程绩效的一种目标式量化管理指标，是把企业的战略目标分解为可运作的远景目标的工具。KPI 是在公司高层对企业战略达成共识之后，通过价值分析确定关键成功因素，设定关键业绩指标，再把指标按部门和岗位向下分解，能够很好地突出公司发展的要点，实施成果导向的考核。但 KPI 的要素基本是相互独立的，忽视了部门间的关系与权重，因此使用 KPI 绩效考核的落实层面没有得到战略管理意义的深化。

关键绩效指标的作用表现在以下方面：

（1）关键绩效指标是用于衡量工作人员工作绩效表现的量化指标，是绩效计划的重要组成部分。它可以使部门主管明确部门的主要责任，明确部门人员的业绩衡量指标。

（2）建立明确的切实可行的 KPI 体系是做好绩效管理的关键，关键绩效指标是对组织目标有增值作用的绩效指标。

（3）关键绩效指标是针对对组织目标起到增值作用的工作而设定的指标，基于关键绩效指标对绩效进行管理，可以保证对组织真正有贡献的行为受到鼓励；通过在关键绩效指标上达成的承诺，员工与管理人员可以进行工作期望、工作表现和未来发展等方面的沟通。

5. 动态绩效评价

绩效评价的主要目的是提高企业的绩效水平，使企业获得持续改进。企业运营所处的环境是动态变化的，企业的成功与否取决于能否适应各利益相关群体的需要。因此，企业不能以自我为中心建立绩效评价系统，还需要考虑顾客、供应商和股东的利益和意见。所构建的评价系统要有助于持续改进企业的竞争能力，这就是建立动态绩效评价系统的目的。动态绩效评价系统必须具有以下特征：及时感应企业内外部环境的变化；当内外部环境变化到一定程度时，对内部目标进行审核并重新确定目标；确保通过改进项目所取得的成果并使组织获得持续发展。

动态绩效评价系统包括以下几个部分[120]：

(1)外部环境监测系统。连续监测外部环境的发展和变化，如宏观经济政策变化、竞争对手的情况以及外部利益相关群体的情况。

(2)内部运营监测系统。连续监测企业内部运营系统的发展和变化，当绩效控制指标达到一定程度时发出警告或采取行动的信号。

(3)信息审核系统。根据内外部监测系统提供的信息和高层管理者确定的绩效目标及其优先顺序确定组织内部绩效目标与优先顺序。

(4)内部部署系统。对审核修订的目标和优先顺序进行部署。

企业经营过程中一些偶发事件的出现将迫使整个组织重新制定公司层面的绩效目标和优先顺序，从而导致整个绩效评价系统的重构。某一个业务单元或经营过程中的变动可能影响整个组织的目标实现，因此，对系统的改变并不总是来自于高层管理的推动，而往往是由于业务单元或某一运营过程内外环境变化的结果。

为了有效地实施动态绩效评价系统，除了需要建立外部环境监测系统、内部运营监测系统、信息审核系统和内部部署系统以外，企业还须处理好以下问题：确定绩效指标集，并明确指标间的因果关系；定量描述指标间的因果关系、关键性和优先顺序；建立绩效保持系统；建立一个高效信息平台为动态绩效评价系统提供信息系统支持。

6. 整合绩效评价

整合绩效评价就是以企业战略为导向，综合考虑各种现代绩效评价方法的优势，全方位、多角度评价企业整体绩效。

整合绩效评价模型是将战略相关知识转化为战略结构，并在战略结构上采取行动，整个模型构建过程以实施战略为目标和主线，将各项活动统一于战略之下。在企业内部用关键绩效因素来表达，形成基于企业战略的整合绩效评价模型。企业目标通过若干项关键绩效因素最终将战略落实到具体行动内容上，可在企业内部进行交流并实施，增强战略运作和实现能力。关键绩效因素之间的联系充分显示出员工工作的内部输出关系，始于战略目标、止于关键绩效因素的关系图显示出各项关键绩效因素对组织成功的直接贡献，所有层次的人员得以清晰地认识其工作将如何影响相关绩效目标以及实现最终战略目标。由于未来的不可预见性和不确定性，企业需要更加灵活和不断创新，提高绩效的关键就是理解关键绩效因素。只有企业找到取得预定结果所需的关键绩效因素，才能真正实现将战略目标、实施方法、评价指标联系起来，这显示了一个不断扩散的过程，即从一个总体的理想化目标演变到具体的可以度量的行动指标，实现企业战略性绩效评价，为企业的绩效管理和战略决策提供支持和依据[121]。

7. 绩效评价可采用的技术方法

随着绩效评价理论模型的发展，绩效评价的计算技术与方法不断得以丰富。

(1)对标法：是美国施乐公司确立的经营分析法，定量分析自己公司现状与其他公司现状，并加以比较。对标法是对产品、服务与内部组织工作流程的连续性、系统性进行评估，是一种致力于内部组织改进的实践方法。对标的目的是为了更好地满足客户需求，开展相关产品与业务流程的改进工作。

(2)专家评价法:是一种以专家的主观判断为基础的综合评价方法。其具体形式有:加法评价型、连乘评价型、加乘评价型、加权评价型、功效系数法。其优点是简单方便、易于使用;不足之处是主观性太强,不宜用在复杂系统中。

(3)数理统计法:数理统计法主要是应用其中的主成分分析、因子分析、聚类分析、判别分析等多元统计分析方法对一些对象进行分类和评价,其优点是可以排除评价中的人为因素的干扰和影响,比较适于评价指标间彼此相关程度较大的对象系统的综合评价;不足之处是该方法对统计数据数量和质量的要求较高。

(4)模糊综合评价法:是一种用于涉及模糊因素的对象系统的评价方法。该方法的优点是可对涉及模糊因素的对象系统进行综合评价,更加适于评价因素多、结构层次多的对象系统;但该方法本身不能解决评价指标间相关造成的评价信息重复问题,且确定隶属函数的难度较大。

(5)层次分析法:把复杂的问题分解成各种组成因素,再将这些因素按一定的支配关系分组形成递阶层次结构,通过两两比较的方式确定层次中诸因素的相对重要性,然后综合决策者的判断,确定决策方案相对重要性的排序。

(6)灰色关联法:从信息的非完备性出发,研究和处理复杂系统。通过分析参考序列与比较序列的变化轨迹(一般为曲线)几何形状的接近程度,来判断变化趋势的接近程度。灰色关联法常常被作为多指标体系的综合评价方法(灰色关联评价法)。一般选取最优方案为参考序列,与之关联度越大的方案越优。

(7)仿真法:大多数实际系统无法建立精确的实际模型,可以借助仿真工具对模型进行分析,获取所需数据以进行绩效评价,这样可较好地避免人为取权值和相关系数过程中的主观性和不确定性,只需要适量的训练样本。一旦通过对适量典型样本进行学习并确定模型的各权值和阈值,就可对大量待评数据进行评定。

第二节 道路甩挂运输绩效评价工作框架

一、道路甩挂运输绩效评价总体框架

一般地,评价工作可从多个角度展开。进行道路甩挂运输绩效评价时,可选用的评价目的、评价标准、评价方法等往往有明显的差异。我们建议采用三种不同的分类标准,即甩挂运输的实施主体、甩挂运输的经济/社会效益、评价所采取的方法等方面对道路甩挂运输绩效评价工作进行定位。

从道路甩挂运输的实施主体看,甩挂运输可仅局限于某个运输企业内的某个单元,如某交通运输企业集团依托其合适的某个子公司开展甩挂运输业务;甩挂运输可在某个运输企业的范围内得以开展,如专门从事甩挂运输业务、拥有一定数量牵引车和挂车的新兴运输企业;甩挂运输可在运输企业集团的范围内得以开展,此时甩挂运输业务可由运输企业集团的多个分/子公司通过科学合理的分工(如专门从事市场营销业务的分/子公司、专门从事牵引车调度运营的分/子公司、专门从事挂车运营维护的分/子公司等)加以实现;甩挂运输可在运输企业动态联盟的范围上得以开展,此时甩挂运输业务可由多个运输企业通过有效的战略联盟协作机

制和科学合理的分工(如专门从事牵引车调度运营的运输企业、专门从事场站管理的运输企业等)加以实现;此外,我们还可从整个行业的角度审视甩挂运输的效率和效果。站在不同的实施主体角度,可能对甩挂运输绩效的关注点有明显的差异,甩挂运输的实施主体随着其组织目标和组织复杂程度的不同而对甩挂运输的期待也不一样。越是微观一些、与具体业务更接近一些的实施主体,其对甩挂运输经济效益的关注程度要多一些;越是宏观一些、与战略发展更接近一些的实施主体,其对甩挂运输社会效益的关注程度要多一些,如图8-2所示。依托运输企业内的某个部门开展甩挂运输,组织目标可能仅局限于提高部门的盈利能力和运输环节的利润率,开展甩挂运输所涉及的范围可以很小(如仅在个别运输线路上开展甩挂运输)、组织和实施起来简单一些;而在运输行业范围内推广甩挂运输,组织目标可以很宏观(如实现节能减排、提高行业服务能力和水平),而实施起来复杂程度很高。

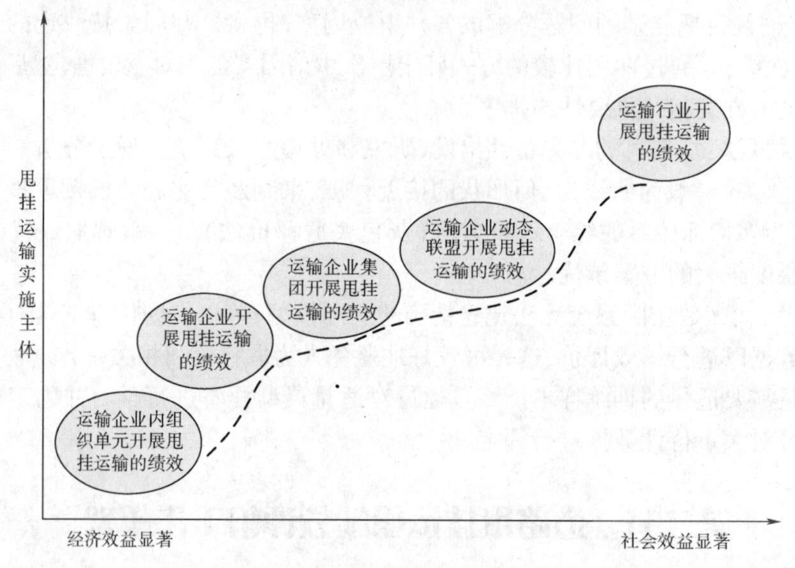

图8-2　甩挂运输绩效评价总体框架示意图

针对不同的甩挂运输实施主体及其所关注的甩挂运输的经济/社会效益,对甩挂运输绩效进行评价时所选取的指标体系、所能够采取的绩效评价方法有明显的区别。如:对运输企业内的组织单元开展甩挂运输进行绩效评价时,可以侧重从财务统计体系选取一些关键指标,并采用成熟的、较为简单的方法进行绩效评价。对运输行业开展甩挂运输的绩效进行评价时,既要注意甩挂运输能够对相关企业产生的经济效益,又要注意甩挂运输能够对整个行业乃至整个社会所产生的社会效益,指标体系可以很复杂,而所能够采用的绩效评价方法可能是综合化的,要对既有的成熟的绩效评价方法进行拓展,也可大胆尝试引进自然科学和工程技术领域中的新理念、新方法。

二、运输企业内组织单元的道路甩挂运输绩效评价

1. 企业内组织单元绩效评价的必要性

从战略意义看,企业内部组织单元要成功地实现整体战略目标,就必须对企业所支配的各

种资源履行其受托责任，相关管理者必须将企业战略目标逐级分解，落实到内部各组织单元，进而形成了企业资源的层层代理关系。

企业资源的层级分解结构，决定了企业的战略目标与任务不可能由高层管理者直接下达给基层员工个人，而需要通过内部组织的过渡。重视对内部各组织单元绩效的考核能够反映企业资源与个人资源之间的复杂授权关系。建立企业内部组织单元绩效评价系统既有利于企业内部组织的协调发展，也有利于企业战略的实施。从短期看，企业内部组织单元绩效评价系统能够反映出企业内部复杂的组织结构；从长远看，建立企业内部组织单元绩效评价系统有利于企业资源的相互协调和战略调整。在注重个人能力创造的企业里，高层管理者逐渐摆脱指令性的管理模式，其权力开始逐级下放，与之相应，企业的资源也开始由高层管理者逐级下放到各组织单元。高层管理者为了更有效地对内部各层级资源的占有和利用情况进行有效的监督与控制，有必要对企业内部组织单元的绩效进行考核。考核能够反馈出企业资源配置的合理性以及企业战略实施的有效程度，根据绩效考核的反馈情况，企业高层管理者可以寻求改善调整的战略决策[122]。

从基层员工的角度看，员工的个人绩效经常会受到来自于其所在内部组织的一些不确定性因素的影响。在对企业进行绩效管理时，如果只关注员工的个人绩效，而忽略了员工所处的内部组织单元对资源利用有效性的考评，企业内部就会产生不公平现象，导致企业员工的相互分歧行为，绩效评价系统就起不到激励员工的作用。

2. 运输企业内组织单元绩效评价的定位

企业内部组织单元绩效评价是企业绩效评价体系的重要组成部分，是连接企业整体绩效评价与员工个人绩效评价的主要环节。企业内部组织单元绩效评价是一项有效的制度安排，是解决企业内部组织委托代理链上委托代理关系的重要手段。由于组织的层次性，组织绩效分为组织整体绩效与组织内部各组织单元的绩效。企业的整体绩效是建立在企业内部不同类型、不同层次组织单元绩效基础上的，是企业内各组织单元绩效的有效集成，企业内部各组织单元绩效又是其所属员工及其资源绩效的集成和表现[123]。

(1)运输企业内组织单元绩效与运输企业整体绩效的关系。从运输企业整体的角度出发，企业内组织单元的设立是为更好地完成运输企业整体的战略目标（如实现经济效益和社会效益）。一旦运输企业决策者制定出科学的战略，就必然会层层分解这个战略，并落实到各职能部门（内部组织单元），各职能部门在企业整体战略的基础上结合自身面临的实际情况，制定出各自所要实施的子战略，只有当所有的职能部门充分完成自己的目标，才能实现运输企业的战略目标。进行运输生产的各个职能部门的绩效包含在运输企业整体绩效之中，整体绩效来源于各个职能部门绩效的有机整合。从一定程度上讲，进行运输企业内组织单元绩效评价是对企业整体绩效评价的不可或缺的一部分。

(2)运输企业内各组织单元绩效之间的关系。在网络型运输企业中，企业的职能部门往往处于不同的层级，各层级的职能部门数量也有差别，不同层级的职能部门之间存在密切的关系，上层职能部门目标的实现要以下层职能部门目标的实现为前提条件。从同一层级来看，当同一层级的职能部门竭力追求其自身的绩效最大化、而忽略其他部门的绩效时，可能会导致职能部门之间的冲突，出现“1 +1 <2”的效益背反结果。因此，各职能部门在追求自身绩效的同时，还需要考虑到其他职能部门的绩效，需要注意与其他职能部门绩效的协同性。

3. 运输企业内组织单元绩效评价的功能

运输企业内组织单元绩效评价是企业绩效评价体系的重要组成部分。企业绩效评价体系可以分为整体绩效评价和内部绩效评价。整体绩效评价，即从外部主体的角度把企业作为一个整体进行绩效评价，便于不同企业之间的评价衡量和比较。内部绩效评价，即从企业经营管理者的角度对企业内部进行的绩效评价。企业内部的绩效评价可分为对企业内部组织单元的评价和对员工的评价。对企业内部组织单元进行评价有利于企业内不同组织之间的绩效评价和比较。内部组织单元绩效评价是企业整体绩效评价和员工绩效评价的桥梁，也是绩效评价体系的重要组成部分。企业整体绩效取决于其内部各组织单元的绩效，只有各内部组织单元的绩效得到提高，企业整体绩效才有可能被提高。

(1)运输企业内组织单元绩效评价是促进企业战略实施的有效手段，特别是对于网络型运输企业而言。企业内部经营绩效评价的层次性决定了各评价对象的评价指标将逐渐向企业内部各组织分解。通过绩效评价体系使企业的战略目标转化为阶段性的、具体的、可操作性的目标，把战略目标层层分解到各内部组织单元，只有当所有的内部组织单元都充分完成自己的目标，才能实现企业的战略目标。

(2)运输企业内组织单元绩效评价能够有效地提高企业内部组织效率。通过对企业内部组织单元的绩效评价，管理者可以对该组织单元的绩效进行较为客观的评判，充分了解该组织完成工作的实际情况，评价其工作业绩，然后对不同的内部组织单元进行比较分析，找出差距，提出相应的改进措施，这样对加强企业内部的管理和提升企业的市场竞争力有着重大的作用。通过内部组织单元的绩效评价，可以在内部组织单元之间形成良好的竞争与协作关系，各组织单元为了在竞争发展中达到良好的生存状态，必然选择采取协作的方式，在尽最大努力挖掘本组织的潜力、提高自身业绩、积极主动完成所分配的目标的同时，特别注重与其他组织单元的协调配合，实现共赢。

(3)运输企业内组织单元绩效评价有利于完善现代企业制度建设。经过多年的发展，我国的运输企业在制度建设上有所进步，但长时间积累形成的各种弊病依然存在。如何有效把握各职能部门的经营状况，客观评价其业绩，公正衡量该部门对企业整体绩效的贡献，已成为强化企业内部管理与控制的必要手段。绩效评价作为企业内部管理控制的重要手段，有助于运输企业加快建设现代企业制度的步伐，建立一个客观、完善的内部组织单元绩效评价系统是现代企业制度建设的重要内容。

4. 运输企业内道路甩挂运输部门的绩效评价

对于运输企业而言，当其采用甩挂运输组织方式提高运作效率和市场竞争力时，甩挂运输可以作为一个生产职能部门存在。此时，除了从纯粹的财务角度，可以从技术经济的角度简要地对甩挂运输部门进行绩效评价，如动力部分利用率的提高、车辆载货部分利用率的提高、驾驶员人数及其相关费用的减少、成本节约等。从技术经济角度选择的道路甩挂运输业务部门绩效评价指标可包括：汽车牵引部分全周转时间（牵引车在交路上往返牵引一对车厢所消耗的全部时间,包括在牵引交路上往返运行时间、场站停留时间。该指标的追求目标是在完成同样的运输量条件下缩短全周转时间)、汽车牵引部分平均日车公里(平均每台牵引车在一昼夜内所走行的公里数,综合了牵引车工时的有效利用和速度两个因素,反映了牵引车平均每天所完成的流动工作量。该指标的追求目标是在完成同样的运输量条件下降低平均日车公里)、汽车牵引部分平均牵引总重(反映牵引车牵引能力利用程度的一项指标。该指标的追求目标是在完成同样的运输量条件下提高平均牵引总重)。

为实行甩挂运输,需要消耗一定的前期购置成本,主要包括牵引车购置费,挂车购置费,行政主管部门的各种规费。在日常运输活动中,车辆在途消耗成本的下降空间大;从挂车的配备情况看,挂车长时间停靠的网点的货物存储占地面积、货物装卸耗用人工和机械成本都有一定的降低空间;从司乘人员的配备看,人数有所减少。

采用甩挂运输后,由于停靠的挂车可部分充当储存设施,这相对于利用场站的仓储设施进行短期存储作业而言,其成本支出要节约很多。此外,由于停靠的挂车一般有较长的时间供场站内作业,在场站内进行的装卸搬运时间窗得以延长,这有利于更好地配置装卸搬运资源、提高资源利用率。

三、单一运输企业的道路甩挂运输绩效评价

一个良好的企业经营绩效评价系统能够帮助和协调企业决策的整个过程,将企业战略、计划和预算与战略执行过程有效地连接起来,形成一个高效的管理系统,并帮助建立有效的激励和约束机制,为考核分配提供关键依据;同时,它也有利于企业的管理者开展比照,进行管理决策,引导企业行为。因此,企业经营绩效评价工作是关系到企业投资者、管理者及每个员工切身利益的事情,是企业管理控制过程和建立企业激励约束机制的关键环节。

在竞争日益激烈的运输市场中,运输企业为了实现资源的有效配置,就要不断地开拓创新以适应环境变化,新运营方案的实施与控制必然需借助于企业的绩效评价工作。单一运输企业的甩挂运输绩效评价是对甩挂运输效率和效果的一种事后评估与度量,以利于事前的控制与指导,从而帮助判断是否完成预定的任务、完成的水平、取得的效益和所消耗的成本投入。

进行单一运输企业的甩挂运输绩效评价应该同时兼顾近期效益最大化和远期效益最大化,实现运输企业的可持续发展。由于对运输企业这样的生产型服务企业而言,非财务性绩效评价能更好地反映企业所创造的价值,如客户满意度、及时交货率、订发货前置时间等,所以进行单一运输企业的甩挂运输绩效评价时,应合理权衡财务性评价指标和非财务性指标的绩效评价权重。

实际上,我国在企业的绩效评价实践中已做出一些指导性的努力。特别是在2006年,国务院国有资产监督管理委员会令14号公布的《中央企业综合绩效评价管理暂行办法》(以下简称《办法》)和国资发评价[2006]157号文(关于印发《中央企业综合绩效评价实施细则》的通知)(以下简称《实施细则》),对规范中央企业综合绩效评价工作起到一定的作用,对一般企业也具备重要的参考价值。

《办法》第一条阐明"为加强对国务院国有资产监督管理委员会(以下简称国资委)履行出资人职责企业(以下简称企业)的财务监督,规范企业综合绩效评价工作,综合反映企业资产

运营质量,促进提高资本回报水平,正确引导企业经营行为,根据《企业国有资产监督管理暂行条例》和国家有关规定,制定本办法”。《办法》将企业综合绩效评价分为“对企业负责人任职期间的经营成果及管理状况进行综合评判”的任期绩效评价和“对企业一个会计年度的经营成果进行综合评判”的年度绩效评价。《办法》是为规范企业综合绩效而制定的,但同时又明确对企业和企业负责人二者都进行综合绩效评价。对企业负责人任职期间的经营成果及管理状况进行综合评判,主要是通过企业负责人在经营管理企业的过程中对企业经营、发展所取得的成果和所作出的贡献来体现。对企业一个会计年度的经营成果进行综合评判,主要是通过企业在经营期间的盈利能力、资产质量、债务风险、经营增长等经营成果来体现。《办法》指出:“企业综合绩效评价由财务绩效定量评价和管理绩效定性评价两部分组成。”“财务绩效定量评价标准按照不同行业、不同规模及指标类别,分别测算出优秀值、良好值、平均值、较低值和较差值五个档次。”“管理绩效定性评价标准根据评价内容,结合企业经营管理的实际水平和出资人监管要求,统一制定和发布,并划分为优、良、中、低、差五个档次。”用同行业、同规模的统一标准评价全国企业的绩效,具有一定的可操作性(同行业和同规模企业之间)。

四、运输企业集团的道路甩挂运输绩效评价

目前,我国企业集团的绩效评价方法主要为[124]:在基期年初母公司根据环比、与上年同期相比、历史数据等,向成员企业下达产值、销售收入、利润、应收账款周转率、存货周转率、成本费用利润率等指标,在第二个年初依据成员企业决算数据进行考核。这种形式的评价方法的缺陷表现在:①我国多数企业全面预算管理体系不健全,销售收入和利润等指标缺乏说服力;②用绝对值考核业绩和财务效益状况不科学,往往造成“盈利额越大,业绩越优”的定论,事实上有些盈利额较大的企业的净资产收益率远远低于盈利额较小的企业的净资产收益率,无从谈起绩效优否;③缺少考核企业财务风险和未来发展能力的指标;④以销售收入和利润进行考核,易导致子公司的短期经营行为。

企业绩效评价体系多层次、多因素的评价方法可弥补这些缺陷,为企业集团提供一个有效的管理工具和手段。

1.企业集团的内部绩效评价

企业集团通过对其子公司进行内部绩效评价,可以达到以下目标:

(1)企业集团的管理活动实际上是信息的收集、整理、加工和辅助决策的过程。通过企业集团内部绩效评价,可以全面准确地掌握各子公司的各种经营管理信息(包括财务信息和非财务信息),实现对资产经营及财务活动的监督,为母公司进行经营决策和战略调整提供依据。

(2)通过企业集团内部绩效评价,有利于发现子公司经营过程中的重大问题,纠正子公司在人力、财力和物力等方面的浪费以及子公司在执行母公司战略决策上的偏差,从而督促子公司提高经营绩效水平、实现企业集团整体战略目标。另外,由于母公司的综合管理水平和资本营运水平对子公司的经营业绩有很大影响,通过对所有子公司评价结果的分析,可以找到集团母公司管理中存在的问题,并采取调整和改进措施。

(3)作为企业集团经营责任制考核和奖惩的依据,绩效评价与考核不同,绩效评价的对象是计划目标及完成情况,考核的对象是执行计划的人。内部绩效评价结果可作为对子公司经营者事后考核奖惩的重要依据,奖惩可作为激励手段促使子公司经营者更好地完成未来目标计划。

值得注意的是,由于大多数企业集团实现了多元化经营的发展方式,在进行企业集团进行绩效评价时,应合理权衡不同产品或业务开展对整个企业集团绩效的意义。

2. 母子公司绩效评价

当前我国的交通运输企业集团几乎都实行了多元化经营战略和母子公司管理体制,业务范围甚至涉及第二产业、第三产业的多个行业部门。从目前的实践情况看,不论国内的还是国外的企业绩效评价体系,交通运输企业集团在使用这些评价方法后往往难以达到理想的效果。这些评价方法大多是通过多家企业总结出来的一个普遍适用的企业经营绩效评价体系,有些体系甚至只是一个理论框架,因此,如果全部照搬这些体系,对于不同管理水平和信息水平的企业,其效果也会有差异。如何在这些理论化的企业经营绩效评价方法基础上选择并设计出一套适合具体企业自身的企业绩效评价体系是企业投资者和管理者必须面临与解决的问题。

母子公司绩效评价是母公司对子公司的绩效评价。与单体企业绩效评价相比,其特殊性源于母公司对子公司管理的特殊性。在母子公司关系中,母公司与子公司分别作为独立的法人实体存在,管理控制是母公司实现对子公司管理的重要方式。母公司通过控制机制实现对子公司的管理,以达到减少代理成本、激励子公司经理层和实现企业集团整体价值最大化的目的。绩效评价是母公司对子公司控制的重要手段,母子公司管理控制与绩效评价是融为一体的,始终贯穿于母子公司控制过程中,母子公司控制的效果通过子公司绩效得到反映;同样,母子公司绩效往往取决于母子公司控制的水平。

3. 甩挂运输绩效评价

进行运输企业集团的甩挂运输绩效评价工作,应注意以下问题:

(1)企业集团经营绩效评价本身是一项管理工作,其好坏取决于企业集团自身管理水平的高低,不同的管理水平决定了企业集团有不同的企业经营绩效评价方法,因此,在建立企业经营绩效评价体系之前,集团需对自身的管理水平做一个评估,发现管理的优点与不足(这对于具有浓厚传统管理背景的交通运输企业集团而言更具必要性)。对于一个缺乏系统管理、实行粗放式管理的企业集团来讲,它更适合用比较简单明了、容易取得的指标体系来进行绩效评价;而对于管理细致、实行集约化管理的企业集团,用简单的评价方法往往难以体现日常管理的效果。

(2)企业集团对子公司经营绩效评价的依据除参照行业水平外,也应该注重各子公司的战略计划和集团重点管理目标等内容。通常,一个企业集团每个年初都会为各子公司设定一定的重点工作、经营效益等进度与效果标准,作为子公司努力的方向和要求。在实际经营过程中,企业集团和子公司通过定期或不定期检查这些设定标准的完成进度和效果来判断执行效果,然后决定是否调整经营重点或经营目标。子公司经营绩效评价体系是母公司更便捷地检查战略执行的重要工具,因此,企业集团在建立子公司经营绩效评价体系之前,应该对各子公司的战略计划要求、行业基本要求有系统了解，并以此为主要依据建立经营绩效评价体系。良好的企业经营绩效评价体系还是企业集团目标管理的引导工具，它向子公司在数字或文字上集中阐释了集团需要各子公司努力的目标、需关注的基本内容和重点内容，引导各子公司的管理者实现管理目标。

(3)由于企业集团管理重点会定期发生转移，一旦改变或调整了子公司经营绩效评价体系，一系列的管理方式也常常需要改进，这对职能管理提出新的要求。不同的成员企业也应结合各自的战略和管理基础形成不同的子公司经营绩效评价体系。正如一般化的企业经营绩效评价体系需要改进后才能适用特定企业集团一样，某个企业集团的子公司经营绩效评价体系也不一定适用于其他企业，这是由其独特的管理文化、水平和手段决定的。

五、基于熵理念的道路甩挂运输系统绩效

1. 熵

熵最先于1865年由Clausius引入，以孤立系统熵增加定律的形式表述热力学第二定律（引入熵，则可将热力学第二定律表述为：在孤立系统内，任何变化不可能导致熵的总值减少，即 $dS \geqslant 0$。如果变化过程是可逆的，则 $dS=0$；如果变化过程是不可逆的，则 $dS>0$；总之熵有增无减。缘于此，热力学第二定律亦称之为熵恒增定律）；继而Boltzmann和Planck给出熵的微观统计公式（Boltzmann关系式 $S=k \cdot \log_e W$），用熵代表系统的无序度，为熵的重要地位的确立及其发展奠定了基础。1948年Shannon将统计熵作为基本组成部分推广用于信息理论中，给熵以新的意义，以表示系统（信源）的不确定性；在此基础上Jaynes提出最大信息熵原理，用以确定各种系统的随机态变量的概率分布函数。自其产生以来，熵不仅是物理学中极为重要的概念和物理量，而且在化学、宇宙学、信息论、控制论、经济学、社会学等领域发挥了一定的独到的作用。

物理领域的熵和信息领域的熵虽然是不同学科领域的统计熵，但二者都表示随机性、无序度。至于两者的差异：首先是信息熵摆脱了物理熵的热力学背景，可应用于物理学以外的包括经济学和社会学等各种学科。凡是可用概率分布函数描述的系统，都可定义其相应的信息熵。由此足见信息熵应用学科领域的广泛。因此信息熵可称为广义熵；其次是物理熵讨论大数量粒子态，具有微观特性。信息熵通常研究少数状态，具有介观和宏观特性。由此可见，物理熵和信息熵，两者的主要特性相同，后者可看成是前者的推广，而其差异则可互为补充，从而有可能统一成为一种应用广泛的统计熵。

2. 道路甩挂运输系统的熵

所谓管理熵是指任何一种管理的组织、制度、政策、方法等，在相对封闭的组织运动过程中，总是呈现出有效能量逐渐减少，而无效能量不断增加的一个不可逆的过程，这就是组织结构中的管理效率递减规律。对管理系统而言，导致熵增的不可逆性的主要原因在于组织内部各子系统间利益的相互冲突，各部门为自身利益相互争夺资源，内部矛盾日益增加，最终导致内部管理的混乱[125]。

多年的实践证明，传统的企业绩效评价方法存在以下缺陷：

(1)传统的企业绩效评价侧重于单一企业或单个职能部门的评价，不注重从供应链整体

的角度开展宏观层次上的绩效衡量。企业一般将组织中的各个部门视为独立的个体,设定其专属的目标与绩效评估衡量标准。如今企业与企业之间的竞争,正逐步转为供应链与供应链之间的竞争,具有前瞻性观念的企业正将产品从原料采购、生产制造、运输配送至顾客手中的一连串过程视为一个整体来看待,同时随着市场的变动,迅速修正并改变其供应链的结构,以增加效率、控制成本、改善顾客的满意度。因而,可行的企业绩效评价应是对于整个供应链管理优劣的现实评价。

(2)传统的企业绩效评价指标数据往往来源于财务结果,在时间上略为滞后,不能反映供应链动态运营情况。此外,投资报酬率、经营收入等会对企业持续的提高和创新这些当前竞争环境所要求的行为给出令人误解的信号,导致企业只注重短期利益,忽视甚至损害企业长远发展潜力。

(3)传统的企业绩效评价侧重于对事件结果的事后评价,不能对供应链的业务流程进行实时评价分析,使得企业不能及时发现经营过程的偏差并采取切实有效的补救措施。

(4)传统的企业绩效评价注重企业内部评估,不重视企业与外部利益相关者的关系。在供应链管理理论下,供应商、分销商、零售商、第三方物流公司等均是企业利益一体化的战略合作伙伴,对企业的经营管理效益起着至关重要的作用。

从整个行业的角度看,行业内部管理效率的变化取决于由各个企业构成的系统是否形成稳定的耗散结构,如果系统保持稳定的耗散结构,企业管理效率将会逐渐递增。否则,在熵增原理作用下,管理效率将逐渐下降。行业系统总熵值的大小反映了系统管理效率的高低,总熵值越大,企业管理效益越低,绩效越低。结合熵原理、耗散结构理论,我们不妨借助系统总熵值来评价甩挂运输系统宏观层次的综合绩效。

熵理论、耗散结构理论揭示的是复杂系统内在的运行规律,而关注甩挂运输行业系统有利于企业创造长期价值,避免短期行为效应。所以,利用熵值对整个甩挂运输系统管理进行绩效评价能有效克服传统绩效评价方法的缺陷,通过熵变判断甩挂运输系统是否形成耗散结构,预测有关企业未来绩效变化的趋势,可使宏观层次的绩效评价兼具诊断和预警功能。

第九章　道路甩挂运输应急救援

在对劳动工具的操作方面,道路甩挂运输所用载运工具较一般的道路运输载运工具要复杂一些,道路甩挂运输生产过程中的安全管理和发生交通事故或者突发事件时的应急救援就显得更重要。本章基于对交通事故发生原因和国内外交通事故救援现状的认识,合理定位道路甩挂运输应急救援,并对道路甩挂运输应急救援的组织管理、应急救援预案及决策支持系统展开分析。

第一节　交通运输安全生产基本原理

交通运输作为与人民群众生命财产息息相关的服务行业,安全始终是其永恒主题和最大效益,抓好安全生产工作是交通运输行业各级领导干部管理能力和水平的重要体现。国务院《关于进一步加强安全生产工作的决定》指出:"做好安全生产工作是全面建设小康社会、统筹经济社会全面发展的重要内容;是实施可持续发展战略的组成部分;是政府履行社会管理和市场监管职能的基本任务;是企业生存发展的基本要求。"实践的需要是促使理论研究活跃的主要因素。我国现阶段的交通安全状况不容乐观,在这样的发展背景下,交通运输管理实践的核心任务就是最大限度地防止交通事故的发生,所以,交通事故的发生原因分析以及在此基础上的预防措施探讨,成为理论研究的热点之一。

一、基于事故模式理论的交通事故分析

在研究领域,不少学者在试图揭示包括交通事故在内的各种事故的发生原因。在此,我们依然试图解释交通事故的发生原因,拟采用的理论是事故模式理论。事故模式理论曾被称作"工业安全公理"而作为世界上安全人员从事安全工作的理论基础。在事故原因的统计分析中,世界上普遍使用事故模式理论模型,该模型着重于事故的直接原因——人的不安全行为和物的不安全状态以及其背后的深层原因——管理失误。我国国家标准 GB 6441—86《企业职工伤亡事故分类》是基于这种理论制定的,我国关于各种交通事故的统计分类也体现了这一理论观点。

事故模式理论是人们对事故原因所作的逻辑抽象或数学抽象,是描述事故成因、经过和后果的理论,是从本质上阐明事故的因果关系,说明事故的发生、发展过程和后果的理论。目前,有代表性的事故模式理论包括事故因果类型理论、多米诺骨牌理论和轨迹交叉论等十几种。结合既有的研究成果和实践需求,以下采用轨迹交叉论来探讨交通运输事故的发生模式。

轨迹交叉论的基本思想是:事故是许多相互关联的事件顺序发展的结果。这些事件概括起来就是人(如驾驶员、行人等)和物(如车辆、道路设施等)两个发展系列。当人的不安全行为和物的不安全状态在各自发展过程(轨迹)中,在一定时间、空间发生了接触(交叉),能量逆

流于人体时，事故就会发生。而人的不安全行为和物的不安全状态之所以产生和发展，又是多种因素相互作用的结果。交通运输事故发生原因模型如图9-1所示。

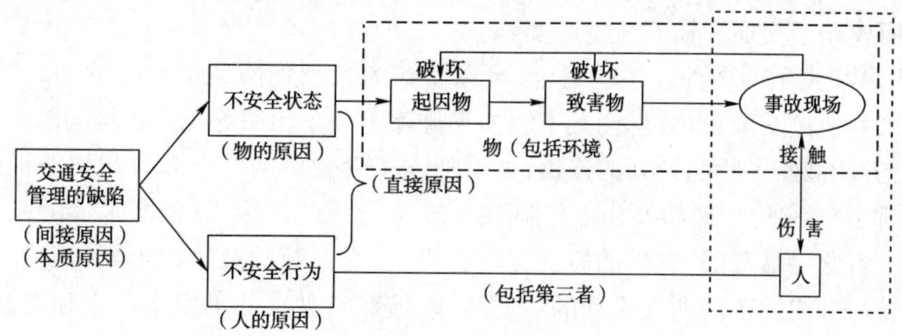

图9-1　基于轨迹交叉论的交通事故原因模型

基于轨迹交叉论的交通事故原因模型可以合理地描述交通事故的产生与发展状况。无论是在理论层面还是在实践中，只有少量事故与人的不安全行为或物的不安全状态无关，而绝大多数事故是与二者同时相关的。日本劳动省调查分析的50万起事故中，如果从人的系列分析，只有约4%的事故与人的不安全行为无关（即不是由人的不安全行为引起的）；如果从物的系列分析，只有约9%的事故与物的不安全状态无关。另一方面，人和物两大系列并不是完全独立运动的，人的不安全行为和物的不安全状态往往是互为因果互相作用的。人的不安全行为会造成物的不安全状态，而物的不安全状态又会导致人的不安全行为（如没有防护围栏和危险警告信号，驾驶员误入危险区域）。但在二者之间人是处于支配地位的，即使事故完全来自汽车或船舶的危害，但如更深入追查，汽车等载运工具还是由人设计、制造和维护的。实际上，人的因素确实占据了很大的比例：根据中国交通年鉴发布的统计数据，在2002年中国各省、自治区、直辖市道路交通事故主要原因统计结果中，由于人的不安全行为（机动车驾驶人违章、非机动车驾驶人违章、行人乘车人违章）引发的事故占事故总次数的92.97%；在2003年中国各省、自治区、直辖市道路交通事故主要原因统计结果中，由于人的不安全行为（机动车驾驶人违章、非机动车驾驶人违章、行人及乘车人违章）引发的事故占事故总次数的91.88%。

物的不安全状态和人的不安全行为是造成事故的表面的直接的原因。在物（交通工具）的不安全状态和人（驾驶员）的不安全行为以及它们的背景原因后面还有最深层次的管理方面的原因。管理缺陷（管理不科学和领导失误）是造成事故的间接原因也是本质的原因。由此可见，预防交通事故的发生，重要着眼点是交通运输安全管理水平的提升。

根据上述基于轨迹交叉论的交通事故原因模型，可在理论层面上发现有关交通运输行业安全生产的以下规律：

(1)交通事故的发生是偶然的、随机的现象，然而又有其必然的统计规律性。交通事故的发生是许多事件互为因果、逐步组合的结果。由于产生事故的原因是多层次的，所以不能把事故原因简单地归咎为“交通违章”等。必须透过现象看本质，从表面的原因追踪到各个深层次，直到本质的原因。只有这样，才能彻底认识交通事故发生的原因，真正找到防止事故的有效对策。基于轨迹交叉论的交通事故原因模型可以揭示出导致事故发生的多种因素,以及它们之间的相互联系和彼此的影响。所以,上述基于轨迹交叉论的交通事故原因模型可以作为实践的指导而应用于交通运输安全生产实践。

(2)导致事故发生的多种因素的组合,可以归结为人和物两大系列的运动。驾驶员和交通工具两大系列轨迹交叉,事故就会发生。如果排除了汽车船舶等交通工具的隐患,消除了物的不安全状态,就截断了物的系列的连锁;如果加强了驾驶员的安全教育和技能训练,进行科学的作业管理,从生理、心理和操作上控制住不安全行为的产生,就截断了人的系列的连锁。只要二者或二者之一被截断,它们的轨迹就不会交叉,交通事故就可以得到避免。所以,应该分别研究驾驶员和交通工具两大系列的运动特性,追踪驾驶员的不安全行为和交通工具的不安全状态,研究两方面都受到哪些因素的作用,以及它们之间的互相匹配方面的问题。

(3)人、物、环境(环境也可包含在物中)都是受管理因素支配的。驾驶人员的不安全行为和交通工具的不安全状态是造成交通事故的直接原因,管理不科学和领导失误才是本质原因。对人和物的控制、对环境的改善,归根结底都有赖于管理;关于人和物的事故防止措施归根结底都是管理方面的措施。所以,必须极大地关注管理的改进,大力推进交通运输安全管理的科学化。

二、加强交通运输安全生产管理工作的一些措施

根据以上分析,导致交通事故的主要因素是管理(广义上的),所以,在采取对策预防交通事故发生、提高交通安全生产水平时应从管理上下工夫。在此仅提出如下三方面加强交通运输安全生产管理工作的措施。

1.加强行政管理,限制人的不安全行为

不断推进"安全生产操作规范化、安全监督管理行业化"。

对于"安全生产操作规范化",一方面,各生产经营单位根据单位和岗位特点制定安全生产操作规范;另一方面,在行政管理层面也要加强规章制度的建设与完善。比如:山东省交通主管部门认真贯彻落实《山东省高速公路条例》、《山东省水路交通管理条例》,依法强化安全管理;以省政府令出台了《山东省超员和超限运输车辆管理办法》;制定了《道路危险货物运输企业安全工作规范》、《山东省浮桥安全检查暂行规定》;与省公安厅联合制发了《关于加强高速公路安全管理的通告》、《高速公路特殊路况交通控制操作规范》等规范性文件。这些规范、规章是从人的因素避免轨迹交叉的有效约束,作业人员在规范的框架下开展各种工作就能尽可能地避免与物的不安全状态的交叉。

对于"安全监督管理行业化",主要是本着"管行业必须管安全"、"管生产必须管安全"的原则,由主管某一行业的专业管理部门代表同级交通主管部门对该行业的安全生产实施监督管理。同时,积极改进安全检查的方式方法,实行明察与暗访相结合、以暗访为主,行政领导检查与专家检查相结合、以专家检查为主,增强检查的权威性。按照"谁检查谁负责、谁签字谁负责、谁审批谁负责、谁发证谁负责"的要求,切实履行行业安全监管职能。

事实证明,实施规范化的行政管理对于山东省交通运输安全管理实践产生了良好的效果。

2. 加强行业管理,限制人的不安全行为

道路运输管理重点是搞好“三把关一监督”:即严把经营者市场准入关,严格运输企业经营资质认定审查;严把车辆技术状况关,督促经营者加强运输车辆的定期维护和综合性能检测;严把营运驾驶员从业资格关,凡从事营业性运输的驾驶员,必须经过交通部门的岗位培训,培训合格取得从业资格证后方可上岗;加强汽车客运场站的现场监督管理,督促客运站管理者完善安全生产制度。

2004 年,山东省交通部门汲取省内外发生的特大道路行车事故的教训,重点加强了客运长途班车、旅游包车、夜班车和个体挂靠、融资、租赁车辆的安全管理,规定单程在 400 公里以上(高速公路 600 公里以上)的客运车辆,配备两名以上的驾驶员;每名驾驶员连续驾车时间不得超过 3 小时,24 小时内累计驾驶时间不得超过 8 小时;省内客运班车、包车和旅游客车,严禁 22:00 时至次日 5:00 时期间始发,并在 24:00 时前结束载客运行任务;省际超长客运班车、包车和旅游客车,行驶时间超过 22:00 时的,必须由车属单位落实固定或临时的途中休息点,强制驾驶员每间隔 3 小时休息一次,每次休息时间不少于 20 分钟。水上安全管理方面,重点抓了“两湾”(渤海湾、胶州湾)、两湖(南四湖、东平湖)和“四客一危”船舶的安全管理,针对渤海湾每逢冬季风大浪高涌恶的特点,特别规定客滚船冬季逢 7 级及以上大风不开航。

3. 日常管理与集中整治相结合

在抓好经常性管理和检查的同时,组织开展道路、水路运输市场秩序清理整顿,开展化学危险货物运输和水上运输安全专项整治等活动。在搞好集中整治的同时,切实抓好重要时段、重要领域、重要环节的安全管理。在春节、“五一”、“十一”、全国及省“两会”等重点时期,突出抓超员、超限、危险品运输、水上运输、消防等重点领域和部位的安全管理,确保重点领域、重点环节的运输安全生产。

2004 年以来,山东省交通部门加大了治理“黑车”、“黑户”力度,对县域范围内的“三无”车辆、无合法经营手续的车辆及运输业户等进行了重点打击,共查处“黑车”4.1 万辆,清理维修和货运配载“黑户”5634 户;在道路化学危险货物运输专项整治活动中,共审验危险货物运输企业 4339 户,车辆 10934 辆,3914 户企业被取消经营资格,2051 辆车被清理出危险货物运输市场。在水上运输安全专项整治中,共整顿港航企业 357 家、船舶 2934 艘,停航整改船舶 132 艘,取缔“三无”船舶 31 艘,强制报废老旧船舶 102 艘,更新木质旅游船 20 余艘;加大了对内河湖泊、航线和船舶整治力度,取缔微山湖存有安全隐患的 3 条自然渡运航线,淘汰全部(83 艘)水泥客渡船。

第二节　道路甩挂运输应急救援概述

随着我国国民经济的迅速发展,公路交通状况的改善,特别是高速公路里程的迅速增长,汽车专业化、高速化、重型化的要求越来越迫切,专用汽车的需求也在逐年增加。重型载货汽车由于具有运输效率高、运输成本低的特点,逐渐成为公路运输的发展趋势。

重型载货汽车技术使车辆更加经济性,是促进重型载货汽车市场迅速发展的主要因素。

一般来讲,重型载货汽车比中型载货汽车运输效率要提高 2 ~4 倍,运输成本低 80% ~85%,而半挂车与单车相比,运输效率又可提高 30% ~50%,运输成本下降 30% ~40%,油耗降低 20% ~30%。有关统计数据表明,美国全国公路货运周转量的 60% 以上是由汽车列车承担的;在欧洲,汽车列车的运输所占的公路运输周转量更大,汽车列车已成为运输合理化的一种主要方法。我国对汽车列车的需求量也在逐年增加,汽车工业“十五”规划指出,载货汽车产品结构的调整方向是重型车和专用车(半挂汽车列车)的比重增加。可以预见,为了提高长途运输的营运经济性,我国公路货运专用汽车将不断向重型化或列车化方向发展。

汽车列车是由驱动动力装置的牵引汽车和本身无驱动动力装置的挂车组合而成。目前我国采取“一车一挂”的政策,半挂汽车列车具有运输效率高、成本低、装载质量大、转弯灵活、能完成一些特殊的运输作业等特点,是“区段运输”、“甩挂运输”、“滚装运输”的理想车型。相对于别的车型,半挂汽车列车易发生侧翻事故,且事故伤害比较大,造成的损失也很大。近几年,汽车列车运输方式的安全问题已经引起政府、运输业者、研究人员的密切关注。据统计,由于汽车列车稳定性引发的交通安全问题约占 30% ~40%。汽车列车在行驶中的失稳现象主要有:车辆高速行驶时挂车的“蛇形”行驶现象;车辆转弯时的“倾覆”现象;车辆制动时的“折叠”现象以及挂车的“甩尾”。

英国交通研究实验室(TRL)通过对 1994 年至 1996 年的交通事故数据分析发现:有 7% 的交通事故与重型汽车列车有关;在美国,对于半挂汽车列车,仅有 4.4% 的事故是侧翻事故,但是造成汽车列车驾驶员致命的事故却有 58% 是由侧翻事故引起的[126]。

一、国内外交通事故救援现状

经济发达国家在交通事故紧急救援方面有许多先进经验和成功做法,在道路交通事故紧急救援法规建设、机构设置、救援队伍、急救方案及决策和支持保障体系等方面,形成了比较完善的紧急救援体系,为减少交通事故人员伤亡和财产损失发挥了重要作用。美国在全国范围内建立了完善的“紧急救援医疗服务系统(Emergency Medical Service System,缩写为 EMS)”,虽然该系统用于对交通事故中的受伤者提供紧急医疗救援,但更侧重医疗资源的配置和紧急预案的制定。德国则在现有的医疗资源和应急手段的基础上,单独形成了一套专门的交通事故快速反应与紧急救援机制。

2002 年 1 月,我国公安部、卫生部联合下发了《关于建立交通事故快速抢救机制的通知》,明确要求各地建立交通事故快速抢救机制,实现“110”、“120”和“122”急救信息联动和反馈制度,切实提高交通事故现场急救能力。部分省、自治区、直辖市也设立了道路交通救援委员会,并且在县市一级成立相应的委员会,指导交通事故紧急救援工作。2009 年 5 月,交通运输部在总结 2008 年抗击低温雨雪冰冻灾害和汶川特大地震抗震救灾经验基础上,修订并发布了《公路交通突发事件应急预案》(交公路发[2009]226 号),该预案是交通运输部应对特别重大公路交通突发事件的规范性文件,也是全国公路交通突发事件应急预案体系的总纲及总体预案。

这些形式的交通应急救援对控制我国交通损害有一定的积极意义,但从总体来说,我国交通应急救援工作还只是处于起步发展阶段,救援工作还存在很多问题。

(1)救援力量分散,救援职能交叉。道路交通事故紧急救援工作涉及诸多的业务部门,如:交通警察部门、医务部门、消防部门、特殊物品处置部门等,这些救援力量往往缺乏协调和统一的工作机制,造成资源的分散。在临时组织救援力量时,存在责任不明、机制不顺等问题,影响了救援力量作为统一整体作用的发挥。

(2)重伤员抢救,轻交通管制。我国道路交通事故的救援工作,大多数只注重伤员的医护救援工作,而轻视交通基础设施的维护、现场交通秩序的疏导和事故前方路段的交通诱导等工作,加剧甚至产生由交通事故造成的交通拥堵问题,有时还导致二次事故的发生。

(3)反应迟缓,装备落后。在我国交通事故救援工作中,由于救援信息网络化建设的落后和部分参与救援的人员对事故现场的不熟悉,导致救援车辆不能及时出发和选择最佳的救援路径,延误了事故的救援时间,以致救援效率不高。另外,由于救援力量的分散和救援经费的缺乏,我国道路交通事故紧急救援装备落后、数量上不足,尤其是在广大的农村地区,相当一部分的乡镇卫生院没有救护车,部分县级医院的救护车也已超期服役。一旦发生重大交通事故,这些地区只好从其他地方调集救援设备(如车辆破拆装备),严重延误了宝贵的救援时间。

(4)救援预案分级部分不切实际。目前,我国各大中城市的交警机构均对一般交通事故和重特大交通事故编制了相应的紧急救援预案,预案中对交通事故救援指挥机构、救援人员分工均作了明确要求。事故救援预案按死亡人数和财产损失作为预案的启动条件,有些不切实际。因为死亡人数和财产损失的统计是在紧急救援后或是在救援过程中完成的,而在交通事故发生后,是无法预知人员伤亡情况和财产损失的,尤其是我国道路交通事故死亡者中大约60%是死于送往医院途中,或是在医院抢救过程中死亡。

二、道路甩挂运输应急救援的定位

应急救援是保证交通运输安全的一项基础工作。应急救援过程中表现出的组织指挥能力及人员技能的高低等,直接关系到交通运输系统的畅通、突发事件所造成的影响程度以及损失大小。只有明确并熟练掌握应急救援工作的规定要求,正确运用各种救援手段,严格落实有关规章制度,才能达到应急救援工作的基本目的。值得注意的是,为应急救援提供辅助决策,可以提高各级领导及救援队伍对突发事件现场的快速反应和判断能力,杜绝因救援不当造成损失扩大或导致事件升级。

应急救援在交通运输安全生产中居于重要位置,应急救援部门是交通运输联动机制必不可少的环节,但目前仍存在许多问题:首先是由于交通运输体系的庞大、不同交通运输方式的技术特征有很大差异,应急救援的成熟程度有很大差异。铁路事故救援技术与方法要相对成熟一些,而道路甩挂运输应急救援则基本处于空白状态(虽然有一些相关的应急救援技术,但专业化的应急救援技术极少)。其次,突发事件发生后,信息传递往往不够详细;救援组织响应慢,出动迟缓;应急救援往往依靠以往的经验,由相关领导和救援人员在现场匆忙决定救援方法,缺少规范有效的救援程序和方法。

道路甩挂运输应急救援并不是常态的,但它对于道路甩挂运输的正常运行、减少商务事故数量和损失、维护道路甩挂运输组织主体的效益、降低社会影响等具有重要的意义。

我们认为,道路甩挂运输应急救援针对的状态包括:突发事件、交通事故。

直观地看,突发事件可被理解为突然发生的事情:一方面,事件发生、发展的速度很快,出乎意料;另一方面,事件难以应对,必须采取非常规方法来处理。根据我国2007年11月1日起施行的《中华人民共和国突发事件应对法》的规定,突发事件是指突然发生,造成或者可能造成严重社会危害,需要采取应急处置措施予以应对的自然灾害、事故灾难、公共卫生事件和社会安全事件。按照社会危害程度、影响范围等因素,自然灾害、事故灾难、公共卫生事件分为特别重大、重大、较大和一般四级。

我国公安部将交通事故按事故形态分为:侧面相撞、正面相撞、尾随相撞、对向刮擦、同向刮擦、撞固定物、翻车、碾压、坠车、失火和其他等11种。按事故原因分为机动车、机动车驾驶员、非机动车驾驶员、行人与乘车人、道路和其他六大类。按事故严重程度分为特大、重大、一般和轻微4类。同时,根据我国《特别重大事故调查程序暂行规定》,1次死亡30人及其以上或直接经济损失在500万元及其以上的道路交通事故为特别重大事故。

虽然突发事件和交通事故这两种状态可能有交叉,但这样的分类仍有利于道路甩挂运输应急救援工作的开展。

无论是突发事件还是交通事故,对道路甩挂运输可能造成的影响不外乎两类地点:交通运输线路上的移动过程、交通运输场站上的作业过程。由于交通运输线路的分布广泛,且甩挂运输车辆往往处于运动状态,针对其进行应急救援时往往要克服一定的空间距离、消耗大量的时间;交通运输场站上的应急救援相对而言占用的时间、空间成本要小一些,但这种应急救援对交通运输场站的正常运转往往会造成明显的影响。

三、道路甩挂运输应急救援系统的构建

1.道路甩挂运输应急救援系统的构建条件

按照资源的产权归属,道路甩挂运输应急救援的可用资源可分为两大类:内部资源(即道路甩挂运输企业自身拥有的各种软硬件资源)和社会资源(即道路甩挂运输企业外的主体所拥有的各种软硬件资源)。

(1)内部资源。内部资源一般可包括救援车辆、救援队伍以及道路运输企业内相关的业务部门。对于道路甩挂运输经营主体而言,救援车辆可以是常备的,也不一定是常备的,在不常备的状态下应合理调度车辆运行方案,以便能够保证一定水平的快速响应能力;救援队伍应当具备较为丰富的工作经验,且往往需要借助外力;一旦启动应急救援程序,道路甩挂运输经营主体可能会抽调相关的业务部门工作人员,应对各个方面(如市场营销部门应尽快通知客户,车辆运营部门应尽快启动替换性的运输车辆调度方案等)。

(2)社会资源。由于突发事件或交通事故发生地点和应急救援时间的限制,道路甩挂运输经营主体必然需要社会资源来配合进行应急救援工作的开展,包括突发事件或交通事故发生地点附近的消防部门的配合,发生地点附近的厂矿企业相关起重设备的借用,有时需要现场附近的医院对伤员进行及时救治,甚至需要附近军队对救援工作的支援等。

2.道路甩挂运输应急救援的组织

道路甩挂运输应急救援调度系统与应急救援领导小组可以看作是应急救援的中央指挥控制中心。在进行线路上的应急救援时,相关部门应在现场即时成立应急救援领导小组,交通部

门管理人员和道路甩挂运输经营主体应监控现场信息,与交通调度系统密切配合,指挥协调现场的事故救援。道路甩挂运输经营主体在及时配合现场应急救援的同时,应科学合理地配置运输资源,尽可能地将经济损失和社会影响最小化(图9-2)。

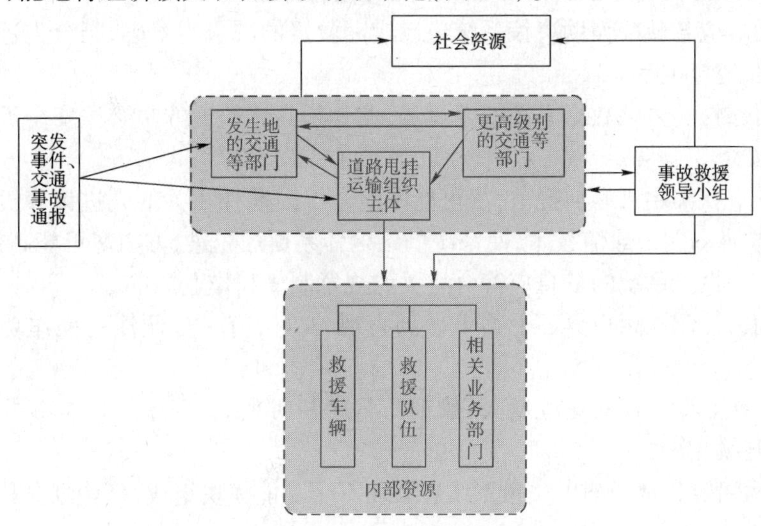

图9-2 道路甩挂运输应急救援组织结构示意图

根据我国国情,对于交通事故救援,应由当地人民政府协调公安机关及保险公司,组织医院和急救中心,建立具有快速反应能力的交通事故紧急救援系统。交通事故紧急救援系统的正常运行需要快捷的通信网络作保障。公安交通管理部门接到报案后,根据事故情况与医疗急救、消防、环卫、养路等部门联系,并赴现场进行事故救护、勘察及现场活动的指挥,使各项工作有条不紊地进行。

道路交通事故救援设备,主要包括交通巡逻车以及破拆救援设备。交通巡逻车主要负责巡视交通状况和事故报警,并及时处理一些轻度事故。车上人员应进行必要的急救培训,熟悉基本的救援常识;车上应备有基本的救援器械、药品、通信器材等。

3. 道路甩挂运输应急救援辅助决策系统

根据交通运输安全管理相关理论、交通事故救援有关规则以及救援经验,我们可以建立道路甩挂运输应急救援辅助决策系统,该系统旨在为指挥道路甩挂运输应急救援工作的领导及现场的救援人员提供科学的操作依据和救援方法,以便及时准确地制定出行之有效的救援方法,降低由于临时讨论救援方法等环节造成的时间延误,从而减少事故损失,提高救援效率。

道路甩挂运输应急救援辅助决策系统主要针对交通事故、突发事件,其设计目标包括:

(1)通过对数据、信息、知识、模型等的获取、提炼、抽取、处理加工,生成特定条件下的应急救援决策方案,以便快速提供有效的决策参考;

(2)对现场进行实时或准实时监控,根据当时状况动态制定应急反应决策需求方案;

(3)根据需求方案以及相关主体或部门的具体情况,确定决策预案,进行全面部署,制定完善、合理、准确的救援方案;

(4)对制定的救援方案进行记录存档;

(5)通过不断的决策实践,不断学习,优化决策过程和方案。

设计道路甩挂运输应急救援辅助决策系统时应遵循以下六个基本原则:

(1)实用性。应急救援辅助决策系统应以实际救援的需求为基础,结合先进、合理的管理模式,功能全面,切合实际。

(2)安全可靠性。系统数据必须安全可靠,尤其是具体救援方法必须安全可行,且还要注意整个系统的安全。

(3)先进性。在实用可靠前提下,尽可能不断学习国内外相关的先进计算机软硬件技术、地理信息系统技术和网络通信技术,使系统的结构体系更加先进、方案尽可能高效。

(4)标准统一性。系统的信息应符合有关的规章制度和作业标准。

(5)操作简易性。在用户界面上力求做到直观、友好,有十分便捷的操作功能,完善的帮助信息。

(6)可维护性。要求模块化程度高,数据与程序相对独立,程序与控制参数相对独立,系统便于维护和升级。

道路甩挂运输应急救援辅助决策系统主要由6个功能模块组成,模块划分如图9-3所示。

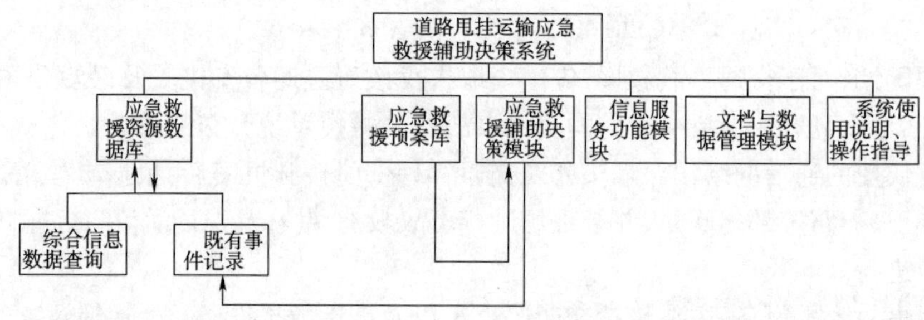

图9-3　道路甩挂运输应急救援辅助决策系统模块划分

(1)应急救援资源数据库模块。该模块为应急救援提供全面的数据服务,将道路甩挂运输主体的内部救援资源、社会资源分别建成数据库,通过综合地理信息系统进行可视化查询,对救援资源进行统计,对数据进行日常更新维护等。另外,通过该系统辅助决策救援的事件将存有详细的记录,这些记录形成既有事件记录数据库,事件记录由应急救援辅助决策模块进行更新。

(2)应急救援预案库模块。该模块主要为应急救援辅助决策功能模块提供数据服务。在收集分析大量资料的基础上,归纳总结丰富的现场救援经验,并结合有关的作业规则,形成事故救援预案库。

(3)应急救援辅助决策功能模块。该模块根据现场报告的信息,通过综合地理信息系统的查询,了解现场概况及可以调用的救援资源;从救援预案库中调出相符的救援预案,按照预案来确定需通知的有关救援部门并按优先级排列;通过通信系统实现救援人员的整体通知。

(4)信息服务功能模块。实现救援管理人员对事件记录数据库的操作使用功能。长期积累的应急救援记录是十分重要的数据资源,从中可以加工成各种形式的文档,为应急救援人员的学习演练、管理者和研究者研究救援方法提供宝贵的资料。

(5)文档与数据管理功能模块。负责对事件基本信息和整个救援过程信息的归纳整理,编写生成应急救援工作报告,详细记录现场的勘察情况和救援的实施方式等。

(6)系统使用说明、操作指导功能模块。该模块为系统的操作使用提供详细的说明。

第三节 道路甩挂运输应急救援预案及其辅助决策

一、应急救援预案的一般特征

参考铁路、公路以及市政工程等部门制定的应急救援预案,不难发现应急救援预案一般具有以下特点:

(1)应急救援预案的内容繁多,一般包括救援预案制定的目标、原则、负责单位、救援机构、人员设备的配备、联系方式以及救援方案(包含各种特定的救援方法、设备、人员……)等内容,主要采用文字说明。应急救援预案制定的迫切性与救援预案内容的繁多要求针对应急救援的决策过程应有较高的运转效率,而预案内容的文字化表述为决策的程序化造成一定的障碍。

(2)应急救援预案具有多层嵌套特点,一个整体性的应急救援预案往往包含了对若干子部分的处理方案,这些方案可能又是由更小、更具体的方案组成。

(3)一些基本处理方案可以重复使用。大多数基本的处理方案会在某一大类应急救援预案中重复出现,有的基本类似,有的可能完全一样,有的只是数量上的差别。

(4)应急救援预案包含各种数据类型,如数字化的定量描述,非数字的定性描述,以及其他表示形式。从目前的情况看,非数字的定性描述是构成应急救援预案的主要部分,虽然这种信息表示形式对于计算机系统而言不是最好的方式,但其符合人员使用语言文字的习惯。

(5)应急救援预案并不等同于单个的具体的救援方案。应急救援预案一般不会反映出某次事故的所有特点,因为应急救援预案是根据一定的经验知识预先制订的方案,并不是针对实际发生的某次事故而做的具体情况的总汇。应急救援预案是在实际应用中被不断修正,从而达到进一步完善的。

二、道路甩挂运输应急救援预案

道路甩挂运输应急救援预案是针对道路甩挂运输作业过程中各种可能发生的事件、事故所需的应急救援行动而制定的指导性文件。制定应急救援预案的目的是:在发生事故或突发事件时,各种救援资源能以最快的速度发挥最大的效能,有序地实施救援,达到尽快控制事态发展,降低事故造成的危害,减少经济损失和社会影响。应急救援预案要求具有科学性、实用性和权威性。

道路甩挂运输应急救援预案是道路运输应急救援系统的重要组成部分。针对各种不同的紧急情况制定有效的应急救援预案,不仅可以指导救援人员的日常培训和演习,保证各种救援资源处于良好的备战状态;而且可以指导救援行动按计划有序进行,防止因行动组织不力或现场救援工作的混乱而延误应急救援进程,从而降低人员伤亡和财产损失。道路甩挂运输应急救援预案对于在现场开展救援工作具有重要的指导意义,它有助于实现救援行动的快速、有序、高效。

制定道路甩挂运输应急救援预案的目的包括:普及规范道路甩挂运输应急救援基本知识;为道路运输应急救援提供辅助决策;提高交通部门、相关企业各级领导干部及救援队伍对现场的快速反应和判断能力;提高应急救援的能力,杜绝因救援不当,造成事件扩大损失或导致事件升级。

迄今为止,道路甩挂运输在我国处于探索性的实践阶段,我国道路运输系统尚未形成一种系统的、全面的道路甩挂运输应急救援预案编制模式,既有的一些道路运输事故救援方案或方法散布在交通部门的有关规章、操作规范和现场实践过程的总结性文件资料中。我们尝试提出的道路甩挂运输应急救援预案包括应急救援预案主体和附件两部分。

应急救援预案主体至少应明确以下内容:突发事件或道路运输事故的类型划分,发生突发事件或道路运输事故后的通报程序,出动救援队伍、动用各种救援资源的基本条件,应急救援的准备工作(如事件或事故发生现场的分流措施、查清待救援车辆及货物的基本状况,救援队伍的整装待发等),确定各种救援资源赶赴事件或事故发生现场的行进路线,选择应急救援方法,待救援车辆及货物的处置办法,应急救援现场的组织与指挥,相关部门和人员的职责划分,应急救援机具的调度和使用办法等。

应急救援预案附件可包括对预案主体的详细解释性文件,以及一些既有的、成熟的行业操作规范等。

三、基于 CBR 的道路甩挂运输应急救援预案辅助决策原理

根据学术界的研究与业内的实践状况,各种辅助决策系统的建立过程大多使用了知识库(KB)、专家系统和知识推理等技术。知识库和基于规则的推理机制(Rule-Based Reasoning)并不适合道路甩挂运输应急救援预案库的建立和应用,这是因为:

(1)基于规则推理的辅助决策系统一般不具备学习功能,不能有效及时地利用付出巨大代价而获得事故发生及其救援的经验与教训;

(2)应急救援预案具有一定程度上的不确定性,在使用基于规则推理的辅助决策系统时如果遇到未曾预计的情况,系统不得不进行重构;

(3)基于规则推理的辅助决策系统效率低,对于重复发生的问题不能快速反应;

(4)由于应急救援预案体系庞大、涉及面广、内容复杂,很难建立一套完整的规则体系,应急救援缺乏理论模型的指导。

1. 案例推理(CBR)

案例推理(Case-Based Reasoning,简称 CBR)是从人工智能领域中分离出来的一种理论与研究方法[127][128]。从推理方法角度看,CBR 是从一个案例(旧案例)到另一个案例(新问题)的类比推理;从认识过程角度看,CBR 是基于记忆、利用过去的经验来指导问题的一种方法。CBR 方法适合为复杂的、动态性的问题提供解决方案,在缺乏理论模型的领域和知识不完备

的领域中使用时会更有效果。

人们为了解决一个新问题，先是进行回忆，从记忆中找到一个与新问题相似的案例，然后把该案例中的有关信息和知识复用到新问题的求解之中。以医生看病为例，在他对某个病人做了各种检查之后，会想到以前看过的病人情况，找出在几个重要症状上相似的病人，参考那些病人的诊断和治疗方案，用于眼前的这个病人。在基于案例推理中，把当前所面临的问题或情况称为目标案例，而把记忆的问题或情况称为源案例。基于案例推理就是由目标案例的提示而获得记忆中的源案例，并由源案例来指导目标案例来求解的一种策略。

一般而言，CBR 技术有如下优势：知识表示是以案例为基础的，案例的获取比规则获取要容易，大大简化了知识获取；对过去的求解结果进行复用，而不是再次从头推导，可以提高对新问题的求解效率；根据过去求解成功或失败的经历，可以知道当前求解时该怎样走向成功或避开失败，这样可以改善求解的质量；对于那些目前没有或根本不存在可以通过计算推导来解决的问题，基于案例推理能很好发挥作用。

2. CBR 的一般过程

一般地，案例学习是在可控的环境中对现实问题的非完整性的模拟。CBR 的一般过程包括：案例表示、案例检索、自适应调整相似案例解、校验建议解、案例学习等过程。在 CBR 应用中使用最广泛的 4R 推理过程模式如图 9-4 所示，4R 推理模式对应于以下过程：

(1)检索：从案例库中检索与问题描述相似的案例以便为新案例提供参考；

(2)重用：重用相似案例所给出的解并将新的解保存到案例库。随着案例数量的增加，新案例的解变得越来越准确；

(3)修订：如有需要，修订所得解使其更好地符合新的案例问题；

(4)保留：一旦新解被验证有效时，可考虑将其保留到案例库中以备以后使用。

可见，CBR 推理过程也即“回想 + 修改 + 学习”的过程。从以前的案例中检索与当前问题最相关的案例，修改其解后用来解决新问题，并将这个新经验存储到案例库中，用于解决以后的新问题。

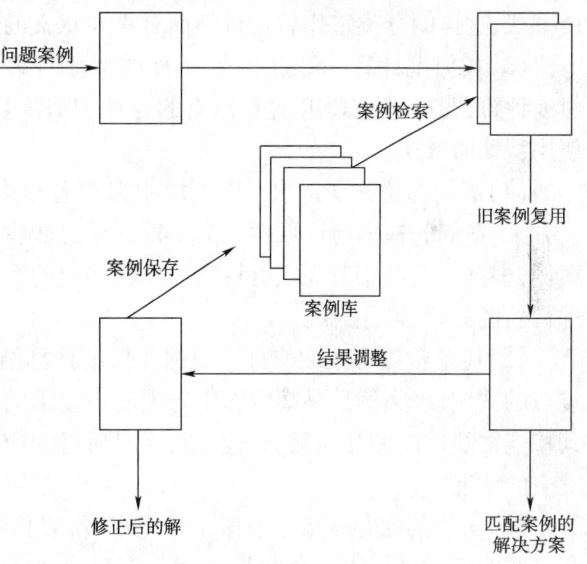

图 9-4 常用的 4R 案例推理模式示意图

预案和案例既有相似点，又存在着不同。其相似点在于：它们都有问题和解问题的结构；它们的使用方式也十分类似，都是通过描述问题来寻找已知的“旧”解，并用这个“旧”解来解决新问题。其不同点在于：预案并不等同于案例，而更像是案例的模板，每一个实际发生的事件才是真正的案例。

3. 基于 CBR 的道路甩挂运输应急救援预案决策支持系统的工作流程

根据上述关于 CBR 技术基本操作过程的简述，在此提出以下基于 CBR 技术的道路甩挂运输应急救援预案决策支持系统的推理过程(如图9-5所示)。

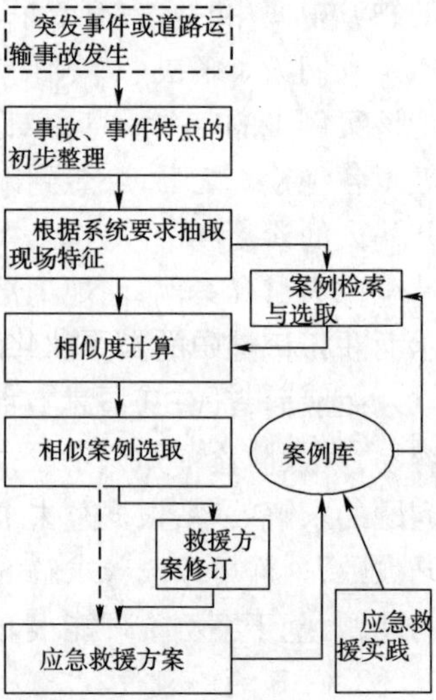

(1)初步整理现场的主要特点。由于道路运输事故的多样性,描述现场状态的材料往往包含各种各样的不同的信息,而有些信息是极为重要的,甚至对应急救援预案的制定有决定性的影响,如“甩挂运输的挂车是普通厢式车”和“甩挂运输的挂车是油罐车”这两条不同的信息对于应急救援预案的制定具有决定性的影响。所以,初步现场的主要特点就是筛选信息,目的是加快应急救援预案的制定速度和应急救援资源的反应速度。

(2)输入新的待解决的突发事件或道路运输事故。由于发生的突然性与应急救援的紧急性,很难对现场做出完全定量化的描述,实际中对于现场的描述大多是定性的语言描述。鉴于这种情况,我们可采用分类的思想、对多种多样的现场进行特征描述,以适应所建决策支持系统的运作。

突发事件或道路运输事故是多种多样的,分类的标准也不一,但是,只要选取了几种合适的分类标准,能够将多样的突发事件或道路运输事故层层区分,直到最后一层的各个分类具有个性化特征,适应于不同的应急救援方式,这样的分类工作就是科学而有重要意义的。

突发事件或道路运输事故发生
事故、事件特点的初步整理
根据系统要求抽取现场特征
案例检索与选取
相似度计算
相似案例选取
案例库
救援方案修订
应急救援方案
应急救援实践

图9-5 应急救援预案辅助决策系统的推理过程

(3)相似度计算。将新事故、事件的特征与案例库中既有案例的特征进行比较。进行相似度评价,既可借鉴CBR理论已有的各种相似度计算方法,也可针对具体行业问题的特殊性使用特殊的方式。

(4)案例的检索与选取。案例库中保存着很多以前发生的各种事件、事故及其成功的救援方案,案例的检索与选取就是为了得到尽可能少而又对应急救援有参考意义的一组相似的案例,根据一定的相似度阈值将认为比较相似的案例及其解决方案提出,有助于借鉴既有经验进行新的应急救援工作。

(5)应急救援方案的修订。根据相似度计算结果,可以找到若干与新发生事故、事件较为类似的案例,该案例只是案例库中与现实中发生的事故、事件类似的,但存在少许差别的案例,其特点往往难以完全匹配。一般地,应对所得的应急救援方法稍做修订以使其更好地符合新发生的状况。

(6)案例的保存。应急救援工作完成后,应总结救援的经验教训再次修订应急救援方案,并将实践证明可行的应急救援方案保存到案例库,以进一步提高该决策支持系统的自适应能力。

第十章　道路甩挂运输组织管理信息化

我国正处于工业化加速发展的重要阶段，党中央、国务院提出大力推进信息化与工业化融合、走中国特色新型工业化道路。信息化是当前我国道路甩挂运输发展的重要前提。本章将明确道路甩挂运输信息管理系统的整体架构和发展动力，分析道路甩挂运输信息管理系统与物流信息系统间的关系。

第一节　信息化概述

一、信息化的产生与内涵

信息社会以及信息化的概念和理论首先在美、日等发达国家产生，因为这些国家科学技术的发展、工业化的程度、高度市场化的条件以及开放的学术氛围都为新思想、新理论的产生创造了条件，同时这些国家经济的长期发展被垄断资本主义固有的矛盾所困扰，也需要资本主义国家的政府、研究机构以及学者去寻找新的解决矛盾和危机的办法和出路。有学者认为日本作为“信息社会”概念的发明者，但在日后的信息化发展中却走在美国的后面，关键是日本经济发展水平还落后于美国，信息的价值还没有被社会感受到，所以学者的超前观念引不起社会的共鸣。而在美国，未来学家以通俗畅销书的方式宣传深邃的思想，却产生了广泛的影响[129]。

信息化从概念的提出到产生广泛影响经历了三个阶段：从20世纪50年代开始，随着科学技术的突飞猛进，美国以及一些发达资本主义国家的产业结构发生了一系列显著的变化，一些学者提出“后工业社会”、“知识生产社会”、“信息经济”等概念，信息化的概念就是这一时期在这些理论思想的影响下首先在日本产生的。20世纪60～70年代，日本对信息化和信息社会的研究在学术界产生广泛影响，也对政府的经济政策产生一定的推动作用。

到20世纪90年代，美国政府率先推出了“信息高速公路”计划，接着又提出“全球信息基础结构构想”，各国政府纷纷响应和效仿。1995年，七国集团召开部长级会议，研究共同面向信息社会的问题；1996年在南非召开的“信息社会与发展大会”部长级会议，讨论了发展中国家进入信息社会的有关问题。信息化逐渐成为全球浪潮，成为世界各国政府、组织以及业界的实际行动。

信息化的内涵包括两个方面。一是利用信息技术改造国民经济各个领域，加快农业的工业化和工业的信息化。信息技术和信息产业不仅是国民经济的一个产业支柱，而且也是一个“发动机”，可以推动其他产业部门的更新换代和现代化。二是利用信息技术提高国民经济活动中信息采集、运输和利用的能力，提高整个国民经济系统运行的生产率和效率，加强国民经济的国际竞争力。信息技术在科学、医学、教育、文化及公共行政管理方面的应用也是不可忽视的,这对国民经济和综合国力的发展都有直接和间接的影响[130]。

二、信息化的主要内容

通俗地讲,信息化包括以下内容:

(1)信息技术的进步与应用。世界范围内信息技术的进步表现为高速化、交叉融合和高渗透性,其发展的趋势是高速大容量、综合集成、网络化和智能化。因此,要把握信息技术发展的趋势和特点,紧跟信息技术发展潮流,找到和发挥已有的优势和潜力,在发展中逐步形成高端技术上的优势。

(2)信息资源的开发和利用。信息资源的开发利用是信息化的核心任务。信息资源的开发与利用程度是衡量一个国家信息化水平的重要标志,要通过信息资源的有效开发和利用,满足社会对信息资源的需求,实现信息资源的高度共享,提高劳动生产率,提高管理决策水平。要通过建立信息资源的开发与利用机制,实现信息资源的优化配置。对信息资源要像对其他的物质资源和能源一样,主要通过市场机制进行合理的配置。当然,政府要在市场配置为主的前提下,积极引导、加强管理。

(3)信息网络的建设与服务。信息网络是信息资源开发利用和信息技术应用的基础,是信息传输、交换和共享的必需手段。只有建设先进的信息网络,才能充分发挥信息化的整体效益。目前,信息网络由电信网、广播电视网、计算机网组成,这三种网络有各自的形成过程、服务对象、发展模式,互相融通、取长补短、逐步实现三网融合是信息化的发展方向。网络建设的目的是服务。从世界范围看,因特网信息服务已经成为牵引信息产业的整体发展的龙头。

(4)信息产业的发展与提升。信息化的发展必须有一个强大的信息产业集群的支撑,信息化的过程同时也是信息产业的发展与提升的过程。

(5)信息人才的培养与使用。信息人才是信息化发展的成功之本,对其他信息化要素有着决定性的影响,是信息化的重要依托和关键。信息化实践需要多门类、多层次、高水平人才的支持,因此人才的培养任务十分艰巨。人才是否能充分发挥作用,关键看使用。

(6)信息化法规、政策、标准的制定与保障。用信息化的法规、政策、标准来调节信息化建设中各个要素之间的关系,是信息化快速、持续、有序、健康发展的根本保障,也是市场经济体制下世界各国通行的做法。因此,信息化法规、政策、标准的制定和规范经济行为本身就是对市场体制的完善。

三、我国信息化发展简述

我国企业信息化起步的时间较早,20 世纪 60 年代我国企业已开始应用计算机。但国家有计划、有组织的大力推动电子信息技术应用,一般认为始于 20 世纪 80 年代初期。中国信息化从萌芽、正式启动到发展大致经历了四个阶段[131]。

1)准备阶段(20 世纪 80 年代初 ~1993 年)

为了振兴我国计算机和集成电路事业,推动电子计算机的广泛应用,1982 年 10 月国务院成立了计算机与大规模集成电路领导小组。1984 年 9 月,国务院发出通知指出,为迎接世界新的技术革命,加速我国四个现代化建设,必须有重点地发展新兴产业。为了加强对电子和信息产业的集中统一领导,国务院决定将计算机与大规模集成电路领导小组改为国务院电子振兴领导小组。1984 年 11 月,经国务院同意,电子振兴小组发布了《我国电子和信息产业发展战略》。进一步明确了把应用放在首位的指导思想,并在"七五"期间安排了 12 项应用系统工程,为以后的信息化建设打下了基础。1986 年 3 月,"863 计划"启动,该计划投资 100 亿元,其中与信息技术相关的投资占了总投资的 2/3。

2)启动阶段(1993 年 3 月 ~1997 年 4 月)

从 1993 年 3 月开始,我国相继启动"金桥"、"金卡"、"金关"等重大的信息化建设工程。1993 年 12 月,成立了国家经济信息化的联席会议,提出"统筹规划、联合建设、统一标准、专通结合"的 16 字方针。在国家经济信息化联席会议的领导下,完成了制定《国家信息化"九五"规划和 2010 年发展纲要》的准备工作,提出《中国国家信息化基础结构(CNII)发展纲要要点》,制定了《中华人民共和国计算机信息网络国际联网管理规定》;与国际上有关信息化机构建立联系,开展了广泛的合作与交流。1993 年底,中国联合通信有限公司经国务院批准成立,标志着我国电信业一家垄断局面的结束和电信改革的开始。到"八五"末,我国计算机社会装机数量由 1990 年的 50 万台增长到 330 万台。1996 年 1 月,国务院决定在"联席会议"工作的基础上成立国务院信息化工作领导小组。

3)展开阶段(1997 年 4 月 ~2000 年 10 月)

1997 年 4 月,经国务院批准,国务院信息化工作领导小组在深圳召开了首次全国信息化工作会议,会议通过了《国家信息化"九五"规划和 2010 年远景目标》,明确了国家信息化的定义和国家信息化体系六要素,提出"统筹规划、国家主导;统一标准、联合建设;互联互通、资源共享"的 24 字指导方针。1998 年 3 月,原国务院信息化工作领导小组办公室整建制并入新组建的信息产业部。1999 年 12 月,成立由吴邦国副总理任组长的国家信息化工作领导小组,并将国家信息化办公室更名为国家信息化推进工作办公室。

4)发展阶段(2000 年 10 月至今)

中国共产党第十五届五中全会通过的《中共中央关于制定国民经济和社会发展第十个五年计划的建议》首次在党的文件中对中国信息化的历史作用和地位给予高度的评价,把推进国民经济和社会信息化放在优先位置,推进信息化成为覆盖现代化建设全局的战略举措,标志着中国信息化大发展时期的到来。2001 年 8 月,中共中央、国务院决定重新组建国家信息化领导小组,国务院信息化工作办公室是国家信息化领导小组的办事机构,具体承担领导小组的日常工作。

在我国,信息化萌芽于工业化发展过程中。在信息化萌生阶段,工业化的政策和战略实际上会影响到信息化的进程。信息化的发展是和我国改革开放的进程联系在一起的,而改革开放的过程实际上是我国社会主义经济体制和政治制度不断完善的过程,是一个渐进调整的过程,这一过程会影响信息化的进程,同时,新体制的形成和更加完善也会不断调整和修改最初的信息化发展思路和发展方向。

我国信息化发展是以政府为主导推动、同时也注意了市场拉动的作用。1993 年,美国政府提出了"信息高速公路计划",随后信息化浪潮在全球蔓延。在这样的全球背景下,我国政府深刻意识到推进国民经济信息化的重要意义，先是采取设立国家经济信息化联席会议的形式，起到制定方针政策、统筹规划、协调各方面力量的作用。政府主导这一思想一直贯穿在此后的一系列信息化工作中，并在《国家信息化"九五"规划和2010年远景目标》中得到进一步明确，即国家信息化建设应遵循"统筹规划，国家主导；统一标准，联合建设；互联互通，资源共享"的指导方针，并提出坚持"市场牵引，政府调控；政企分开，有序竞争；维护主权，保证安全；军民兼顾，专通结合；产用结合，自主发展；重视引进，强化创新；讲求实效，因地制宜；以法治业，加强管理"八项原则。

同发达国家不同，我国信息化是在工业化发展处于中期水平时起步的，因此，信息基础设施建设水平较低，要实施信息化就必须加快信息基础设施的建设。从1993年我国陆续实施由国家统一组织的一系列"金"字工程，包括最初提出的"金桥"、"金关"、"金卡"，发展到"金税"、"金海"等。由国家统一组织大型信息化工程的另一个原因是，接受美国信息高速公路建设难以把大量的独立网络统起来的教训，使我国通信网在起步阶段就能够统筹规划，健康发展。

市场机制和市场体系起到了应有的作用。一是传统的计划经济以及经济应由政府主导的思想还没有彻底扭转，从国外经验看，包括发达市场经济国家在内的各国政府都在积极发挥政府的作用，推动信息化的发展，也强化了政府主导的思路。二是市场体系不健全，市场机制不完善，客观上还不能够起到基础性的作用。缺乏广泛的社会经济主体的参与，尤其是大型项目大多由政府或变相由政府包办，民间参与程度低，市场机制难以发挥作用。信息化发展的制度环境和创新环境不理想，既造就信息化的初始选择，又制约了信息化的深入发展。

企业是独立的市场主体，企业的行为由市场信号导向，由市场供求关系决定。企业发展的内在需求和越来越严峻的外部条件（如市场竞争的加剧、买方市场的形成）是企业应用信息技术和手段改善经营管理、甚至改变生产方式和经营模式的主要动力。政府的主要功能就是建立健全市场体系、完善市场机制和规范市场秩序，通过市场机制引导企业走信息化之路。政策引导应作为信息化战略的重要内容，通过优惠的政策杠杆作用，树立示范企业或示范项目，促进企业信息化按照规划的方向和步骤前进。

四、企业信息化发展阶段模型概述

一般认为，企业信息化最早出现在制造行业，研究企业信息化发展规律，明确企业信息化发展阶段，有利于正确评价企业信息化的现状和制定科学合理的企业信息化工程实施规划。对于企业信息化发展阶段的划分，迄今已经出现多个模型[132]。

1. 诺兰模型

20世纪70年代末，美国科学家Richard. L. Nolan对计算机应用进行了大量的调研，在此基础上进行归纳、总结、推理，发表了企业计算机应用发展规律的论文，该研究项目的成果被定义为诺兰模型。在诺兰模型中，把企业计算机应用的发展规划分成两个时代六个阶段，这是企业信息化发展规律早期研究的重要成果。

（1）起步阶段，也称为初始阶段或启蒙阶段。在这一阶段，人们对计算机不是很了解，计算机主要被用来启蒙教育和先进技术、应用技术宣传，谈不上产生直接的经济效益。

(2)扩展阶段,也称为事务处理工作阶段。组织管理者开始关注信息方面投资的经济效益,但是不存在实质性的控制作用。

(3)控制阶段。计算机应用领域增加,企业通过信息技术产生的效益没有相应增加,出现了严重的信息孤岛,管理者开始召集来自不同部门的用户组成委员会,以共同规划信息系统的发展。信息系统成为一个正式部门,以控制其内部活动,启动项目管理计划和系统发展方法,计算机应用开始走向正规,并为将来的信息系统发展打下基础。

(4)集成阶段。这时,组织者从管理计算机转向管理信息资源,这是一个质的飞跃。从第一阶段到第三阶段,通常产生了很多独立的应用子系统实体。在这一阶段,组织者开始使用数据库和远程通信技术,努力整合既有的信息系统。

(5)数据管理阶段。信息系统开始从支持单项应用发展到在逻辑数据库支持下的综合应用。组织者开始全面考察和评估信息系统建设的各种成本和效益,全面分析和解决信息系统投资中各个领域的平衡与协调问题。

(6)成熟阶段。中高层管理者开始认识到,管理信息系统是组织不可缺少的基础。信息资源计划和控制系统正式投入使用,确保管理信息系统支持业务计划,使信息资源管理的效用充分体现出来。

Richard. L. Nolan 认为,数据处理的发展涉及技术的进步、应用的拓展、计划和控制策略的变化以及用户的状况四个方面,并强调任何组织在实现以计算机为基础的信息系统时都必须从一个阶段发展到下一个阶段,不能实现跳跃式发展。诺兰模型反映了企业计算机应用发展的基本规律性。诺兰模型的预见性被其后国际上许多企业的计算机应用发展情况所证实。诺兰模型强调计算机应用发展的过程,明确发展过程中各阶段的特征,指出在不同时代之间存在着质的飞跃,为企业信息化工程实施规划指明了宏观目标,使计算机应用生产的效益不断提高。但是,诺兰模型没有表达和解释每当新时代到来时用户生产需求危机、观念模糊、效益负增长等现象。

2. 系统进化模型

英国科学家 C·埃德沃斯等人利用效率和有效性两种参数对信息化的发展过程进行划分。系统进化模型将信息化的进程分成内部效率、内部有效性、内部综合、外部效率、外部有效性和外部综合六个阶段。

(1)内部效率。大多数组织的最初活动集中于开发以改善内部效率为目的的系统。承担起秘书、办事员的事务性处理工作,出现了类似于开发票、会计和订单处理这类任务的系统,诞生了相应的数据处理部门。

(2)内部有效性。随着应用的深入,人们的注意力转向存储在计算机中的大量信息,以管理信息、使用信息为目的。这一时期的主要问题在于系统开发可用的工具仍是数据处理时期所使用的工具,对用户提出的各种要求只能通过修补系统实现,很难实现较好的数据共享,每个部门都试图独立开发自己的系统。

(3)内部综合。针对第二阶段出现的问题,人们提出推进业务功能之间的共享数据,或共享系统,实现综合处理功能。将企业中可用的信息综合,而不是把它们分割到各个功能子系统中,这样信息在很多场合可获得其价值。

(4)外部效率。拓宽业务的边界,形成网络系统,克服独立子系统之间信息传递方式低效率是这一阶段的主要特征,订单、发票、产品规格以及其他文件采用电子文件传送。

(5)外部有效性。电子信息交换,涉及各种组织之间的信息共享。不仅在客户和供应商之间联网而节省了有关的打印设备,而且也使所有方面的共同利益在各个不同的组织之间真正共享信息。

(6)外部综合。客户能够承担传统意义上由供应商完成的任务,如由客户自己产生发票。供应商能够承担传统意义上由客户执行的任务,如供应商代表客户产生订货单。

C·埃德沃斯认为,信息技术在企业中的应用是沿着从内部到外部、从分散到整合、从追求效率到追求效益的方向向前发展的。这种划分理清了企业应用信息技术的思想脉络,比较符合信息化的实际进程。这种划分从用户需求的角度揭示企业信息化的发展规律,采用技术辐射的方式解释企业信息化工程的发展现象,符合客观事物的成长过程。但是,该模型没有体现出企业信息化工程的复杂性、多变性和跳跃性,无法为企业信息化工程实施规划提供具体的建设性意见。

3. 米歇模型

米歇(Mische)通过对信息化历程的调研分析,认为信息化工程的发展经历了起步、增长、成熟和更新四个阶段。

决定这些阶段特征的因素有技术状况、代表性应用和集成程度、数据库和存取能力、信息技术组织机构和文化、全员文化素质及态度和对信息技术的视野等五个方面,可通过这五个方面来评价企业信息化发展程度。

米歇模型在时间上划分了企业信息化发展过程,制定了企业测评信息化程度的指标,可以帮助企业和开发机构把握发展水平,了解其在企业信息化发展阶段中所处的位置,也是研究企业的信息体系结构和制定变革途径的基础,由此可以找准企业建设现代信息系统的发展目标。

4. 渐进式模型

北京市长城企业战略研究所通过对企业信息化的长期关注和发展评估,把企业信息化的进程分为数字化生存的阶段、单点数字化阶段、单点自动化阶段、联合自动化阶段、决策支持自动化阶段和敏捷的、虚拟化企业六个阶段。虽然企业信息化的过程未必都经历这六个阶段,且这六个阶段在时间上的先后顺序也不是绝对的,但是它基本上遵循着由低级到高级、由局部到全局、由战术到战略的轨迹。

(1)数字化生存的阶段。企业进入数字化生存的阶段从购买第一台计算机开始,计算机标志着企业有了数字化的存在,企业信息化的进程从此开始。

(2)单点数字阶段。企业某些部门的基本数据和文件开始进行数字化处理。软件应用仅限于数据和信息的数字化,以便于数据和信息的存储、查询和使用;没有使用数据库,或使用了数据库,但仅限于编辑、查询、输出,没有进一步的功能开发。

(3)单点自动化阶段。企业实现了单点自动化,某些部门实现业务流程自动化。在个别部门内应用办公自动化,计算机辅助设计系统、计算机辅助制造系统、人力资源系统、财务管理系统等支持其业务流程的自动化，部门工作的效率得到了较大的提高；开始建立基于部门业务需要的数据库，数据库处于分散组织状态，部门内部的信息资源开始逐渐走入有序化；部门之间或企业与外部不能进行电子化的业务流程处理，所以仍是单点。单点自动化是企业信息化的基础，只有把这一阶段的工作做好做实，整个企业的信息化才能真正发挥作用。

以上3个阶段，信息技术的应用基本处于战术层次，即作为自动化和信息沟通的工具。

(4)联合自动化阶段。在联合自动化阶段，企业部门之间或企业与外部可以进行电子化的业务流程处理，它标志着企业应用信息技术的水平又迈上了一个新台阶。

(5)决策支持自动化阶段。企业实现了自动化的决策支持，所有人员能够使用辅助决策系统的知识平台、协调机制和自动发布决策信息。组织层级之间的垂直界限被打破，信息在企业内部畅通无阻流动，企业对市场的反应能力得到了极大地增强。

(6)敏捷的、虚拟化企业阶段。企业实现了基于信息技术的敏捷性和虚拟化，企业成为一个智能主体，有快速反应市场的能力，并能利用与其他企业的协作，快速组织生产，满足市场需求，企业打破了外部界限，实现了组织之间的业务流程重组；在信息技术的支持下，业务网络重新设计，业务范围重新定义。

以上3个阶段，信息技术的应用处于战略层次。企业应该时刻准备着进行变革，实现对等的知识联网、集成过程、对话式工作等新的组织和管理模式。

渐进式模型揭示了企业信息化发展过程中从单点到综合集成，从管理信息到制造信息集成的成长规律，适合中国企业信息化发展规律。但是，该模型没有揭示企业信息化过程中的突变现象，与诺兰模型类似，该模型无法解释每当新时代到来时，用户生产需求危机、观念模糊、效益负增长等现象。

5. 现代模型

20世纪90年代以来，由于信息技术的迅速发展和集约化管理需求的日趋强烈，信息系统集成化建设理论、方法和工具的研究日益活跃。文献[132]通过对多家制造企业的调查和多个网站大量资料查阅，对企业信息化发展进行全面综合研究后认为，企业信息化的连续发展可分为单元信息化、集成信息化和社会信息化三个时代，每个时代又可分成重复的起步、提高、成熟和更新四个阶段。制造企业在各个时代、各阶段的特征不仅表现在对数据处理方面，而且还涉及知识、经济、风险、哲理、技术的综合运用水平及其在组织的经营管理中的作用，以及为信息技术服务机构提供成本效益和准时解决方案的能力。

1)单元信息化时代

单元信息化时代相当于诺兰模型中的计算机时代。其主要特征是随着人们对计算机科学技术的了解、实践，计算机技术与相关的管理技术、制造技术相融合，形成了单项技术的信息化。CAD、CAM、CAT等制造技术不断提高，人力资源管理、总账处理、会计信息系统、生产管理信息系统、设备管理信息系统、办公自动化等子系统引入，应用，提高，成熟到提出信息孤岛、SCM、CRM、MRPII、ERP、第三方物流、第四方物流等新概念，在网络技术的支持下，单元信息化工程开始走向集成信息化。

(1)起步阶段。企业购买第一台计算机作为进入单元信息化第一个阶段的标志，在这一阶段,计算机的主要作用是为人们提供学习、了解计算机功能和性能简单应用的条件,对原有系统没有实质性的影响,也谈不上产生多少经济效益。

(2)提高阶段。专业技术人员掌握了计算机的基础知识,信息技术应用领域扩大和应用程度的提高,出现知识爆炸和计算机需求迅速增长的现象。经济效益明显提高,人们不断加大人力、物力和资金的投入,如CAD从电子图板的功能,向二维CAD、三维CAD发展。单元信息化工程立足于为本领域、本部门提高软件的性能。

(3)成熟阶段。单元信息化工程所涉及的软件功能基本完善,性能稳定可靠,系统提供的信息在本部门得到较好的利用,软件的操作不再是几个专业技术人员的工具,计算机知识被更多的人所掌握。各个应用领域成立的技术研究机构和学术组织机构,能及时研讨、提供相关应用领域的解决方案。

(4)更新阶段。计算机应用的普及推广,企业计算机数量迅猛增长,产生的经济效益没有相应增加,局部技术不协调发展,严重的信息孤岛,阻碍了信息化进程,管理者开始召集来自不同部门的用户组成委员会,以共同规划信息系统的发展。信息系统管理成为一个正式部门,启动项目管理计划和系统发展方法,单元信息化开始向集成信息化发展。信息化工程出现了质的飞跃。

2)集成信息时代

随着人们对信息需求量、质量、依赖程度的提高,信息安全性、正确性、及时性、完整性和信息信誉等一系列新理念给政府制定政策、企业信息化的进程带来严峻的挑战。要解决这些问题,并不能简单地依靠人力、物力和资金的投入,而是要求每一个人都必须重新学习、提高认识、分析问题原因,提出合理、科学的解决方案。集成信息化时代所面临的挑战是解决企业内部的硬件、软件、数据的集成,实现信息有偿共享,信息提供商、信息处理软件研发商、咨询中介机构、信息实施监理部门、信息使用单位协调发展。集成信息化时代的起步、提高、成熟和更新四个阶段与单元信息化对应的四个阶段有着本质的不同,不仅仅是建设目标、投资力度和起点不同,而且这阶段的信息化建设与企业的员工素质、企业文化、信息化需求迫切程度、各层管理员的观念、企业发展战略等诸多因素相关。特别是与企业单元信息化建设的基础、数据处理能力、管理体制、组织能力、市场竞争意识密切相关。这些因素也是决定企业是否具备进入集成信息化时代的前提条件。

(1)起步阶段。企业建立计算机网络系统作为进入集成信息化第一个阶段的标志。在这一阶段,人们开始重新认识信息化工程,学习、了解计算机网络系统的功能和性能,运用计算机网络系统尝试EDI、E-MAIL等信息异地交换,提出在购买计算机时首先应考虑硬件、软件的兼容性。但是,通过网络系统产生的经济效益不明显。

(2)提高阶段。网络系统的建立为信息化工程提供了硬件集成的基本平台,在提升单元信息化工程程度的同时,为软件集成、数据集成打下坚实的基础。计算机渗透到各个职能部门,时段MRP经过闭环MRP的改进向MRPII发展,信息高速公路的建成,新软件的产生,提高了信息化工程的经济效益,也增强了信息技术的综合应用能力。这一阶段不仅在经济效益方面明显提高,而且系统集成程度进一步提高。

(3)成熟阶段。这一阶段的硬件、软件、数据集成基本完成,在各个应用领域建立了中央数据库,人们通过 Internet 或 Intranet 使各企业之间可以很方便沟通,通过网站查阅所需信息。信息成为各层领导决策的依据,信息系统成为决策的辅助工具。异地制造、国际化企业、CRM 应用日趋成熟。

(4)更新阶段。信息资源应用普及推广,人们对信息技术知识的普及掌握,信息获取的方便性产生的效益,往往被计算机犯罪、网上黑客、有组织的恶意破坏造成巨大的不可估量的损失所淹没。企业计算机数量迅猛增长,普遍应用信息系统产生的经济效益没有所期望的增长率,不确定的巨大损失淹没了所取得的成果,信息危机比经济危机显得更严重。局部技术的不协调发展造成严重的不对称信息,阻碍了信息化进程。管理者开始从整个社会信息化角度出发,共同规划信息系统。各国政府机构建立信息管理职能部门,以控制信息活动。控制信息流成为物流、资金流、人员流控制的基本手段。

3)社会信息化时代

信息危机引起新一轮的信息革命,人们对信息的依赖性和信息安全性是信息资源的一把双刃剑,信息资源成为人类的共同财富,谁都无法独占这一资源。谁拥有信息资源,同时也拥有了风险。只有重新认识信息资源,从全社会的角度出发,实现信息公共管理,建立一整套管理制度和约束机制,优化配置信息资源,信息化工程才能继续向前发展。

社会信息化工程的起步往往不是自发行为,不是企业制订的战略规划的实施,而是国家宏观经济发展的基础,政府是推进社会化工程的主体。信息化社会的起步阶段是以国家信息安全法规的制订和实施,电子货币的普及应用为标志,信息化在给人们带来便利的同时也使其受到病毒、黑客的侵扰。提高阶段的主要特征是寻求解决法律、伦理和社会公德等规范化问题的方法。这不是制定技术标准就能解决,而是要建立国际公约,规范信息收集、发布、复制、提取、加工等行为。建立和健全监督机制是社会信息化提高阶段的主要任务。上述问题的解决标志着社会性信息化工程基本完成,开始进入社会信息化成熟阶段。社会信息化更新阶段的出现是信息在人们视野中退化的过程,信息成为人们所熟知的基本要素的组成部分。

第二节 道路甩挂运输信息管理系统

从其技术组织的角度看,道路甩挂运输的技术重点在于对甩挂运输车辆和驾乘人员的调度和管理。要实现科学、优化的调度指挥,必然要以大量的运输、物流信息为基础。在大量信息的基础上,道路甩挂运输组织管理主体(运输企业、物流企业、交通主管部门等)可依托信息管理系统发挥主观能动性,实现预期的经济效益和社会效益。可见,要满足道路甩挂运输对于信息管理的要求,一方面应加大物流与运输基础信息的采集和传输能力,另一方面应构建合适的信息管理系统。

对于道路甩挂运输信息管理系统,有三个关键问题需要给予明确,即道路甩挂运输信息管理系统的整体架构设计问题、道路甩挂运输信息管理系统的发展动力问题、道路甩挂运输信息管理系统与已有的物流信息系统间的协调问题。

一、道路甩挂运输信息管理系统的整体架构设计

在道路甩挂运输组织过程中，应以对甩挂运输车辆的调度为核心环节，实行大经济区域上的货物运输行业、小经济区域上的货物运输行业、小经济区域上的运输物流企业三级调度。从长远的角度，道路甩挂运输信息管理系统的整体架构可设计为三层网络结构。

最上层是国家级道路甩挂运输调度管理系统，这是整个道路甩挂运输信息管理系统整体架构的核心，与省、自治区、直辖市级的甩挂运输信息管理系统远程连接，实时化互换信息。国家级道路甩挂运输调度管理系统的职能重心不在行业的管理监控，而在于面向全国范围、整个货物运输行业提供相关的基础信息支持服务。所以，国家级道路甩挂运输调度管理系统的基本功能除了实现信息交换，还需建立专业技术资料数据库（如重要甩挂运输场站的布局信息、道路主干线技术状况、道路甩挂运输专业规范等）。若有能力提供更高层次的服务，则可将提供辅助决策作为功能之一，通过与其他相关信息系统的互联，在获得大量相关信息和决策模型的基础上实现知识管理，为高层决策提供支撑。

中间层是省、自治区、直辖市级的甩挂运输信息管理系统，它更多地实现中间连接的功能，对上为国家级道路甩挂运输调度管理系统提供数据采集、传输支持，对下为道路甩挂运输企业提供基础信息支持。由于不同的省、自治区、直辖市的经济社会发展状况并不完全相同，对于货物运输的组织管理也可能有所差别，所以，省、自治区、直辖市级经济区的甩挂运输信息管理系统在符合道路甩挂运输信息管理系统的整体架构基本规范的同时，可能需具备一些个性化的设计。从其能够实现的功能看，除了具备国家级道路甩挂运输调度管理系统的主要功能外，还可以具备其他的一些与整体架构不冲突的功能，如完成区域性基础信息的汇总处理与标准化、辅助区域性道路甩挂运输管理规范的实施。

最基层是企业的甩挂运输信息管理系统，这种信息系统主要作为道路甩挂运输车辆的调度指挥管理平台，应具备的基本功能包括：车辆跟踪与定位，车辆的实时调度，驾驶员的调度指挥，基础数据的收集与上传等。企业的甩挂运输信息管理系统是企业提高运输效率、确保运输生产过程的连续性和安全性的重要支撑手段，企业建设并使用甩挂运输信息管理系统是实现运输企业管理信息化的必然选择。企业的甩挂运输信息管理系统应基于已发展成熟的现代信息和通信技术（如 GPS、GIS），自动实现对甩挂运输车辆的跟踪与监测，准确地采集车辆运行状态信息；企业的甩挂运输信息管理系统应尽可能具备编制甩挂运输车辆运行计划的功能，辅助相关的调度管理人员。

二、道路甩挂运输信息管理系统的发展动力

相比于各种物流信息系统而言，道路甩挂运输信息管理系统的涉及面和功能要少很多，其专业化特征更加显著。笼统而言，我们可将道路甩挂运输信息管理系统视为物流信息系统的一个组成部分、一个子系统甚至一个模块。所以，道路甩挂运输信息管理系统的发展动力也不外乎物流信息系统的发展动力、不外乎信息化的发展动力。

1. 美国信息化的动力

如果说信息化是由工业社会向信息社会发展的过程，是经济、社会、科技、文化向前发展的

过程，那么，凡是影响经济发展和社会进步的因素都会对信息化产生影响。这些因素可以概括为两大类：一类是生产力因素；另一类是生产关系因素。美国是全球信息化的引领者，也是全球信息化的集大成者，因此，研究美国信息化的发展道路，对于包括我国在内的世界各国信息化进程具有重要的参考价值。构成美国信息化发展推动力量和条件的因素很多，其中有三种因素是起决定性或主要作用的，即科技发展、市场经济制度和政府的推动[130]。

2. 信息系统被赋予的社会职能

从经济学角度，信息系统作为一种组织管理手段，有助于降低交易成本，克服市场失效。从政治学的角度看，政府与企业组织之间的关系一直是经济学、政治经济学和社会学的研究课题之一。政治学强调政府政策对经济发展和经济组织行为的影响，其着眼点是上述利益群体之间如何通过权威、权力施加影响以取得或者保护各自的最大收益。政府对信息系统主要有两个影响：首先，国家在资源分配上的作用可以扩大信息系统所能作用的金融性资源，因此其职能作用也随着扩大；第二，政府支持信息系统的有关措施促进了企业通过较高级的服务形式进入新的盈利领域。从政治经济学的角度看，当前我国信息系统缺乏来自政府的有力的宏观调控手段。针对我国运输、物流企业的"多、小、散"状态，我国政府积极引导信息系统的建设与运营不失为解决行业性矛盾的有效手段。

实际上，我国政府一直以来非常重视信息系统对物流市场资源配置所能起的重要作用，政府对物流信息化和物流信息系统的建设采取了多种优惠政策、多种资金扶持措施。自上世纪末以来，现代物流业发展受到我国各级政府的高度重视和社会各界的广泛关注。国家提出"要把物流业作为我国本世纪的重要产业和国民经济新的增长点"，原国家经贸委、发改委、商务部等相关部委多次联合发布加快现代物流发展的指导意见和政策措施，营造有利于现代物流业发展的宏观环境。各省、市地方政府纷纷制定并实施现代物流发展规划，加强物流基础设施建设，构建现代物流服务体系。国家在"十一五经济与社会发展规划纲要"中提出，"大力发展现代物流业"，"推广现代物流管理技术，促进企业内部物流社会化。""培育专业化物流企业，积极发展第三方物流。建立物流标准化体系，加强物流新技术开发应用，推进物流信息化"。一个现代物流业加快发展的新的高潮正在到来，在这个过程中物流信息系统建设、物流信息管理服务起着重要的作用。

在市场经济中，政府可以两种身份参与市场调节。一种身份是作为同企业、居民一样的市场主体，公平的参加市场活动。主要的内容是政府购买，同企业购买可以形成巨大的资本品市场，同居民购买可以形成巨大的消费品市场一样，政府采购也可以形成巨大的市场。电子政务的实施就能起到支持信息产业发展的目的，但是政府采购在坚持公平、公正、公开原则面向社会进行招投标采购的前提下，还应达到扶持本国产业发展的目的，这也是政府购买和其他购买之间的差别。

政府的另一种身份是经济调节者的身份（政府采购也是调节经济的一种手段）。任何形式的市场经济都离不开政府的作用，政府调节效率的高低影响着经济运行的效率。而政府调节及其效率的提高，也离不开市场机制的作用。在市场经济体制下，政府的调控主要采取间接调控的形式，也就是政府主要运用经济政策和经济杠杆干预市场，通过市场调节过程实现社会目标。因此,政府的调控只有以市场为基础并通过市场才能实现,而且市场本身发育的成熟程度也直接制约着政府调控体系的完善程度。政府有责任正确引导和大力推动信息化建设,采取以往计划经济的办法显然是不行的,必须与市场机制有机的结合,才能使信息化健康发展。

3. 我国政府对信息系统建设的推动力

当前,我国对信息化建设的需求进入了整合需求的阶段。从国际经验看,政府在物流信息平台建设中的作用主要体现在:政府的统一规划和政策支持,政府投资与企业化运作模式的结合,标准化体系的建立和应用。我国政府在物流信息平台建设中的作用体现在两个方面。一是做好物流信息平台基础工作,如建立健全相关法律法规、推进信息化基础设施建设、建立物流信息标准体系、采用先进适用的信息采集技术、组织开发推广物流应用软件、加快企业诚信和安全认证体系建立等;二是为物流信息平台建设提供保障措施,如加强政府部门间的协调、统筹规划、共同建设,将物流信息平台的建设纳入到专项规划中,加紧推进物流政务信息的公开,推动成立安全认证的统一机构,推动物流信息平台运营的市场化,推动物流信息平台标准及关键技术的研发,加快对物流信息人才的培养等。

自从现代物流业在我国得以重视和推广以来,我国大中型综合化物流信息系统的规划与建设一般遵循着"政府搭台、企业运营"的模式,即政府及其相关主管部门出面组织物流信息系统的规划工作,并在物流信息系统建设过程中给予资金支持,而符合一定条件的企业则被选择为物流信息系统建成后的日常运营与维护的主体。但从现阶段的发展状态看,我国大多数具备公共服务性质的物流信息系统(如公用物流信息平台)的建设与运营并没有获得预期的效果,且往往陷入了"初期开发成本高—开发周期长—运行过程中的频繁更新与维护—运营与维护成本高—陷入资金危机—物流信息系统荒废—重新开始新的规划与开发"的恶性循环。

值得注意的是,政府及其相关主管部门之所以支持大型综合化物流信息系统的规划、建设与运营,是基于其调节监督物流市场良性发展的初衷。政府要在物流市场资源配置过程中起到科学合理的作用,以弥补物流市场自身调节的不足,而及时获得物流信息并做出反应,甚至依托物流信息系统自行干预物流市场的发展,不失为政府的主要选择之一。总体看,政府选择支持大型综合化物流信息系统的发展,更多考虑的是物流信息系统所能产生的社会效益(科学合理地指导物流资源配置)。

4. 政府与市场力量的双重推动

从当前的实践过程看,物流信息系统的发展动力主要来自政府的推动和市场的力量。但是,在政府的推动和市场力量的共同作用下,物流信息系统往往需要同时产生经济效益和社会效益,由此使得综合化物流信息系统的发展成为主流。

从发展的逻辑来看,技术进步对于物流信息系统的发展起着重要的作用,是信息技术的革命性发展突破传统的工业社会应用领域,引发了物流信息系统的快速发展。科学技术的进步反映了人类自身发展和社会进步的本质要求,是物流信息系统发展的内在推动力。

市场经济是物流信息系统发展的最好的土壤。在市场经济的条件下,技术进步的动力在巨大的市场竞争的压力下形成,技术进步对物流信息系统的推动也通过市场机制的作用表现出来。任何信息技术的发展都必须建立在市场的有效需求的基础上，信息技术扩散、产业信息化和信息产业化都要依靠市场的力量完成。物流信息系统建设所需要的人力、物力、财力等资源都需要通过市场进行富有效率的配置。

中国仍处于以市场化为取向的经济转型过程中，虽然中国的市场化进程总体上采取了渐进的发展方式，但现实的发展过程同历史上自然演进过程相比，必然浓缩密集得多，历史上曾经是先后发生的过程在中国可能要并行推进，许多经历长期演变的事情在中国要短时间完成。这是一个特殊的过程，这个过程不可能通过市场的力量自发实现，而必须有政府的支持和推动。市场职能的扩大意味着政府职能范围的缩小，因此，市场机制的完善和政府职能的转变交织在一起，后者转变的进程直接影响前者完善的程度。从长远看，在两者的交互作用中，市场的力量（经济发展内在的力量）起着根本的作用，但从眼前看，政府的力量（外部力量）非常关键。

三、道路甩挂运输信息管理系统与物流信息系统间的关系

从我国的现行管理体制看，道路甩挂运输的开展与物流信息系统建设有一个共同点，即，需要有关行政主管部门间的有效协调。如 2009 年 5 月 19 日至 20 日，由国家发改委和交通运输部联合主办的全国推进甩挂运输发展和物流信息平台建设工作研讨会在河南省安阳市召开，会议提出要加快建设物流公共信息平台建设，支持甩挂运输发展，促进节能减排。会议认为，大力发展道路货物甩挂运输，对于减少能源消耗，提高资源利用效率，降低社会物流成本，提高国民经济整体运行质量，加快产业结构调整，促进现代交通运输业发展均意义重大。会议提出，当前物流公共信息平台建设主要存在缺乏诚信体系、缺少科学合理的运营模式和现代物流管理理念等问题；建设物流公共信息平台的主要意义在于降低空驶率、提高运输效率、降低运输成本，促进道路交通行业的节能减排；物流公共信息平台建设的重点是加强物流信息平台基础理论研究，加快物流业技术标准的研究和制定，加强物流业诚信体系建设，积极开展试点，不断完善提高，树立物流行业品牌。为促进物流业平稳、快速、健康发展，国家应加快行业物流公共信息平台建设，建立全国性公路运输信息网络和航空货运公共信息系统以及其他运输与服务方式的信息网络，推动区域物流信息平台建设，鼓励城市间物流平台信息共享。

我国道路运输业在发展过程中存在着运输组织化程度低，运输能耗和成本较高，规模效应不尽如人意，运输企业、公路货运场站的信息化建设和管理手段落后等现象，造成道路货运车辆空驶率高、单位能耗高、运输效率低下等问题。物流信息系统可有效利用物流的基础设施、信息和组织功能，对资源优化配置，应用现代信息技术提高工作效率，加快信息流转，加强信息处理能力，提高车辆实载率，形成低成本高回报的效果。

对于物流信息系统的定义，我国目前尚未出现统一、权威的说法。如作为国家标准的《物流术语》既应符合实践发展需要，又要具备一定的通用性和前瞻性，国家标准物流术语没有出现“物流信息系统”一词，但与信息有关的表达却有多处、且列举了一些主要的基于信息的管理技术。但我们可从其基本特征进行认识：首先，物流信息系统是基于已有的、较为成熟的企业管理信息系统技术而发展的，在技术实现上有较为有力的保障；其次，物流信息系统应作为企业管理信息系统的子系统而存在，应处理好物流信息系统与企业的其他信息系统的接口问

题,也应合理界定物流信息系统的业务活动范围;再次,物流信息系统的开发建设应基于现代信息技术,但更应注重物流专业化运行对现代信息技术的要求,物流信息系统更应是一种物流活动的管理控制技术,而不仅仅是现代信息技术的集成;最后,物流信息系统产生和发展的根本动力在于其能够产生的各种效益。

在物流信息系统相关的产品方面,随着我国国内物流软件开发企业不断增多、第三方物流发展和物流企业对信息化的重视,物流信息系统提供商根据物流企业的业务需求提供不同的产品用来满足不同层次的物流企业各方面的需求,目前主流的物流产品提供商可以分为以下三类:

(1)专业的物流信息化服务商,其中大部分企业都有物流行业背景,精通物流行业的业务需求。他们专门开发物流行业信息系统,解决第三方物流企业内部物流信息化,一般针对物流企业业务管理需要分别开发各种子系统,如仓储管理系统、运输管理系统等。同时,他们会根据物流行业特殊需求,整合一些物流技术产品,例如运输管理系统中会集成 GIS 和 GPS 技术。

(2)集成企业的物流、信息流和资金一体化的 ERP 产品开发商。ERP 产品有效集成了企业的财务、物流、人事和办公自动化,形成企业信息的整体解决方案,打通了企业内各部门间的信息流通。但 ERP 产品缺少对物流行业的专用技术,如对 RFID、GPS 和 GIS 的支持。ERP 开发商对物流行业的业务本身也不精通,虽然大多 ERP 产品本身也包括订单管理系统、仓库管理系统等,但通用的 ERP 产品的这些物流相关的功能更适合于生产和制造企业。

(3)结合互联网优势为第三方物流企业提供信息交换平台的开发商。基于互助网的物流网站平台很好地解决了物流企业间的信息障碍,打通了物流企业内部与外部的瓶颈,使企业和客户之间保持信息闭环。同时网站平台能很好地结合电子商务平台,为企业打造一个全程供应链的管理。综合物流管理信息系统应时而生,该信息系统强调从供应链的角度优化企业物流,针对第三方物流业典型用户开发,支持第四方物流业务。这种新型系统以仓储配送为核心,同时可挂接车队管理、货物跟踪等其他管理模块,可实现多仓库、多客户、跨地域管理。综合物流管理信息系统不仅可服务于大型企业,同时也可作为政府公共平台的组成部分为社会提供服务。

道路甩挂运输信息管理系统与物流信息系统既有联系,又有区别;它们之间是个别与一般、特殊与普遍的对应。道路甩挂运输信息管理系统的优势在于对甩挂运输车辆的专业化管理,物流信息系统的优势在于实现物流信息的综合化处理。相比于物流信息系统的实现,道路甩挂运输信息管理系统的实现要容易很多。

第十一章　我国道路甩挂运输发展的现实背景

现阶段影响我国发展道路甩挂运输的因素很多,这些因素有来自运输市场的、也有来自宏观政策的;这些因素所起的作用有积极的、也有消极的。本章就现阶段我国道路运输企业、道路运输市场所关心的各种背景因素进行分析,包括:自 2009 年以来我国成品油税费改革对发展道路甩挂运输所产生的作用,交强险对道路甩挂运输发展的影响,我国鼓励道路甩挂运输发展的各种政策措施,道路运输发展趋向和交通运输节能减排,我国道路甩挂运输市场存在的主要问题等。

第一节　成品油价和税费改革

一、税收的主要特征

税收是国家为实现其职能,凭借政治权力,强制、无偿、固定地参与社会产品分配和再分配的一种形式,是公共收入的主要形式。

(1)税收的主体是国家。税收的征收权力只属于国家,由各级政府负责组织征收,包括中央政府和地方政府。除此之外,其他任何组织和机构都无权征税。

(2)政府征税凭借的是政治权力。税收的征收,实质上是政府参与社会产品的分配和再分配,而社会产品的分配和再分配总是依据一定的权力进行的。例如:取得利润和利息是凭借资本的所有权,取得地租是凭借土地的所有权,取得工资是凭借劳动力的所有权。国家取得税收凭借的是政治权力,即作为公共管理机构的政府,凭借国家的政治权力,将私人部门占有的一部分社会产品转移到公共部门。

(3)税收是国家为满足其职能实现需要而征收的。国家机器要正常运转、各级政府要提供公共物品和服务并维持自身的存在,都需要一定的人力、财力、物力,而所有这些经费开支的主要来源就是税收。

(4)税收具有强制性。国家征税表现为私人部门占有的一部分社会产品的减少,政府凭借的政治权力与私有财产权是对立的,政府如不实行强制征收,就不可能在社会产品中实行分配和再分配,就不可能占有私人部门的一部分社会产品。政府是以法律形式颁发税收制度来实现强制征收的,无论纳税人是否愿意,只要发生法定的纳税义务,就必须依法照章纳税,否则就会受到法律的制裁。

(5)税收具有无偿性。政府征税后,税款就成为公共收入,为公共部门所有,政府无需任何偿还,也不需要向纳税人付出任何代价,也就是说税收的征收是完全无偿的,不存在任何等价交换关系。即使纳税人享受到公共部门提供的公共物品和服务,也与其所纳的税款无等价对应关系。

(6)税收具有固定性。由于税收是政府凭借政治权力强制无偿地参与社会产品的分配，政府课征税收的数额必须有一个限度。税收的固定性表现在政府课征税收的数额以法律的形式预先确定下来，纳税人的纳税义务一旦发生，其所应纳税额的多少就依据法律而固定下来，不能多纳税，也不能少纳税。

二、公共收费的主要特征

公共收费是指公共部门在行使公共管理职能中，因提供准公共物品和服务或批准许可使用公共资源，依法向直接受益者收取的部分或全部耗费补偿，它是公共收入的一种形式。

(1)公共收费的主体是公共部门。公共部门既包括政府部门，又包括非政府的公共组织。

(2)公共收费凭借的是宪法和法律所赋予的公共部门行使公共管理、提供公共物品或服务的职权。完全竞争的市场机制只是一种理想状态，市场机制在实施资源配置时会出现市场失灵现象，这就需要政府的经济职能；而政府也不是万能的，在管理社会事务中也会出现失灵状况，这就需要"第三部门"也就是非政府的公共组织来参与社会事务管理。宪法和法律规定并赋予包括政府在内的公共部门的存在和其行使公共管理、提供公共物品或服务的职权。公共部门取得公共收费是凭借其提供的准公共物品或服务和批准许可使用公共资源。

(3)公共收费是为提高公共物品或服务和公共资源的使用效率以及补偿提供准公共物品和服务的部分或全部耗费的需要而征收的。公共部门提供的纯公共物品和服务所需用的耗费一般是通过税收来弥补的，这样可以解决"免费搭车"现象；而公共部门提供的准公共物品和服务的部分耗费一般是通过公共收费来弥补的，其耗费的差额由政府以税收为资金来源对使用者形成补贴，这样可解决带有正的外部效益的物品和服务的供给不足问题。对公共资源的许可收费可避免公共资源使用的浪费，大大提高社会资源的使用效率。

(4)公共收费具有非强制性。公共收费是公共部门依法向直接受益者收取提供准公共物品和服务或批准许可使用公共资源的部分或全部耗费补偿。是否直接受益，是公共收费的一个限制条件，只有直接受益者才交费。公民有权根据自己的偏好决定是否直接使用该准公共物品和服务或被批准许可使用某种公共资源，如果公民愿意直接使用该准公共物品和服务或被批准许可使用某种公共资源，就必须交费；如果公民不愿意直接使用该准公共物品和服务或被批准许可使用某种公共资源，就无须交费。

(5)公共收费具有有偿性。公共收费是因提供准公共物品和服务或批准许可使用公共资源，而对特定对象提供服务，以满足其特定需要而收取的提供服务的耗费，因此具有明显的对等补偿性质。公共收费的有偿性表现为受益与支出直接对应，一方面说明交费者在缴纳公共收费的同时能够从公共部门的公共管理性服务中直接得到好处或使自己获得某一生产经营资格并能够从中直接获益；另一方面也要求公共部门收取公共收费的同时，必须提供相应的公共管理服务。

(6)公共收费具有规范性。公共收费是公共部门在行使公共管理职能中征收的，虽以提供准公共物品和服务或批准许可使用公共资源为前提，但公共管理行为具有垄断性，在公共收费征收标准上由公共部门控制，这就要求公共收费也必须由国家以法律形式规范下来，减少公共部门的随意性。同时，公共收费是为提高公共物品或服务和公共资源的使用效率以及补偿提供准公共物品和服务的部分或全部耗费的需要而征收的,公民享用该公共管理服务,就必须按照一定的规范来缴纳公共收费,这也要求公共收费必须由国家以法律形式规范下来。

三、税收与公共收费的异同

公共收费与税收的相同点表现在:

(1)公共收费与税收都是公共收入的表现形式,都是参与社会产品分配和再分配的形式;

(2)公共收费与税收的存在方式都是由法律形式给予确定,具有一定的规范性和强制性;

(3)公共收费与税收都以国家行使管理职能为前提;

(4)公共收费与税收的征收数量与范围都有一定的规制。

公共收费与税收的不同点表现在:

(1)征收主体不同。公共收费主体是公共部门,既包括政府部门,也包括非政府的公共组织;税收的主体是国家,由各级政府负责组织征收。

(2)凭借权力不同。公共部门凭借宪法和法律所赋予的行使公共管理、提供公共物品或服务的职权,依据其提供的准公共物品和服务或批准许可使用公共资源取得公共收费;政府征税凭借的是政治权力,国家无偿地将私人部门占有的一部分社会产品转移到公共部门。

(3)征收目的不同。公共收费是为提高公共物品、服务和公共资源的使用效率以及补偿提供准公共物品和服务的部分或全部耗费的需要而征收的;税收是为满足国家实现其职能需要而征收的,是国家机器正常运转的基本保证。

(4)形式特征不同。公共收费具有自愿性、有偿性和规范性;税收具有强制性、无偿性和固定性。

(5)使用方向不同。公共收费是公共部门在管理社会经济活动中为满足社会准公共需求,提供特定公共产品和服务而设立的;税收是政府为满足社会纯公共需求,筹集一般公共产品和服务所需资金以及政府自身存在而设立的。

(6)适用范围不同。由于收费具有直接受益的特点,所以其范围具有较大的局限性,主要适用于消费与受益有一定程度的准公共产品和服务;税收按照法定标准和程序普遍征收,在为政府提供公共产品和服务的筹资中,税收的适用范围大于收费。

(7)收入规模不同。税收是政府财政收入中规范性、稳定性程度最高的收入形式,是财政收入的主要来源;收费具有自愿有偿直接受益特点,其适用范围受到很大限制,因而公共收费收入只是财政收入的一种补充。

(8)收费立项的灵活性和税收立法的相对稳定性。由于公共收费是就部分公共管理项目、对特定的受益对象收取的,公共收费的立项权一般要下放各级政府,收费标准也要由各级政府制定,因此,收费的立法层次较低,且在范围、标准、时间等方面表现出较大灵活性;税收则因普遍课征、影响广泛,国家一般采用由国家立法部门正式立法的形式、具有稳定性。

四、税费改革

自新中国成立以来,我国的收费与征税一直并存。在计划经济时期,收费项目不多,收费数额不大,税费之间的比例比较协调,收费方面的矛盾并不突出。改革开放以来,尤其是20世纪90年代后,我国收费的项目和数额逐渐增加,预算外、制度外收费不断增加。收费膨胀和乱收费的增加,对我国的经济和社会发展产生了不利的影响:收费膨胀,影响了人们的生活,不利于社会的安定;收费膨胀、乱收费的增加,分散了有限的资金,影响了资金的使用效率,不利于经济的发展;收费膨胀,税费错位,大量资金游离于财政预算管理之外,扰乱了国家的财经秩序;收费膨胀,导致税收收入占GDP的比重和中央财政占财政总收入比重的下降,影响了国家的预算投入,削弱了财政尤其是中央财政的宏观调控能力。

正是在这样的背景下,我国经济理论界提出了"费改税"的主张,并得到中央政府的支持。目前的行政事业性收费中,有一部分无论从收取依据、征管办法,还是从征收机关、实际使用方向看,都带有税收的性质,具有强制性、固定性,发挥着税收的作用。将这部分收费改为税收统一由税务机关征收,体现了税收代表国家意志、依法征收的权威性,可以减少征收管理中的不规范现象,并可大大节省征收成本,有利于及时足额入库。实施"费改税",意在规范收费,在清理取消不合理的收费之后,对部分合法性、固定性的收费改为税收的形式征收,不仅不会增加纳税人的负担,在一定程度上还可以减少其税费负担,并规范收费行为。

"费改税"是针对我国收费膨胀,税收"缺位",收费"越位"这一特定状况提出来的,有其特定的内涵,并非是字面意义上的将"费"改为"税",更不是将全部的"费"改为"税",而是税费改革的代名词。"费改税"的真正内涵是进行税费改革,理顺税费关系,规范政府收入机制,实现税费归位,其实质是规范政府收入机制。"费改税"是把具有税收特点的收费还其税收的本来面目,以税收的形式来规范其征收。

(1)费不同于税的特性,决定了完全"以税代费"行不通。税收具有强制性、无偿性和固定性特征,收费则具有非强制性、有偿性、规范性特征;税收立法具有严格的法律程序性,需要经过严格的立法程序,而收费一般只需通过行政程序即可;税收的征收对象具有普遍性,向税法规定范围内的所有纳税人普遍征收,依法纳税是每个公民的义务,而收费的对象则是特定的受益者,只有涉及某些特定行政管理和享受某些特定服务的直接受益者才缴费,具有受益与支出的直接对应性;税收收入由国家统筹使用,一般用于一般性的财政支出,满足公共需要,收费除了一小部分"规费收入"上缴国家财政统筹使用外,其余一般与特定的行为挂钩,用于特定支出,基本上具有对等补偿的性质;税收一般具有弹性,既随着经济的发展而增加,又随着经济的萎缩而减少,收费一般具有刚性,不考虑受益者的支付能力。

(2)税收自身的特点,决定了完全"以税代费"不可能。税收本身具有固定性,税收制度不可能经常变更,税收政策也不可能随时进行调整。而客观情况是复杂多样又不断发展变化的。收费具有灵活性,有些收费是我国特殊历史时期的阶段性措施,随着市场经济的发展会逐步取消。税收既不是万能的,也不可能包罗万象,不可能将所有凭借政府权力取得的收入都设置成固定的税种,那样将在生产、流通、分配、消费各个领域设置数百个税种。因此,税收只能是政府收入的主要形式,而绝非是唯一的形式。

五、我国成品油价税费改革及其对道路甩挂运输的影响

1. 我国的成品油价税费改革

为建立规范的税费体制和完善的价格机制,促进节能减排、环境保护和结构调整,公平负

担,依法筹措交通基础设施养护和建设资金,根据《中华人民共和国公路法》等有关法律和法规规定,国家发展改革委、财政部、交通运输部、国家税务总局于2008年12月拟定了成品油价税费改革方案。

《国务院关于实施成品油价格和税费改革的通知》(国发〔2008〕37号)指出,我国现行成品油价格和交通税费政策,对保障国内成品油市场供应,加快交通基础设施建设步伐,促进国民经济平稳较快发展,起到了积极作用。但随着我国石油需求不断增加,经济社会发展与资源环境之间的矛盾日益突出;以费代税、负担不公平等弊端日益显现;二级收费公路规模过大,结构不合理,与地方经济发展和群众出行的矛盾越来越尖锐,迫切需要理顺成品油价格和交通税费机制。关于成品油税费改革:提高现行成品油消费税单位税额,不再新设立燃油税,利用现有税制、征收方式和征管手段,实现成品油税费改革相关工作的有效衔接。

(1)取消公路养路费等收费。取消公路养路费、航道养护费、公路运输管理费、公路客货运附加费、水路运输管理费、水运客货运附加费等六项收费。

(2)逐步有序取消政府还贷二级公路收费。抓紧制订实施方案和中央补助支持政策,由省、自治区、直辖市人民政府根据相关方案和政策统筹研究,逐步有序取消政府还贷二级公路收费。各地可以省为单位统一取消,也可在省内区分不同情况,分步取消。实施方案由国家发展改革委会同交通运输部、财政部制订,报国务院批准后实施。

(3)提高成品油消费税单位税额。汽油消费税单位税额每升提高0.8元,柴油消费税单位税额每升提高0.7元,其他成品油单位税额相应提高。加上现行单位税额,提高后的汽油、石脑油、溶剂油、润滑油消费税单位税额为每升1元,柴油、燃料油、航空煤油为每升0.8元。

(4)征收机关、征收环节和计征方式。成品油消费税属于中央税,由国家税务局统一征收(进口环节继续委托海关代征)。纳税人为在我国境内生产、委托加工和进口成品油的单位和个人。纳税环节在生产环节(包括委托加工和进口环节)。计征方式实行从量定额计征,价内征收。

今后将结合完善消费税制度,积极创造条件,适时将消费税征收环节后移到批发环节,并改为价外征收。

(5)特殊用途成品油消费税政策。提高成品油消费税单位税额后,对进口石脑油恢复征收消费税。2010年12月31日前,对国产的用作乙烯、芳烃类产品原料的石脑油免征消费税;对进口的用作乙烯、芳烃类产品原料的石脑油已纳消费税予以返还。航空煤油暂缓征收消费税。对用外购或委托加工收回的已税汽油生产的乙醇汽油免征消费税;用自产汽油生产的乙醇汽油,按照生产乙醇汽油所耗用的汽油数量申报纳税。对外购或委托加工收回的汽油、柴油用于连续生产甲醇汽油、生物柴油的,准予从消费税应纳税额中扣除原料已纳消费税税款。

(6)新增税收收入的分配。新增成品油消费税连同由此相应增加的增值税、城市维护建设税和教育费附加具有专项用途,不作为经常性财政收入,不计入现有与支出挂钩项目的测算基数,除由中央本级安排的替代航道养护费等支出外,其余全部由中央财政通过规范的财政转移支付方式分配给地方。改革后形成的交通资金属性不变、资金用途不变、地方预算程序不变、地方事权不变。具体转移支付办法由财政部会同交通运输部等有关部门制定并组织落实。

新增税收收入按以下顺序分配：一是替代公路养路费等六项收费的支出。具体额度以2007年的养路费等六费收入为基础，考虑地方实际情况按一定的增长率来确定；二是补助各地取消政府还贷二级公路收费。每年安排一定数量的专项补助资金，用途包括债务偿还、人员安置、养护管理和公路建设等；三是对种粮农民增加补贴，对部分困难群体和公益性行业，考虑用油量和价格水平变动情况，通过完善成品油价格形成机制中相应的配套补贴办法给予补助支持；四是增量资金，按照各地燃油消耗量、交通设施当量里程等因素进行分配，适当体现全国交通的均衡发展。

2. 我国成品油价税费改革对道路甩挂运输的影响

甩挂运输应作为一种先进的运输组织方式而被广泛采用，但从我国成品油价税费改革实行之前的部分法规政策、特别是养路费征收标准和方式上看，政策环境没有体现对这种运输方式的鼓励和支持。《中华人民共和国道路交通安全法》明确规定，半挂车属于机动车范畴，须领取牌证才能上路行驶；1992年1月1日生效的《公路养路费征收管理规定》明确规定，领有牌证的挂车应缴纳养路费。养路费是用于公路养护、修理、技术改造、改善和管理的专项事业费。

根据深圳市集装箱拖车运输协会在2006年的调查，甩挂运输的牵引车和半挂车要分别领取牌证，分别缴纳车辆购置附加税、牌证费，每年分别缴纳车船使用税、养路费、运输管理费、保险费等，通过安全检测，才能上路行驶。其中车辆购置附加税按车价的10%计征，由税务部门征收；牵引车和半挂车的牌证费合计约300元左右，这两项是新车入户时一次性缴纳；车船使用税按牵引车准牵引质量每吨每年征收60元；交通部门规定对每台牵引车、半挂车单独征收养路费，牵引车按其整备质量的一定比例征收，半挂车按交管部门核定的载质量征收；运输管理费按牵引车准牵引质量征收。

由于一台牵引车在每次运输过程中只能拖挂一台半挂车上路行驶，其他半挂车在装卸货物作业时是静止的，不使用道路。我国成品油价税费改革实行之前的管理方式和收费标准，将半挂车作为缴费的主体，使得企业多买一台半挂车就意味着每月多支出一笔费用。由于养路费的征收标准在各省甚至一省内各地不一致，使得在某地运营的半挂车中，有相当比例的车辆悬挂外省(地)的号牌，目的是少缴养路费，这严重影响了运输市场秩序，造成管理上的混乱。

相对而言，成品油价税费改革为运输企业广泛采用甩挂运输组织方式提供了发展机遇，另一方面，成本支出方式的变化也为运输企业降低成本提供了机会。运输企业采用甩挂运输组织可不必顾虑以前各种规费的征收造成的不必要支出，但成本支出方式的变化(费变为燃油税)必然促使运输企业科学筹划其运输资源的合理配置。有学者做过比较分析(见表11-1)[133]，认为：在成品油价税费改革方案条件下，轻型车成本增幅较大，长途运输处于劣势；中型车成本上升明显，要求其营运效率更高；重型车油耗最低，优势明显，费改税后总体费用的下降使其经济性进一步体现。因此，未来运输市场将向重型车方向发展，甩挂运输作为重型车组织管理的发展趋势，会备受重视。当然，不同的比较分析条件是事先假定的，与运输企业的实践肯定有所差异，但不可否认的是，成品油价税费改革为运输车辆的重载化、运输车辆空驶率的强制性降低、运输车辆实载率的鼓励性提高等提供了政策支持。

成品油税费改革前后车辆运行成本比较示例　表 11-1

项目＼车型	重型车	中型车	轻型车
比较条件	百公里油耗 30～35 升；年行驶 10 万公里；载质量为 15 吨	百公里油耗 20～25 升；年行驶 12 万公里；载质量为 5 吨	百公里油耗 8～15 升；年行驶 10 万公里；载质量为 2 吨
年缴养路费（280 元/吨·月）	50400 元	16800 元	6720 元
年缴燃油税	29160～34020 元	23328～29160 元	7776～14580 元
费改税后增幅	－42% ～ －33%	39% ～ 74%	16% ～ 117%

第二节　交　强　险

一、交强险与三责险概述

1. 交强险的概念

我国《机动车交通事故责任强制保险条例》规定，机动车交通事故责任强制保险（以下简称“交强险”）是由保险公司对被保险机动车发生道路交通事故造成受害人（不包括本车人员和被保险人）的人身伤亡、财产损失，在责任限额内予以赔偿的强制性责任保险。从该规定看，交强险保的是被保险人在交通事故中依法应承担的对于第三者的赔偿责任，属于责任保险范畴。被保险人自身车辆损失中对方没有责任的部分是不能向对方索赔的，也不能在交强险下向自己的或对方的保险公司索赔。

交强险是财产保险的一种，以被保险人依法应负的民事损害赔偿责任或经过特别约定的合同责任为保险标的。交强险是一种强制保险，是以法律、行政法规为依据而建立保险关系的一种保险，基于国家实施有关政治、经济、社会和公共安全等方面的政策需要而开办，凡是法律、行政法规规定的对象都必须依法参加保险。设立交强险的目的在于利用保险聚集众人的力量，运用分散风险的原理和大数法则，将被保险人个人原本难以承担的经济负担和责任风险分散于社会之中，以保证受害人能够获得及时而有效的赔偿，维护受害人利益，保障社会稳定。

交强险制度构建了机动车交通事故损害赔偿保障体系，体现了其“以人为本，尊重生命”的立法特点。交强险制度具有很强的社会公益性，它意在保护交通事故的受害第三方，使其得到及时、便捷的补偿，而不在于转移被保险人的风险，这对保障公民合法权益、维护社会稳定起着重要的意义。《中华人民共和国道路交通安全法》第 17 条规定，国家实行机动车第三者责任强制保险制度，设立道路交通事故社会救助基金。可见，交强险在辅助补偿制度的设置上有社会管理职能。

2. 交强险与三责险的区别

机动车第三者责任强制保险（以下简称机动车三责险）是指以被保险人对机动车道路交通事故中的第三者所遭受的损失依法应当承担的赔偿责任为保险标的的法定保险。从法律的角度看,机动车三责险不属于强制保险。我国自2004年5月1日起实施的《中华人民共和国道路交通安全法》第17条规定:国家实行机动车第三者责任强制保险制度,设立道路交通事故社会救助基金。

机动车交强险与机动车三责险在保险种类上属于同一个险种,都是保障道路交通事故中第三方受害人获得及时有效赔偿的险种。只不过交强险是法定强制性的,实际上是强制性三责险,而过去的三责险都是商业性的。交强险与三责险并不矛盾,三责险是对交强险的补充,投保三责险可以获得交强险最大赔付额之外的损失赔偿。但交强险与商业三责险在赔偿原则、赔偿范围等方面存在着本质的区别:

(1)商业三责险采取的是过错责任原则,即保险公司根据被保险人在交通事故中所承担的事故责任来确定其赔偿责任;而交强险实行的是"无过错责任"原则,即无论被保险人是否在交通事故中负有责任,保险公司都将在责任限额内予以赔偿。

(2)出于有效控制风险的考虑,商业三责险规定了较多的责任免除事项和免赔率(额);而交强险的保险责任几乎涵盖了所有道路交通风险,且不设免赔率和免赔额,其保障范围远远大于商业三责险。

(3)从设置的初衷来看,两者具有本质的不同。交强险不以营利为目的,无论盈亏,均不参与保险公司的利益分配,保险公司实际上起着代办的角色,负有更多的社会管理职能。建立机动车交强险制度不仅有利于道路交通事故受害人获得及时有效的经济保障和医疗救治,而且有助于减轻交通事故肇事方的经济负担;商业三责险则属于商业保险,保险公司经营该险种的主要目的是盈利。

(4)交强险具有一般责任保险所没有的强制性。只要是在中国境内道路上行驶的机动车的所有人或者管理人都应当投保交强险,未投保的机动车不得上路行驶。另外,具有经营机动车交通事故责任强制保险资格的保险公司不得拒绝承保,也不能随意解除合同;而商业三责险属于民事合同,机动车车主或是管理人享有是否选择购买的权利,保险公司也享有拒绝承保的权利。

二、国外的交强险制度

1.美国的机动车强制保险

美国是推行强制保险最早的国家。1927年,马萨诸塞州颁布了强制机动车保险法。以此为标志,机动车强制保险由自愿保险向强制保险发展,此后美国大多数州相继颁布了类似法令。美国机动车强制保险制度的立法模式包括绝对强制保险和相对强制保险两类。

绝对强制保险是指机动车所有人在领取行驶牌照之前,必须投保最低限额的责任保险。该保险的责任限额由各州分别确定,多数州规定,保额上限为每次事故2万美元,人身伤害的法定限额在2000美元至4000美元之间,财产损失限额在5000美元至1万美元之间。相对强制保险是指机动车所有人可以自愿选择投保机动车强制保险,美国大部分州实行相对强制保险,同时美国各州都设有机动车第三者责任保险基金,在肇事人未投保、逃逸、失去清偿能力或其保险人无力赔偿时,由各州设立的专业保险基金予以救济。

2. 英国的过失责任制

1931年,英国开始实施交强险,规定任何车辆如果没有有效的第三者责任保险单或保险凭证,不得上路行驶。英国交强险最初只保障人身伤亡,赔偿无限额。财产损失责任于1989年列入保险范围内,限额为25万英镑。

对未获投保人授权驾车者使用保险车辆造成的第三方财产和人身伤亡,保险公司必须承担赔偿责任。在认定交通事故责任时,英国全面实行"过失责任制",只有机动车驾驶人有过错或者过失时才依法承担民事赔偿责任。

此外,英国成立中央基金和汽车保险局,同时实行绿卡制度作为交强险的补充。这些补充机制主要是为那些没有购买交强险、驾驶员肇事逃逸、被保险方违反保险条款等特殊情况而设置的。

3. 德国的第三者责任保险基金

德国实行强制保险制度,车辆不上保险不允许上路。保险分为15个档次或等级,凡是首次参加车辆保险,驾车者的档次或等级一般处在中间位置,即第7档。如果一年之内没有发生交通事故,档次将下调一级,驾车者可以少交一点保险费。反之,每出一次交通事故,驾车者的保险档次就上升一级,也就是说要交纳更多的保险费用。

为了保证对交通事故受害人的赔付,德国成立了第三者责任保险基金,主要负责对肇事车辆未投保、肇事车辆逃逸和驾驶人恶意行为三种情况下受害人的赔付,基金按照一定比例从保险公司第三者责任险保费收入中提取。这个比例是可以浮动的,由保险监管部门掌握。如果基金经营出现亏损,监管部门可上调提取比例;反之,则下调提取比例。第三者责任保险基金由一个名为"交通事故受害者协会"的专门机构来管理,该机构独立于政府和保险行业协会。法律规定,在德国经营车险的保险公司必须加入该协会,协会通过投资来实现基金的保值增值。

4. 日本的推定过失责任制度

1955年,日本通过《机动车第三者责任保险法》,在全国实施交强险,旨在保护受害人的利益,并遏制交通事故的发生。该强制保险仅以汽车第三者伤害责任为限,不包括第三者财物损失。该强制保险规定,不参加保险者不得驾驶汽车,否则处以6个月以下有期徒刑或5万日元以下罚金。

在责任认定方面,日本实行"推定过失责任"制度,由加害人也就是被保险方承担举证责任。实行这一制度的原因在于交通事故发生时间往往较短,如果依过失责任制,由受害人在事后承担举证责任存在一定困难。在该制度下,汽车所有人或驾驶人必须承担举证责任,证明自己不承担赔偿责任。另外,日本建立国家汽车损害赔偿制度和汽车责任共济制度作为交强险的补充。

三、我国交强险制度的建立与特点

1. 我国交强险制度的建立过程

伴随我国国民经济持续快速增长、居民收入不断增高,我国机动车保有量显著增加。另一方面,机动车作为具有一定危险性的运输工具,每年引起成千上万的交通事故,造成了巨大的人员伤亡和财产损失。交强险制度是为帮助处于弱势地位的交通事故受害人,解决机动车所有者与车祸受害人之间的紧张关系,预防和减少机动车交通事故提供的一套有效法律机制。

我国交强险制度通过各行政区划的试行,经历了一个逐渐强化、确立的过程。

(1)启动阶段。1984 年,国务院颁布《关于农民个人或联户购置机动车船和拖拉机经营运输业的若干规定》,标志着我国进入由机动车第三者商业自愿保险向强制法定保险过渡的准强制保险阶段。国务院以及中国人民保险公司、公安部、建设部、国家旅游局、农业部等部委多次单独或者联合发文强调,不参加第三者责任保险的各种机动车辆(汽车、拖拉机等)不给予牌照、不准上路。

(2)试点阶段。1992 年 2 月,中国人民保险公司、公安部关于贯彻实施《道路交通事故处理办法》有关保险问题的通知中,将实行机动车第三者责任法定保险作为维护国家利益、稳定社会、促进经济发展、保障道路交通事故当事人合法权益和妥善处理道路交通事故的重要措施。要求各级公安机关和保险公司协力推行、深化机动车第三者责任法定保险工作,在全国各行政区域逐步实施。

(3)确立阶段。2004 年 5 月 1 日开始实施的《中华人民共和国道路交通安全法》第 17 条规定:国家实行机动车第三者责任保险强制保险制度,设立道路交通事故社会救助基金。这标志着我国正式开始向机动车第三者责任强制保险迈进。根据《中华人民共和国道路交通安全法》第 17 条的规定,国务院颁布的《机动车交通事故责任强制保险条例》对交通事故责任强制保险制度做出了具体的法律规定,并于 2006 年 7 月 1 日起施行,这标志着我国正式进入实行机动车第三者责任强制保险制度阶段。但自《机动车交通事故责任强制保险条例》实施以来备受争议,不断有人质疑其未按“不盈不亏”原则厘定费率,成了保险公司获取暴利的工具。在两年多的反复论证后,2008 年 1 月 11 日,中国保监会正式公布了交强险责任限额调整方案,并批准了由中国保险行业协会上报的交强险费率方案。新的交强险责任限额和费率方案于 2008 年 2 月 1 日零时起实行。中国保监会 2008 年 1 月 11 日正式公布的新《交强险基础费率表》中明确:交强险共分 42 个车型,本次基础费率调整遵循的原则是调低不调高、最大限度地减轻车主负担。2008 新版交强险于 2008 年 2 月 1 日开始实施,共降低 16 个车型的交强险费率,并增加总赔偿限额至 12.2 万元。

2. 我国交强险制度的主要特点

生命权是公民维持其民事主体资格的自然基础,也是享有和行使其他各项权利不可或缺的重要条件。我国交强险制度的发展历程,体现了我国立法对人民群众身体健康和生命安全的保障逐渐加强。

(1)法定强制性。首先,对机动车和投保责任人作了强制性规定。《机动车交通事故责任强制保险条例》第 2 条规定:在中华人民共和国境内道路上行驶的机动车的所有人或者管理人,应当依照《中华人民共和国道路交通安全法》的规定投保机动车交通事故责任强制保险。第 4 条规定:对未参加机动车交通事故责任强制保险的机动车,机动车管理部门不得予以登记,机动车安全技术检验机构不得予以检验。其次,对从事交强险业务的保险公司作了强制性规定,未经批准的不得经营,而被要求经营的保险公司又必须受理交强险业务。《机动车交通事故责任强制保险条例》第5条规定:中资保险公司经保监会批准,可以从事机动车交通事故责任强制保险业务。为了保证机动车交通事故责任强制保险制度的实行,保监会有权要求中资保险公司从事机动车交通事故责任强制保险业务。未经保监会批准,任何单位或者个人不得从事机动车交通事故责任强制保险业务。

(2)不盈不亏原则。不盈不亏原则是指保险公司在厘定保险费率时只考虑成本因素,不设定预期利润率,即保险费率构成中不含利润。《机动车交通事故责任强制保险条例》第6条规定:机动车交通事故责任强制保险实行统一的保险条款和基础保险费率。保监会按照机动车交强险业务总体上不盈利不亏损的原则审批保险费率。

(3)商业保险公司独立经营。《机动车交通事故责任强制保险条例》第5条规定:保险公司经保监会批准,可以从事机动车交强险业务。为了保证机动车交强险制度的实行,保监会有权要求保险公司从事机动车交强险业务。第7条规定:保险公司的机动车交通事故责任强制保险业务,应当与其他保险业务分开管理,单独核算。可见,我国交强险采用的是由商业保险公司独立经营的方式。

(4)无过错责任原则。无过错责任是指在法律规定的特别类型案件中,不考虑加害人有无过错,只要符合其他责任要件,就要承担赔偿等民事责任,而免责和减责的事由则由法律做出明确规定。无过错责任有利于保障处于弱势地位的受害人权利。交通事故是生产、生活中一种多发性人身伤害事故,涉及到方方面面。因此,各国立法高度重视道路交通事故的民事赔偿问题,逐步建立起过错推定、无过错责任或严格责任的归责原则,以改善受害人的赔偿待遇。我国《道路交通安全法》第76条规定的以无过错责任为基础的原则体系,顺应了当代世界道路交通责任法制的发展潮流。首先,确立了保险公司对保险事故的无过错责任,《道路交通安全法》第76条第1款规定,机动车发生交通事故造成人身伤亡、财产损失的,由保险公司在机动车第三者责任强制保险责任限额范围内予以赔偿。其次,确立了机动车之间发生交通事故时适用过错责任的原则,《道路交通安全法》第76条第1款规定,机动车之间发生交通事故的,由有过错的一方承担责任;双方都有过错的,按照各自过错的比例分担责任。最后,确立了机动车对行人、非机动车的严格责任,免责事由仅为受害人故意。

(5)"奖优罚劣"制度。《机动车交通事故责任强制保险条例》第8条规定,机动车交通事故责任强制保险费率水平与交通违章行为挂钩,安全驾驶者可以享有优惠的费率,经常肇事者将负担高额保费。建立这样一种"奖优罚劣"的费率浮动机制,一方面可以利用保险费率经济杠杆的调节手段,提高驾驶人的道路交通安全法律意识,督促驾驶人安全行驶,有效预防和减少道路交通事故的发生。另一方面,政府通过市场机制的辅助手段来进行道路交通安全管理,有利于政府职能的转变,提高道路交通安全管理效率。

(6)先行垫付制度。先行垫付抢救费用,将保障受害人得到及时有效的救助和赔偿作为首要目标。《机动车交通事故责任强制保险条例》第22条规定,对于驾驶人未取得驾驶资格或者醉酒、被保险机动车被盗抢期间以及被保险人故意制造道路交通事故等情况下发生道路交通事故,造成受害人人身伤亡的,由保险公司垫付抢救费用。《机动车交通事故责任强制保险条例》实行后,道路交通事故出险时将由保险公司先行垫付抢救费用,再加上社会救助基金的参与,在交通事故中无辜受伤的人可在最大限度上得到救助。

四、我国交强险制度对道路甩挂运输的影响

道路运输行业与保险行业关系极为密切,是保险行业的重要业务领域。据有关部门的估计,2006 年全国财产保险保费总收入中的大约一半来自道路运输类保险。道路运输业的进步与发展不仅需要保险业的支持,而且也会促进保险业的发展。

2007 年 8 月,中国道路运输协会组织召开了"道路货运发展甩挂运输专题座谈会",多家道路货运企业,深圳、厦门、大连集装箱运输协会等单位参加了会议。所有与会企业都认为,目前牵引车和挂车的交强险费率非常不合理,明显增加了运输企业的成本,成为发展甩挂运输的主要障碍之一。

《中华人民共和国道路交通安全法》出台前,挂车的保险基本上是含在牵引车上,没有单独保险。2004 年《中华人民共和国道路交通安全法》出台后,挂车要单独上牌,保险也与牵引车分开,企业要为挂车单独上保险,不管牵引车配置几部挂车,一辆牵引车一般只需缴纳一辆挂车的保险费。《机动车交通事故责任强制保险条例》于 2006 年 7 月实施后,规定每台挂车都要交纳交强险。按照《机动车交通事故责任强制保险基础费率表》,集装箱牵引车按照"特种车 4"收费,挂车按相同载质量营运货车的一半收费,"交强险"费率分别是 5660 元和 2240 元,两车合计为 7900 元。如果一台牵引车配备 4 台挂车,则交强险费为 14620 元。可见,实行交强险后,牵引车和挂车的保险成本就比此前显著增加了。另外,交强险的费率高保额低,每万元保额需要支付的保费是"三责险"的多倍,集装箱牵引车、挂车都要投保却不累加赔付。在道路运输实践中,由于挂车没有动力,不能单独上路行驶,与普通货车相比,风险低得多。我国对每一辆挂车都要求交纳高额交强险,极大增加了运输企业的负担。

通过改进交强险的工作,对发展甩挂运输实行鼓励的政策,简化征收方式,适当降低费率,支持道路运输采用科学先进的甩挂运输方式,不仅对推进道路运输行业的健康快速发展具有重要意义,而且对保险行业加强与道路运输企业的合作、促进保险业的发展也是具有积极意义的。

第三节　我国发展甩挂运输的多项鼓励政策

不同时期我国发布的鼓励甩挂运输发展的各种政策措施(发文数量及对甩挂运输内容的阐述)从一定程度上表明,甩挂运输越来越受到行政主管部门的重视,甩挂运输发展的政策环境越来越好。本节仅对国家层次的若干鼓励政策进行简要列举与分析(实际上,与国家层次的鼓励政策对应的、各个行政区划的鼓励政策也有很多)。

一、"九五"期间我国鼓励甩挂运输发展的典型政策文件

1996 年,国家经济贸易委员会、公安部、交通部颁布了《关于开展集装箱牵引车甩挂运输的通知》以下简称《通知》。《通知》指出:集装箱甩挂运输是一种先进的运输组织形式,具有提高运输效率,降低运输成本,节约投资,减少车流量等优点。近年来,世界各国已普遍开展集装

箱牵引车甩挂运输。《通知》要求:

(1)鼓励有条件的公路运输企业开展集装箱牵引车甩挂运输。要按有关规定要求,挑选技术状况良好的车辆投入甩挂运输,选派责任心强、技术水平高的驾驶员驾驶车辆,保证安全行驶。

(2)开展集装箱甩挂运输的企业要有专人负责管理,做好甩挂车辆的日常例检、定期维护和车辆行驶凭证的管理,建立和完善甩挂运输的管理规程。

(3)各级公安交通管理部门对全挂车和不与牵引车固定使用的半挂车,无论是否从事集装箱运输,都应核发挂车号牌和行驶证。车辆异地拖挂时,驾驶员除应携带牵引车行驶证外,还需随身携带挂车行驶凭证,以备查验。甩挂车辆不能按时返回原籍车管所年检年审时,暂住地车管所可根据原籍车管所的委托办理异地检验。

(4)各地经贸委、公安、交通等部门要积极支持运输企业开展集装箱牵引车甩挂运输,简化手续,提供方便,加强合作,密切配合,及时解决集装箱牵引车甩挂运输中的问题,做好协调、监督、管理和服务工作。

二、"十五"期间我国鼓励甩挂运输发展的典型政策文件

2001 年 5 月,交通部颁布的《2001—2010 年公路水路交通行业政策及产业发展序列目录》(交规划发[2001]268 号)指出,道路货物运输生产领域重点鼓励干线公路快速货物运输、集装箱运输、特种货物运输以及国防、防汛、抢险、救灾重点物资运输和厢式、罐式、冷藏、专用汽车运输,甩挂运输、联合运输,多式联运及拓展现代物流功能。

2003 年,交通部制定的《道路货物运输企业经营资质管理办法》全面启动了运输企业资质评定活动,企业资质评定把运输企业分为五个级别,分别制定了不同的经营资质条件,明确规定不同级别的企业自有车辆的总载质量或专用车占车辆总数的比例、车辆的新度系数等。该办法对于重载半挂车的推广使用起到了推动作用。

2004 年 4 月,国家发布的强制性标准 GB 1589—2004《道路车辆外廓尺寸、轴荷及质量限值》(2004 年 10 月 1 日开始实施),对道路运输车辆的设计、生产、使用和管理进行了规范,其中对轴荷的限制政策有利于多轴车及半挂汽车列车的发展,主要车型有:①整体封闭式厢式车,整体封闭式厢式半挂车及与半挂牵引车组成的铰接列车(可以提高运输效率,从根本上解决大吨小标问题);②非驱动轴多轴车辆,以及空气悬架半挂车、货车。

2004 年 7 月 1 日开始实施的《中华人民共和国道路运输条例》,规范了从事货运经营的准入条件,鼓励道路运输企业实行规模化、集约化经营,鼓励货运经营者实行封闭式运输;生产(改装)货运车辆的企业应当按照国家规定标定车辆的载质量,严禁多标或者少标车辆的载质量。

2004 年 12 月国家发改委、交通部联合发布的《关于降低车辆通行费收费标准的意见》决定:从 2005 年 1 月 1 日起,10 吨以上货车的公路通行收费标准降低 20% ~30%,其中 10 ~15 吨的货车在现行收费标准基础上降低 20%,大于 15 吨的货车降低 30%。这一政策是积极推动多轴货车及半挂汽车列车发展的重要支持。

2004 年的《节能中长期专项规划》(发改环资[2004]2505 号)将交通运输列为节能的重点

领域，并指出，在公路运输方面“加速淘汰高耗能的老旧汽车；加快发展柴油车、大吨位车和专业车；推广厢式货车，发展集装箱等专业运输车辆；改善道路质量；加快运输企业集约化进程，优化运输组织结构；减少单车单放空驶现象，提高运输效率等”。在新增机动车方面“根据美国、日本、欧洲等国家的经验，机动车节油最经济有效的措施就是制定和实施机动车燃油经济性标准并实施车辆燃油税等相关制度，促进汽车制造企业改进技术，降低油耗，提高燃油经济性，引导消费者购买低油耗汽车”。

三、“十一五”期间我国鼓励甩挂运输发展的典型政策文件

《道路运输业“十一五”发展规划纲要》指出，“十一五”期间道路运输发展的具体目标之一就是提升运输效率，即以国家高速公路网为依托，快速客货运输网络基本形成，基本实现400~500公里以内当日往返，800~1000公里以内当日到达。集装箱运输、甩挂运输得到快速发展，装卸机械化、自动化普及，集疏运效率提高，促进和保障物流产业发展。“十一五”期间道路运输发展的政策措施之一是：加快经营结构调整。鼓励发展甩挂运输、集装箱运输、小件快运、多式联运、搬家运输、城市物流配送等运输组织形式，引导货运企业扩大经营范围和延伸服务领域，逐步向现代物流企业转化。“十一五”期间道路运输发展的另一政策措施是：鼓励和引导运输企业选用自重轻、承载量大、能耗低的运输车辆，淘汰能耗高、技术落后的运输车辆。鼓励发展重型货车，在客源充足的线路鼓励发展大型客车，提高单次运输能力，降低单位燃油消耗。提高运输组织化程度，倡导标准化运输、甩挂运输等组织方式，推广使用出租车调度系统，提高车辆实载率，减少车辆空驶。

《公路水路交通“十一五”科技发展规划》确定了10个重点研发方向，其中之五是运输组织管理技术研究，该研究的预期目标是深化区域交通运输管理、多式联运及集装箱一体化运输、运输组织调度、客货运枢纽规划和设计等方面的技术研究，推动区域交通资源整合，为区域交通一体化提供技术支撑，推进现代综合交通体系建设。主要内容包括区域交通一体化及综合运输规划设计技术、综合枢纽功能设计、智能管理及建设关键技术、多式联运和甩挂运输组织技术、智能化集装箱运输关键技术研究、港口集疏运体系建设关键技术、跨国运输关键技术研究。

2009年以来，国际金融危机对我国实体经济造成了较大冲击，物流业作为重要的服务产业，也受到较为严重的影响。为应对国际金融危机的影响，落实党中央、国务院保增长、扩内需、调结构的总体要求，促进物流业平稳较快发展，培育新的经济增长点，中央政府制定并实施“物流业调整和振兴规划”（规划期为2009~2011年），作为物流产业综合性应对措施的行动方案。这不仅是促进物流业自身平稳较快发展和产业调整升级的需要，也是服务和支撑其他产业的调整与发展、扩大消费和吸收就业的需要，对于促进产业结构调整、转变经济发展方式和增强国民经济竞争力具有重要意义。“物流业调整和振兴规划”列出十大主要任务，在“（十）加强物流新技术的开发和应用”部分明确指出，大力推广集装技术和单元化装载技术，推行托盘化单元装载运输方式，大力发展大吨位厢式货车和甩挂运输组织方式，推广网络化运输。

国家发展和改革委员会、科学技术部在《中国节能技术政策大纲》（2006年）中指出，在公

路运输方面“加快轻型汽车的柴油化进程,发展使用柴油的汽车、专用车、厢式车和重型汽车,提高柴油车在运营车中的比重;提高专用车、厢式车和重型汽车列车在载货汽车中的比重。重点发展适合高速公路、干线公路的大吨位多轴重型汽车列车、短途集散用小型货运汽车和适合农村道路的客车”。“建立以主枢纽为货运节点的道路货运信息服务系统,为我国道路货运中小型企业提供社会化的货物配载、交易及其他的信息服务;引导道路运输扩展仓储、配送等运输功能和服务范围;引导运输企业向规模化方向发展,推广甩挂运输、拖挂运输技术”。

为全面贯彻落实《国务院关于加强节能工作的决定》(国发[2006]28 号)精神,努力建设资源节约型、环境友好型行业,使交通事业切实转入全面协调可持续发展的轨道,适应构建社会主义和谐社会总要求,结合公路、水路交通发展实际,2006 年 10 月 25 日交通部制定并颁布了《关于交通行业全面贯彻落实 < 国务院关于加强节能工作的决定 > 的指导意见》(交体法发[2006]592 号)。其中指出,交通行业节能工作的目标是:到“十一五”末期,在交通行业初步建立起与社会主义市场经济体制相适应的节能管理长效机制,形成管理顺畅、机制严密、考核到位的交通节能工作新局面,努力实现交通部《建设节约型交通指导意见》(交规划发[2006]140 号)中提出的营运车辆、船舶百吨公里能耗下降20%的节能总目标。坚持建设节能型交通基础设施,规划建设综合运输枢纽。综合规划港口、公路场站及配套服务设施,以发展物流中心和快速货运、集装箱等货运场站为主,充分利用城市交通和其他运输方式场站,构建综合性运输枢纽。调整道路运输运力结构,货运装备方面,积极引导和鼓励选择使用推荐车型,鼓励使用柴油汽车及重型车、专用车和厢式车,逐步提高其在运营车中的比重;重点发展适合高速公路、干线公路的大吨位多轴重型汽车列车和短途集散用小型货运汽车;推进拖挂、甩挂运输,提高牵引车利用效率。各级交通主管部门要研究制定积极的用能和节能优惠政策,引导全行业选用节能型车辆。合理控制车辆运力增长。建立和完善交通信息系统,掌握客货流向流量变化规律,加强货运组织和运力调配,提高货运车辆实载率,特别要有效利用回程运力,降低空驶率。鼓励汽车运输企业提供仓储、包装、运输等全过程一体化的第三方服务,发展现代物流业。

为促进公路、水路交通节约能源,提高能源利用效率,根据《中华人民共和国节约能源法》,结合交通运输行业发展实际,交通运输部 2008 年制定并发布了“公路、水路交通实施《中华人民共和国节约能源法》办法”(交通运输部令 2008 年第 5 号),其中指出“各级人民政府交通运输主管部门应当实施公共交通优先发展战略,指导、促进各种交通运输方式协调发展和有效衔接,引导优化交通运输结构,建设节能型综合交通运输体系”。

交通运输部文件《关于印发资源节约型环境友好型公路水路交通发展政策的通知》(交科教发[2009]80 号)明确了 2020 年资源节约型、环境友好型公路水路交通发展的指导思想、基本方针及主要政策,以指导公路水路交通转变发展方式,加快推进现代交通运输业发展,不断提高“三个服务”的能力和水平,为经济社会又好又快发展提供更加有力的交通运输保障。其中指出,“鼓励道路运输企业发挥自身优势,发展快件运输、冷藏运输等有特色、专业化的运输服务,拓展在供应链中的服务功能,积极发展第三方物流。”“推动营运车辆向大型化、专业化、清洁化方向发展,鼓励使用集装箱车、厢式货车、专用运输车和多轴大吨位货车、拖挂车等。”“完善费收等政策,积极推进甩挂运输发展。”

交通运输部、国家发展改革委、公安部、海关总署、保监会联合发布的《关于促进甩挂运输发展的通知》(交运发[2009]808)指出,“发展甩挂运输,对于降低物流成本,推动现代物流和综合运输发展,促进节能减排,提升经济运行整体质量,具有重要意义。各地区、各有关部门应进一步提高认识,加强组织领导,采取切实措施,有效引导和推动甩挂运输的发展。”并从“完善政策和管理制度,为甩挂运输营造良好的发展环境”、“加大资金投入,完善枢纽场站设施”和“开展试点工程,发挥示范效应”等方面明确了大力发展甩挂运输的措施。

此外,值得注意的是,全国交通工作会议不止一次地提出要鼓励发展甩挂运输。2006 年,交通部部长李盛霖在全国交通工作会议上提出,我国应大力发展节约型运输,调整运力结构,降低空驶率,如推广甩挂运输、多式联运等高效运输形式,提高运输效率。2007 年,交通部部长李盛霖在全国交通工作会议上中指出“鼓励发展甩挂运输、厢式运输等先进运输组织方式,提高运输效率”。2009 年,交通运输部部长李盛霖在全国交通运输工作会议上又指出“鼓励港航企业和道路运输企业延伸产业链条,依托交通运输枢纽建设,大力发展甩挂运输,逐步向仓储业务、配送业务延伸”。2010 年,交通运输部部长李盛霖在全国交通运输工作会议中指出“积极发展甩挂运输、滚装运输、江海直达运输、集装箱联运等先进运输组织方式”。

第四节　我国发展道路甩挂运输的基础

一、我国发展道路甩挂运输有良好的宏观背景

1. 工业化与信息化融合

当前,世界上发达国家已基本实现工业化,经济结构调整在不断深化,制造业正加快从生产型制造向服务型制造转型,服务业正在从传统的服务经济向现代服务经济转型。全球战略资源日益短缺,进入了高资源价格时代,走发达国家廉价资源支撑下的传统工业化道路已不现实。全球信息化浪潮席卷全球,信息技术与制造环节的融合日益深化,呈现出设计信息化、装备智能化、流程自动化、管理现代化的发展趋势,精益生产、敏捷制造、虚拟制造、网络化制造等新的生产方式广泛普及,重塑着传统的生产方式和管理模式。

改革开放以来,中国工业实现了跨越式发展,建立起相对完善的产业体系,中国工业化开始进入加速发展的新阶段。作为一个人力资源丰富、自然资源短缺、生态环境脆弱的发展中大国,中国工业化面临着更加严峻的挑战。长期以来,我国经济的快速增长在很大程度上是依靠消耗大量物质资源实现的,经济增长方式粗放,呈现出高投入、高消耗、高排放、低效率的特征。同时,中国的经济增长主要依赖于投资与出口拉动,工业经济在整个国民经济中占绝对主体地位。但中国工业整体的技术创新能力仍然薄弱、管理水平落后,结构性矛盾突出。

我国正在处于工业化加速发展的重要阶段。面对工业化、信息化、城市化、市场化、国际化深入发展的新形势和新任务,党中央、国务院提出大力推进信息化与工业化融合,走中国特色新型工业化道路,实现经济从粗放经营向集约经营转变,从规模速度型向创新效益型转变,全面转入科学发展的新阶段。这是基于我国基本国情得出的重要结论,是顺应全球化发展潮流的现实选择,是中国将要长期面对的艰巨而繁重的战略任务。

党的十七大在十六大的基础上（党的十六大提出“坚持以信息化带动工业化，以工业化促进信息化，走出一条科技含量高、经济效益好、资源消耗低、环境污染少、人力资源优势得到充分发挥的新型工业化路子”），进一步提出“发展现代产业体系，大力推进信息化与工业化融合，促进工业由大变强，振兴装备制造业，淘汰落后生产能力”，从而又丰富了新型工业化道路的内涵。新型工业化道路必须与经济社会协调发展。一是工业化和信息化协调发展，加快两化融合；二是工业化和生态保护协调发展，走绿色工业化之路；三是工业化和农业现代化协调发展，以工业化促进农业现代化；四是高新技术和适用技术协调发展，走高质量工业化之路；五是工业化和全球化协调发展，走国际化市场之路；六是工业化和服务业协调发展，走繁荣现代服务业之路。

2. 工业化与信息化推动运输市场发展

在现阶段，我国正处于工业化、信息化、城市化、市场化、国际化的新背景中（见图11-1），这个背景是发达国家未曾经历的。城市化与信息化推动着城市群的发展，并促进了城市群之间的分工协作过程，进而带动城市群间的人员、物资交流；工业化、城市化、市场化推动着区域经济分工进程，而国际化、市场化、工业化、信息化推动着我国进一步参与全球资源配置活动，正是在资源的全球配置、经济发展的空间分工与布局等因素的作用下，全社会交通运输活动、特别是货物运输活动呈现出更加活跃的状态。活跃的货物运输不仅体现在规模的变化上，更体现在运输服务质量的提升上。另一方面，工业化与信息化的融合发展为交通运输的发展提供了更加有力的装备制造、基础设施建设、运输组织管理技术的支持。

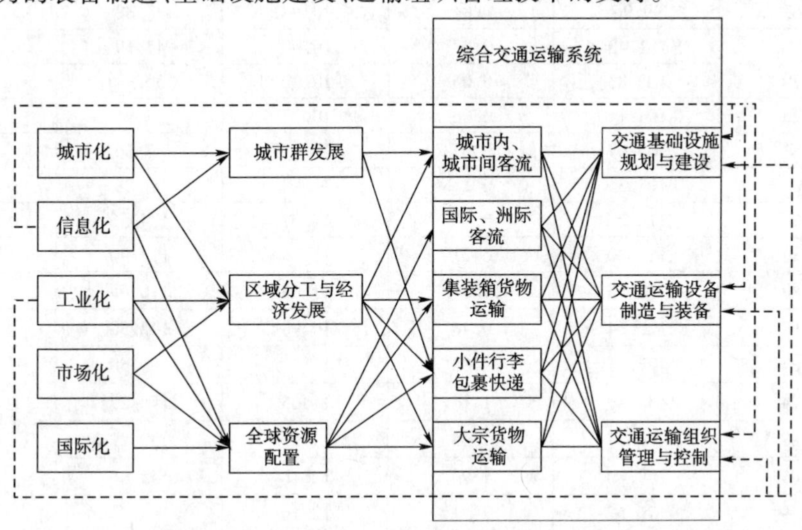

图11-1　我国当前宏观背景与综合交通运输系统间的相互作用示意图

二、我国道路甩挂运输有良好的软硬件条件

改革开放以来，我国交通运输业实现了全面快速发展，以公路、铁路、航空、水运等为主的综合运输网络初步形成，交通运输量大幅增长，交通运输设施和装备水平显著提高，现代管理和信息化应用水平明显提升。

改革开放30年来,国家不断加强公路网的建设,公路基础设施建设迅速发展,在完善国道、省道干线公路的同时,加快高速公路和农村公路建设的步伐,整个运输网络功能日趋完善,整体效率不断提高(见表11-2)。2007年完成固定资产投资6926.6亿元,是1978年的737倍。尤其是近20年来,我国公路事业得到了长足发展,公路总里程迅猛增长。到2007年年底,全国公路总里程(不含村道)达196.2万公里,比1978年增长了120.4%,平均每年增长2.8%。2008年,我国等级公路里程277.85万公里,比2007年增加24.31万公里,占公路总里程的74.5%,比2007年提高3.8%。2008年全国农村公路(含县道、乡道、村道)里程达到324.44万公里,比2007年增加11.01万公里。

改革开放以来我国五种运输方式线路长度状况(单位:万公里)　　表11-2

年份	铁路营业里程	公路总里程	高速公路里程	内河航道里程	民航航线里程	管道输油(气)里程
1978	5.17	89.02	—	13.60	14.89	0.83
1980	5.33	88.83	—	10.85	19.53	0.87
1981	5.39	89.75	—	10.87	21.83	0.97
1982	5.33	90.70	—	10.86	23.27	1.04
1983	5.46	91.51	—	10.89	22.91	1.08
1984	5.48	92.67	—	10.93	26.02	1.10
1985	5.52	94.24	—	10.91	27.72	1.17
1986	5.58	96.28	—	10.94	32.43	1.30
1987	5.60	98.22	—	10.98	38.91	1.38
1988	5.62	99.96	0.01	10.94	37.38	1.43
1989	5.70	101.43	0.03	10.90	47.19	1.51
1990	5.79	102.83	0.05	10.92	50.68	1.59
1991	5.78	104.11	0.06	10.97	55.91	1.62
1992	5.81	105.67	0.07	10.97	83.66	1.59
1993	5.86	108.35	0.11	11.02	96.08	1.64
1994	5.90	111.78	0.16	11.02	104.56	1.68
1995	6.24	115.70	0.21	11.06	112.90	1.72
1996	6.49	118.58	0.34	11.08	116.65	1.93
1997	6.60	122.64	0.48	10.98	142.50	2.04
1998	6.64	127.85	0.87	11.03	150.58	2.31
1999	6.74	135.17	1.16	11.65	152.22	2.49
2000	6.87	140.27	1.63	11.93	150.29	2.47
2001	7.01	169.80	1.94	12.15	155.36	2.76
2002	7.19	176.52	2.51	12.16	163.77	2.98
2003	7.30	180.98	2.97	12.40	174.95	3.26
2004	7.44	187.07	3.43	12.33	204.94	3.82
2005	7.54	334.52	4.10	12.33	199.85	4.40
2006	7.71	345.70	4.53	12.34	211.35	4.81
2007	7.80	358.37	5.39	12.35	234.30	5.45

注:数据来源于《中国统计年鉴》(2008)。

2007年,我国公路密度达37.3公里/百平方公里(1978年为9.3公里/百平方公里),全国"五纵七横"公路框架基本贯通,初步构筑了我国区域和省际间横连东西、纵贯南北、连接首都的国家公路网络。1988年以来,国家积极推进高速公路网的建设,高速公路发展尤为迅猛。1988年沪嘉公路建成通车,我国高速公路实现了零的突破,之后高速公路建设连创新高。1988年我国高速公路通车里程为147公里,到1999年突破1万公里,到2002年突破2万公里。高速公路的飞速发展,改变了我国的路网结构和通行条件。目前我国公路总里程、高速公路里程均位居世界第二位。到2007年年底,全国高速公路里程已达到5.4万公里,当年新增8300公里。从1989年到2007年,高速公路平均每年增长6.7%。我国用短短10多年的时间走完了发达国家30~40年的发展历程。"十五"期间实施了以提高国土交通通达度、改善农村道路质量为主要目标的大规模农村公路建设,农村公路通达度明显提高,到2007年年底,全国农村公路总里程达313.4万公里,有17个省(区)农村公路里程超过10万公里。2007年乡镇通公路率达到98.5%,实现了99.0%的乡镇、88.2%的建制村通公路。

在公路运输车辆不断增加的同时,车辆装备水平也不断提高,高档化、舒适化、大型化、专业化车辆比重上升,高档客车和大型化、专业化载货汽车迅速增加。公路旅客运输向快捷、舒适、安全发展,公路货运向快速、长途、重载发展,专用车产品向重型化、专用功能强、技术含量高的方向发展。

三、我国道路甩挂运输市场发展很不成熟

我国自20世纪70年代就已经有学者在倡导推广当时国外已广泛应用的甩挂运输方式。过去,由于交通车辆管理等方面的原因(例如:我国交通运输管理部门对汽车列车的相关规定是:一辆牵引车只允许拖带一辆挂车,两者车牌统一,不得与其他挂车互换行驶,列车总长度不得大于16.5米,总质量不得大于40吨),挂车与牵引车必须同时匹配使用。近年来,各省市陆续对这一影响甩挂运输的法规进行了修订,从车辆管理上为甩挂运输的实施提供了条件。但时至今日,我国甩挂运输市场的发展依然较为缓慢,我们认为,除了政策、体制等方面的外在的宏观层面原因,行业发展水平、相关企业的经营规模是制约甩挂运输发展的内在原因。

(1)道路运输企业经营规模制约了甩挂运输组织方式的开展。多年来,我国道路货运行业经历了曲折的发展历程。改革开放的政策虽然繁荣了市场经济,激活了道路货运行业内的竞争机制,但由于种种原因,我国道路货运行业的发展及行业内竞争的效果并不尽如人意。许多原有的大、中型道路货运企业名存实亡;工商企业自货自运率居高不下;货物运输的组织化程度过低。而对于这种多、小、散、弱的市场结构,落后的管理手段和客户的随机性和临时性,实施甩挂运输既无需求、又无条件。我国道路运输企业集约化、规模化经营格局还未形成,我国公路货运企业普遍较小的规模约束了甩挂运输的开展,半挂车运输市场实行甩挂运输的比例还很低。经过政府多年的呼吁(如前所述的各种鼓励政策),道路货运市场出现了局部的、零散的组织甩挂运输的行为,甚至出现专业的牵引车、挂车管理企业,但由于道路货运市场占有率和客户关系稳定性等因素,甩挂运输的期望效益远未被发掘。

(2)道路运输企业服务层次水平低。对于最适宜采用甩挂运输的大中型公路货运企业而言,企业在经营管理方面的理念及管理手段的缺乏是导致其无法发展甩挂运输的原因之一。

运输企业缺乏长期固定的客户,而仅凭临时客户采用甩挂运输既困难,又不经济;运输企业的货源较为有限,使得提高牵引车使用效率没有实际的经济意义,而多购置的挂车只会增加额外投资。缺乏长期固定客户和货源短缺都反映了目前我国道路货运企业现代管理水平的低层次状态。

(3)管理技术手段的滞后影响了甩挂运输优势的发挥。由于甩挂运输是一种先进的运输组织方式,适宜于运量规模较大、网络化经营的货物运输,除了运输组织与管理因素之外,一些诸如信息传输、车辆跟踪与调度等技术手段也是影响甩挂运输效果的重要因素。我国运输企业市场集中度低、企业规模小,在组织规模化与网络化的运输方面技术手段缺乏,难以适应甩挂运输的技术要求,技术手段的落后也影响了甩挂运输优势的发挥。

第五节 道路运输整体发展趋向

一、美国交通运输发展的启示

本节之所以以美国为参照对象,是因为美国交通运输发展具有典型性:

(1)迄今美国的交通运输发展已进入相对成熟时期,以美国交通运输系统为研究对象可以从更长的历史发展区间认识交通运输的演变规律;

(2)目前世界上交通运输发展较好的国家主要是美国、日本和欧盟部分国家。美国的国土面积、地理区位等与我国有很多类似之处,其交通运输发展的规律对于我国具有更好的可比性和借鉴意义。

美国货物运输系统的发展大致经历了四个阶段:海运阶段、铁路运输阶段、汽车运输阶段和综合运输与信息化阶段。

据美国有关机构的研究分析[134],美国综合交通运输体系呈现出一个重要特点,即在现行综合运输体系发展模式下,公路货物运输活动对州际公路交通造成明显的交通拥堵影响。

要缓解甚至解决公路货物运输对美国州际公路交通造成明显的交通拥堵问题,必须对综合运输体系进行整合,其中大力发展公—铁、铁—海、公—海多式联运是最直接、最有效的办法之一。图 11-2 为依托公路甩挂运输车辆与铁路货车实现的多式联运。

图 11-2 美国某铁路快速运输通道示例

二、未来 20 年我国交通运输发展的主要影响因素

(1)我国经济还将快速发展。据有关专家的预测,到 2030 年,我国的国内生产总值(GDP)将跃居世界第一位。从 1997 ~2008 年我国全社会运输量整体增速与 GDP 增长趋于一致。随着我国经济的快速发展,交通运输量也在快速增长,这将进一步加深交通运输需求与交通运输供给之间的矛盾。

(2)我国人口数量不断增加。根据国家人口发展战略研究结论,到2030年,我国人口将增加到15亿左右。美国战略与国际研究中心(CSIS)发布报告称:2030年,中国的老年人口比例将与美国持平,达到24%,此后老龄人口比例将超过美国。随着城市化的发展,我国的人口分布将继续发生变化,按照目前中国城市化的发展趋势,到2025年,中国将有超过66%的人口生活在城市。中国的城市人口将于2025年达到9.26亿,到2030年将突破10亿。人口增长、年龄结构的变化、人口分布的变迁、出行方式的改变,将对未来交通运输需求产生巨大影响,并对交通运输行业提出新的要求。

(3)我国的煤、石油等主要资源主要分布在西部和北方地区。主要能源产地和消费地的分离,使得我国国内大宗散货运输需求规模可观。到2030年,我国将在长江三角洲、珠江三角洲、京津唐等地区形成一批人口规模上亿的大城市群。城市群的发展对城市群内部交通运输、城市群间的交通运输发展提出了新的要求。

(4)能源消费日益增长。根据2008年中国能源发展报告预测,2007~2020年间,中国石油消费仍将保持较高增长速度,预计2010年和2020年中国石油消费量将达4.07亿吨和5.63亿吨,交通运输石油消费量仅次于工业,占25%左右。2008年中国石油(包括原油、成品油、液化石油气和其他石油产品)净进口量达20067万吨,同比增长9.5%。进口石油在2007年首次占到国内油品消费量一半之后,2008年中国石油净进口量在国内油品消费量中的占比已升至接近52%。目前,中国已成为世界第二大能源消费国,能源消费的增长势头还将继续。国际能源机构(IEA)预测,随着越来越多中国消费者购买汽车,到2030年,中国石油消耗量的80%需要依靠进口。节能将是未来我国交通运输发展需要重点考虑的问题。

(5)我国地区发展差异大。在这种情况下容易引发周期性或突发性的交通运输需求剧增,近年来由煤电运输引起的突发性需求膨胀,由国际金融危机引起的煤炭大量存积于港口导致运输需求的显著萎缩,就是典型的例子。

(6)我国是世界上自然灾害最严重的少数几个国家之一。中国自然灾害种类多、发生频率高、造成的灾情严重。突发的自然灾害往往会造成交通运输系统局部瘫痪,局部交通运输供给能力迅速下降。

三、我国道路货运现代化与甩挂运输

1.公路运输现代化的背景

社会主义现代化是实现中华民族伟大复兴的必然之路。中国的现代化建设已经进入了关键期。所谓关键期,可以从三个方面来表述:一是经过若干年的建设,中国现代化的基础已经建立,需要向更高的阶段发展,进入更高的发展层次;二是经过若干年的改革,许多弊端革除的同时,经济社会体制中的深层次矛盾暴露出来,并且相互交织在一起,成为进一步发展的巨大障碍,不解决这些矛盾,现代化事业就可能受阻甚至倒退;三是随着现代化事业的推进,现代化建设已经深入到各个行业、各个领域,推进现代化意味着必须解决更具体、更专业、更实际的问题。

中国共产党及中国政府对国家现代化的进程把握十分准确。党的"十六大"报告提出"全面建设小康社会"的宏伟蓝图,更科学、更全面、更高层次地规划了我国今后20年乃至更长的现代化事业。党的十六届四中、五中全会提出要坚持以科学的发展观统领经济社会发展全局，坚持以人为本，转变发展观念，创新发展模式，提高发展，落实“五个统筹”，把经济社会发展切实转入全面协调可持续发展的轨道。科学发展观是指导发展的世界观和方法论的集中体现，是我们党在深刻总结我国长期以来经济建设中的经验教训，吸收人类现代文明进步新成果的基础上提出来的，是对社会主义现代化建设指导思想的重大发展。科学发展观的实质，是实现又快又好地发展。同时，发展必须是科学的发展，注重提高经济增长的质量和效益，注重资源的节约和环境保护。党的十七大报告进一步指出，“科学发展观，第一要义是发展，核心是以人为本，基本要求是全面协调可持续，根本方法是统筹兼顾。”

坚持科学发展观是中国共产党及中国政府针对现代化建设新的发展阶段出现的新情况、新问题提出的，具有重要的时代意义，是各行各业在新的历史时期现代化建设的总方针，对交通运输业这一重要领域也是如此。原交通部已经提出了在2040年全国基本实现交通运输现代化的战略目标。2005年，在交通部制定的《全面建设小康社会公路水路交通发展目标》中提出的现代化交通的衡量标准是：更安全、更便捷、更可靠、更经济、更智能、可持续，让用户放心、省心、舒心。在交通部制订的《道路运输业“十一五”发展规划纲要》中，“十一五”期间我国道路运输发展的总目标是“道路运输基本完成从数量扩张向质量提高、从粗放型发展向质量效益、环保节约型发展的转变，道路运输服务和安全水平明显提高，道路运输有效供给能力明显增强，运输基础设施建设明显加快，运输结构趋于合理，科技进步对行业发展的推动作用更加明显，法规体系和市场机制得到进一步完善，市场监管水平和公共服务能力进一步提高，能力充分、组织协调、运行高效、管理上乘、服务优质、安全环保的道路运输服务保障体系基本建立，在综合运输体系中的主导地位和连接作用进一步增强，与其他运输方式共同构筑布局协调、衔接顺畅、优势互补的现代综合运输体系，适应经济增长和社会进步的需要。”这些发展目标的提出对我国的公路运输提出了更高、更严格的要求。

我国的公路运输业经过新中国建立以来的长期建设和改革开放的快速发展，已经取得举世瞩目的进步。同时，目前的中国公路运输业呈现出一种典型的二元化特征，即传统落后的运输方式与现代的、高科技支持的运输方式并存。无论公路基础设施、运输工具，还是运输经营理念、组织形式、管理方式、产业结构，直至业内的经营管理者、生产者无不如是。二元化的特征在东西部地区的程度是不同的，东部更现代一些，西部更传统一些，但地域差异并没有小到二元结构消失。实际上，二元化特征只反映一个事实，那就是中国的公路运输与它所依存的国民经济一样，正处在由传统到现代的重要转型期，这个时期的特征是新旧并存、矛盾复杂、秩序相对紊乱。

现代化是以科学技术革命为推动力，从传统社会向现代社会转变的进程，这一进程包括经济、政治、文化、思想等各个领域的变革。交通运输业是国民经济的基础产业，作为经济社会系统中重要子系统的公路运输，其现代化应符合经济社会大系统现代化进程。由此可以得出，公路运输现代化就是伴随着工业化社会和信息化社会的发展，公路运输领域产生进步变革的过程。在一定的经济社会公路运输需求条件下，公路运输现代化能够实现社会资源的最佳配置。公路运输现代化以先进的工业化技术和新型的信息化技术为基础，以运输资源更加科学合理地配置为目的，以高度发达的交通基础设施和科学完善的管理为特征，以满足高度发展的经济、社会的各种公路运输需求为结果。

2. 道路货运现代化

从货物空间移动的角度看，道路货运是公路运输门到门优势得以全面发挥的主要体现。作为公路运输重要子系统的道路货运，在公路运输现代化的进程中必然扮演着重要角色，公路运输现代化向道路货运的发展提出了更高的要求，而道路货运的超前发展必将助推公路运输现代化进程，道路货运的滞后发展必将阻碍公路运输现代化进程。道路货运现代化是公路运输现代化的重要组成部分，对于降低运输成本、提高运输效率、促进经济交流和协作、推动产业结构调整和生产力合理布局等具有重要意义，也有利于降低公路损耗、减少交通事故、节约能源和保护环境。

实现道路货运现代化，就是要形成符合技术进步发展趋势、适应中国经济地理特点和运输市场要求、依托发达的运输基础设施网络、使用先进的货物载运工具、建立高效的运输组织管理体系、能够为经济社会发展提供优质服务并能够促进经济社会可持续发展的现代化道路货物运输体系。目前我国道路货运体系中最突出的问题主要表现在运输装备水平和运输组织方式比较落后，运输市场发育不完善，而运输管理体制又是制约这些方面改进和发展的重要障碍。所以，我国道路货运现代化应以改善和提高货运装备的水平、优化货运车辆结构为重点，以规范市场竞争秩序和建立良好的运输市场环境为依托，带动运输组织形式和运输组织结构的优化。

发达国家的经验表明，道路货运载运工具的发展方向包括大吨位车和小型车两种，大吨位车主要用于中长途道路货物运输，而小吨位车用于短途集散。

中长途道路货运装备发展的方向是大吨位、专用化、低能耗和高可靠性，其中发展重点是半挂汽车列车。目前，半挂列车在发达国家的中长途道路运输中占有约70%的市场份额，半挂列车中专用半挂列车占90%以上；同时，厢式半挂车承担了半挂列车运输中的非集装箱运输的绝大部分份额。因此，我国道路货运装备水平的改善和提高应当致力于鼓励和推进厢式半挂车的发展，特别是要着重鼓励和推进高速高效厢式半挂车的发展。

从货物运输平均运距看，在我国的货物运输分工中，铁路主要服务于700~800公里运距货物，公路主要服务于50~70公里运距货物，水运主要服务于1500~2200公里运距货物，民航主要服务于2000~3000公里运距货物，管道主要服务于300~400公里运距货物（见图11-3、图11-4和图11-5）。

然而，不同运输方式之间合理运距的界限是受多种因素影响的，目前许多干线公路运输的运距已经超过1000公里。实际上，800公里以内的经济区域间的整车和零担运输主要由道路运输承担。根据《山东省道路运输业调查分析报告》，山东省公路货物运输中远程运输的平均运距达820多公里，中长途货物运输运距达到近430公里，公路远程货运周转量的份额近30%，反映出公路运输的作用和地位正在分化，普通公路仍然承担着短途集疏运的功能，但高速公路已经分离出来发挥着运输通道的作用。

可见，综合运输体系分工发展的一种趋势就是：经济区域间和城际的非大宗货物运输，特

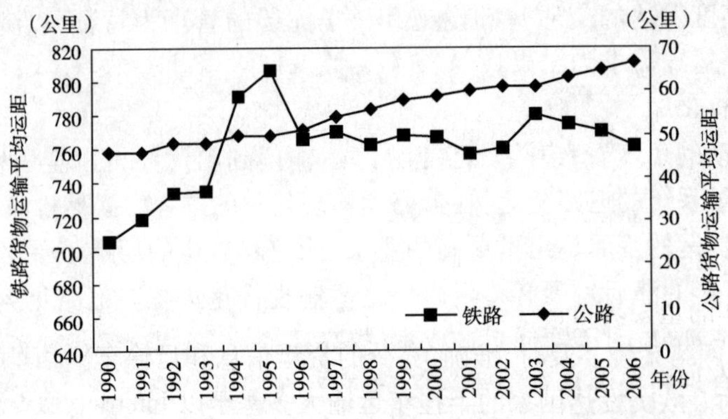

图 11-3　我国公路、铁路货运平均运距的演变

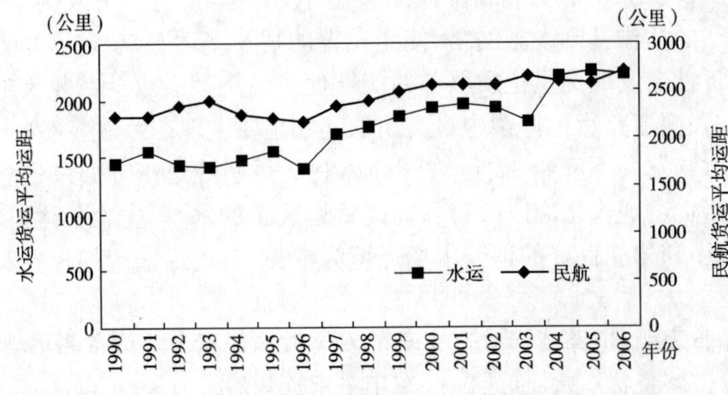

图 11-4　我国水运、民航货运平均运距的演变

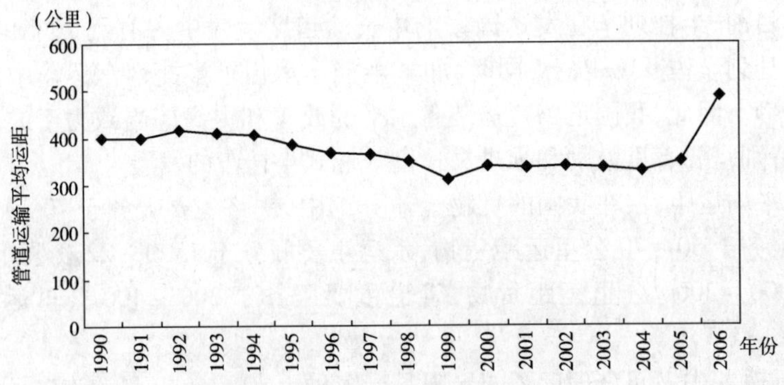

图 11-5　我国管道运输平均运距的演变

别是工业半成品、制成品以及日用消费品的整车和零担运输主要由各种道路货运装备承担，而城市内部的货物运输则由小型货车特别是小型厢式货车承担。道路货运中存在的运输装备和运输组织方式落后等突出问题也主要集中在这部分运输服务上。按照道路货运及装备现代化的要求和半挂车的特点，半挂车的市场定位应重点集中在这一领域。因此，大力发展以高效高速半挂车为主体的干线公路运输、经济区域间和城际的工业制成品和日用消费品的整车和零

担运输,是现阶段推动我国道路货运和装备现代化的重点。

由于半挂车所具有的特点,依托半挂车发展甩挂运输需要具备以下条件:

(1)高效的运输组织体系。由于半挂车的装卸时间长达数小时,为了节约成本,欧美发达国家的半挂车运输普遍实行牵引车与半挂车能够分离的甩挂运输。半挂车一般属于大的运输公司,牵引车一般分属分散在各地的个人或小公司,半挂牵引车与半挂车数量之比在1:3左右。是否能够实现头尾之间的有效衔接,尽最减少半挂牵引车的停留等待和空驶时间,就成为决定半挂车运输效率的重要环节。

(2)强大的信息网络系统。及时、准确、充分的货运信息和运输车辆信息对于半挂车的运输组织是极其重要的。欧美发达国家的半挂车运输大多基于以Internet、EDI和GPS等为依托的信息网络系统,这是加强运输公司与客户之间的沟通、运输公司和牵引车(车头)业主之间的沟通和协调,实现统一指挥、统一运输的重要保障。

(3)适宜的基础设施系统。由于半挂车具有大吨位、大容量、高效高速的特点,其对包括道路、桥涵、场站等在内的基础设施有一定的要求。

(4)有效的资本投放。由于半挂车车辆购置成本较大,在目前我国以中小企业和个体运输业者为主体形态的货物运输市场中,大部分业主缺乏购置半挂车的资本投入能力,因此,有实力的大型企业集团和投资方有效的产权联合形式和有效的资金信贷环境,对于推动半挂车的发展很重要。

(5)积极的政策支持。半挂车作为现代道路货运的主要形式和发展方向,其有效的推进和良好的发展对促进交通运输现代化和国民经济发展具有重大意义;另一方面,其在发展初期面临相互交叉的多种因素的制约。因此,积极有效的政策支持在推进半挂车运输发展中尤为必要。

第六节 道路运输行业节能减排

一、国外对交通运输节能减排的认识

交通运输行业作为国民经济主要的终端耗能部门之一,其能源消费包括两个部分:一是由完成运输活动的各种载运工具或设施直接消耗的能源;二是由各运输组织或管理部门服务于运输生产活动的能源消耗。不同运输方式的主要耗能状况是:

(1)道路机动车:包括通过各种能源驱动的道路机动交通工具,如各种类型的汽车、电车、拖拉机等。能源类型包括汽油、柴油、电力、压缩天然气、液化石油气、燃料电池、乙醇等。

(2)铁路机车:包括蒸汽机车、内燃机车和电力机车3种类型,分别采用煤炭、柴油、电力作为能源。

(3)民用航空:主要是各种民用飞行器,以航空煤油为燃料。

(4)水路运输:包括各种在内河、湖泊、远近洋运输的船舶以及港口装卸作业设施等,所使用的能源主要有柴油、汽油、电力等。

(5)管道运输:主要是管道输送动力设施,消耗燃油、电力等能源。

根据《2050年美国交通运输远景》的分析，美国交通运输系统每天要消耗约1250万桶原油，这相当于美国国内的全部产量加上一半的原油进口总量，这使得美国的交通运输系统过分依赖于国外的能源。美国大多数专家认为，约在2020年，世界常规石油年产量将达到最高值350亿桶，然后将保持一个长期的下降趋势。世界非常规石油储备的重油、沥青砂、油页岩等，是常规石油的几十甚至上百倍，常规石油的成本约是30美元/桶，这些非常规石油资源在经济上是可行的。因此，石油燃料保持可靠性且在未来保持合理的价格是有可能的。然而，继续依赖石油燃料的环境后果是不可持续的，由于依赖石油产品，每年产生的碳化合物排放量预计将增加一倍以上。与此同时，交通运输系统排放了挥发性有机氧化物总量的30%，臭氧污染物的40%，一氧化物的80%，并且是精炼微粒物排放的主要来源。展望未来，改变交通运输的能源消耗结构将对能源安全和环境产生明显的效益。通过使用非碳燃料和高效率的交通运输工具，可以消除美国政府对国外石油的依赖，并且可以减少温室气体排放。

近年来，发达国家普遍采用节约环保的可持续交通运输发展战略，将资源优化利用、环境保护引入交通规划过程，建立以满足交通需求、资源优化利用、改善环境质量为目标，以交通负荷、环境容量、资源消耗、各种交通方式的协调运用为约束条件，符合可持续发展要求的交通规划新理论和新方法，不断提高综合交通装备的技术水平，推动公共交通和其他快速、重载、大容量、节能环保交通装备的发展，并通过先进的交通运营组织技术对各种交通方式进行有效衔接，最大限度地提高交通运输系统的效率。

二、我国交通运输行业的能源消耗状况

自改革开放以来，我国工业实现了跨越式发展，中国工业化进入加速发展的新阶段。面对工业化、信息化、城市化、市场化、国际化深入发展的新形势和新任务，党中央、国务院提出大力推进信息化与工业化融合，走中国特色新型工业化道路。工业化与信息化融合发展进程与交通运输发展过程之间存在密不可分的联系，工业化与信息化融合发展为交通运输业的发展提供着技术支持，而交通运输业应为工业化与信息化融合发展过程提供有效的物资与人员流动支撑。在这样较为特别的历史发展阶段，我国交通运输行业消耗着大量的能源资源。如：从原油加工后的成品油，即汽油、柴油、煤油等的消费状况看，2006年、2007年我国汽油、柴油和煤油消耗的主要部门是交通运输部门（见图11-6、图11-7、图11-8、图11-9）。

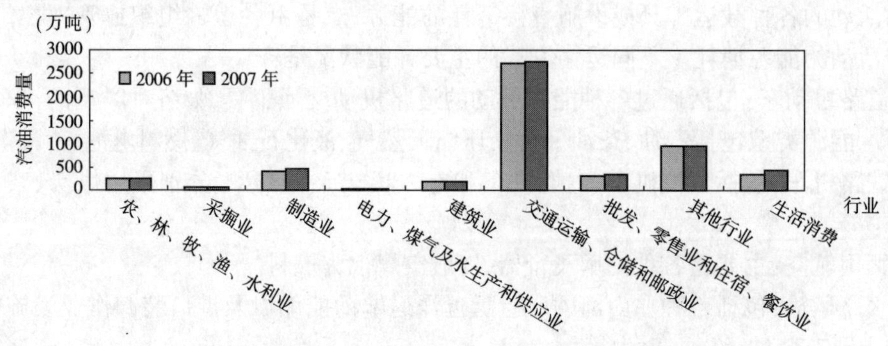

图11-6 2006年、2007年我国汽油消费量的行业分布

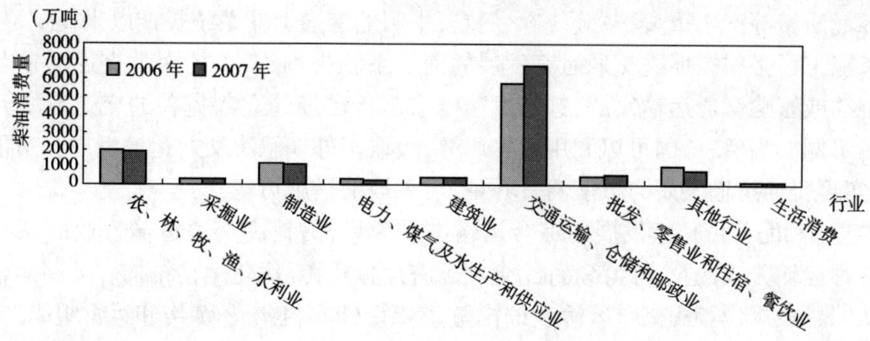

图 11-7　2006 年、2007 年我国柴油消费量的行业分布

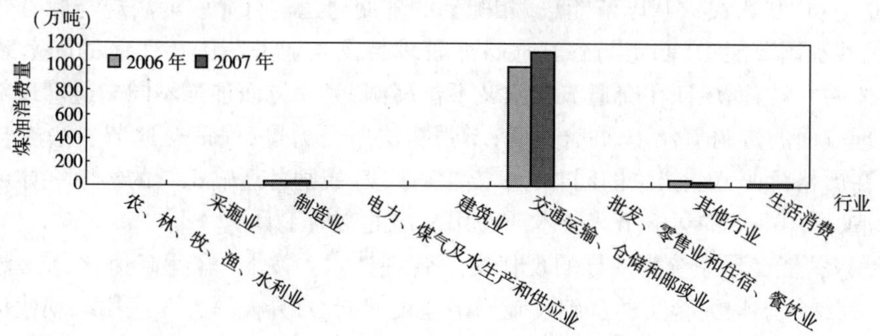

图 11-8　2006 年、2007 年我国煤油消费量的行业分布

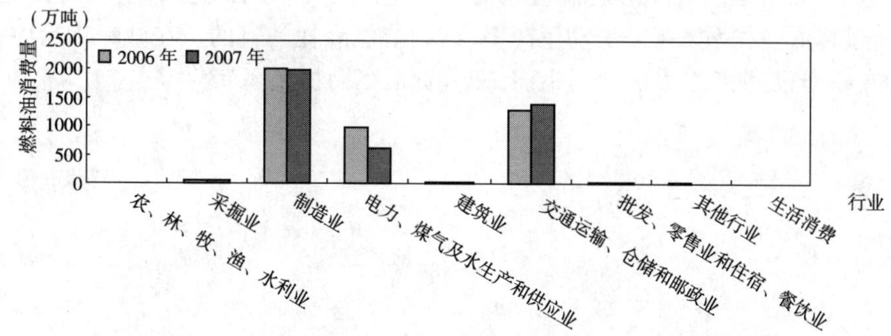

图 11-9　我国燃料油消费量分布

在交通运输需求总量日益增长、资源环境矛盾日益突出的条件下,有效挖掘各种交通运输方式的组织管理效率,充分发挥各种交通方式的比较优势和组合效率,建立局部优化、分工协作、协调配合的综合交通运输系统是经济发展到一定程度的必然要求,对保障和拉动国民经济发展、节约资源和保护环境具有极其重要意义。

三、我国交通运输节能减排

交通运输行业作为主要的能源消耗终端部门之一,其节能工作的成效对中国建立资源节约型社会、保证全国节能工作的有效实施具有重要意义。特别是由于交通用能以传统的石油燃料为主导技术模式,加大交通节能力度,将对节约石油资源、缓解石油消费增长压力、减少排放和提高环境质量等产生重大积极影响。但是,中国的交通运输系统长期以来发展滞后,实施交通运输节能工作必须在促进交通运输发展的前提下积极推进,不能因为交通运输节能工作的开展而制约或影响交通运输发展,这与发达国家基于已经建立起完善的交通系统开展节能具有明显的不同。当然,中国可以利用后发优势,吸取国外在解决交通运输发展和节能方面的经验教训,实现交通运输发展与节能两者并举,可采取的措施可包括:

(1)以建立和完善可持续发展的综合运输体系为目标,提高交通运输行业的系统节能水平。根据各种运输方式的技术经济特征,合理配置运输资源,优化运输结构。公路运输行业在继续加快路网建设规模和提高干线等级的同时,不断改善运输车辆结构和运营组织,提高运输的集约化水平;大力发展多式联运,提高综合运输系统的整体效率和能源利用效益。

(2)建立与《中华人民共和国节能法》相配套的各交通运输行业政策法规与标准体系。根据《中华人民共和国节能法》制定与各交通行业管理特点与业务范围相适应的配套政策法规与相关标准体系,一方面保证在交通节能领域不留漏洞,另一方面加强不同交通管理部门在节能政策与管理方面的协调与合作,联合执法,增强执法监督力度,保证交通节能法规与标准的有效实施。在严格行业节能执法的同时,采取经济手段,鼓励各运输工具的经营主体或使用者重视节能改造,采用高效的运输节能技术或使用清洁的交通工具。

(3)发展以智能交通系统为主导的现代交通管理技术。按照“客运高速化、货运物流化”的发展要求,在继续加快完善交通基础设施网络建设的同时,开发、推广、应用以现代信息网络为基础的智能交通系统,逐步提高运输系统效率,达到节约能源的目的。

(4)建立符合市场运行规律的运输组织结构。充分发挥车辆的运载能力,提高运营车辆的实载率,通过降低空载率来提高劳动生产率,达到节能降耗的目的。在城际货运中,提高异地返程车的实载率;建设综合性客货运枢纽,完善货运车辆物流环节。

参考文献

[1] 李亚茹. 提高道路运输效率的有效途径——甩挂运输[J]. 公路交通科技,2004,21(4):119-122.

[2] Brian A. Weatherford, Henry H. Willis, David S. Ortiz. The State of U.S. Railroads: A Review of Capacity and Performance Data[R]. the RAND Corporation, 2008.

[3] 胡思继. 综合运输工程学[M]. 北京:清华大学出版社、北京交通大学出版社,2006.

[4] 张国平,魏然,苗建瑞. 驮背运输在公铁联运中应用的可行性[J]. 综合运输,2009(5):69-71.

[5] 吴融华. 国外汽车挂车列车发展现状[J]. 商用车 & 发动机,2006,26(6):48-49.

[6] Federal Highway Administration Washington, D. C.. Truck Characteristics Analysis[R]. 1999

[7] 张筱梅. 我国半挂车市场进入"休整期"[J]. 专用汽车,2006(4):10-12.

[8] 王欣. 国内半挂车市场前景看好[J]. 重型汽车,2005(4):29-32.

[9] 列宁. 哲学笔记[M]. 北京:人民出版社,1974.

[10] 约翰·C·泰勒,暴永宁 译. 自然规律中蕴蓄的统一性[M]. 北京:北京理工大学出版社,2004.

[11] 王鹏令. 时—空论稿[M]. 北京:人民出版社,1985.

[12] 漆贯荣. 关于时间本质的研究[J]. 陕西天文台台刊,1998,21(1):20-27.

[13] 潘玉君. 地理学基础[M]. 北京:科学出版社,2001.

[14] 吴立新,史文中. 地理信息系统原理与算法[M]. 北京:科学出版社,2003.

[15] 李后强,汪富泉. 分形理论及其在分子科学中的应用[M]. 北京:科学出版社,1993.

[16] Pietronero, L., Tosatti, E.. Fractals in Physics[M]. North-Holland: Amsterdam, 1986.

[17] Edgar E. Peters. Fractal Market Analysis[M]. New York: John Wiley & Sons., 1994.

[18] Charles S. Tapiero, Pierre Vallois. Run length statistics and the Hurst exponent in random and birth-death random walks[J]. Chaos, Solitions & Fractals, 1996, 7(9): 1333-1341.

[19] Michel Couillard, Matt Davison. A comment on measuring the Hurst exponent of financial time series[J]. Physica A, 2005, 348: 404-418.

[20] C. 查特菲尔德. 时间序列分析导论[M]. 北京:宇航出版社,1986.

[21] 李红启. 宏观物流时空特征研究[D]. 北京:北京交通大学,2006.

[22] Harvey J. Miller, Shih-Lung Shaw. Geographic Information Systems for Transportation—Principles and Application [M]. New York: Oxford University Press, Inc. 2001.

[23] 郭仁忠. 空间分析(第二版)[M]. 北京:高等教育出版社,2001.

[24] 刘再兴. 区域经济理论与方法[M]. 北京:中国物价出版社,1996.

[25] 市来清也. 物流经营论[M]. 北京:中国物资出版社,1992.

[26] 吴宪和,陈顺霞. 流通经济学教程[M]. 上海:上海财经大学出版社,2000.

[27] R. S. Tolley, B. J. Turton. Transport systems, policy and planning: a geographical approach [M]. England: Longman Scientific & Technical, 1995.

[28] 杨吾扬,等.交通运输地理学[M].北京:商务印书馆,1986.

[29] 王同亿.语言大典[M].海口:三环出版社,1990.

[30] Kenneth D. Boyer. Principles of transportation economics[M]. US: Addison Wesley Longman, 1997.

[31] Clark, Hosking. Statistical Methods for Geographers [M]. New York: John Wiley & Sons, 1986.

[32] A. Nicholson. Analysis of spatial distribution of accidents[J]. Safety Science, 1998,31(1): 71-91.

[33] Ge Lin. Comparing spatial clustering tests based on rare to common spatial events[J]. Computers, Environment and Urban System,2004,28(6):691-699.

[34] 王成金.我国物流经济及空间组织研究[D].大连:辽宁师范大学,2002.

[35] 嵇鸿谷,杜志平,李红启.基于主成分分析的物流网络结点重要性评价[J].物流技术,2004(6):23-24.

[36] 李红启,刘凯,贺国先.主成分分析法在物流网络节点城市等级划分中的应用[J].数学的实践与认识,2004,34(8):65-69.

[37] 张新长.城市地理信息系统[M].北京:科学出版社,2001.

[38] 邸凯昌.空间数据发掘与知识发现[M].武汉:武汉大学出版社,2001.

[39] 李新运,乔平林,等.城市群分布轴线挖掘方法研究[J].测绘科学,2004,(29)1:17-19.

[40] 牛慧恩,孟庆民,等.甘肃与毗邻省区区域经济联系研究[J].经济地理,1998,18(3):51-56.

[41] 郑国,赵群毅.山东半岛城市群主要经济联系方向研究[J].地域研究与开发,2004,23(5):51-54.

[42] 陆大道.区域发展及其空间结构[M].北京:科学出版社,1995.

[43] 方创琳.区域发展战略论[M].北京:科学出版社,2002.

[44] 王之泰.现代物流管理[M].北京:中国工人出版社,2001.

[45] Taylor P. J.. Quantitative methods in geography—An introduction to spatial analysis[M]. Illinois: Waveland Press Inc., 1983.

[46] 陈彦光.交通网络与城市化水平的线性相关模型[J].人文地理,2004,19(1):62-65.

[47] 王富民,李永新.广东省公路网合理密度的研究[J].中南公路工程,1998,23(3):35-38.

[48] 戴禾,刘兴景,杨东援.物流园区选址问题研究[J].综合运输,2001,2:30-33.

[49] 杨兆升,季常煦,杨楠.公路网规划方案技术水平评价方法的研究[J].公路交通科技,1997,14(4):12-17.

[50] 李小建.经济地理学[M].北京:高等教育出版社,1999.

[51] 杨家文,周一星.通达性:概念、度量及应用[J].地理学与国土研究,1999,15(2):61-66.

[52] 莫辉辉、王姣娥、金凤君. 交通运输网络的复杂性研究[J]. 地理科学进展,2008,27(6):112-120.

[53] 黄静兰. 交通运输网络特性分析[J]. 综合运输,2003(6):11-13.

[54] Markus Hesse, Jean-Paul Rodrigue. The transport geography of logistics and freight distribution [J]. Journal of Transport Geography,2004,12(3):171-184.

[55] Cheng-Chang Lin, Yu-Jen Lin, Dung-Ying Lin. The economic effects of center-to-center directs on hub-and-spoke networks for air express common carriers[J]. Journal of Air Transport Management,2003,9(4):255-265.

[56] Jayanth R. Banavar, Amos Maritan, Andrea Rinaldo. Size and form in efficient transportation networks[J]. NATURE,1999,399:130-132.

[57] J. A. 邦迪,等. 图论及其应用[M]. 北京:科学出版社,1984.

[58] 金凤君. 我国航空客流网络发展及其地域系统研究[J]. 地理研究,2001,20(1):31-39.

[59] Giovanni Nero. A note on the competitive advantage of large hub-and-spoke networks[J]. Transportation Research Part E,1999,35(4):225-239.

[60] Claudio B Cunha, Marcos Roberto Silva. A genetic algorithm for the problem of configuring a hub-and-spoke network for a LTL trucking company in Brazil[J]. European Journal of Operational Research,2007,179(3):747-758.

[61] Seung-Ju Jeong, Chi-Guhn Lee, James H Bookbinder. The European freight railway system as a hub-and-spoke network [J]. Transportation Research Part A,2007,41(6):523-536.

[62] Jan Jacob Trip, Yvonne Bontekoning. Integration of small freight flows in the intermodal transport system[J]. Journal of Transport Geography,2002,10(3):221-229.

[63] Gunther Zapfel, Michael Wasner. Planning and optimization of hub-and-spoke transportation networks of cooperative third-party logistics providers[J]. International Journal of Production Economics,2002,78(2):207-220.

[64] Geoffrey B. West, James H. Brown, Brian J. Enquist. The Fourth Dimension of Life: Fractal Geometry and Allometric Scaling of Organisms[J]. SCIENCE,1999,284:1677-1679.

[65] Bejan A.. Shape and structure, from engineering to nature. Cambridge (United Kingdom): Cambridge University Press,2000.

[66] Bejan A.. The constructal law of organization in nature: Tree-shaped flows and body size. The Journal of Experimental Biology, 2005,208(9): 1677-1686.

[67] Bejan A., Marden J. H.. Unifying constructal theory for scale effects in running, swimming and flying. The Journal of Experimental Biology, 2006,209(2): 238-248.

[68] 陈彦光,刘继生. 基于引力模型的城市空间互相关和功率谱分析——引力模型的理论证明、函数推广及应用实例[J]. 地理研究,2002,21(6):742-752.

[69] 冯端,冯步云. 熵[M]. 北京:科学出版社,1992.

[70] 王铮,等. 理论经济地理学[M]. 北京:科学出版社,2002.

[71] 王铮. 区域管理与发展[M]. 北京:科学出版社,2000.
[72] 张永. 第三方物流企业物流结点布局方法研究[D]. 南京:东南大学,2005.
[73] 夏景虹. 物流中心及其选址模型研究[D]. 南京:南京信息工程大学,2005.
[74] 王欢连. 物流中心选址的若干模型研究[D]. 长沙:中南大学,2005.
[75] 范碧霞. 集合覆盖模型在物流中心选址中的应用——以湖北省物流中心选址分析为例[J]. 决策 & 信息,2008(9):49-50.
[76] 黎宇彬. 物流设施选址系统的设计和实现[D]. 北京:北京交通大学,2007.
[77] 袁纯清. 共生理论——兼论小型经济[M]. 北京:经济科学出版社,1998.
[78] 陶永宏. 基于共生理论的船舶产业集群形成机理与发展演变研究[D]. 南京:南京理工大学,2005.
[79] H·哈肯. 信息与自组织——复杂系统的宏观方法[M]. 成都:四川教育出版社,1988.
[80] H·哈肯. 协同学——大自然构成的奥秘[M]. 上海:上海译文出版社,2005.
[81] 舒辉. 集成化物流研究[D]. 南昌:江西财经大学,2004.
[82] 张维迎. 企业的企业家——契约理论[M]. 上海:上海三联书店、上海人民出版社,1995.
[83] R·科斯,A·阿尔钦,D·诺斯. 财产权利与制度变迁:产权学派与新制度学派译文集[M]. 上海:上海人民出版社,2004.
[84] 罗纳德·哈里·科斯. 企业、市场与法律[M]. 上海:上海三联书店,1990.
[85] 王之泰. 物流工程研究[M]. 北京:首都经济贸易大学出版社,2004.
[86] 恩格斯. 自然辩证法[M]. 北京:人民出版社,1984.
[87] 黄顺基,黄天授,刘大椿. 自然辩证法教程[M]. 北京:中国人民大学出版社,1985.
[88] 何杰、杨文东、李旭宏、杭文、毛海军. 基于耗散结构理论的公路快速货运系统演化机理[J]. 中国公路学报,2007,20(2):120-126.
[89] FIELD M.. Highway Intermodal Freight Transportation: a Policy and Administration Challenge for the New Millennium [J]. Review of Policy Research,2002,19(2):33-50.
[90] Rosalyn Wilson, Robert V. Delaney. Managing Logistics In A Perfect Storm[M]. US: National Press Club,2001.
[91] 匡跃平. 论现代企业制度、组织结构及其治理——以化工产业为例[J]. 石油化工技术经济,2004,20(4):5-10.
[92] 朱艳茹. 交通运输企业管理[M]. 南京:东南大学出版社,2008.
[93] European Conference of Ministers of Transport. New Trends in Logistics in Europe, 1997.
[94] Gattoma. Gower Handbook of Supply Chain Management[M]. Aldershot,2003.
[95] 谭炜,等. 第三方物流企业运作模式分类与特征研究[J]. 物流技术,2005(5):10-13.
[96] Susanne Hertz, Monica Alfredsson. Strategic development of third party logistics providers[J]. Industrial Marketing Management,2003,32(2): 139-149.
[97] 赵增耀. 企业集团治理[M]. 北京:机械工业出版社,2002.
[98] 今井贤一,小宫龙太郎. 现代日本企业制度[M]. 北京:经济科学出版社,1995.

[99] 王昶.企业集团战略重组决策研究[D].长沙:中南大学,2005.

[100] 王凤彬.集团公司与企业集团组织[M].北京:中国人民大学出版社,2002.

[101] Donald J. Bowersox, Davld J. Closs. Logistics Management: The Integrated Supply Chain Process[M]. McGraw-HillCompanies, Inc. ,1998.

[102] 钱言.基于生态位理论的企业间关系优化研究[D].上海:同济大学,2007.

[103] 陆学善.相图与相变[M].合肥:中国科学技术大学出版社,1990.

[104] 徐亚华.发展汽车快速货运的策略研究[D].西安:长安大学,2001.

[105] 乌杰.系统辨证论[M].北京:人民出版社,1997.

[106] 杨文东.我国公路快速货运企业开展专业物流的策略探讨[J].交通运输工程与信息学报,2007,5(1):34-39.

[107] 谢建安,叶俊,刘洪庆.我国快速公路货运车辆的发展重点及措施[J].专用汽车,2001(4):16-19.

[108] 周祥.深圳市道路集装箱运输业发展现状与对策[J].集装箱化,2008,20(1):25-28.

[109] 王关云.优化上海港口国际集装箱集疏运的策略和措施[J].中国港口,2009(9):46-48.

[110] 李维斌.公路运输组织学[M].北京:人民交通出版社,1998.

[111] 戴东生,汪月娥.宁波港集装箱甩挂运输模式研究[J].物流技术,2009,28(7):42-44.

[112] Tim Power. Lines' logistics ventures[J]. Lloyd's Shipping Economist, 2003, 25(7): 25-27.

[113] Sergio R. Jara-Diaz, Cristian Cortes Freddy Ponce. Number of Points Served and Eeonomies of Spatial Scope in Transport Cost Functions[J]. Journal of transport economics and pocicy, 2001,35(2):327-342.

[114] 李明亮.烟大滚装物流模式评价研究[D].大连:大连海事大学,2006.

[115] 杨光.我国四大滚装运输市场概述[J].综合运输,2005(2):71-73.

[116] 曾祥联.重庆滚装船运输发展研究[D].重庆:重庆交通大学,2008.

[117] Bourne M, Mills J, Wilcox M, et al.. Designing, implementing and updating performance measurement Systems[J]. International Journal of Operations & Production Management, 2000,20(7): 754-771.

[118] Waggoner D B, Neely A D, Kennerley M P.. The forces that shape organizational performance measurement Systems: An interdisciplinary review[J]. International Journal of production Economics, 1999, 60-61: 53-60.

[119] Begemann C.. Dynamics of performance measurement systems[J]. lnternational Journal of Operations & production Management, 2000, 20(6): 692-704.

[120] 程大友.构建企业动态绩效评价系统[J].统计与决策,2004(10):71-72.

[121] 周华、武晓刚、庄京晖.基于企业战略的整合绩效评价研究[J].软科学,2006,20(6):76-80

[122] 张禾,邵建明. 基于资源角度的企业内部绩效评价研究[J]. 科研管理,2006,27(5):100-103.

[123] 张禾,张书玲,曹建安. 企业内部组织单元绩效评价:一项有效的制度安排[J]. 科技进步与对策,2007,24(4):22-25.

[124] 桑向阳,董元. 企业绩效评价体系的应用——管理创新[J]. 中央财经大学学报,2003(2):56-60.

[125] 雷玲. 基于耗散结构理论的供应链系统及管理绩效评价[J]. 商场现代化,2007(14):149-150.

[126] Janice, Steven Chien. Identifying Factors and Mitigation Technologies in Truck Crashes in New Jersey[R]. National Center for Transportation and Industrial Productivity New Jersey Institute of Technology,2003.

[127] Mechitov, A. I., Moshkovich, H. M.. Knowledge acquisition tool for case-based reasoning system[J]. Expert Systems with Application, 1995,9(2):201-212.

[128] Harry K. H. Chow, K. L. Choy, W. B. Lee, Felix T. S. Chan. Design of a knowledge-based logistics strategy system[J]. Expert Systems with Applications, 2005, 29(2):272-290.

[129] 刘吉,金吾伦. 信息化与知识经济[M]. 北京:社会科学文献出版社,2002.

[130] 怀铁铮. 信息化:中国的出路与对策[M]. 北京:机械工业出版社,2006.

[131] 吕新奎. 中国信息化[M]. 北京:电子工业出版社,2002.

[132] 刘秋生. 控制与优化——企业信息化工程实施、过程评价及案例分析[M]. 南京:东南大学出版社,2007.

[133] 杨帆. 新经济政策下发展甩挂运输的对策[J]. 物流与采购研究,2009(15):93-94.

[134] Office of Freight Management and Operation. Freight Facts and Figures 2007[R]. U. S. Department of Transportation.